통일·북한의 문화적 이해

통일·북한의 문화적 이해

문화 콘텐츠로 조망하는 새로운 통일 담론

김재한 편저

강동완·고상두·박상희·심영규·오일환·이현주·전병길·전영선·정기웅·정원주·최진욱 공저

카오스북
CHAOS BOOK

통일 · 북한의 문화적 이해
: 문화 콘텐츠로 조망하는 새로운 통일 담론

발행일 2020년 9월 25일
저 자 김재한 외 11인
발행인 오성준
발행처 카오스북

등록번호 제2018-000189호
주소 서울시 마포구 양화로 56 동양한강트레벨 1022호
전화 02-3144-8755, 8756
팩스 02-3144-8757

웹사이트 www.chaosbook.co.kr
ISBN 979-11-87486-34-3 93300
정가 25,000원

차례

제2장

김일성의 초상화와 얼굴의 권력론 97

_박상희(인하대학교)

제3장

남북 합작과 북한에서 건축하기 135

_심영규(울산대학교)

제7장

남북한 문화 협력과 스포츠 257

_정기웅(한국외국어대학교)

제8장

북한의 집단 정체성 293

_이현주(고려대학교)

제9장

북한의 신앙 변화와 통일 한국 335

_오일환(한양대학교)

제10장

통일 문화와 통일 전략의 조화 379

_최진욱(전략문화연구센터)

서(序)장

통일 · 북한의 문화적 이해

김재한
한림대학교

0.1
새로운 통일 · 북한 담론의 등장

1945년 분단 이래 75년 이상 통일이나 북한에 대한 수많은 담론이 쏟아졌으나 북한 체제나 통일 여부 및 시점에 대해 합의된 설명이나 전망이 형성되지 못하고 있다. 뿐만 아니라 통일이나 북한에 대한 관심도 떨어지고 있는 형편이다.

기존 담론은 정치, 외교, 군사, 경제 등이 주류를 이루었다. 이른바 하이폴리틱스(high politics)에 집중하였다. 군사 및 정치 문제가 최우선 과제였을 뿐 아니라 다른 분야에 대해서는 아예 접근조차 어려웠기 때문이다. 하이폴리틱스만으로 통일이나 북한의 문제를 설명하는 것에는 한계가 있었다.

최근 이런 한계를 극복하기 위해 비(非)전통적 접근이 시도되어 왔다. 특히 문화 콘텐츠를 통한 북한에 대한 관심은 결코 작지 않음이 확인되고 있다. 하지만 설명력이나 예측력에 있어 기존 분석보다 더 나음을 보여주지는 못했다. 새로운 접근은 기존 분석에 대한 이해가 동반될 때 향상된 설명과 전망을 제공할 수 있을 것이다. 이는 학제(學際)적이고 다(多)학문적 접근을 요구하는 것인데, 학제적 접근은 여러 분야를 단순히 나열하는 것이 아니라 여러 분야 간의 밀접한 연계까지 고려하여 분석함을 의미한다. 통일 및 북한에 대한 기존 담론을 숙지하고 있는 연구자들과 함께 새로운 접근을 시도해

보는 것이 필요한 이유이다. 여기서는 통일 및 북한에 대한 새로운 접근을 통일 · 북한의 문화적 이해로 명명한다.

0.2 문화의 의미, 효능, 구성

'문화'라는 말은 하나의 의미로 정의되어 있지 않다. 먼저, 한국사 사료에서 등장하고 있는 사용 예들을 살펴보자. 문화라는 용어는 고려시대 문헌에 이미 등장하지만 원문 확인이 쉽지 않으니, 여기서는 조선왕조실록에서 찾아보기로 하자. 조선왕조실록 국역본에서 '문화'가 처음 등장하는 곳은 태조실록이다. 태조실록 11권에 "다행히도 지금 사해가 '문화'를 같이하여서"(幸今四海同文軌)라는 구절이 등장하는데,[1] 원문에 등장한 문궤(文軌)가 문화로 번역되었음을 알 수 있다. 세종실록 25권에서도 비슷한 번역이 등장한다. "왕은 말하노라. 교화를 선포하고 '문화'를 일으키는 데에는 진실로 석유에게 힘입는 것이요(王若曰, 敷敎興化, 固有資於碩儒)".[2] 이 구절에서의 문화는 실록 원문의 화(化)를 번역한 표현이다.

문화(文化)라는 단어가 조선왕조실록 원문에 처음 등장하는 곳은 문종실록 9권이다. "세종장헌대왕께서 선왕의 모유를 그대로 따라

---

1 태조 6년 3월 8일 신유 1번째 기사/안익 · 김희선 · 권근 등이 황제의 칙위 조서, 선유 성지, 어제시, 예부의 자문을 받들고 오다.

2 세종 6년 7월 18일 신묘 5번째 기사/죽은 판우군도총제부사로서 치사한 조용에게 제사와 교서를 내리다.

서 '문화'를 크게 선양하시어 역사를 수찬하면 모름지기 해박하게 갖추기를 요한다 하시고(世宗莊憲大王 遹追先猷, 載宣文化, 謂備史須要該備)".[3] 고려 시대와 조선 시대에서의 문화는 통치 또는 지배의 질서에 가까운 의미였다고 말할 수 있다.

근대화 시절 일본과 중국에서 문화라는 용어가 영어 단어 컬처(culture)와 동의어로 사용되기 시작했는데, 한국도 일본과 중국에 이어 그렇게 되었다. 오늘날 한국에서 문화는 주로 대중적 차원의 현상으로 이해되고 있다.

동아시아의 전통적 문화의 개념과 서양에서의 컬처라는 개념을 각각 위계적 질서의 차원과 수평적 질서의 차원으로 구분하는 것은 적절하지 못하다. 영어 컬처의 어원으로 알려진 로마 시대 키케로가 사용한 쿨투라(cultura) 표현 역시 여러 사람들의 정신(animus)의 함양(cultivation)에 방점을 두고 있어 동아시아의 전통적 문화 개념과 별반 다르지 않다. 개념의 차이는 동양과 서양이라는 공간적 차이라기보다 전(前)근대와 근대라는 시대적 차이로 보는 것이 더 적절하다.

다른 한편으로 20세기 및 21세기의 문화 효능은 근대 이전과 유사한 점도 있다. 통치 매개로서의 문화는 여전히 유효하다. 역설적으로 문명화 또는 시민화가 진전되었기 때문에 시민 문화가 문화의 주요 구성 요소가 되었고, 이에 선동과 선전이라는 문화적 기능이 더욱 효과적이게 되었다. 나치스(국가사회주의독일노동자당)와 문혁(무산계급 문화대혁명)뿐 아니라 해방 직후 북한의 체제 개편 역시 의사

---

3 문종 1년 8월 25일 경인 1번째 기사/지춘추관사 김종서 등이 새로 편찬한 《고려사》를 바치다.

(pseudo) 시민화에 기초하여 전개된 것이다.

문화의 개념은 매우 포괄적이고 매우 다의적이기 때문에 보편적으로 사용되기도 한다. 브리태니커 사전은 문화인류학, 경제사회학, 경영마케팅, 정치사상, 국제기구 등에서의 다양한 정의를 예시하고 있다.[4] 유네스코(UNESCO)는 문화를 "예술, 문학, 라이프스타일, 사회생활방식, 가치관, 전통, 신념 등에서 나타나는 사회 또는 집단의 독특한 정신적, 물질적, 지성적, 감성적 특징들의 집합(the set of distinctive spiritual, material, intellectual and emotional features of society or a social group, that encompasses, not only art and literature, but lifestyles, ways of living together, value systems, traditions and beliefs)"으로 정의하고 있다.[5]

0.3
문화 콘텐츠로 통일 · 북한 이해하기

통일 · 북한의 문화적 이해는 군사 및 경제와 같은 유형적(tangible) 소재보다 가치관, 전통, 종교 등의 무형적(intangible) 주제를 중시한다. 그렇더라도 문화적 접근이 순수한 무형에만 집착하는 것은 아니다. 무형적 문화는 유형적 소재를 통해 확산되기도 하고 존속되기도 한

---

4 https://www.britannica.com/topic/culture

5 UNESCO. 2001. *UNESCO Universal Declaration on Cultural Diversity*. Paris: UNESCO.

다. 무형 문화재뿐 아니라 유형 문화재가 있듯이, 문화적 이해는 지속적으로 동일한 모습으로 관찰되기 쉬운 유형 문화재를 통해 접근되기도 한다. 특히, 녹화 및 녹음 등을 포함하여 가상현실 재현 기술이 발전함에 따라 유형과 무형의 경계가 허물어지는 경향도 있다.

2019년에 발간되어 2020년 세종도서(학술부문)로 선정된 『통일 · 북한의 공간적 이해』가 유형의 특정 공간으로 통일 및 북한에 관한 보편적 현상에 대해 살펴보았다면, 이번 『통일 · 북한의 문화적 이해』는 유 · 무형의 소재로 무형의 통일 · 북한 문제에 대해 설명하고 전망해보는 작업이다. 눈에 보이지 않거나, 귀에 들리지 않거나, 손에 잡히지 않거나, 발로 찾아가기 어려운 통일 · 북한의 문화를 살펴본다. "귀로 듣는 것은 눈으로 보는 것보다 못하고(耳聞之不如目見之), 눈으로 보는 것은 발로 가보는 것보다 못하며(目見之不如足踐之), 발로 가보는 것은 손으로 해보는 것보다 못할 수 있다(足踐之不如手辨之)."[6] 따라서 문화적 측면은 손으로 해보지도 못하고 발로 가보지도 못하여 이해하기 어려울 수도 있다. 그렇지만 비문화적인 전통적 통일 · 북한 접근도 손으로 해보지 못하고 발로 가보지 못하는 것은 마찬가지이다. 오감의 학습 효과는 미각 1.0%, 촉각 1.5%, 후각 3.5%, 청각 11.0%, 시각 83.0%이고, 기억 효과는 청각 20%, 시각 30%, 시청 50%, 말하기 80%, 말하고 행하기 90%의 순서임을 감

---

6 한(漢)나라 설화집 설원(說苑) 정리(政理)편.

안한다면,[7] 말하기, 시청, 시각, 청각 등을 활용할 수 있는 통일 · 북한의 문화적 소재가 적지 않다는 점에서 통일 · 북한의 문화적 이해는 효과적일 수 있다.

이 책 『통일 · 북한의 문화적 이해』는 손에 잡히지 않고 발로 가볼 수 없는 통일 · 북한 문제를 눈, 귀, 말, 감성, 지성을 총동원하여 이해해보고자 하는 것이다. 1~3장은 시각적으로 관찰되는 문화 소재를 통해 통일 · 북한 문제를 다룬다. 먼저, 제1장은 북한에 소재한 고조선, 고구려, 고려의 문화유산을 정리한다. 북한의 문화재를 매개로 남북한 문화 교류에 대해 제언한다. 제2장은 김일성 초상화라는 시각적 자료의 여러 문화적 의미를 부여하고 북한의 신정 체제에 대한 설명으로 연결 짓고 있다. 제3장에서는 개성공단 건축물을 중심으로 북한에서 건축하기에 대해 설명하여 통일 이전 및 이후의 건축 실무의 어려움과 해결 방안을 제안한다.

4~6장은 영화 등의 시청각 자료로 통일 · 북한의 문화적 측면을 다룬다. 제4장은 북한 영화에서 나타나는 혁명 투쟁, 수령, 사회주의 경제, 과학 기술, 먹거리 등의 문화적 의미를 설명하고 선전 · 선동에 관한 영화의 역할 변화에 주목한다. 제5장에서는 남한 영화에 등장하는 분단 및 통일 스토리를 시기별로 또 비전별로 분류하여 통일 담론의 변천을 드러내고 있다. 제6장은 북한 주민이 남한 영상물을 시청하면서 어떤 의식 변화를 보일 것인가에 대해 논의한다.

---

7 K. Sampath, Arunachalam Panneerselvam, and Srinivasan Santhanam. 2007. *Introduction to Educational Technology*, 5th revised edition, New Delhi: Sterling Publishers Private Limited, pp.26~27.

7~9장은 집단 참여와 관련된 문화적 측면을 다룬다. 제7장은 문화 협력으로서의 스포츠 교류를 다루면서, 올림픽을 포함한 스포츠 교류의 성공과 실패에 대해 논의한다. 제8장에서는 북한 집단 정체성을 토지 개혁, 6 · 25전쟁, 8월 종파 사건 및 갑산파 사건, 주체사상, 핵 무장화, 장마당 등으로 설명한다. 제9장은 종교나 신앙을 대표적인 문화로 전제하면서 주체교 신정 체제의 실태, 그리고 북한 선교에 따른 신정 체제의 변화 가능성을 논한다.

10~11장은 통일 전후 각각에서 예상되는 문화적 쟁점을 거론하면서 바람직한 문화상을 제시한다. 제10장에서는 통일 이전에 실재하는 통일 문화와 바람직한 통일 문화를 냉전 문화, 안보 문화, 평화 문화, 통일 전략 등 여러 개념과의 관계 속에서 논한다. 제11장에서는 통일 이후 과거 청산이 문화적 쟁점으로 떠오를 것이라는 전제하에 독일 사례의 경험에서 통일 한국의 과거 청산 문제에 대한 함의를 제공한다.

특정 관점에서는 특정 장의 내용에 대해 불만족스럽게 느낄 수도 있을 것이다.[8] 또 12인의 공저자가 다른 공저자의 견해에 모두 동의하는 것도 아닐 것이다. 그렇지만 시공간을 초월해 적용될 수 있는 통일 · 북한 문제의 보편적 원리는 일관되게 드러나고 있다고 생각된다.

통일 · 북한의 모든 것을 담는 모호하고 추상적인 문화 개념으로는 통일 · 북한에 대한 이해도가 증진되지 않는다. 잘 설명되지 않는

---

8 오늘날은 아무도 불편하지 않을 통일 · 북한 문제에 관한 글과 말은 존재하지 않는다고 할 수 있을 정도로 남남 갈등이 심각한 게 현실이다.

부분은 문화라는 요인으로 포장되어 문화가 그렇기 때문에 결과도 그렇다는 동어 반복식 설명이 행해지기도 한다. 이와 달리 문화 콘텐츠가 어떻게 구축되고, 어떤 목적으로 이용되며, 어떤 효과를 가져다 주는지에 대한 운용적 문화 개념은 통일 · 북한 문제의 진단과 처방에 크게 기여할 수 있다. 통일 · 북한 담론의 르네상스를 기대한다.

제 1 장

북한의 문화 유산과 남북 교류

정원주
한국교통대학교

1.1
고조선과 고구려의 수도, 평양의 문화재[1]

평양은 현재 북한의 수도로 북한의 정치, 문화, 교육의 중심지 역할을 하고 있다. 평양은 한국사 최초의 국가인 고조선의 수도였고 고구려의 수도였으며, 고려 시대에는 3경 중 하나인 서경으로 중시되었던 역사적 도시이다.

1) 고조선과 낙랑 시대의 문화재

단군왕검에 의해 세워졌다고 알려진 고조선은 신화와 설화로 전해진다. 고조선은 달리 왕검조선이라고도 하는데 『삼국유사』에서 기자조선, 위만조선과 구분하기 위해 처음 사용되었으며, 『제왕운기』에서는 '전조선'이라 하여 '후조선'으로 칭해진 '기자조선'과 분리했다. 고조선은 1392년 이성계에 의해 건국된 조선과 구별하기 위해 20세기 들어 널리 쓰이게 된 명칭이다.

북한은 1990년대에 들어 구소련과 동유럽 사회주의의 개방과 몰락으로 인한 위기 의식에서 발현된 주체사관에 따라 '민족'에 대한

---

1 평양의 북한 문화재에 대한 참고자료는 다음과 같다. 국립중앙박물관, 1996, 『북녘의 문화유산』, 서울: 도서출판 삼인; 조선유적유물도감 편찬위원회, 2000, 『북한의 문화재와 문화유적. 2 고구려편』, 서울: 서울대학교 출판부; 김정배, 2005, 『남북공동유적조사보고서: 평양 일대 고구려 유적』, 서울: 고구려연구재단; 박성진 외 2인, 2012, 『북한 국보유적 연혁 자료집』, 대전: 국립문화재연구소; 북한지역정보넷 www.cybernk.net

새로운 시각을 바탕으로 평양이 고조선의 중심지일 뿐 아니라 평양을 중심으로 하는 대동강 유역이 인류 기원지의 하나이며 한민족의 발상지이자 또 하나의 세계 문명을 시작한 곳으로 보고 있다. 따라서 '대동강 문화론'이라 하여 평양이 민족사의 시초이자 오늘에 이르기까지 줄곧 민족의 심장부로서 기능하였음을 밝힘으로써 정권의 정통성이 북한에 있음을 강조하였다.[2] 특히 1993년 단군릉 일대를 발굴하면서 이전까지 부정했던 단군을 역사적으로 실재한 인물로 보고 고조선사를 새롭게 규명해 나갔다. 북한은 1990년대 초반까지 고조선 문화의 중심을 전기에는 요령성 지역에, 후기에는 요동~서북한 지역에 있는 것으로 보았다. 그러나 단군릉 발굴을 계기로 단군조선을 인정하면서 5천여 년 전 평양 일대에 고조선이라는 고대 국가가 존재했다는 주장과 함께 고조선 문화권역을 요동이 아니라 대동강 지역이라고 강조했다.

단군릉

단군릉(檀君陵)은 북한 국가지정문화재 국보급 제174호로 평양시 강동군 문흥리 대박산에 위치한다. 북한은 1993년 단군릉 일대를 조사해 나온 남녀 두 인골의 측정 연대를 근거로 단군과 그 부인의 무덤이라고 주장하였다. 전자상자성공명법(E.S.R.측정법)으로 남자의 뼈를 54회 측정한 결과 5011년±267(오차 5.4%)년 전으로 나오면서 기

---

2 박대남, 2016, "[북한의 문화유산] 고조선과 단군릉" 『북한』 540, 북한연구소, p. 130.

3 전영수, 허만종, 1995, "전자상자성공명법에 의한 화석 뼈의 년대 측정에서 방사비평형에 대한 고찰." 『조선고고연구』 1995년 4호, 평양: 사회과학출판사, p. 40~42.

단군릉
출처: https://ko.wikipedia.org/wiki/%ED%8C%8C%EC%9D%BC:Laika_ac_Mausoleum_of_Tangun_(7987312460).jpg

원전 3018±267년의 뼈로 확인하였다.[3] 보고서에 의하면 단군 무덤은 돌로 무덤 칸을 만들고 흙으로 봉분을 덮은 석실 봉토분이며, 크기는 동서 273m, 남북 276m의 작은 무덤으로 모줄임 천장을 하고 있었다. 무덤 벽에는 본래 벽화가 있었다고 하며, '옛 선인'과 '신기한 장수'가 그려져 있었다고 한다.[4]

김일성이 이를 단군과 그 아내의 인골로 인정하며 민족의 시조로 예우하라는 지시에 따라 단군릉이 조성되었다. 1994년 10월 29일에 1,994개의 화강석을 다듬어 9개의 단을 구축하고 대계단을 따라 올

4 박진욱, 1994, "단군릉의 발굴 정형", 『단군과 고조선에 관한 연구론문집』, 서울: 백산자료원, p. 22~23.

라가면서 단군의 네 아들과 8명의 신하 상을 당시의 관직 등급에 따라 차례로 배치하였다. 단군릉은 정사각형의 장군총을 모방한 형태로 높이 22m, 한 변의 길이 50m의 거대한 규모로 만들어졌다. 능의 네 귀퉁이에는 용맹한 범을 형상한 큰 돌범들을 배치하고 그 주위에는 상돌과 향로, 망주석, 석등, 검탑 등을 세웠다. 내부에는 단군과 그의 부인의 유골을 안치한 두 개의 관이 놓여 있다.

황대성

황대성(黃垈城)은 북한 국가지정문화재 국보급 제183호로 평양시 동남방 32km 정도 떨어진 강동군 남강노동자구 황대부락 앞산에 위치하고 있다. 기원전 3,000년경에 세워진 것으로 추정되며 성터를 중심으로 사방 10km 안팎에는 지석묘와 석관묘가 많이 분포되어 있다. 성벽은 강돌로 성심을 쌓고 거기에 흙을 씌운 토석 혼축 형식이다. 남아 있는 300m 정도의 성벽 밑 너비는 10m이고 윗 너비는 5m, 높이는 1m 정도이다.[5]

성벽의 축조 형식도 고구려나 고려 시기에 쌓은 토석 혼축 성벽과 비슷하다. 그러나 북한 학계는 성터에서 발굴된 2기의 지석묘와 1기의 석관묘, 1개의 배수시설을 통해 고조선 시기의 성임을 주장하였다. 2기의 지석묘가 성벽 위에 자리 잡고 있기 때문에 지석묘 이전 시기에 황대성이 축조되었다고 주장하고 있다. 성벽 위의 무덤과 그

5 리순진, 1994, "평양 주변의 단군조선 시기의 황대성." 『북한의 「단군 및 고조선」 논문자료: 제2차 학술토론회 발표』, 서울: 북한문제조사연구소, p. 23~26.

내부의 인골에 대한 연대 측정을 통해 성의 축성 시기를 고조선 시기로 잡고 있다.

지탑리 토성

지탑리(智塔里) 토성은 북한 국가지정문화재 보존급 제293호로 황해북도 봉산군 지탑리 봉산벌 중심에 위치한 토성으로 1994년 3차에 걸쳐 발굴이 진행되었다. 성벽은 위아래 두 층으로 구분되어 있다[6]. 성벽은 높이 약 3m, 너비 약 6.5m로 아래 성벽은 막쌓기 방법으로 축조하였고 윗 성벽은 판축 방법으로 쌓아 뚜렷한 차이가 있었다. 유물은 아래 성벽에서는 신석기 시대의 질그릇 조각과 석기들이 드러났고, 윗 성벽에서는 회색 기와 조각, 배부른 단지 조각, 청동 세모 활촉 등이 나왔다. 평안남도 온천군 성현리에 있는 토성(북한 국가지정문화재 보존급 제87호)에서도 시기를 달리하는 아래 위 두 측의 성벽이 확인되었으며, 아래 성벽에서 청동기 시대 유물인 돌도끼와 돌가락바퀴가 나왔고, 윗 성벽에서는 회색 기와 조각, 배부른 단지 조각 등 수십 점이 드러났다.

이 두 토성에서 주목되는 것은 성벽이 시기를 달리하는 아래 위 두 층으로 되어 있고, 신석기 시대의 성 위에 청동기 시대에 다시 성을 쌓았다는 사실이다.[7] 그러나 현재 논문에서 제시된 단면도만으로

---

6 남일룡, 1994, "평양 주변의 고대 토성." 『북한의 「단군 및 고조선」 논문자료: 제2차 학술토론회 발표』, 서울: 북한문제조사연구소, p. 27~31.

7 남일룡, 1994, "평양 주변의 고대 토성." 『북한의 「단군 및 고조선」 논문자료: 제2차 학술토론회 발표』, 서울: 북한문제조사연구소, p. 28~29.

성의 축성에 시기 차가 있었음을 판단하기 어렵다. 좀 더 자세한 발굴 과정과 내용이 제시되어야만 판단이 가능하다. 단순한 유물 한두 점을 통해 그 시기를 결정한다면 설득력을 얻기 힘들다.[8]

북한 학계에서는 산성으로서의 황대성과 평지성으로서의 지탑리 토성 및 성현리 토성의 존재가 국가와 지배 계급 및 통치 기관이 존재했음을 실증해주는 물질적 자료로 본다. 평양 지방에서 이러한 국가 권력을 행사한 나라는 5천 년 전에 세워진 단군조선이었다는 것이다.[9]

용산리 순장 무덤

용산리 순장 무덤(龍山里殉葬墓)은 북한 국가지정문화재 국보급 제175호로 평안남도 성천군 용산리에 있는 청동기 시대 고인돌 유적이다. 단군릉에서 북동쪽으로 약 11.5km 정도 떨어진 비류강가에 위치하며 강 건너편에도 20여 기의 고인돌이 확인된다. 한 변이 3.35m 다른 변이 2.4m인 개석이 있고, 묘실은 지하에 설치되어 있다. 중앙에 커다란 묘실이 구획되어 있는데, 2개체 분의 인골이 합장되어 있어 지배층의 무덤으로 추정된다. 동서 양쪽에 각각 3개, 남북 약쪽에 각각 2개씩 작은 공간이 있어 총 11구획으로 나뉘어 있다. 그 각각에는 3~4개체분의 남녀의 인골이 있었다고 하는데 전부 38개체분이라고 한다. 이미 도굴된 상태라 유물은 일부에 불과하며

---

8 송호정, 2002, "고조선과 낙랑의 북한 문화유산." 『한국고대사연구』25, 한국고대사학회, p. 39.

9 이형구 엮음, 1999, 『단군과 고조선』, 서울: 살림터, p. 172.

중앙 묘실에서는 청동기 편이 발견되고, 작은 묘실에서는 석부들이 발견되어 중앙의 주인과 순장자의 사용 도구에 차이가 있었다는 증거로 해석한다. 무덤의 구조와 규모, 유골과 유물의 출토 상태로 보아 지배 계급과 노예 등 피지배 계급이 순장된 무덤으로 보고 있다.

숭령전

숭령전(崇靈殿)은 북한 국가지정문화재 국보급 제6호로 평양시 중구역 종로동 평양학생소년 궁전 옆에 위치해 있다. 단군과 고구려 시조 동명성왕을 제사 지내던 조선 시대 사당이다. 고려 시대에는 '성제사(聖帝祠)', 조선 시대에는 '단군사', '단군전'이라 불리다 단군과 더불어 고구려 시조 동명왕을 함께 제사 지내면서 1725년 '숭령전'이라 부르게 되었다. 숭령전은 본래 본채와 동쪽 행랑 3칸, 서쪽 행랑 2칸, 대문 3칸과 동서 좌우에 달린 좁은 문 각 한칸씩으로 이루어져 있었으나 일제 강점기에 대부분 파괴되고 한국전쟁 때 파손된 것을 다시 복원하였다.

현재는 정전과 외삼문이 남아 있으며 정전은 정면 4칸, 측면 3칸의 겹처마 팔작지붕 건물로 배흘림 기둥을 사용하고 있다. 일반적으로 고대 건물의 정면 칸 수가 홀수인 것과 비교되는데, 이는 단군과 동명왕을 함께 제사하기 위한 방편이다. 단군의 제단은 서쪽 2칸에, 동명왕 제단은 동쪽 2칸에 균형 있게 구분해 놓았다. 조선 중기의 사당 건축술이 반영되어 있는 대표적 건물 가운데 하나이다.

낙랑토성

낙랑은 기원전 108년 한무제가 위만조선을 멸망시키고 그 영역 내에 설치한 한사군 가운데 하나로 313년 고구려에 의해 멸망할 때까지 약 4세기 동안 존속하였다. 북한 학계는 고조선 멸망 후 왕검성 지역에 세워진 낙랑군을 평양이 아닌 요령성 지역으로 보고 있을 뿐 아니라 낙랑군이라는 용어도 사용하지 않는다. 낙랑은 고조선의 후국으로 대동강 유역에 있던 고조선 후예의 독자적 나라로 보고 있다.[10]

낙랑토성은 북한 국가지정문화재 보존급 제21호로 평양시 낙랑구역 토성동에 있는 낙랑군의 치소로 추정되는 토성이다. 평양시 중심부에서 대동강 하류로 약 5km 떨어진 곳에 있는 쑥섬 맞은편에 위치한다. 토성은 동서 약 660m, 남북 약 700m의 방형(方形)으로 북쪽면은 대동강과 접해 있고 나머지 성벽은 낮은 평지를 둘러싸고 있다. '천추만세(千秋萬歲) 낙랑예관(樂浪禮官)'이라는 문자가 새겨진 막새기와가 출토되었고, 동정(銅鼎). 동촉. 동전 등과 봉니(封尼) 등 한(漢)나라 유물이 많이 출토되었다.

토성 주변에는 나무곽무덤. 귀틀무덤. 벽돌무덤 등으로 이루어진 약 2천여 기에 달하는 고분군이 흩어져 있다. 토성의 축성 연대와 고분군의 형성 시기가 기본적으로 일치한다고 추정되고 있다. 나무곽무덤은 한나라식 유물 외에도 한국식 동검을 비롯하여 고조선의 전통을 계승한 유물들이 많은 것으로 보아 위만조선의 무덤을 계승하여 조영된 것으로 보인다. 가장 많이 분포되어 있는 것은 벽돌무

---

10 사회과학출판사, 1999, 『조선력사개관』, p. 183~208.

덤이다. 주로 귀틀무덤에서 풍부한 부장품이 출토되고 있다. 대체로 이들 부장품은 중국 한(漢) 문화를 대변하는 최고 수준의 유물들이며, 한편으로는 고조선 문화 전통을 계승하는 유물인 한국식 동검, 동모, 화분형 토기 등도 나오고 있다.

2) 고구려 시대의 능과 궁성

고구려는 기원전 35년 주몽(朱蒙)이 건국하여 668년 제28대 보장왕대에 당나라의 침공으로 평양성이 함락되면서 멸망하였다. 그 첫 도읍지는 졸본으로 오늘날의 중국 길림성 환인 지역이었다. 주몽은 주변 세력들을 차례로 규합해 건국의 기초를 다졌고, 그를 이어 즉위한 유리왕은 국내성으로 옮겼는데 지금의 길림성 집안이다. 압록강 유역을 중심으로 세력을 확대해가던 고구려가 평양을 수도로 한 것은 장수왕대였다. 평양을 중심으로 한 한반도 북부 지역은 고조선 멸망 이후 설치된 한군현의 지배를 받고 있었다. 고구려는 그 성장과 발전 과정에서 한군현 세력과 계속 충돌하였고, 마침내 미천왕대에 낙랑군과 대방군을 축출하면서 한반도 북부 지역으로 진출하게 되었다. 고구려는 고조선 이래의 문화적 축적뿐 아니라 상당한 농업 생산력을 갖춘 곳으로 주목하여 수도를 평양으로 옮겼다.

동명왕릉

동명왕릉(東明王陵)은 북한 국가지정문화재 국보급 제36호로 평양시 역포구역 용산리에 위치한 고구려 벽화 고분이다. 구전으로 전해 내려오던 동명왕릉이란 설을 실제 발굴 조사한 결과 확정 발표했지만 장수왕릉으로 보는 견해와 평양 천도 이후 새롭게 조성한 동명왕의 능으로 추정하는 견해가 상존한다.

일반적으로 주몽이라고 알려진 고구려 건국 시조 동명왕은 재위 19년만에 죽어 당시 수도인 졸본의 용산(龍山)에 장사지냈다고 한다. 졸본에 있어야 할 동명왕의 무덤이 평양에 있다는 설은 고구려의 건국지가 현재의 평양이라는 고려 시대의 주장에 따라 평양의 용산에 그 무덤이 있다고 보았기 때문이다. 이러한 인식은 조선 세종대에 확고하게 자리잡았다. 조선의 역대 국왕들은 동명왕 무덤에 대한 관심으로 동명왕 사당에 치제하고 무덤의 중수와 관리에 관심을 기울였다.

동명왕릉은 1974년에 발굴 조사되었으며 1993년 5월에 복원되었다. 동명왕릉은 남향 '돌칸흙무덤(석실 봉토분, 石室封土墳)'으로 높이는 11.5m이다. 무덤의 밑 부분은 네 면에 돌을 다듬어 2단으로 계단식 돌 기단을 쌓았는데 한 변의 길이는 34m이다. 무덤 둘레는 약 5m 너비로 강돌을 깐 묘역 시설이 있으며, 그 내부는 널방(현실, 玄室), 앞방, 무덤길의 세 부분으로 이루어져 있다. 널방은 동서 길이 421cm, 남북 길이 418cm의 정방형 내벽과 높이 388cm의 정자식 천장을 잘 다듬은 44개의 돌을 쌓아 만들었으며, 연꽃 무늬벽화가 일부 남아 있다. 바닥에는 삼화토와 숯을 번갈아 깔아 다졌는데, 내부에 물이 차는 것을 방지하기 위한 일종의 배수 장치로 추정된다. 널방의 좌우 벽에 감실(龕室)이 설치되어 있으며 남쪽 벽 중앙에는 앞방으로 통하는 문이 있고 문을 달게 되어 있었던 것으로 보인다.

앞방은 길이 300cm, 너비 169cm, 높이 187cm의 장방형으로 바

동명왕릉

출처: https://ko.wikipedia.org/wiki/%EA%B3%A0%EA%B5%AC%EB%A0%A4_%EA%B3%A0%EB%B6%84%EA%B5%B0#/media/%ED%8C%8C%EC%9D%BC:Tomb_of_King_Tongmyong.jpg

닥과 벽 천장 모두 큼직한 돌로 쌓았다. 앞방 남쪽은 무덤길과 통해 있으며, 무덤길은 길이 235cm로 역시 벽과 바닥, 천장을 모두 돌로 쌓았다. 앞방과 통하는 무덤길의 양 모서리에 쇠를 씌운 문확돌이 있는 것으로 보아 문을 달게 되었던 것으로 보인다. 이처럼 2중으로 문을 달게 만들어진 것은 고구려 무덤들 가운데 매우 드문 형태이다. 유물은 거의 도굴되었으며 금동 수식, 금관 못, 은관 못, 머리핀 등 일부만 확인되었다. 돌 기단이 있는 분구(墳丘)는 고구려 돌무지무덤(적석총, 積石塚)의 전통을 계승한 형태로 추측된다. 2004년에 유네스코 지정 세계문화유산으로 선정되었다.

안학궁터

안학궁터(安鶴宮址)는 북한 국가지정문화재 국보급 제2호로 평양시 대성구역 안학동에 위치한 고구려 시대 왕궁터이다. 안학궁성은

고구려의 궁성 유적

고구려는 수도를 여러 번 옮겼는데 427년(장수왕 15년)에 평양으로 천도했을 당시 왕궁은 대성산성과 안학궁이었다. 『삼국사기』에 따르면 552년(양원왕 8년)에 짓기 시작해 586년(평원왕 28년)에 완성하여 도읍을 옮긴 장안성이 지금의 평양성이다. 이 성은 자연 조건을 이용하였을 뿐 아니라 평지성과 산성의 이점을 두루 갖춘 새로운 형식의 고구려 수도성이었다.

427년 고구려가 집안의 국내성에서 수도를 평양으로 옮긴 후 첫 왕성으로 586년(평원왕 28년)에 장안성으로 옮길 때까지 사용된 왕궁성이었다. 배후에 대성산성을 축조해 평지성과 산성이 한 쌍을 이루는 전형적인 고구려 도성 체계를 보인다.

안학궁의 성곽 둘레는 248m, 넓이는 38만㎡에 달한다. 궁궐터는 남궁, 중궁, 서궁, 동궁, 북궁의 다섯 구역으로 나뉘며 3개의 중심축을 기준으로 동서 축으로 건물을 배치하였다. 성은 서남향으로 약간 기울어진 사다리꼴 형태인데, 이는 동북쪽으로 경사진 지형에 배치되었기 때문이다. 1958년 첫 발굴이 시작되어 현재까지 모두 52기의 건물지가 확인되었는데 궁전 터 21기, 회랑 터 31기였다. 성문은 6개소로 동 · 서 · 북에 각각 1개씩 내고 남쪽에 3개의 성문이 배치되어 있다. 성벽은 돌과 흙을 섞어 들여쌓는 방식으로 축조되었으며, 남 · 북 성벽에는 수구문도 있었다. 성벽의 네 모서리에 각루가 있었던 것으로 추정되며 동 · 서 성벽 바깥에는 폭 0.8~1.2m 깊이의 방어용 해자가 둘러져 있다.

남쪽 3개의 성문을 통하는 남북 중심축을 따라 남궁(외전), 중궁(내전), 북궁(침전) 3개의 큰 궁전이 차례로 놓이고, 북궁의 좌우에 동궁과 서궁이 웅장한 규모로 배치되어 있었다. 중궁 가운데 제1호 궁궐지가 정면 90.5m, 측면 33m의 매우 큰 규모를 가지고 있다. 궁전들은 회랑으로 서로 연결되어 있으며 크고 작은 다양한 정원들이 조성되어 있었다. 궁터 전반이 북쪽으로 약간 높아지는 경사지를 이용하여 건물들을 차츰 높게 만들어 궁궐의 웅장함을 강조한 것이 특징이다.

대성산성

대성산성(大城山城)은 북한 국가지정문화재 국보급 제8호로 평양시 대성구역 대성동 대성산에 있는 고구려 시기의 산성이다. 대성산성은 1958~1961년과 1970년에 본격적으로 조사되었지만 그 구간은 일부에 해당했다. 2000년대 남북 화해 국면에 들어서면서 고구려연구재단과 북한의 사회과학원 및 문화보존지도국 등이 2005년 7월 22일부터 7월 29일까지 평양 일대의 고구려 유적을 공동 조사하였다. 해발 274m 대성산의 주봉인 을지봉을 중심으로 여섯 봉우리의 능선을 따라 연결한 타원형의 포곡식 산성이다. 427년 고구려의 평양 천도 이후 첫 왕성이자 평지성인 안학궁을 대신해 유사시에는 왕성의 기능을 수행하기도 했다.

산성의 둘레는 7,706m이며 성벽의 총길이는 9,284m, 높이는 4~5m이다. 성벽은 2중 구조로 되어 있고 방어용 치는 모두 65개소가 확인되었다. 성문은 본래 20개 있었는데 남문이 정문이다. 대성산성 남문은 북한 국가지정문화재 국보급 제10호로 1978년에 복원하였다. 성안에는 행궁, 병영, 식량 창고와 무기고, 병영터, 각루 등 20여 곳의 건물지가 확인되었다. 대성산성 안에 식수와 용수의 원천으로 사용되던 연못들이 있는데 그 수가 170여 개에 이르며 북한 국가지정문화재 국보급 제11호로 지정되어 있다. 산성 남쪽에는 안학궁터가 있으며 동남쪽에는 고구려 고분군이 자리잡고 있다.

청암리 산성

청암리 산성(淸岩里山城)은 북한 국가지정문화재 국보급 제9호로 평양시 대성구역 청암동에 위치한 고구려 시기의 성이다. 청암리 산성은 안학궁성과 평양성의 중간쯤에 위치하며 반월형으로 서쪽은 금수산 능선을 따라 성벽을 쌓고 동쪽은 대동강 절벽을 성벽으로 하는 자연지세를 이용하였다. 성벽의 총둘레는 5km로 대부분 돌로 쌓았으나 일부는 흙으로 쌓기도 했다. 동 · 서 · 북에 성문이 있는데, 서문은 평양성의 북문인 현무문과, 북문은 대성산성 남문으로 이어지며 동문은 대동강과 연결된다. 동문 터에는 대동강 배가 성안으로 드나들던 운하의 흔적이 남아 있다. 성의 중앙에는 498년(문자왕 7년)에 세운 금강사(金剛寺)로 추정되는 절터가 남아 있다. 그 동쪽으로는 남북으로 긴 낮은 대지 위에 초석이 남아 있는데, 큰 건물이 있었던 자리로 추정된다. 청동 제품, 토기, 붉은색 기와 편 등 고구려 시대 유물이 다수 출토되었다. 청암리 산성은 대성산성과 밀접한 관계가 있으며, 평양성의 북쪽을 보호하는 중요한 역할을 하였던 성으로 보인다.

평양성

평양성(平壤城)은 북한 국가지정문화재 국보급 제1호로 평양시 평천

구역, 중구역에 위치한 고구려 성터이다. 평양성은 552년(양원왕 8년)에 짓기 시작해 586년(평원왕 28년)에 완성한 고구려 최후의 수도성인 장안성으로 정치 · 경제 · 군사적으로 유리한, 현재 평양의 중심지인 중구역과 평천구역에 걸쳐 도성을 축조하고, 586년에 이곳으로 천도하였다. 북쪽에 금수산이 솟아 있고 동 · 서 · 남 세 면을 대동강과 보통강이 해자로 둘러막아 방어에 유리하였다.

평양성은 크게 궁성인 내성, 관청이 있었던 중성, 백성들의 거주구역인 외성, 내성을 보호하는 역할을 했던 북성 등 4개 구역으로 나뉜다. 내성은 을밀대에서 남산재에 이르는 지대이고, 북성은 내성의 북쪽 모란봉과 전금문 일대를 포괄한다. 성벽은 돌로 쌓거나 돌과 흙을 섞어 쌓기도 했는데 능선에는 외면 축조 방식을, 평지에는 양면 축조 방식을 썼다. 성벽의 둘레는 약 16km, 총연장 길이는 23km에 달하고, 내성 · 중성 · 외성에는 각각 4개의 성문이 있으며 북성에는 남문과 북문을 두었다. 외부로 통하는 중요한 성문들에는 옹성을 쌓았다. 외성에는 바둑판 모양의 이방(里坊)들이 발견되었고 운하도 팠다. 북성은 내성의 보위성으로 여기에는 사원 등도 배치하였다. 또한 성에는 7개의 장대를 두었는데, 그 대표적인 것이 내성의 을밀대(국보 유적 제19호)와 북성의 최승대(국보 유적 제21호)이다. 평양성 축조와 관련한 내용을 새긴 글자가 새겨진 성돌(국보 유적 제140호)이 발견되었는데, 성돌에는 평양성의 축성 연대 및 공사 책임자의 이름과 벼슬, 담당 구간과 공사 일정 등이 새겨져 있다. 이 돌의 내용을 통해 평양성 축성 당시 고구려의 5부가 동원되었으며, 각 구간별 감독관의 감독하에 건설되었다는 것을 알 수 있다.

현재 남아 있는 성문은 대동문(내성의 동문, 국보 유적 제4호), 칠성문(내성의 북문, 국보 유적 제18호), 보통문(중성의 서문, 국보 유적 제4호), 전금문(북성의 남문, 국보 유적 제22호), 현무문(북성의 서문), 정양문(중성의 서문), 차피문(외성의 남문), 다경문(외성의 서문)이다.

3) 고구려의 사찰과 무덤군

고구려에는 372년(소수림왕 2년)에 불교가 들어와 375년에 초문사(肖門寺), 이불란사(伊弗蘭寺)가 창건되었고, 392년(광개토왕 2년)에는 평양에 9개의 절이 창건되었다. 또한 498년(문자왕 7년)에 금강사(金剛寺)가, 영류왕 때는 영탑사(靈塔寺)와 육왕사(育王寺) 등 많은 절이 건립되었다. 지금까지 발굴되었거나 그 터가 알려져 있는 사찰은 평양의 금강사지(金剛寺址), 정릉사지(定陵寺址)를 비롯하여 광법사지, 상오리사지, 청호리사지, 영명사지 등이다.

금강사터

금강사터(金剛寺址)는 북한 국가지정문화재 국보급 제25호로 평양시 대성구역 청암토성 내에 있는 고구려 시대 절터이다. 청암리사지라고 부르기도 하며 현재는 고구려의 금강사지로 보고 있다. 금강사지는 평양 부근의 원오리사지, 상오리사지, 정릉사지와 함께 고구려의 대표 사찰이다. 1938년에 발굴 조사한 결과 금강사는 6세기에 창건되었으며 목탑을 중심으로 좌 · 우 · 북쪽에 1개씩 금당을 배치한 1탑 3금당 형식의 전형적 고구려 가람 배치를 보인다. 목탑은 이 절의 중심 건물로 탑 터의 평면은 8각형으로 기단 한 변의 길이가 10m

안팍이며 둘레는 0.7m 너비로 둥근 돌을 돌려 깔고 탑에서 사방 건물까지 돌로 포장한 통로가 이어져 있다. 남향으르 중문, 안에 팔각 목탑이 배치되고 그 동서에는 2개의 금당 건물 터, 북쪽에는 3개의 건물 터가 동서로 나란히 배치되어 있었음이 확인되었다. 이러한 배치는 정릉사지에서도 보이며 일본의 최초 사찰이었던 아스카사지(飛鳥寺)에서도 보이는 구조로 당시 고구려와 일본의 교류 관계를 알 수 있다.

광법사

광법사(廣法寺)는 북한 국가지정문화재 국보급 제164호로 평양시 대성구역 대성동 대성산성 안에 있는 고구려 시기 절로 알려져 있다. 고구려 광개토왕대에 평양 지역에 세운 절 가운데 하나이다. 1727년(영조 3년)에 세운 '광법사적비'에는 고구려에 불고를 전한 아도화상(阿度和尙)이 가지고 온 불경을 맞이하여 창건한 절로 대성산에 있었던 여러 사찰들 중 규모가 가장 컸다고 전하고 있다. 또한 고려말 고승 나옹선사(懶翁禪師)가 인도 승려 지공화상(指空和尙)으로부터 법을 전수받고 이 절에 머무르고 있었는데 원나라 황제가 금자화엄경첩(金字華嚴經帖)과 금강저 한 쌍을 하사하여 이 사찰에 두었다고 한다.

광법사는 1727년에 보수한 후 한국전쟁으로 대부분 파괴되었으나 1990년 재건되었다. 이 절은 해탈문, 천왕문, 대웅전, 동 · 서 승당, 팔각 오층탑(국보 유적 제185호) 등으로 이루어졌다. 하나의 탑을 중심에 놓고 네 면에 대칭으로 건물들을 배치하는 구도는 고구려 때

흔한 가람 배치이다. 광법사에는 오래전부터 전해오는 연못과 1727년에 세운 광법사적비, 이후 758년에 세운 광법사중수단청비, 당간지주 등이 남아 있다. 팔각 오층 석탑은 기단부 형식, 옥개석 형태 등으로 보아 고려 시대 초기 양식에 해당한다.

정릉사

정릉사(定陵寺)는 북한 국가지정문화재 국보급 제173호로 평양시 역포구역 용산리에 위치하며 동명왕릉 남쪽 약 100m 떨어진 산기슭에 있는 고구려 시대 사찰 터다. 북한에서는 고구려의 건국 시조 동명왕의 명복을 빌기 위하여 동명왕릉을 옮겨올 때 함께 지은 절로 보고 있다. 고구려 사지로서는 가장 규모가 크고 양호한 상태로 남아 있는 곳이다.

1973년 발굴 조사되어 1993년 동명왕릉과 함께 개건되었다. 발굴 당시 절 뒤편 우물에서 '정릉(定陵)', '능사(陵寺)'라는 글자를 새긴 그릇과 기와가 출토되었다. 확인된 건물지는 18개소, 회랑지 10개소였으며 절터는 남북 132.8m, 동서 223m, 총면적 30,000㎡에 달하며 팔각탑이 있다. 중문, 탑, 금당, 강당 등은 남북 중심축상에 놓였고 그 밖의 건물은 탑의 좌우에 대칭으로 배치되어 있다. 절터는 회랑으로 5개의 구역으로 나누어진다. 전형적 고구려식 1탑 3금당식 가람 배치는 금강사와 일본 나라현에 있는 아스카사에서도 찾아볼 수 있다. 중금당인 보광전은 중층의 건물로 석가여래좌상을 중심으로 문수보살과 보현보살을 봉안하였으며 동금당인 용화전에는 미륵불, 서금당인 극락전에는 아미타여래입상과 관음보살, 지장보살을 봉안하였다. 외고래의 구들과 기와 조각들로 쌓아 만든 굴뚝개자리들은 고구려의 독특한 온돌 시설을 보여준다.

정릉사 마당에는 북한 국가지정문화재 국보급 제184호인 팔각 칠층 석탑이 있다. 원래는 목탑으로 팔각탑지만 남아 있었다. 팔각탑지는 8각형의 목탑을 세웠던 자리로 그 돌기단 너비는 20.4m이며 팔각형 한 변의 길이는 약 8.4m이다. 현재 복원된 정릉사에는 탑을 중심으로 한 기본 골격만 세웠으며, 중앙의 팔각탑은 목탑이 아닌 석탑을 세웠다.

상오리절터

상오리절터(上五里寺址)는 평양시 대성구역 내 임흥동에 있던 고구려 절터이다. 유적이 발견된 당시의 지명을 따 상오리절터라고 한다. 고구려의 평양성(장안성) 동북쪽의 대동강 북안에 위치하며, 서북쪽 약 2km 정도 떨어진 지점에 청암리 금강사지가 있고 동북쪽 약 4km 지점에 안학궁터가 있다. 1938년에 조선고적연구회 사업의 일환으로 사이토 다다시(齋藤忠) 등이 발굴 조사하면서 팔각 목탑 건물지를 중심으로 구성된 고구려의 전형적 가람 배치인 '1탑 3금당'식 사찰임이 확인되었다. 상오리사지는 평지 절터로 고구려 와당, 금동으로 만든 유물 등 약 20여 점의 유물이 출토되었다. 특히 '동(東)'자가 새겨진 암키와가 발견되었다.

법운암

법운암(法雲庵)은 북한 국가지정문화재 국보급 제13호로 평양시 만

경대구역 용봉리 용악산에 있는 영명사의 부속 암자다. 「법운암불형전답단월기적비」에 의하면 고구려 시기에 창건되고, 조선 시대에 중수한 것으로 전해오고 있다. 이 암자 주변에서 고구려 시대의 기와 조각, 성돌 들이 있어 고구려의 유적지임을 알 수 있다. 본전의 축댓돌도 고구려 성돌과 같은 수법으로 다듬어져 있다. 이 암자는 용악산 중턱 경사지에 위치했는데, 터가 좁아 전면에 길게 축대를 쌓은 후 그 위에 본전을 지었다. 이 암자에는 현재 본전과 칠성각, 산신각, 독성각, 요사채 등 5동의 건물이 남아 있다.

중흥사 당간지주

중흥사 당간지주(重興寺 幢竿支柱)는 북한 국가지정문화재 국보급 제147호로 평양시 모란봉구역 인흥1동에 있는 중흥사의 당간지주이다. 393년(광개토왕 2년)에 세워진 것으로 전해진다. 높이는 약 4m, 너비는 약 59~66㎝, 두께는 46~53㎝이다. 두 기둥 사이에 당간을 끼워 세우게 되어 있다. 현재 남아 있는 당간지주 중 가장 오래된 것으로 추정되나 현재 중흥사는 폐사되고 당간지주만 남아 있다. 절터에서는 고구려 시기의 기와 편들이 다량 출토되었다.

영명사 팔각석불감

영명사 팔각석불감(永明寺 八角石佛龕)은 북한 국가지정문화재 국보급 제148호로 평양 모란봉구역 개선동 용화사 내에 있는 불감(佛龕)이다. 고려 초기에 만들어진 것으로 추정되며 광개토왕이 평양에 세운 9개의 절 가운데 하나였던 영명사지에 있었다고 전해진다. 현재는 용화사(국보유적 제163호)로 옮겨 보관하고 있다. 을밀대와 최승대 중간에 있는 영명사는 392년(광개토왕 2년)에 창건하였다고 전해진다. 1894년 청일전쟁 때 거의 불타버렸으며, 1922년에 대웅전을 중건하였다. 불감은 불상을 모시기 위해 만든 집이나 방을 말하는데, 이 석불감은 고려 초기에 건립되었다. 석불감은 2단의 팔각 기대석 위에 감실을 만들고 그 위에 옥개석과 상륜을 올린 구조이다. 8각형의 기대석 위에는 장방형의 화강암 면석 4개를 세워 벽체 없이 사방이 트이게 만들었다. 면석의 외면에는 삼존과 사천왕 및 기타 조각을 새겼고 내면에는 사방불이 조각되어 있다. 내부에는 석불좌상을 봉안할 수 있는 작은 8각 받침돌이 있다. 석면 위에 옥개석을 얹고 보주와 노반을 갖추었으나 현재는 없다.

대성산 고구려 무덤 떼

대성산 고구려 무덤 떼(大城山高句麗古墳群)는 북한 국가지정문화재 국보급 제12호로 평양시 대성구역 대성산 일대(고산동, 안학동, 삼석구역 장수원동)의 대고분군에 속하는 약 20여 기의 무덤군이다. 고구려가 평양 지역에 진출한 3세기경부터 7세기에 이르기까지 형성된 고분군으로 주로 적석총과 석실 봉토분이 확인되며 규모와 형태는 연대와 피장자에 따라 다르다. 주로 인물 풍속도, 사신도 등이 그려져 있는 벽화 고분이 많은데 고산동 고분(1 · 7 · 9 · 10호)과 개마 고분, 내리 1호분, 호남리 사신 무덤 등이 있다. 이 중 고산동 7 · 10호분은 인물 풍속도가 그려져 있으며 고산동 1 · 9호분과 개마고분은 사신도가 그려져 있다.

호남리 사신 무덤

호남리 사신 무덤(湖南里四神塚)은 북한 국가지정문화재 국보급 제26호로 평양시 삼석구역 호남리에 있는 고구려의 봉토 석실 벽화 무덤이다. 호남리 부락 야산 일대에 분포하고 있는 고구려 봉토 석실분들 중 규모가 가장 크다. 무덤길과 널방으로 이루어진 한 칸 무덤으로 남쪽을 향하고 있으며 내부는 모두 대리석을 이용하여 축조하였다. 널방은 동서로 긴 장방형으로 크기는 동서 3.6m, 남북 3.1m, 높이 3m 정도다. 무덤길은 널방의 남벽 중앙에 위치하며 천장은 평행 삼각 고임 천장으로 구성되어 있다. 천장에는 벽화가 없으며 널방 네 벽면에 사신도가 그려져 있다. 벽화는 돌 위에 그려 있는데 벽에 회를 칠하지 않고 바로 그림을 그렸다. 사신도의 청룡은 다른 청룡도와 달리 머리를 뒤로 돌리고 있으며, 주작은 머리에 장식이 없고 깃과 꼬리도 단순하게 그렸다. 이러한 벽화의 양상으로 미루어 5세기 말, 6세기 초에 조성된 초기 사신도 무덤으로 추정된다. 2004년에 유네스코 세계문화유산으로 등재되었다.

용산리 고구려 무덤 떼

용산리 고구려 무덤 떼(龍山里高句麗古墳群)는 북한 국가지정문화재 국보급 제15호로 평양시 역포구역 용산리의 제련산 남쪽 기슭에 위치한 고구려 고분군이다. 동명왕릉을 중심으로 뒤쪽에 9기, 맞은편 동남쪽 설매동 능선에 5기가 있다. 총 15기의 고분들은 모두 봉토 석실분이다. 벽화 고분은 동명왕릉과 진파리 1호분, 4호분 등 3기이다.

진파리 제1호 무덤

진파리 제1호 무덤(眞坡里第一號墓)은 북한 국가지정문화재 국보급 제181호로 평양시 역포구역 용산리에 있는 고구려의 봉토 석실 벽화 무덤이다. 동명왕릉의 동북쪽 구릉의 사면에 위치하며 남향의 방대형의 봉분을 가진 단칸 구조 무덤이다. 북한에서는 고구려 중기의 인물인 장군 고흘(高紇)의 무덤으로 추정하기도 한다. 봉분 한 변의 길이는 30m, 높이는 7m 정도이며 무덤길과 남북이 긴 장방형의 널방으로 이루어져 있다. 천장은 평행 삼각 고임식 천장으로 판석을 이용하여 벽을 축조한 뒤 회를 바르고 그 위에 벽화를 그렸다. 무덤길은 널방 남벽 중앙에 위치하며 안으로 들어가며 차츰 높이가 낮아져 현문이 있는 곳에서는 163cm 정도이다.

벽화는 무덤길과 널방의 벽과 천장에 그렸으며 그림의 주제는 사신도로 나무, 해, 달, 새, 구름, 인동문, 연화문 등으로 무덤 전체를 화려하게 장식하였다. 동벽에는 청룡, 서벽에는 백호가 그려져 있으며 구름과 인동, 연꽃이 역동적이고 생동감 있게 그려져 있다. 그러나 진파리 4호 무덤과는 달리 구름을 타는 천인(天人)이 없다. 남벽에는 입구 양 벽에 한 쌍의 주작이 막 날아오를 듯한 자세로 마주보고 있다. 북벽에는 두 그루의 소나무 사이에 현무가 그려져 있는데, 소나무 그림은 분방하고 활발한 선과 싱싱한 생동감이 넘치는 사실적 표현으로 널리 알려져 있다. 천장에는 연꽃과 인동, 구름 무늬 등이 화려한 색채로 장식되었으며 천장 중앙의 막음돌에는 해와 달을 묘사하는 둥근 원이 있고 각각의 원 안에는 태양을 상징하는 삼족오와 달을 상징하는 두꺼비를 그려 넣었다.

벽화에서 보이는 화풍은 중국 남조 시대의 것과 유사한 점이 많아 고구려와 중국 남조와의 문화적 교류를 짐작하게 해준다. 사신의 비중이 늘어난 것으로 미루어 축조 시기는 진파리 4호 무덤보다 늦은 대략 6세기 말로 추정된다. 벽화의 보존 상태는 비교적 양호하나 탄산칼슘 층이 벽화 안료 층을 덮는 현상이 확인된다. 안료 층의 박락을 방지하기 위한 보존 과학적 연구와 조치가 필요하다. 2004년에 유네스코 세계문화유산으로 등재되었다.

진파리 제4호 무덤

진파리 제4호 무덤(眞坡里第四號墓)은 북한 국가지정문화재 국보급 제180호로 평양시 역포구역 용산리에 있는 고구려의 봉토 석실 벽화 무덤이다. 진파리 4호 무덤은 1호분의 서북쪽 산기슭 능선에 위치하며 용산리 고분군에서 가장 후방에 있다. 남향의 방대형 봉분을 가진 단칸 구조 무덤으로 북한에서는 평강공주와 온달장군의 합장분으로 추정하기도 한다.

봉분 한 변의 길이는 23m, 높이는 6m이며 무덤길과 장방형의 널방으로 이루어져 있다. 천장은 평행 삼각 고임식으로 널방의 네 벽은 넓은 판돌로 축조한 후 회를 바르고 그 위에 벽화를 그렸다. 벽화의 주 내용은 사신도이다. 무덤길에는 연못을, 사신도가 그려진 널방 벽면의 상부에는 신선도를 그려 넣었다. 금가루(金粉)를 이용하여 벽화가 매우 화려하고 동벽과 서벽에는 각각 청룡과 백호, 신선도를 그렸다. 남벽에는 한 쌍의 주작과 소나무로 추정되는 수목을 그렸으나 퇴색되어 매우 희미하게 남아 있으며 북벽 상부에는 구름과 연꽃 사이로 하늘을 나는 천인을 그렸으나 하부에는 박락이 심해 명확하지 않다. 원래 현무가 있어야 할 자리이나 보고서에 따르면 남은 흔적으로 미루어 현무보다는 용에 가깝다고 한다. 천장에는 인동 연꽃 무늬와 함께 금가루로 별자리를 그려 넣어 화려하다.

벽화의 내용 및 구조로 미루어 사신도 무덤으로 이행되기 이전 과도기 단계의 무덤으로 추정되며 축조 시기는 대략 6세기 중반에서 말기로 보인다. 2004년에 유네스코 세계문화유산으로 등재되었다.

1.2
고려의 수도, 개성의 문화재[11]

고려는 왕건에 의해 918년에 세워져 1392년까지 474년간 34대에 걸쳐 개성을 수도로 한 왕조이다. 개성의 역사 유적 중 가장 눈에 띄는 것이 무덤 유적이었다. 개성이 고려 500년 동안 수도로 자리하면서 왕족들의 능이 개성 일대에 조성되었기 때문이다. 또한 고려 시대의 국교였던 불교와 관련된 사찰, 수도를 방어하기 위한 성곽을 비롯한 다양한 군사 시설, 다양한 관청들의 건축물도 다수 남아 있어 찬란했던 고려 문화를 체감할 수 있게 한다. 6.25전쟁 기간 휴전 회담이 열린 지역이었기 때문에 상대적으로 폭격 피해도 적었다. 개성의 역

---

11 개성의 북한 문화재에 대한 참고자료는 다음과 같다. 국립중앙박물관, 1996,『북녘의 문화유산』, 서울: 도서출판 삼인; 조선유적유물도감 편찬위원회, 2000,『북한의 문화재와 문화유적. 3 고려편』, 서울: 서울대학교 출판부; 박성진 외 2인, 2012,『북한 국보유적 연혁 자료집』, 대전: 국립문화재연구소; 박성진 외, 2013,『개성의 문화유적–개성』, 대전: 국립문화재연구소; 북한지역정보넷 www.cybernk.net

사 유적 중 왕건릉, 공민왕릉, 선죽교 등은 비교적 잘 보존 관리되고 있다.

개성은 평양과 함께 세계문화유산에 등재되어 있다. 개성 지역은 2005년부터 진행된 세계문화유산 등재 노력으로 2013년 제37차 유네스코 세계유산위원회에서 세계유산으로 등록되었다. '개성역사유적지구'는 12개 유적으로 이루어졌는데, 왕건왕릉과 경효왕릉(공민왕릉), 개성 성곽, 개성 남대문, 선죽교, 표충비, 숭양서원, 고려 성균관, 만월대, 개성 첨성대, 칠릉떼, 명릉떼이다.

1) 고려 시대의 성과 그 부속 건물

만월대

만월대(滿月臺)는 북한 국가지정문화재 국보급 제122호로 황해도 개성시 송악동 송악산 남쪽 구릉지에 위치한 고려 왕궁 터다. 919년(태조 2녀)에 창건된 이후 1361년(공민왕 10년) 홍건적의 침입으로 소실될 때까지 고려 정궁(正宮)으로 이용되었다. 만월대라는 이름은 조선 시대부터 불린 이름으로 이 궁궐 안에 음력 정월 대보름달을 바라보기 위해 만든 '망월대(望月臺)'에서 유래된 것이다. 고려 궁성 터 전체를 가리키는 이름이기도 하고 제1정전인 회경전을 중심으로 한 중심부의 주 건축군만을 가리키기도 한다. 만월대에 대한 남북 공동 발굴 조사는 2007년부터 시작해 2018년까지 총 8차례에 걸쳐 진행되었으나 남북 관계의 경색으로 현재는 발굴이 완료되지 않은 채 중단된 상태이다. 이 조사에서 제2정전인 건덕전으로 추정되는 건물지를 비롯 대형 축대 3개, 건물지 40여 동, 대형 계단 2개가 확인되었으며, 만월대 금속 활자를 비롯 원통형 청자, 기와 조각, 도기, 철제 장식 등 약 60만여 점의 다양한 유물들이 출토되었다.

송악산 남쪽 구릉의 넓은 대지에 자연지세에 따라 자리한 지형적 특징으로 높은 축대 위에 여러 건물을 세웠는데 남북 중심축 선을 따라 만든 다른 궁궐과 달리 지형에 따라 건물군의 중심축을 달리하였다. 궁궐은 왕이 정사를 보던 제1정전(正殿)인 회경전(會慶殿)을 비롯하여 장화전(長和殿)과 원덕전(元德殿)으로 이루어진 '중심 건축군'을 중심으로 건물들이 배치되었다. 서쪽으로는 제2정전인 건덕전(乾德殿)을 비롯 편전인 중광전, 선정전, 만령전, 장령전, 연영전, 왕실 사묘인 경련전 등이 있으며, 동쪽으로는 세자가 머물렀던 수춘궁(壽春宮)을 두고 북쪽으로는 궁궐의 정원인 금원(禁苑)이 자리한다.[12] 동서 445m, 남북 150m, 넓이 약 39만㎡ 대지의 넓지 않은 공간에 많은 건물들을 계단식으로 배치하여 궁궐의 위엄을 드러내었다. 회경전은 정면 9칸, 측면 4칸의 규모로 전면에 4개의 계단이 있으며 좌우에 행각이 붙어 있다. 황성에는 13개의 성문과 15개의 궁문이 있었다고 전해진다. 황성의 동문이자 정문인 광화문, 궁성의 남문이자 정문인 승평문(昇平門)을 통과해 여러 문을 거쳐 회경전으로 연결되며 동쪽에는 동궁으로 가는 춘덕문(春德門), 서쪽에는 왕의 침전으로 통하는 태초문(太初門)이 있었다.

---

12 남창근, 2020, "고려 본궐 만월대 주요 전각 위치와 배치 체계." 『중앙고고연구』32, 중앙문화재연구원, p. 111.

만월대가 있는 송악산 남쪽은 고려를 건국한 태조 왕건의 선조대부터 대대로 왕건 가문이 저택을 짓고 살아왔던 곳이었다. 태조 왕건은 개경으로 천도한 919년에 이곳에 궁궐을 지었다. 거란의 침입, 이자겸의 난, 몽골의 침입 등으로 인한 화재로 훼손되었으나 증축과 보수가 거듭되었다. 고려가 황제국임을 선포한 광종대에도 대규모로 증축되었으며, 최전성기인 현종대(1023년 경)까지 약 100여 년에 걸쳐 점진적으로 확장되었다. 창건 당시는 서부 건축군을 중심으로 궁궐이 조성되었다가 현종대를 기점으로 황궁으로서의 위상에 맞는 중심 건축군과 동부 건축군, 구정(毬庭) 영역 등이 완성된 것으로 볼 수 있다.[13] 고려 궁성인 만월대는 전각들이 대부분 소실되고 터만 남았지만 전해지는 기록을 통해 크고 웅장하며 매우 화려했음을 짐작할 수 있다. 제37차 유네스코 세계유산위원회에서 세계유산으로 등록되었다.

발어참성

발어참성(勃禦塹城)은 북한 국가지정문화재 국보급 제129호로 황해도 개성시 만월동 송악산 기슭에 위치한 고려 시대 성터이다. 보리참성(菩提塹城) 혹은 밀떡성이라고도 불린다. 896년 왕건의 아버지 왕륭에 의해 축조되었으며 898년에 완공되었다. 성의 둘레는 약 8.7㎞이며 북벽과 서벽, 동벽의 일부는 돌로 쌓았고 나머지는 흙으

13 남창근, 2020, "고려 본궐 만월대 주요 전각 위치와 배치 체계", 『중앙고고연구』 32, 중앙문화재연구원, p. 109~111.

만월대
출처: https://en.m.wikipedia.org/wiki/File:%EB%A7%8C%EC%9B%94%EB%8C%80.jpg

로 쌓았다. 고려를 건국한 왕건이 수도를 개성으로 옮기면서 발어참성 안에 왕궁을 지었고, 1029년 개성의 나성을 쌓은 이후부터 고려가 멸망할 때까지 발어참성은 궁성을 지키는 왕성의 역할을 하였다. 송악동 일대를 포괄하고 있으며 북벽과 서벽은 크고 작은 자연석으로 면을 맞추어 바깥쪽만 쌓은 단축 성벽 구조이다. 성벽의 높이는 6~8m이며 성벽 위에는 성가퀴를 쌓았다. 성문은 서문이었던 눌리문의 홍예만 남아 있다.

개성 옛성

개성 옛성(開城古城)은 북한 국가지정문화재 국보급 제130호로 황해북도 개성시에 있는 고려 시대 수도 방어를 위해 축조한 성곽이다. 개성 시가지를 둘러쌌던 고려 시대의 수도성으로 개성성 또는 나성,

외성이라고도 한다. 11세기 초 거란의 3차에 걸친 침입 이후 방어상의 필요성을 제기한 강감찬의 건의로 1009년(고려 현종 1년)에 시작해 1029년(현종 20년)까지 21년간 장정 30만4천여 명을 동원해 도시 전체를 둘러싼 성을 완공하였다. 송악산 정상에서 시작하여 높은 산봉우리들을 거쳐 송악산 남쪽 사면과 남산을 돌아 개성 시가지 전체를 둘러쌓은 평산성식 도성이다. 둘레는 약 23㎞, 성벽의 높이는 약 3~4m정도이며, 자연 환경에 따라 돌이나 흙을 이용하여 축조하였다. 동서남북에 각각 동대문(숭인문), 오정문(선의문), 비전문(회빈문) 등 4개의 큰 성문과 중간 성문 8개, 작은 성문 13개가 있었다. 큰 성문들과 중요한 성문에는 옹성과 치를 쌓아 방어를 강화하였다. 현재 성문은 터만 남아 있다. 고려 말기인 1391년부터 성 안에 8.5km의 내성(반월성)이 축조되면서 개성성은 궁궐, 황성, 내성, 외성으로 이루어지게 되었다. 제37차 유네스코 세계유산위원회에서 세계유산으로 등록되었다.

개성 남문(開城南門)

개성 남문(開城南門)은 북한 국가지정문화재 국보급 제124호로 황해북도 개성시 북안동에 위치한 옛 성문이다. 1391년(공양왕 3년)에 축조를 시작해 1394년(태조 3년)에 완공된 내성(內城)의 정문이다. 고려는 11세기 초 거란족의 침입을 계기로 도성 전체를 둘러싼 나성(羅城)을 건설하였으며, 나성 영역 내의 주요 부분을 방어하는 내성은 고려 말 홍건적과 왜구의 침입 등을 겪으면서 추가로 건설하였다. 내성의 남쪽 문이었던 개성 남문은 개성 시가지 중심부인 십자로에

개성 남문
출처: https://ko.wikipedia.org/wiki/%EA%B0%9C%EC%84%B1_%EB%82%A8%EB%8C%80%EB%AC%B8#/media/%ED%8C%8C%EC%9D%BC:Nam_Gate_in_Kaesong.jpg

위치하며 문루에 종을 달아 시각을 알렸다고 한다. 개성 남문은 현존하는 다포계 건축의 초기 양식을 보여주는 건물로 한국전쟁 때 파괴된 것을 1954년에 현재의 모습으로 복원하였다.

화강암을 곱게 다듬어 쌓은 장방형 축대 가운데에 무지개문(虹霓門)을 내고 그 위에 단층의 문루를 올린 형태이다. 문루는 정면 3칸, 측면 2칸의 팔작지붕 건물로 둥근 나무 기둥을 세웠다. 문루 가장자리의 기둥은 안쏠림을 주었으며 정면의 가운데 칸을 양쪽 칸보다 넓게 하여 중심 부분을 강조하였다. 관청 건축에 많이 쓰이는 모루단청을 입혔으며, 문루의 가운데는 마루를 깔고 천장은 전부 통천장으로 하였다. 남문의 현판은 조선 전기의 명필 한석봉(韓石峯)의 글씨를 집자(集字)한 것으로 알려져 있다. 문루 내부에는 고려 충목왕대에 원나라 양식으로 제작된 개성 연복사(演福寺) 종이 있다. 이 종은 본래 남대문 남쪽에 있던 연복사에 있었으나 1563년(명종 18년)에 연복사가 화재로 소실된 이후 남대문으로 옮겨진 것으로 알려져 있다. 개성 남문은 제37차 유네스코 세계유산위원회에서 세계유산으로 등록되었다.

개성 첨성대

개성 첨성대(瞻星臺)는 북한 국가지정문화재 국보급 제131호로 황해북도 개성시 송악동에 위치한 석조 구조물이다. 고려 시대 천문 관측을 위해 축조한 구조물로 속칭 만월대라고 하는 고려 궁성 터 서쪽 가장자리에 위치한다. 고려 초인 919년(태조 2년)에 만들어진 것으로 추정되나 축조 시기는 명확하지 않다. 현재 관측 기구를 올렸을 것으로 추정되는 석재 구조물만 남아 있는 상태이다. 개성 첨성대에 대한 조사는 북한에서 사회과학원 역사연구소와 김일성종합대학 역사학부에서 공동 조사하여 1994년『조선기술발전사 3』에 상세히 소개하였다.

화강암을 이용하여 축조된 석재 구조물은 5개의 사각형 주춧돌 위에 약 3m의 직사각형 기둥을 세운 뒤 기둥의 상부에 장대석을 올려 구조물의 상부가 방형의 형태를 가진다. 기둥은 네 모서리와 석대의 가운데를 받치고 있으며 석대 상단의 네 모서리에는 약 15cm 깊이의 원형 홈이 확인되는데, 난간이 있었을 것으로 추정된다. 바닥에서 석대의 상면까지는 계단으로 오르내렸던 것으로 추정되나 현재는 남아 있지 않다. 장대석을 사용하여 방형으로 형성된 구조물 상부의 안쪽으로는 1매의 장대석을 중앙에 배치하여 2개의 공간으로 구분한 뒤 각각 3개의 석재를 이용하여 공간을 메워 구조물의 상부를 형성하였다. 구조물 상부의 가장자리는 장대석과 평행하도록 홈이 나 있는데, 작성된 도면 등으로 볼 때 6개 가량의 원형 홈도 확인된다.

이 첨성대를 천문대일 것으로 처음으로 추정한 것은 1912년 일본의 기상학자 와다 유지(和田雄治)였다. 이를 연희전문학교 교수였던 루퍼스(W. C. Rufus)가 그대로 받아들이면서 지금까지 인정되었다. 경주 월성 앞에 있는 신라 시대의 첨성대와 더불어 실물로 전해지는 천문 관측대로 알려져 있지만 하늘로부터 권력을 위임받아 제왕으로 등극한 고려 태조 왕건의 탄생을 상징하는 건축물로 보는 견해[14]도 제기되었다. 개성 첨성대는 제37차 유네스코 세계유산위원회에서 세계유산으로 등록되었다.

2) 고려 시대의 무덤

왕건왕릉

왕건왕릉(王建王陵)은 북한 국가지정문화재 국보급 제179호로 황해북도 개성시 해선리에 위치한 고려 왕릉이다. 고려 태조 왕건(王建)과 왕비 신혜왕후(神惠王后)가 함께 안장된 합장분으로 본래의 명칭은 현릉(顯陵)이다. 송악산 지맥인 만수산의 나지막한 등성이에 위치하며 943년에 조성되었으나 전란이 있을 때마다 묘를 옮겼다.

---

14 정연식, 2011, “왕건 탄생의 낙성 설화와 개성 첨성대.” 『한국중세사연구』30, 한국중세사학회, p. 324~327.

1993년 북한 사회과학원 고고학연구소에 의해 발굴 조사되어 1994년에 대대적으로 복원 · 정비한 것이다.

왕릉은 서남향 방향으로 봉분의 높이는 약 8m이며 묘실의 내부에 벽화가 그려진 기단 봉토 석실 벽화분이다. 3단의 기단 위에 무덤을 축조하였으며, 1994년 재건할 때 봉분 둘레에 화강암으로 쥐, 소, 범 등 12지신을 새긴 12각의 병풍돌을 세우고 그 밖으로 돌난간을 새로 설치하였다. 무덤 앞에는 망주석 한 쌍, 문인상 한 쌍, 돌짐승 두 쌍, 상돌 한 개, 석등 한 개가 있다. 묘실의 동벽에는 매화나무와 청룡, 서벽에는 소나무와 백호가 그려져 있으며, 북벽의 벽화는 있었던 것으로 확인되나 도굴로 심하게 파괴되어 그 내용을 파악하기 어렵다. 묘실의 중앙에는 한 장의 큰 판석으로 제작된 관대가 놓여 있으며 내부에서는 금동 장식품을 비롯한 다수의 유물들이 출토되었다.

1992년 10월 현릉을 새로 단장하는 과정에서 봉분으로부터 북쪽으로 5m 떨어진 지점에서 머리에 관을 쓴 왕건 좌상이 발견되었다. 지하 2m의 사방 1.5m 화강암 석판 아래에서 발견되었는데, 금동 띠고리 1점, 옥띠 장식 11점, 옥띠 장식 붙임판 등의 장식품도 함께 출토되었다. 발견 초기에는 '청동 불상'으로 추정하기도 했으나 고려 태조 왕건의 동상으로 밝혀졌다.

능 입구에 있던 정자각은 한국전쟁 때 폭격으로 파괴된 것을 이후 954년에 복원한 것이다. 기본적으로 무덤 축조 당시의 모습을 보존하고 있어 고려 묘제 연구에 귀중한 가치가 있다. 왕건왕릉은 제37차 유네스코 세계유산위원회에 세계유산으로 등록되었다.

칠릉 떼

칠릉 떼(七陵群)는 북한 보존유적 제528호로 황해북도 개성시 해선리에 있는 옛 무덤 떼이다. 태조 현릉(顯陵)의 서북쪽 능선인 만수산 서남쪽 언덕 기슭에 7기의 고려 시대 고분들이 동서로 나란히 인접해 있다. 무덤의 피장자는 명확하지 않으나 문헌 및 출토 유물로 미루어 볼 때 고려 후기에 조성된 왕릉급에 해당하는 능으로 추정된다. 서쪽 가장 높은 곳에서 동쪽 아래로 내려오면서 제1릉부터 제7릉까지 순번으로 부르고 있다. 7기의 능은 구조적으로 비슷하며 약 50m 이내의 간격으로 나란히 분포한다. 제37차 유네스코 세계유산위원회에서 세계유산으로 등록되었다.

명릉 떼

명릉 떼(明陵群)는 북한 보존유적 제549호로 황해북도 개성시 연릉리에 있는 옛 무덤 떼이다. 고려 29대 충목왕(忠穆王)의 능으로 알려진 만수산(萬壽山) 중턱에 자리하는 세 개의 능으로 어느 것이 명릉(明陵)인지 명확하지 않다. 능은 약 40~50m의 간격으로 나란히 위치하는데 서쪽에 위치한 순서대로 제1릉, 제2릉, 제3릉으로 불린다. 세 능 모두 중심부에 병풍석을 두른 봉분을 배치하였으며 주변으로 석주를 세운 뒤 난간석을 올렸다. 난간석의 외곽으로는 석수(石獸)를 배치하였는데 일부는 유실된 상태이다. 제1릉을 제외한 나머지 두 능은 봉분의 아래로 문인석(文人石)이 자리하는데 제1릉의 문인석은 유실된 상태이다. 제37차 유네스코 세계유산위원회에서 세계유산으로 등록되었다.

공민왕릉
출처: https://commons.wikimedia.org/wiki/File:Laika_ac_Tomb_of_King_Kongmin_(7993716946).jpg

공민왕릉

공민왕릉(恭愍王陵)은 북한 국가지정문화재 국보급 제123호로 황해북도 개풍군 해선리 무선봉 산중턱에 위치한 고려 시대 왕릉이다. 2기의 무덤을 동서로 나란히 세운 쌍릉 형식으로, 고려 31대 공민왕(恭愍王, 1330~1374년)의 무덤인 현릉(玄陵)과 왕비였던 노국대장공주(魯國大長公主, ?~1365년)의 무덤인 정릉(正陵)으로 이루어져 있다. 1365년(공민왕 14년) 노국공주가 세상을 떠나자 공민왕이 9년에 걸쳐 이 방대한 무덤 공사를 직접 지휘하였다.

봉토 석실분이며 무덤길과 널방으로 이루어진 한 칸 무덤으로 화강암 판돌을 이용해 축조하였다. 왕릉의 내부는 석실 구조로 현릉과 정릉을 연결하는 통로가 마련되어 있으며 석실의 동 · 서 · 북 세 벽면에는 12지를 상징하는 인물이 각각 4쌍씩 배치되어 있고, 천장에는 해와 북두칠성 등이 그려져 있다. 왕릉의 봉분은 12매의 석조 병풍을 돌렸는데 각각의 병풍석에는 12지를 상징하는 인물상과 연꽃무늬가 조각되어 있다. 봉분의 주위로는 난간석을 둘렀으며 난간석의 바깥으로는 석호(石虎)와 석양(石羊)이 번갈아 배치되어 있다. 봉분 아래쪽으로는 망주석(望柱石)과 장명등(長命燈) 및 문인석, 무인석이 두 쌍씩 정연하게 배치되어 있다. 경사단 아래는 수년 전에 새로 복구된 정자각과 능의 원찰인 광통보제선사(廣通普濟禪寺) 터와 비가 있다. 러일전쟁 기간인 1905년 일본에 의해 도굴된 뒤 해방 이후 현재의 모습으로 복구되었다.

고려 왕릉 가운데 가장 보존 상태가 좋지만 여러 차례에 걸친 도굴로 유물은 거의 남아 있지 않다. 공민왕릉은 고려말의 왕릉 형식을 대표하고 조선의 왕릉제에 큰 영향을 끼친 무덤으로 평가받는다. 제37차 유네스코 세계유산위원회에서 세계유산으로 등록되었다.

3) 고려 시대의 건축물

개성 성균관

개성 성균관(開城成均館)은 북한 국가지정문화재 국보급 제127호로 황해북도 개성시 방직동에 위치한 고려 시대 건물이다. 고려 성균관은 고려의 국가 최고 교육기관으로 세계적으로 가장 오랜 역사를 지녔다. 성균관 건물은 본래 고려 경종 당시의 별궁인 대명궁(大明宮) 터였으나 이후 외국 사신들이 머무르는 순천관(順天館)을 거쳐 유교 관련 업무를 담당하는 숭문전(崇文殿)으로 이용되었다. 992년(성종

개성 성균관

출처: https://ko.m.wikipedia.org/wiki/%ED%8C%8C%EC%9D%BC:Kaesong-Museum-Building-2014.jpg

11년)에 성균관의 전신인 국자감(國子監)을 설립하고 1089년(선종 6년)에 현재의 자리로 옮겨왔으며 1310년(충선왕 2년)에 성균관으로 고쳐 부르게 되었다. 국자감에서는 국자학, 대학, 4문학과 율학, 서학, 산학 등 6개 학과를 두고 국가 관리 양성 및 유교 교육을 담당하였다. 고려 시대의 건물은 임진왜란 때 소실되었고, 지금의 건물은 1602년(선조 36년)부터 1610년(광해군 2년) 사이에 다시 지은 것이다.

개성 성균관은 약 1만㎡의 부지에 명륜당, 대성전, 동무, 서무, 동재, 서재, 향실, 존경각 등 18동의 건물들이 남북으로 배치되어 있다. 명륜당(明倫堂)을 중심으로 하는 강학 구역이 앞쪽에 위치하고, 공자의 제사가 이루어지는 대성전(大成殿)을 중심으로 하는 배향 구역이 뒤쪽에 위치하는 '전학후묘(前學後廟)'의 배치를 이룬다. 대성전 좌우에는 학생들의 숙소였던 동재와 서재가 위치하는데, 각각 28칸으로 정면 9칸, 측면 3칸의 민도리계 맞배지붕 건물이다. 고려말 개혁에 앞장섰던 이색, 정몽주 등 이름 있는 학자들이 이곳에서 유학을 전수하였다. 조선 건국 이후 한양에 새롭게 성균관이 지어지면서 개성 성균관은 향교(鄕校)가 되었다. 현재는 겉모습은 그대로 두고 고려박물관으로 개조해 사용되고 있으며, 앞마당에는 국가 지정 천연기념물로 지정된 수령 1,000년의 은행나무와 느티나무가 자리하고 있다. 박물관에는 개성 근처에서 발굴된 여러 가지 유물들을 모아 전시하고 있으며, 뜰에는 주변의 절터에서 가져온 탑과 불상들을 모아 놓았다. 고려 성균관은 제37차 유네스코 세계유산위원회에서 세계유산으로 등록되었다.

영통사

영통사(靈通寺)는 북한 국가지정문화재 국보급 제192호로 황해북도 개성시 용흥동에 있는 고려 시대 사찰이다.

고려 현종(顯宗) 18년(1027년)에 창건된 사찰로 고려 태조(太祖) 왕건(王建)이 건립한 숭복원 자리에 새롭게 지은 사찰이다. 본래 숭복원은 태조의 증조부가 살던 암자를 확장한 사찰이었기 때문에 영통사는 고려 왕실과 깊은 관련이 있는 사찰로 고려의 역대 왕들이 자주 행차하였다. 또한 대각국사(大覺國師) 의천(義天)은 영통사에서 출가하여 천태종(天台宗)을 열었다. 이후 16세기경 화재로 소실되었으나 2003년 한국의 대한불교 천태종과 북한의 조선경제협력위원회가 공동으로 복원 사업을 추진하여, 2005년에 29개 동의 건물을 복원하였다. 현재 영통사 5층석탑(국보유적 제133호)을 비롯하여 당간지주

(幢竿支柱), 대각국사비(大覺國師碑, 국보유적 제155호) 등의 문화재가 자리하고 있다.

대흥산성

대흥산성(大興山城)은 북한 국가지정문화재 국보급 제126호로 황해북도 개성시 박연리에 있는 산성이다. 천마산성(天摩山城) 또는 성거산성(聖居山城)이라 부르기도 한다. 고려 시대 산성으로 알려졌으나 정확한 초축(初築) 시기는 알 수 없다. 다만 조선 숙종(肅宗) 2년(1676년)과 정조(正祖) 7년(1783년)에 보수한 기록이 확인된다. 성은 둘레 약 10.1km, 높이 약 4~8m인 석성으로 개성의 북쪽으로 자리하는 대흥산의 산봉우리를 연결하여 축조하였다. 자연 조건을 최대한 이용하여 능성과 평지 구간에만 성벽을 쌓았으며, 성벽에는 10개소에 치(雉)가 설치되어 있다. 산성에는 6개의 성문과 4개의 암문(暗門)이 있었다고 전하지만 현재는 북문에만 문루가 있으며 나머지 문들은 홍예(虹霓)만 남아 있는 상태이다. 성의 내부에는 제승당지(制勝堂址) 및 창고지 등이 남아 있으며, 명승지로 널리 알려진 박연폭포를 비롯 관음사, 대흥사 등의 사찰들이 자리한다.

선죽교

선죽교(善竹橋)는 북한 국가지정문화재 국보급 제159호로 황해북도 개성시 선죽동의 노계천에 있는 돌다리이다. 개성 남문에서 동북쪽으로 약 1km 떨어진 거리에 있는 자남산 남쪽 개울에 있는 다리로 길이 8.35m, 너비 3.36m의 화강암으로 만들어졌다. 『고려사(高麗

史)』 최충헌전(崔忠獻傳) 선지교(善地橋)의 기록으로 보아, 이 다리는 13세기 초 무렵 혹은 그 이전에 건설되었고 건설 당시의 이름은 선지교였다. 선죽교는 고려 말의 충신 포은(圃隱) 정몽주(鄭夢周)가 이방원(李芳遠)이 보낸 자객들에게 철퇴를 맞아 피살된 장소로 널리 알려졌으며, 그가 죽은 이후 다리 옆에 참대가 돋아났다고 하여 선죽교로 고쳐 부르게 되었다.

현재 이곳에는 난간이 있는 다리와 없는 다리가 있는데 난간이 있는 다리가 선죽교이다. 1780년(정조 4년)에 정몽주의 후손들이 사람이 다니지 못하도록 3단의 돌기둥으로 난간을 설치한 것이다. 난간이 없는 다리는 선죽교를 보존하고 일반인들이 통행할 수 있도록 새로 설치된 것이다. 다리 옆에는 '선죽교(善竹橋)'라고 새겨진 비석이

선죽교

출처: https://ko.wikipedia.org/wiki/%ED%8C%8C%EC%9D%BC:%EC%84%A0%EC%A3%BD%EA%B5%90.jpg

있는데, 이 비문은 개성 출신 명필 석봉(石峰) 한호(韓濩)의 글씨로 전한다. 다리의 석재 가운데 범자(梵字)가 확인되는 것으로 보아 개성시 묘각사지(妙覺寺址)의 다라니석당(陀羅尼石幢) 중 일부가 사용된 것으로 알려져 있다. 제37차 유네스코 세계유산위원회에서 세계유산으로 등록되었다.

4) 조선 시대의 건축물

숭양서원

숭양서원(崧陽書院)은 북한 국가지정문화재 국보급 제128호로 황해북도 개성시 선죽동에 있는 조선 시대 건물이다. 1573년(선조 6년)에 개성유수 남응운(南應雲)이 정몽주(鄭夢周)와 서경덕(徐敬德)을 추모하기 위해 정몽주가 살던 집터에 서원을 짓고 문충당(文忠堂)이라 하였다. 1575년(선조 8년)에 '숭양(崧陽)'으로 사액을 받아 사액서원으로 승격되었다. 이후 김상헌과 김육, 우현보 등 개성 출신 인물들을 추가로 배향하여 선현 배향과 지방 교육을 담당하게 되었다. 한국전쟁 시기에 심하게 파괴되었지만 이후 복구되었다.

숭양서원은 자남산을 등지고 그 동남쪽 경사지에 대칭적으로 규모 있게 배치되어 있다. 장방형으로 둘러싼 담장 앞에 난 바깥 3문으로 들어서면 마당 좌우에 학생들이 기숙하던 동재와 서재가 마주하고 있고 그 뒤에 강당이 있으며, 그 뒤로 안 3문을 지나면 사당이 있다. 서원 마당의 좌우에는 두 개의 비석이 자리하는데, 건물의 우측에 위치한 비석은 서원의 내력을 기록한 묘정비(廟庭碑)로 1811년에 세워진 것이다. 좌측에 위치한 비석은 대원군의 서원철폐령에 개성

해방 전의 숭양서원 전경
출처: https://en.m.wikipedia.org/wiki/File:Sungyang_Seowon.JPG

의 유생들이 숭양서원을 유지하도록 요청하여 승인을 받고 수리한 후 그 내력을 적은 기실비(記實碑)로 1872년에 세워졌다. 숭양서원은 서원의 전형적인 배치 형식과 건축 구조를 그대로 보존하고 있다. 제37차 유네스코 세계유산위원회에서 세계유산으로 등록되었다.

표충비

표충비(表忠碑)는 북한 국가지정문화재 국보급 제138호로 황해북도 개성시 선죽동에 위치한 선죽교 옆에 건립된 조선시대의 2기의 비이다. 두 개의 비석은 한 비각 안에 나란히 있는데, 모두 고려 말의 충신이었던 포은(圃隱) 정몽주(鄭夢周)의 충절을 기리기 위해 세웠다. 왼쪽의 것은 1740년(영조 16년)에 세워진 것으로 높이가 3.17m이고 모두 해서체로 쓰여 있다. 화강암으로 만든 거북 받침 위에 검은 대리석으로 만든 비몸을 세우고 팔작지붕 형태의 돌을 올린 형태이다. 비각은 정면 4칸, 측면 2칸의 팔작지붕 건물로 현존하는 비각 중 그 규모가 가장 크다.

비문의 앞면에는 왕이 선죽교에 대해 직접 쓴 시가 새겨져 있으며, 뒷면에는 1740년 9월 3일 영조의 개성 행차 시 선죽교를 돌아보고 비를 세웠다는 내용이 기록되어 있다. 오른쪽의 것은 1892년(고종 29년)에 세운 것으로 높이가 3.58m로 영조가 건립한 표충비와 동일하며, 고종의 개성 행차 시 제작된 것이다. 제37차 유네스코 세계유산위원회에서 세계유산으로 등록되었다.

관음사

관음사(觀音寺)는 북한 국가지정문화재 국보급 제125호로 황해북도 개성시 박연리의 천마산 기슭에 위치한 조선 시대 사찰이다. 970년(고려 광종 21년)에 법인국사(法印國師) 탄문(坦文)이 창건하여 1393년에 크게 확장하였으며 그 후 여러 차례 보수를 거듭하였다. 현재의 건물은 1797년(정조 21)에 중수한 것으로 본래 다섯 채의 건물이 자리하였던 것으로 전해지나 현재는 대웅전과 승방, 7층 석탑과 관음굴만이 남아 있다. 대웅전은 정면 3칸, 측면 3칸의 크지 않은 규모에 겹처마를 댄 다포계 우진각 지붕 건물이며 모서리 기둥에 안쏠림 기법을 이용하여 안정감을 주었다. 천장은 학과 봉황으로 장식하였으며 모루단청을 하였다.

관음사 뒤편에 자리한 관음굴은 관음사의 건립 이전부터 있었던 것으로 내부에는 대리석으로 제작된 2구의 관음보살상이 자리하였다고 전해진다. 이 보살상 중 1구는 현재 평양의 조선중앙력사박물관으로 옮겨져 보관되어 있다. 관음사대리석관음상(북한 국가지정문화재 국보급 제154호)은 고려 시대의 조각상으로는 보기 드문 대리석상으로 높이 1.2m의 돌부처 좌상이다. 전체적으로 화려하고 섬세한 조각 기술이 돋보이는 특징이 있다. 머리에는 화불이 있는 사각형의 각진 모자를 썼으며 화려하고 장식적인 천의와 영락 등이 드리워져 있다. 이러한 형식은 통일신라 시대의 불상 조각에서는 보이지 않는 것으로 원류는 중국 송대의 불상들과 관련이 있을 것으로 추정하고 있다. 관음사는 제37차 유네스코 세계유산위원회에서 세계유산으로 등록되었다.

1.3
고분 및 고분 벽화[15]

북한에는 많은 고구려 고분들이 산재해 있는데 대부분 평양시와 평안남도 남포시에 걸쳐 있다. 북한에 있는 고구려 시대 무덤은 5~6세기에 만들어진 것으로 추정되며 왕을 비롯한 왕족, 귀족들의 무덤으로 보인다. 북한에서 발견되는 고구려 고분들은 돌로 무덤방을 만들고 그 안에 당시의 생활상이나 사신도와 같은 그림을 벽화로 그린 게 일반적이다. 이러한 고분 벽화들은 풍부한 색채와 색조를 갖추고

---

15 북한의 고분과 고분 벽화에 대한 참고자료는 다음과 같다. 국립중앙박물관, 1996, 『북녘의 문화유산』, 서울: 도서출판 삼인; 김기웅, 1989, 『고구려고분 벽화』, 서울: 서문당; 조선유적유물도감 편찬위원회, 2000, 『북한의 문화재와 문화유적. 2 고구려편』, 서울: 서울대학교 출판부; 박성진 외 2인, 2012, 『북한 국보유적 연혁 자료집』, 대전: 국립문화재연구소; 김정배, 2005, 『남북공동유적조사보고서 : 평양 일대 고구려유적』, 서울: 고구려연구재단; 북한지역정보넷 www.cybernk.net

있고 생동감 넘치는 움직임을 보이기도 한다. 무엇보다 그들의 사후 세계관을 엿볼 수 있는 묘주와 주변 인물들의 다양한 모습부터 상상 속의 동식물과 별자리 관련 신화에 이르기까지 알차게 무덤 내부를 채우고 있다. 이러한 점이 높이 평가되어 2004년 많은 고구려 고분이 세계문화유산에 등재되어 인류의 소중한 문화유산으로 보호받게 되었다.

강서 세 무덤

강서 세 무덤은 북한 국가지정문화재 국보급 제28호로 남포시 강서군 삼묘리에 위치한 고구려 봉토 석실 벽화 무덤군이다. 강서 삼묘리 고분이라고도 하며 3기의 무덤이 삼각형으로 배치되어 있는데 규모에 따라 대묘, 중묘, 소묘로 불리며 원형의 봉분을 가지고 있다. 일찍이 벽화 무덤으로 알려졌으며 일제 강점기 이곳 군수였던 이우영(李宇榮)이 발굴했다고 전해진다. 이후 조선총독부의 지휘 아래 벽화 조사와 모사 작업이 이루어졌다.

고분은 화강암의 큰 판석을 이용하여 축조하였으며 무덤길과 방형의 널방을 가진 단칸 무덤이다. 3기의 무덤 중 강서소묘에는 벽화가 없으며 중묘와 대묘에 각각 사신도 벽화가 그려져 있는데 벽화는 모두 회칠을 하지 않은 벽에 바로 그렸다. 사신 그림은 밑그림 위에 화려한 원색을 덧칠해 기본 형태를 잡고, 그 위에 다시 검은 먹선으로 세부 및 윤곽을 완성한 기법을 사용했다. 강서대묘의 천장은 평행삼각고임 천장, 중묘는 평행고임천장, 소묘는 평행삼각고임 천장 구조이다. 대묘의 네 벽에는 사신도를 그렸으며 천장에는 인동문,

조선고적도보에 실린 강서대묘, 1915년

출처: https://ko.wikipedia.org/wiki/%EA%B0%95%EC%84%9C%EB%8C%80%EB%AC%98#/media/%ED%8C%8C%EC%9D%BC:%EA%B0%95%EC%84%9C%EB%8C%80%EB%AC%98_%EC%A1%B0%EC%84%A0%EA%B3%A0%EC%A0%81%EB%8F%84%EB%B3%B4.jpg

당초문, 연화문, 비천 및 용 등을 그려져 있다. 특히, 북벽에 그려진 현무도는 6~7세기 동아시아 최고의 회화 작품 가운데 하나로 평가되고 있다. 중묘에도 사신도가 그려져 있다. 대묘와 마찬가지로 인동문과 연화문, 일상과 월상 등을 사신도와 함께 그렸다.

한국전쟁 이후 무덤 내부의 온도를 조절하기 위한 U자형 통로가 만들어졌다. 1971년에는 석실 위를 타르 종이로 덮었고, 석실 위 5m 높이의 시멘트 돔이 설치되었다. 1989년에는 유리 및 금속 방벽이 설치되어 온도 및 습도 조절이 시도되었다. 벽화는 상대적으로 보존이 양호한 상태이며 2004년 유네스코 세계문화유산으로 등재되었다.

약수리 벽화 무덤

약수리 벽화 무덤(藥水里壁畫古墳)은 북한 국가지정문화재 국보급 제

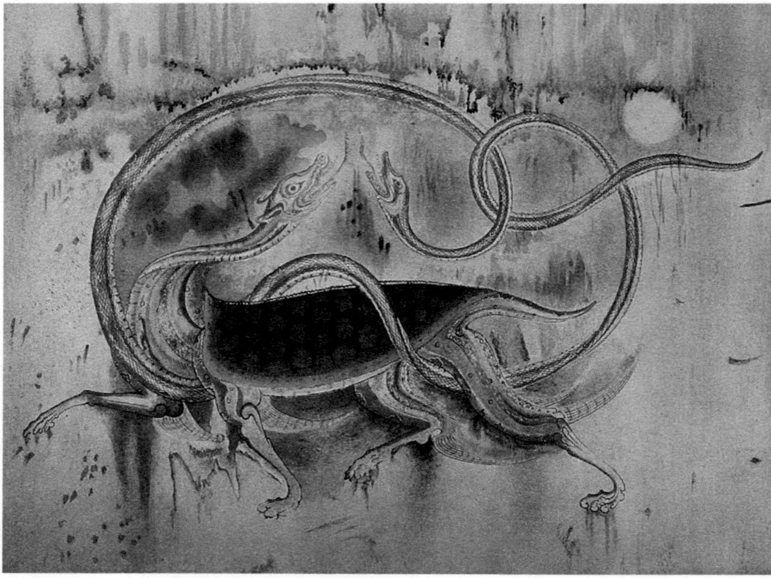

조선고적도보에 실린 강서대묘 속 벽화 현무도, 1915년

출처: https://ko.wikipedia.org/wiki/%EA%B0%95%EC%84%9C%EB%8C%80%EB%AC%98#/media/%ED%8C%8C%EC%9D%BC:%ED%98%84%EB%AC%B4_%EC%A1%B0%EC%84%A0%EA%B3%A0%EC%A0%81%EB%8F%84%EB%B3%B4.jpg

29호로 남포시 강서군 약수리에 위치한 고구려의 봉토 석실 벽화 무덤이다. 무덤길, 앞방, 널방으로 이루어진 두 칸 무덤으로 앞방 옆에는 유물의 부장 등을 목적으로 감실이 조성되어 있다.

현실의 크기는 가로 세로 각각 5m의 정방형으로 전실은 현실보다 규모가 작다. 무덤의 내부 벽에는 모두 백회를 발라 그 위에 벽화를 그렸다. 벽화는 연도와 전실의 양쪽 측실을 제외한 모든 면에 그려져 있는데, 벽화의 내용은 주로 인물 생활 풍속도이며 여기에 사신도와 천문도 등이 더해져 있다. 전실에는 인물 풍속과 대행렬도, 사냥도 등이 그려져 있으며 현실에는 기둥과 두공, 창방까지 그려진 목조 주택이 그려져 있어 당시 목조 건물의 구조를 파악할 수 있다. 고구려 문화를 파악하는 데 매우 중요한 벽화 고분으로 2004년 유네스코 세계문화유산으로 등재되었다.

수산리 벽화 무덤

수산리 벽화 무덤(水山里壁畵古墳)은 북한 국가지정문화재 국보급 제30호로 남포시 강서군 수산리에 위치한 고구려 봉토 석실 벽화 무덤이다. 1971년 북한 학계에서 발굴 조사하였으며 무덤길과 널방으로 이루어진 단칸 무덤으로 인물 풍속도가 그려진 5세기 후반 경에 조성된 것으로 추정되고 있다. 특히 이 벽화에서 인물들이 입고 있는 복식과 벽화의 내용이나 화풍, 구조 등이 7세기 일본 왕실의 무덤인 다카마쓰 벽화 고분과 매우 유사하여 당시 고구려와 일본의 긴밀한 문

수산리 고분 벽화

출처: https://commons.wikimedia.org/wiki/File:%EC%88%98%EC%82%B0%EB%A6%AC_%EA%B3%A0%EB%B6%84%EB%B2%BD%ED%99%94.jpg

화적 교류를 밝혀주는 중요한 벽화 고분으로 널리 알려져 있다.

널방은 한 변이 3.2m인 정방형으로 화강암을 이용하여 축조하였다. 천장은 4.1m 높이로 3단의 평행고임 위에 2단의 삼각고임을 더한 평행삼각고임 천장이다. 고분 내부는 회를 발라 벽을 마감하였으며 그 위에 벽화를 그렸다. 벽화는 묘주의 초상, 실내 생활, 나들이 장면, 곡예 장면 등으로 구성된 생활 풍속도 위주로 그려져 있다. 묘주의 오른 편에는 화면을 상하 두 단으로 나누어 시녀들을 배열했는데 덕흥리 고분에서처럼 색 주름치마를 입고 있다. 널방의 네 모서리에는 연꽃 받침 위에 두공을 올린 기둥을 그리고 그 위의 천장 부분에는 도리와 활기를 그려넣어 마치 지상의 가옥처럼 꾸며놓았다. 2001년 6월 벽화를 보호하기 위해 유리 방벽이 무덤 안에 설치되었으나, 탄산칼슘을 주성분으로 한 침전물 층, 결로 현상 등으로 인해 벽화가 많이 손상되어 있는 상태이다. 2004년 유네스코 세계문화유산으로 등재되었다.

쌍기둥 무덤

쌍기둥 무덤(쌍영총, 雙楹塚)은 북한 국가지정문화재 국보급 제39호로 남포시 용강군 용강읍에 위치한 고구려 봉토 석실 벽화 무덤이다. 쌍기둥 무덤은 1910년 발견 당시에는 진지동 1호분으로 불렸으며 이미 도굴로 심하게 훼손된 상태였다. 무덤길 양 벽에 남아 있던 우차(牛車)들과 기마대(騎馬隊), 악대(樂隊)를 포함한 60여 명의 인물들 가운데 대부분은 부실한 조사 과정과 뒤처리로 말미암아 흔적조차 남기지 못하였다. 무덤길 양 벽에 묘사되었던 문지기 역사도 지금은 남아 있지 않다.

무덤은 무덤길과 앞방, 널방으로 이루어진 두 칸 무덤이며 앞방과 널방 사이에 두 개의 팔각 돌기둥이 세워져 있어 쌍기둥 무덤(쌍영총)이라고 불린다. 앞방과 널방 모두 평행삼각고임 천장 구조로 널방에는 네 면의 벽과 모서리에 목조 가옥의 기둥, 두공, 도리가 묘사되는 등 5세기 전반과 후반으로 편년될 수 있는 벽화 고분의 특징들을 모두 갖추고 있다.

화강암을 이용하여 벽을 축조한 후 회를 바르고 그 위에 벽화를 그렸는데, 주로 인물 풍속도에 사신도가 결합된 내용이다. 앞방에는 무사도와 남녀 입상, 북을 치는 사람, 사신도 등이 그려져 있다. 동벽의 청룡은 머리와 상체 일부만 모사도로 남았으며, 백호는 현재 그 형체를 알아보기 어려운 상태다. 8각 기둥의 몸체에는 붉은 색채로 기둥을 휘감고 하늘로 치솟는 용이 역동적이고 생생하게 그려져 있으며, 기둥머리와 주춧돌에는 연꽃 무늬를 장식하여 그려 넣었다. 널방 북벽에는 무덤 주인 부부의 실내 생활도를 비롯하여 연화문 등이 그려져 있다. 널방 동벽에 남아 있던 공양 행렬도는 발굴 이후 퇴색이 계속되어 이제는 간신히 각 인물의 흔적만 확인 가능한 상태이다. 발굴 보고 및 모사도에 의하면 행렬은 향을 사른 연기가 피어오르는 향로를 머리에 받쳐 든 여인과 화려한 가사장삼(袈裟長衫) 차림의 승려를 앞세운 귀족 부인 외 그 앞뒤 6명의 시녀들로 이루어져 있다.

쌍기둥 무덤의 벽화는 특히 인물들의 옷차림과 당시의 풍습이 잘 나타나 있으며 인물 풍속도와 사신도가 함께 그려진 점, 활짝 핀 연꽃을 무덤칸 천정석에 그려 넣은 점으로 미루어 축조 시기는 5세기 중후반으로 추정된다. 2004년 유네스코 세계문화유산에 등재되었다.

태성리 3호 무덤

태성리(台城里) 3호 무덤은 북한 국가지정문화재 국보급 제142호로 남포시 강서군 태강리에 위치한 고구려 봉토 석실 벽화 무덤이다. 2000년 북한의 고고학자들이 새로이 발굴하면서 '태성리 3호 무덤'이라 하였다. 봉분은 한 변의 길이가 32m, 잔존 높이 4m로 아랫부분은 네모나고 위로 올라가면서 점차 둥글게 쌓았다. 무덤의 입구는 남쪽에서 약간 동쪽으로 치우쳤으며, 무덤길, 연실 앞방, 좌우 곁방, 널방과 회랑 등으로 구성되어 있으며 회랑 동쪽 끝에 무덤 외부와 연결되는 통로를 만들었다. 널방의 서벽에서부터 북벽에 ㄱ자상으로 돌아가는 회랑이 있고 앞방과 현실 사이에는 기둥을 세워 공간을 구획하였다. 앞방 동서 양쪽으로 곁방이 있는데, 각 곁방은 두 개의 공간으로 구획되어 있다.

벽화는 회죽 미장한 문의 좌우 벽면과 고임 천장 부분에 그려졌고 그 밖의 다른 면들에는 돌벽면 위에 직접 그려져 있다. 이 무덤은 여러 차례 도굴당했는데 특히 벽체와 천장이 심하게 파괴되었다. 이로 인해 문의 서쪽 회벽 위에 그려졌던 사람의 모습과 무늬들만 겨우 알아 볼 수 있게 남아 있다. 무덤에서는 금관 장식품인 보요와 구슬, 청동 팔찌, 유약 바른 도기 바리와 도기 조각, 쇠 관못 등의 유물들이 발굴되었다. 이 무덤은 안악 3호분과 같은 구조이고 구릉 정상부에 위치한 입지 조건, 유물의 종류 등을 근거로 북측에서는 4세기 초부터 중엽에 만들어진 왕릉급 무덤으로 보고 미천왕의 무덤으로 추정하고 있다.

덕흥리 벽화 무덤

덕흥리 벽화 무덤(德興里壁畵古墳)은 북한 국가지정문화재 국보급 제 156호로 남포시 강서군 덕흥리에 있는 고구려의 봉토 석실 벽화 무덤이다. 1976년에 발굴되었으며 무덤 안의 명문에 의해 408년(광개토왕 17년)에 축조된 고구려 유주자사 진(鎭)의 두덤으로 알려져 있다. 관개용 수로를 내기 위한 물탱크 공사지에서 발견되었으며 조사 당시 이미 도굴당한 상태였다. 무덤은 묘도와 무덤길, 앞방, 널방으로 이루어진 두방 무덤이며 천장은 궁륭형 평행고임식 구조로 앞방은 2단, 널방은 5단으로 되어 있다.

벽화의 주제는 인물 풍속도이다. 벽과 천장부 하단에 목조 가옥의 골조를 그려넣고 그 안에 생활 풍속의 모습을 묘사한 것으로 보아 무덤을 피장자의 사후 저택으로 상정하고 있음을 알 수 있다. 무덤 앞방에는 북벽에 주인공의 내력과 408년에 장사지냈다는 묵서가 있는데 무덤 주인공의 출생지와 주인공이 역임했던 유주의 실체를 둘러싼 논쟁이 있다. 무덤 내 묘지명에 주인공이 역임했던 유주자사(幽州刺史)의 실체를 두고 고구려가 광대한 영토를 확보한 자료가 된다는 북한과 전연(前燕) 출신의 관리가 망명한 것이라는 중국과 일본 측의 의견이 맞서고 있다.

무덤 벽에는 묘주 초상, 유주자사 진이 13군 태수로부터 조회받는 장면, 행렬도가 그려져 있다. 샛길에는 주인공 부부의 나들이 장면이 있다. 널방에는 주인공의 생활도, 말 타고 활쏘기하는 그림, 말과 소여물을 써는 장면, 외양간, 누각, 고상 창고, 수레, 연꽃 등의 그림들이 있다. 천장에는 해와 달, 견우직녀, 별자리, 별자리 신앙과 관련된 상상 속의 존재들과 사냥 장면 등이 그려져 있다. 무덤은 일제 강점기 일본인들이 무덤 안에 들어가기 위해 앞방 천장에 구멍을 뚫은 뒤 방치하는 바람에 무덤 내부에 흘러든 물과 흙으로 채워져 앞방 벽화의 상당 부분이 훼손되었다. 또한 화재나 미생물의 증식에 따른 커다란 얼룩이 벽화를 뒤덮어 또 다른 손상이 있었다. 1976년 재발견 이후로 콘크리트 통로가 만들어지고 파괴되었던 천장부를 시멘트로 메웠으나 이로 인한 가용성 염분이 물로 운반되어 흰색 침전물을 만드는 등 벽화 보존상의 문제들이 나타났다. 2004년에 유네스코 세계문화유산으로 등재되었다.

안악 제3호 무덤

안악 제3호 무덤(安岳第三號墳)은 북한 국가지정문화재 국보급 제67호로 황해남도 안악군 오국리에 위치한 고구려의 봉토 석실 벽화 무덤이다. 1949년에 발견된 고구려의 벽화 고분으로 구릉의 정상부에 위치하며 현무암과 석회암을 이용하여 축조하였다. 무덤 내부는 무덤길, 앞방, 곁방, 널방과 ㄱ자 형태로 돌아가는 회랑으로 이루어진 복잡한 구조이다. 앞방과 널방, 회랑은 기둥과 사이 벽으로 구성되어 전체 평면은 두 칸처럼 보인다. 앞방과 널방은 평행삼각고임 천장인 반면 회랑은 평행고임 천장으로 차이가 있다.

벽화는 무덤길을 비롯하여 앞방과 널방, 천장에 이르기까지 고르게 가득 채워 그렸는데, 돌벽 위에 직접 그린 것이 대부분이다. 벽화의 내용은 인물 풍속도이다. 묘주와 묘주의 부인으로 추정되는 인물은 서쪽 곁방의 정면과 좌측 벽에 그려져 있다. 그 외에 묘주 행렬도, 의장대열, 악대, 씨름 및 가무 장면, 문지기와 연꽃, 귀면 등의 갖가지 장식 문양들이 풍부하며 당시 고구려인들의 생활을 파악할 수 있는 부엌, 방앗간, 육고, 외양간, 마구간, 차고, 수레 등이 확인된다. 안악 3호분은 고구려 초기의 고분 벽화로 고구려인의 다양한 풍속을 엿볼 수 있는 풍부한 벽화 내용을 담고 있다는 점에서 중요한 의미를 지니고 있다.

벽화에서는 절대 연대를 알 수 있는 묵서명이 확인되었다. '영화 13년(永和十三年)'이라는 당시 동진의 연호로 서기 357년(고국원왕 27년)이다. 이를 근거로 학계에서는 무덤의 피장자가 중국계인 '동수'로 요동에서 고구려로 망명하여 357년에 이곳에 묻힌 것으로 추정하고 있다. 고분의 구조가 중국 한대(漢代) 전축분(塼築墳)의 양식과 유사하여 피장자가 중국계였을 것이라는 근거를 뒷받침하고 있다. 반면 묵서가 묘주가 그려진 벽화면이 아닌 장하독의 머리 위에서 발견된 것과 무덤의 규모, 행렬도의 깃발에 적힌 '성산번'이라는 글자를 근거로 미천왕릉이나 고국원왕릉으로 보기도 한다. 부근에 벽화무덤인 안악 제1호 무덤(국보 유적 제73호)과 안악 제2호 무덤(국보 유적 제74호)이 있다. 2004년에 유네스코 세계문화유산으로 등재되었다.

1.4 종류별 국가지정문화재

1) 성곽

고구려는 산성의 나라라고 할 정도로 많은 성들이 만주 지역뿐 아니라 북한 지역 곳곳에 남아 있다. 또한, 고려와 조선 시대에는 지금의 북한 지역이 외부 세력과 접촉하는 변경 지역이었기 때문에 방어를 위해 많은 성들이 축조되고 재활용되었다. 그 가운데 북한의 국가지정문화재 국보급에 해당하는 성들만 모아 간략하게 표로 정리했다.

표 1.1 북한 소재 주요 성곽[16]

유적	소재지	지정 현황	시기	설명
황룡산성(黃龍山城)	남포시 용강군 옥도리	국보유적 제37호	고구려(장수왕 축조)	• 포곡식 산성. 전형적인 고구려 성 • 옹성, 장대, 치, 우물터, 연못지 등 • 평안남도 해안 방어의 거점으로 수도인 평양성을 지키던 위성 중 하나로 서쪽 방위 담당
자모산성(慈母山城)	평안남도 평성시 어중리	국보유적 제38호	고구려(장수왕 축조)	• 수도인 평양성을 지키던 위성 중 하나로 북쪽 방위 담당 • 의주에서 안주를 거쳐 평양으로 들어가는 길목으로 교통의 중심지이자 군사적 요충지

16 앞에서 언급하지 않은 북한 '국가지정문화재 국보급'에 해당하는 산성과 토성들을 정리했다. 참고한 문헌들은 다음과 같다. 조선유적유물도감 편찬위원회, 2000, 『북한의 문화재와 문화유적. 2 고구려 편』, 서울: 서울대학교 출판부; 김정배, 2005, 『증보판 위성사진으로 보는 고구려 도성』, 서울: 고구려연구재단; 방학봉, 2006, 『고구려의 성과 절터』, 서울: 신성; 박성진 외 2인, 2012, 『북한 국보유적 연혁 자료집』, 대전: 국립문화재연구소; 북한지역정보넷 www.cybernk.net

유적	소재지	지정 현황	시기	설명
농오리산성 (籠吾里 山城)	평안북도 태천군 용상리	국보유적 제56호	고구려	• 성의 축성과 관련된 성돌에 '을해년 8월 전부(前部)에 속한 소대사자(小大使者) 어구루가 성을 684칸 쌓았다.' • 을해년은 서기 435년(장수왕 22년), 496년(문자명왕 4년), 555년(양원왕 10년) 등으로 추정
백마산성 (白馬山城)	평안북도 피현군 백마 노동자구	국보유적 제58호	고구려	• 고구려 시대에 '우마산성'으로 불림 • 고려 현종 때 강감찬이 내성을 쌓아 1018년 거란군 침입 때 큰 승리를 얻음 • 조선 영조 때 외성을 쌓고 '백마산성'이라 명명 • 압록강에서 정주군, 안주군을 거쳐 평양으로 통하는 교통의 중심지이자 군사적 요충지
능한산성 (凌漢山城)	평안북도 곽산군 곽산읍	국보유적 제61호	고구려	• 포곡식 산성 • 의주 홍화진에서 제2방어선인 안주에 이르는 중간 지점에 위치 • 고려 성종 때 거란의 1차 침입을 막고 2차 침입 때 대승을 거둠 • 서희가 994년~996년까지 개축 • 조선 인조 병조호란 때 적에게 타격을 가함 • 고구려 이래 고려, 조선에 이르기까지 군사적 요충지로 중시됨
용골산성 (龍骨山城)	평안북도 염주군 반곡리, 피현군 성동리 경계	국보유적 제62호	고구려	• 내성은 고구려 시기에 쌓고 외성은 조선 시대인 1692년에 쌓음 • 조선 인조 5년(1627년) 정묘호란 때 의병장 정봉수가 후금의 공격을 막아냄 • 교통의 요지에 위치하며 성을 방어하기 유리한 조건을 갖춤
영변 철옹성 (寧邊鐵 瓮城)	평안북도 영변군 영변읍	국보유적 제63호	고구려	• 영변산성, 본성, 약산성, 신성, 북성 등 4개의 성으로 구성 • 신성은 1683년, 북성은 1684년에 신축 • 조선 시대 병자호란 때 청군을 막아냄

유적	소재지	지정 현황	시기	설명
태백산성 (太白山城)	황해북도 평산군 산성리	국보유적 제93호	고구려 394 (광개토왕 3)	• 성황산성(城皇山城)으로 불림 • 예성강을 끼고 솟아 있는 태백산에 축조 • 광개토왕 3년(394년)에 백제의 침입에 대비해 남쪽에 쌓았던 7개 성 가운데 하나로 추정 • 포곡식 산성으로 동쪽의 성벽은 예성강 연안의 절벽을 이용
안주성 (安州城)	평안남도 안주시	국보유적 제158호	고구려	• 한반도 서북 지방의 요충지 • 내성(고구려), 외성(조선 초기), 신성(17세기)의 3개의 성
청해토성 (青海土城)	함경남도 북청군 하호리	국보유적 제187호	발해	• 신창토성, 북청토성, 하호토성 • 현재 서벽의 일부가 남아 있음. • 출토 유물은 발해의 수도였던 상경 용천부에서 출토된 것과 유사 • 발해 5경의 하나인 남경남해부로 추정하기도 함
고려장성 (高麗長城)	평안북도 창성군 금야리	국보유적 제48호	고려1033 (덕종 2) ~ 1044 (정종 10)	• 11세기 초 고려의 북쪽 국경에 쌓은 성으로 여진족과 경계를 이루었던 성 • 일명 천리장성 • 우리나라에서 가장 규모가 큰 성
구주성 (龜州城)	평안북도 구성시	국보유적 제60호	고려 994 (성종 14)	• 내성과 외성으로 이루어짐 • 조선 숙종 28년(1702년)에 개축 • 압록강에서 청천강에 이르는 주요 길목을 지키던 요충지 • 거란의 3차 침입 때 강감찬이 거란의 침입 격퇴(귀주대첩)
정방산성 (正方山城)	황해북도 사리원시 성문동	국보유적 제89호	고려	• 조선 인조 10년(1633)에 개축 • 한반도 서부의 남북을 잇는 주요 교통로에 위치 • 험한 절벽의 경사면을 깎아 바깥 면만 쌓아올린 단애성벽

2) 사찰과 석탑

불교가 우리나라에 들어온 것은 삼국 시대였고, 고구려, 백제, 신라 모두 불교를 적극적으로 받아들이면서 많은 사찰과 탑, 불상들이 만들어졌다. 이와 같은 불교 숭상은 고려 시대에도 이어져 풍광이 좋은 곳에 사찰을 세우고 신앙심을 돈독히 하였다. 조선 시대에 이르러 유교를 우대하고 불교를 억제했지만 개인 신앙으로 꾸준히 불교에 대한 믿음이 이어져 왔다. 전란과 화재로 소실되어 그 흔적만 남은 곳도 많지만 우리 문화의 아름다움을 엿볼 수 있는 불교 문화재에 대한 관심은 북한에서도 이어지고 있다. 다음은 북한의 국가지정 문화재 국보급에 해당하는 사찰들만 모아 간략하게 표로 정리했다.

표 1.2 북한 소재 주요 사찰[17]

유적	소재지	지정 현황	시기	내용
안국사 (安國寺)	평안남도 평성시 봉학동 봉란산	국보유적 제34호	고구려 503년(문자 명왕 12년)	• 1419년(조선 세종 1년)에 중창했으나 임진왜란 때 화재로 소실된 것을 1654년, 1785년 두 번에 걸쳐 중수 • 대웅보전은 2층 전각으로 북한에서 유일
칠열사터 (칠烈 士址)	평안남도 안주시	국보유적 제146호	고구려	• 612년(영양왕 22년) 수양제의 고구려 침입 때 을지문덕의 살수대첩에서 공을 세웠다고 하는 일곱 명의 승려를 기리는 사당으로 칠불사라고 함

17 앞에서 언급하지 않은 북한 '국가지정문화재국보급'에 해당하는 사찰들을 정리했다. 참고한 문헌들은 다음과 같다. 조선유적유물도감 편찬위원회, 2000, 『북한의 문화재와 문화유적. 2 고구려편』, 서울: 서울대학교 출판부; 조선유적유물도감 편찬위원회, 2002, 『북한의 문화재와 문화유적. 4 고려편』, 서울: 서울대학교 출판부; 방학봉, 2006, 『고구려의 성과 절터』, 서울: 신성; 박성진 외 2인, 2012, 『북한 국보유적 연혁 자료집』, 대전: 국립문화재연구소; 북한지역정보넷 www.cybernk.net

유적	소재지	지정 현황	시기	내용
개심사 (開心寺)	함경북도 명천군 보촌리	국보유적 제120호	발해 826(선왕 8)	• 현재 경내에는 대웅전과 심검당, 응향각, 관음전, 산식각 등 5채의 건물이 남음 • 함경북도 최대의 사찰로 관북 지방의 총본산으로 알려짐
장안사터 (長安寺址)	강원도 금강군 내금강리	국보유적 제96호	신라	• 신라 법흥왕 때 창건되었다는 설과 고구려 양원왕 11년(556년)에 고구려 승려 혜량이 신라에 귀화하면서 창건했다는 설 • 금강산 4대 사찰 중 하나 • 한국전쟁 때 소실되어 현재는 축대 및 비석 등만 남음
박천 심원사 (深源寺)	평안북도 박천군 상양리	국보유적 제54호	신라 말기	• 9세기 무렵 현욱(玄昱, 786~868년) 국사가 세웠다고 전해짐 • 한국전쟁 때 파괴된 것을 복원 • 박천군에서 가장 큰 사찰로 현재 경내에 보광전, 전등루, 향로각 등이 남아 있음
양화사 (陽和寺)	평안북도 태천군 상단리	국보유적 제55호	신라 872 (경문왕 12)	• 일제 강점기 31본산 시절에 보현사의 말사였음 • 대웅전을 비롯해 명부전, 해탈문, 심검당, 봉향각, 천왕문 등 14동의 건물 • 조선 초기부터 후기까지의 건축 양식을 거의 다 반영하고 있음
안악 월정사 (月精寺)	황해남도 안악군 월정리	국보유적 제75호	신라 846 (문성왕 8)	• 9세기 무렵 월정대사가 창건했다고 전해짐 • 주불전인 극란보전, 명부전, 수월당, 만세루, 승당이 있음 • 일제 강점기 31본산 시절에 패엽사의 말사였음 • 조선 초기의 건축 양식을 반영.
강서사 (江西寺)	황해남도 배천군 강호리	국보유적 제77호	신라	• 도선국사가 창건했다고 전해짐 • 영은사로 불리다 고려 말에 예성강 서쪽에 있는 절이라 하여 강서사로 불림 • 현재 고려 때 만든 7층석탑과 비석, 조선 현종 때 재건된 대웅전, 승방 등이 남아 있음

유적	소재지	지정 현황	시기	내용
묘음사 현암 (妙音寺 縣庵)	황해남도 재령군 서림리	국보유적 제81호	신라	• 묘음사의 부속 암자. 다람절이라 불림 • 조성 수법으로 보아 임진왜란 이전에 지어진 것으로 보임. 통일신라 때로 추정 • 구산선문의 하나인 수미산문의 개조 이엄(李嚴, 866~932년)이 말년을 보냈고, 고려 충혜왕 때 정지국사 지천(智泉)이 출가한 사찰
성불사 (成佛寺)	황해북도 사리원시 성문동	국보유적 제87호	신라 898 (효공왕 2)	• 898년 도선국사가 창건하고 1374년(고려 공민왕 23년)에 나옹왕사(懶翁王師)가 중창 • 마당을 중심으로 전각들이 둘러싸고 있는 구조로 극락전과 청풍루를 남북 중심축으로 동쪽에는 응진전 서쪽에는 운하당이 마주보고 있음
신계사터 (新溪 寺址)	강원도 고성군 온정리	국보유적 제95호	신라 519 (법흥왕 6)	• 보운(普雲)이 창건했다고 전함 • 금강산 4대 사찰로 불림 • 한국전쟁 때 소실되고 3층석탑만 남음
표훈사 (表訓寺)	강원도 금강군 내금강리	국보유적 제97호	신라 670 (문무왕 10)	• 신라의 승려 능인, 신림, 표훈이 처음 세우고 신림사(神林寺)라 하였다가 3년 후 표훈사로 바꿈
정양사 (正陽寺)	강원도 금강군 내금강리	국보유적 제99호	신라 600 (진평왕 21)	• 1458년(세조 3)에 해인사에 있던 팔만대장경의 목판 일부를 보관한 적이 있음
안변 보현사 (普賢寺)	강원도 안변군 영신리	국보유적 제104호	신라737 (효성왕 1)	• 몇 차례 화재로 소실되어 현재의 건물은 16세기 들어 재건한 것 • 한국전쟁으로 소실되어 현재는 보광전, 응진전, 염화실, 극락전 등 일부만 남음
명적사 (明寂寺)	강원도 원산시 영삼리	국보유적 제105호	신라	• 현재는 대웅전과 심검당만 유지 • 대웅전은 조선 중, 후기의 건축 양식을 잘 반영하고 있는 건물
양천사 (梁泉寺)	함경남도 고원군 낙천리	국보유적 제113호	신라753 (경덕왕 12)	• 현재 대웅전, 극락전, 만세루가 남음

유적	소재지	지정 현황	시기	내용
패엽사터 (貝葉寺址)	황해남도 안악군 패엽리	국보유적 제171호	신라 806 (애장왕 6)	• 구업대사(具業大師)가 창건하여 한산사 혹은 구업사라고 하였다는 설과 통일신라 중기에 법심이 창건하였다는 설이 전해짐
신계사 (新溪寺)	강원도 고성군 온정리	국보유적 제191호	신라 519 (법흥왕 6)	• 금강산 4대 사찰로 불림 • 임진왜란 때 서산대사와 사명당이 승군을 일으켜 지휘한 곳 • 한국전쟁 때 3층석탑을 제외한 모든 건물이 소실됨 • 2004년 11월 대한불교조계종과 현대아산(주), 북한 측 조선불교도연맹이 공동으로 대웅전 복원 • 명부전을 비롯한 나머지 11개 전각도 2007년 10월에 복원
묘향산 보현사 (普賢寺)	평안북도 향산군 향암리	국보유적 제40호	고려 968 (광조 19)	• 한국 5대 사찰 가운데 하나로 꼽히는 유서 깊은 사찰 • 조선의 고승 서산대사가 입적한 곳 • 9층석탑(국보유적 제7호), 팔각십삼층탑(국보유적 제144호), 상원암(국보유적 제41호), 축성전(국보유적 제42호), 불영대(국보유적 제43호), 관음전(국보유적 제57호), 영산전(국보유적 141호), 대웅전 등 • 한국전쟁 때 대부분 소실되어 지금의 건물은 1970년대 복원한 것
서운사 (棲雲寺)	평안북도 영변군 영변읍	국보유적 제50호	고려 1354 (충목왕 1)	• 조선 효종 5년 재건하고 숙종대와 영조대에 중수 • 묘향산 보현사의 말사 중 하나였음 • 현재는 대웅전과 청운당만이 남음
자혜사 (慈惠寺)	황해남도 신천군 서원리	국보유적 제80호	고려	• 창건 연대가 불명확 • 조선 초기 효령대군의 원찰 • 한국전쟁 때 파괴되었으나 1961년 중수 • 현재 대웅전과 승방, 5층석탑(국보유적 제169호), 석등(국보유적 170)이 남음

유적	소재지	지정 현황	시기	내용
귀진사 (歸進寺)	황해북도 서흥군 송월리	국보유적 제92호	고려	• 12세기 중엽에 성수사(星宿사) 소속의 암자로 건립되었다가 16세기 중엽 보우(普雨)가 대장경각을 짓고 불교경전을 강행하면서부터 독립
석왕사 (釋王寺)	강원도 고산군 설봉리	국보유적 제94호	고려	• 고려 말에 이 절 근처의 토굴에서 지내던 무학대사가 이성계의 꿈을 해석해준 것이 인연이 되어 이후 크게 중창했다고 함 • 한국전쟁으로 대부분 소실되고 현재는 불이문, 호지문, 조계문, 설성동루 등만 남음
용흥사 (龍興寺)	함경남도 영광군 봉흥리	국보유적 제115호	고려 1048 (문종 2)	• 성불사로 불리었으나 1852년(철종 3년)에 새로 지으면서 용흥사로 바꿈 • 현재 경내에는 대웅전, 무량수각, 운하루, 향로전, 산신당이 남음
동덕사 (東德寺)	함경남도 단천시 두연리	국보유적 제116호	고려	• 원래 현 위치에서 약 6km 떨어진 곳에 있던 화장사를 옮겨 지은 것 • 함경남도 북부의 승려를 관장하는 승통과 단천 지역의 일곱 사찰을 관리하는 승장이 있었던 절이라고 전함
천주사 (天柱寺)	평안북도 영변군 영변읍	국보유적 제46호	조선 1684 (숙종 10)	• 관서 8경의 하나로 불림 • 주불전인 보광전은 1722년에 지어짐 • 경내에 보광전, 천주루, 망월대, 양일헌, 요사채 등이 남아 있음
금광사 (金光寺)	평안북도 의주군 금광리	국보유적 제53호	조선	• 일제 강점기 31본산 시대에는 묘향산 보현사의 말사였음 • 대웅보전을 비롯한 11채의 전각이 있었으나 현재는 7채만 남음
쌍계사 (雙溪寺)	함경북도 명간군 부암리	국보유적 제121호	조선 1395(태조 3)	• 상주사(上柱寺)라고 부름 • 현재 경내에는 대웅전, 애월루, 심검당, 산식간 등의 건물이 남아 있음
용화사 (龍華寺)	평양시 모란봉구 역 개선동	국보유적 제163호	1920년	• 대규모 사찰이었으나 현재는 본전 1채와 요사채 1채만 남음

1.5
북한 문화재와 남북 교류

1) 문화재 교류 현황

1998년 김대중 정부의 대북 포용 정책과 2000년 6 · 15 정상회담 등에 의해 민간을 중심으로 다양한 분야에서 교류와 협력이 적극 추진되었다.[18] 특히, 남북 문화유산 교류 협력은 전시회를 시작으로 공동 조사 발굴, 복원 사업 등으로 이어졌다. 특히 전시회는 남북 문화유산을 일반인에게 보이는 것으로 남북이 같은 역사를 지닌 민족이라는 감정을 확인할 수 있는 의미 있는 첫 걸음이라 할 수 있다. 2002년 민족화해협력 범국민협의회(민화협)에서 처음 주최하기 시작해 고려대학교 박물관, 서울역사박물관 및 국립중앙박물관 등에서 북한의 국보급 유물들이 전시되었다.

2002년 12월 민화협에서는 민족 동질성 회복을 위한 '문화 교류 사업'으로 조선중앙력사박물관과 재일본조선력사고고학협회의 특별 후원을 받고, SBS, 중앙일보와 공동으로 삼성 엑스포 특별 전시장에서 '특별 기획전 고구려!–평양에서 온 고분 벽화와 유물'이라는 주제로 북한의 국보급 유물을 서울에서 전시하였다. 북한의 문화보존지도국에서 국보 4점, 유적 유물 250여 점을 보내줌으로써 성사된 것이다. 이어서 2004년 4월에 민화협과 중앙일보, SBS 공동으로 '2004 남북 공동 기획 고구려 문화전: 우리의 땅, 살아오는 고구

---

18 오영찬, 2018, "북한문화재 전시" 『남북문화유산교류사』, 대전: 국립문화재연구소 고고연구실, p. 227.

려'라는 주제로 서울 한솔 동의보감 컨벤션센터에서 북한 고구려 유물 227점에 대한 전시회를 개최하였다. 2005년에는 고려대학교 박물관에서 개교 100주년 기념 행사의 일환으로 '한국 고대의 Global Pride 고구려'라는 주제로 특별 전시회를 개최하였다. 이 전시회에는 조선중앙력사박물관 소장의 고구려 국보급 유물 15점이 포함된 60여 점과 일본의 주요 박물관 소장품 40여 점, 남한 소장품 등을 합쳐 총 230여 점의 유물이 전시되었다.

국립중앙박물관은 남북역사학자협의회와 공동으로 2006년 6월 13일부터 8월 16일까지 '북녘의 문화유산-평양에서 온 국보들'이라는 주제의 특별전을 개최하였다. 이 특별전에는 조선중앙력사박물관 소장 유물 90점이 전시되었는데, 국보 유물 50점과 준국보 유물 11점이 포함되었다. 이 유물들은 이전까지의 고구려 유물만이 아니라 구석기 시대부터 조선 시대에 이르는 통시대적인 동시에 문화재 등급도 많이 고려되었다는 점[19]에 의미가 있다.

2015년에는 남북역사학자협의회 주최로 만월대 유물을 서울과 개성에서 각각 전시하였다. 이는 남북한이 공동으로 발굴한 유물을 전시한 최초의 사업이었다.[20] 약 9년 동안 남북이 공동으로 발굴 · 조사한 만월대에서 출토된 유물을 전시한 것으로, 남북 문화재 교류 협력의 상징적 사업이라 할 수 있다. 2018년 2월에도 만월대 유물 전시가 평창 상지대관령고등학교 내 특별 전시장에서 개최되었

19 하문식, 2007, 2007, "북한의 문화재 관리와 남북 교류." 『정신문화연구』30-1, 한국학중앙연구원, p. 296.
20 정은찬 · 문철훈, 2017, "남북 문화유산의 교류 협력 현황과 과제." 『인문사회과학연구』3-1, 중원대학교 인문사회과학연구소, p. 100.

다. 한동안 중단되었던 남북 교류가 2018년 1월 북한이 평창올림픽에 참가하고, 이어 남북고위급회담과 남북실무회담이 이루어지면서 남한측에서 이 전시를 적극 제안해 개최할 수 있었다. 평창에 이어 그해 4월에는 서울역사박물관에서 '고려 황궁 개성 만월대 남북 공동 발굴 서울 특별전'이 개최되었다. 2020년 3월에 문재인 정부는 개성 만월대 남북 공동 발굴 디지털 기록관(아카이브) 구축 사업에 남북협력기금 6억 8천만 원을 지원하기로 결정했다. 잠시 중단되었던 남북 문화 교류 사업이 다시 활발하게 재개되는 신호탄이 될 수 있을 것이다.

2) 공동 학술 조사와 지원

북한 지역의 유적에 대한 공동 조사와 실태 파악은 고구려연구재단, 토지박물관, 국립문화재연구소, 불교계 등에서 진행해왔다. 고구려연구재단에서는 2005년 북한 사회과학원 및 문화유적유물보존지도국과 남북 공동 조사단을 구성해 평양과 안악 일대의 벽화 무덤 등 고구려 관련 유적의 조사를 진행했다. 벽화 무덤으로는 진파리 고분군, 덕흥리 벽화 무덤, 수산리 벽화 무덤, 강서 삼묘, 안악 3호분, 태성리 3호분을 조사했고, 성곽은 대성산성과 평양성을 조사하였다.[21] 이것은 광복 이후 처음으로 고구려 유적에 대한 남북 공동 조사라는 점에 의미가 있는 성과였다.

토지박물관에서는 2004년 사회과학원 고고학연구소와 공동으로

---

21 김정배, 2005, 『남북 공동 유적 조사 보고서: 평양 일대 고구려 유적』, 서울: 고구려연구재단.

개성공업지구 1단계 사업 지역인 개성시 봉동읍 일원의 약 100만 평에 대한 지표 조사를 비롯한 시굴 조사와 발굴 조사를 실시하였다.[22] 문화재청은 2005년 11월 남북역사학자협의회와 함께 개성 역사 유적의 세계문화유산 등재 신청을 위한 지원 사업으로 남북 공동 학술토론회와 유적 답사를 실시하였다. 2006년 4월에는 '북한 고구려 고분군 남북 공동 실태 조사'도 실시하였다. 국립문화재연구소에서는 2006년 5월에 평양과 주변 지역의 고건축물에 대한 실측 조사를 하였다.

2006년에는 안학궁을 시굴 조사하였는데, 고구려연구재단은 민화협의 협조를 받아 김일성종합대학, 사회과학원, 문화유적유물 보존지도국 등과 공동으로 진행하였다. 안학궁의 성벽, 건물터, 무덤, 출토 유물 조사 및 측량 조사를 함께하였다. 개성 만월대 유적의 공동 발굴 조사는 남북 관계의 경색으로 한동안 연기되었다가 2007년부터 2018년까지 8차례에 걸쳐 이루어졌다. 이 발굴 조사를 통해 그동안 묻혀 있던 궁궐터의 일부 모습을 찾아내고 유물도 적지 않게 발굴했다. 이 발굴은 개성 역사 지구의 유네스코 세계유산 등재를 지원하기 위한 일환으로 진행되었는데, 2013년 만월대를 비롯한 첨성대 유적, 개성 남대문, 고려 성균관, 고려 왕릉 등이 포함된 개성 역사 유적 지구를 세계유산으로 지정받았다.

불교계에서도 활발한 남북 교류 사업을 벌였는데, 대한불교 조계종에서는 발굴단을 꾸려 2004년 11월에 금강산 4대 사찰 가운데 하나인 신계사를 복원하기 위한 발굴 조사 실시 후 대웅전, 만세루, 요사채 등 총 14채의 전각을 복원 · 낙성하였다. 신계사는 한국전쟁 때 소실돼 주춧돌만 남은 폐허 상태였다. 대한불교 천태종에서는 개성 영통사 복원에 참석했는데, 1999년에는 기와 10만 장을 지원하고 2003년에는 단청 보수를 지원하였다. 기와 46만여 장, 단청 재료 3천 세트, 조경용 묘목 1만 그루 등 총 40억 원을 지원해 1,200여 평의 경내 부지에 모두 29채의 전각이 세워졌다.[22]

3) 남북 교류 협력 방안과 한계

문화재청은 2020년 7월 8일 경기도 성남시 세종연구소와 협력해 북한 문화재 정책 역량 강화와 국민의 문화유산 향유 기회 확대를 위한 업무 협약을 하였다. 이는 남북 화해 협력 시대를 대비한 움직임으로 북한 문화재 교류 정책 역량을 강화하고 국민의 문화재에 대한 이해와 문화재 향유 기회를 넓히기 위한 취지로 진행되었다. 두 기관은 협약을 통해 북한의 문화재 정책과 현황에 대한 자료 협력, 북한 문화재 관련 연구, 정책 기획, 발굴 추진과 인적 교류, 문화재 관련 교육 프로그램, 현장 체험 기회 제공 등과 관련해 협력하기로 했다. 2018년 4.27 판문점 선언으로 남북 교류의 재개 가능성이 열리면서 이를 위한 준비 작업으로 보인다. 남북 문화유산의 교류 협력을 보다 활성화시키고 이를 남북 관계 개선을 통한 한반도 평화에 직접적으로 연결시키기 위해서는 다음과 같은 방안이 고려되어야 할 것이다.

---

22 박상준, 2018, "북한 사찰 문화유산 보호 활동" 『남북 문화유산 교류사』, 대전: 국립문화재연구소 고고연구실.

먼저, 남북 문화유산 교류 협력을 원활하기 위해서는 동서독의 문화협정 등과 같은 제도적 근거를 마련하기 위한 관련법과 행정 조직 체계와 같은 인프라가 구축되어야 할 것이다. 또한 남북한의 문화재 관련 교류를 주관할 단일 부서와 조직이 필요하다. 김대중 정부와 노무현 정부 때의 경험으로 비추어 여러 기관과 개인이 분산되어 당사자들과 접촉하면서 많은 잡음과 문제점이 있었다. 적지 않은 세월을 다른 체제와 사회 속에서 대립과 갈등을 이어온 남북 간의 접촉에는 조심스럽게 접근할 필요가 있다. 서로 간의 이해와 요구를 수용해 이를 조정하고 일을 추진할 수 있는 단일 창구가 필요하며, 남북 간의 협력 경험이 쌓이고 교류 활성화가 어느 정도 진행되면, 이 조직의 역할도 줄여가면서 장기적으로는 자율적이고 개방적인 방향으로 추진되어야 할 것이다. 이 부서에서는 남북한 학술 및 연구 개발 관련 기관과 단체 간의 교류 협력을 지원하고, 학술 및 연구 개발 활동을 효율적이고 공정하게 수행할 수 있는 행정적, 재정적 지원 및 유형 · 무형의 세계문화유산에 등록하려는 북한의 노력을 지원하거나 공동 등재를 추진하는 사업 등을 추진할 수 있을 것이다.

둘째, 남북한 문화재 교류 협력의 범위와 내용을 확대해야 한다. 북한에는 선사 시대부터 근현대까지의 많은 문화 유적과 유물들이 분포되어 있다. 지금까지는 주로 고구려 중심의 문화유산 교류였지만, 시대를 확장해 문화재 실태 파악과 연구 조사가 필요하다. 또한 역사 유적만이 아니라 비물질 문화 영역인 천연기념물, 풍속, 언어, 생활 풍습, 설화 등에 대한 관심과 교류도 활성화할 필요가 있다.

셋째는 북한 지역의 문화유산 보호를 위한 재정적 · 기술적 지원이 필요하다. 북한 지역의 문화유산은 남북한 공동의 것이다. 북한은 오랫동안 경제난에 시달리면서 문화유산들을 적절히 관리하지 못해 훼손되거나 소멸되는 실정이다. 또한, 경제적 어려움으로 문화유산이 해외로 유출되고, 발굴 조사도 제한적으로 실시되며 보고서 발간도 어려운 실정이다. 북한은 재정적 문제와 기술적 문제를 해결하기 위해 일본, 중국과 공동으로 고고학 발굴을 진행하기도 했다. 우리 역사를 왜곡하거나 저들 역사의 부산물로 보고 싶어하는 일본과 중국과의 공동 발굴은 매우 위험한 일이다. 이를 방지하기 위해서는 남한의 기술과 첨단 장비를 동원한 공동 발굴이 조속히 재개되어야 할 것이다. 다만 일방적 지원이 아니라 문화재 공동 관리를 위한 전문 기관과 관련 법령을 함께 만드는 작업이 선행되어야 할 것이다.

넷째는 남북한 공동 학술대회 개최와 남북 학자 간 교류의 장을 활성화하는 것이다. 분단 이후 남한과 북한 학계는 단절되어 서로의 연구 성과를 공유하거나 자료를 이용하기도 어려웠다. 또한 서로의 지역을 오갈 수 없었기 때문에 남북은 문헌자료의 부족을 상호 보완해줄 고고 유물 자료를 직접 보지 못해 연구에 많은 한계가 있었다. 또한 사회 · 정치 체제의 차이와 갈등 관계에 따라 편향된 연구로 이어져 왔다. 남북 학자 간 교류와 연구 성과를 교환할 수 있는 학술대회를 개최하고, 공동 연구 활성화를 통해 연구 영역의 확대와 학문적 다변화만이 아니라 민족공동체 의식도 싹틔울 수 있을 것이다.

다섯째로 문화재 관련 자료의 전시회를 공동 기획하고 개최하는 것이다. 남한의 문화재를 북한에서 전시하고 북한의 문화재를 전시함으로써 학자 집단뿐 아니라 일반인들도 남북한 문화의 동질성을 이해하고 즐길 수 있는 계기가 될 수 있을 것이다.

마지막으로 북한의 문화유산을 통해 문화적 등질성을 회복하기 위한 민간 교류의 장을 활성화하여야 한다. 북한의 명승지나 유적에 대한 보존과 관리에 들어가는 비용을 정부뿐 아니라 기업, 종교 단체, 일반 시민 등이 자율적으로 참여할 수 있는 길을 열어두어야 한다. 특히, 북한의 경제난으로 지방의 문화재에 대한 관리가 소홀하여 파괴되고 사라져가는 문화유적이나 무형문화재들이 많다. 이를 조속한 시일 내에 효과적으로 보존하는 데 중앙정부의 노력만으로는 한계가 있다. 사찰의 복원이나 보존에 남한의 사찰들과의 교류와 협력이 필요하며, 관광지 개발에는 기업의 참여도 필요하다.

남북 문화유산 교류 협력은 우리가 같은 역사를 공유한 민족이라는 공동체 의식을 찾을 수 있다는 점에서 그 의미가 크다. 2000년 남북정상회담 이후 고구려 유적에 대한 공동 조사·발굴, 세계문화유산 등재를 위한 남북 공동의 노력, 각종 전시회 등이 이루어졌다. 이 당시의 교류를 통해 우리는 북한 문화재에 대한 정보를 얻을 수 있었고, 북한 학자들의 연구 성과도 알 수 있었다. 그러나 문화재 관련 남북 교류는 학문 외적인 정치적 논리가 작동해 중단될 수 있음을 경험했다. 또한, 북한의 문화재 정책이 체제를 뒷받침하는 도구로 활용되면서 이에 부합하지 않은 문화재들은 방기되었으며, 체제의 우월성을 뒷받침하기 위해 왜곡되거나 과장되기도 하였다. 따라서 장기적이고 체계적인 교류 협력을 위한 방안이 구상되어야 하며, 북한과의 마찰을 빚지 않는 선에서 조심스러운 접근이 필요하다.

제 2 장

김일성의 초상화와 얼굴의 권력론[1]

박상희
인하대학교

2.1
왕의 두 신체_시각적인, 그리고 정치적인

북한에서 김일성, 김정일의 초상화는 가정집에서부터 주요 건물과 거리에까지 북한 어디에서나 가장 잘 보이는 곳에, 정중앙에, 높이 걸려 있다. 이러한 초상화로 북한의 지도자 김일성의 얼굴을 재현하는 것은 시각적이면서 정치적인 언어이다. 김일성의 얼굴은 그 자체가 '북한의 얼굴'이라고 할 수 있는 시각적 재현이면서 동시에 '얼굴의 권력론'을 드러내고 있기 때문에 김일성의 초상화 분석은 북한의 정치적 성격을 읽는 매우 의미 있는 접근이 될 수 있다.

구체적으로는 에른스트 칸토로비치(Ernst Kantorowicz)의 '왕의 두 신체'의 논의를 통하여 북한의 시각 정치적 언어를 분석하려는 것인데, 이 개념은 시각적인 것과 정치적인 것, 중세와 근대 정치를 매개하고 관통하는 핵심적인 주제이기도 하다. 왜냐하면 중세의 신정 정치가 근대 정치로 넘어오면서 종결된 것이 아니며 근대 정치에도 여전히 지속되고 있다는 테제에 주목해야 하기 때문이다.

칼 슈미트(Carl Schmitt)는 『정치신학』에서 "현대 국가 이론의 주요 개념은 모두 세속화된 신학적 개념들이다"라고 말하고 있다. 즉 근

1 이 장은 박상희, 2019, "얼굴의 권력론: 북한 김일성 초상화의 시각정치적 언어", 『한국정치학회보』, 제53권 제2호, pp.105–127의 내용을 수정, 보완하여 서술했다.

대 정치는 '신학'을 벗어나 근대화된 것이 아니라 미디어와 정치 스펙터클을 통해 여전히 신학적 패러다임을 유지하고 있는 것이다. 그래서 신정 정치와 같은 중세의 신학적 사유가 단절되어 있는 것이 아니고, 그 신정 정치적 특성이 근대 정치에서도 여전히 작동하고 있으며, 시각 정치적인 언어로 더욱 확대 강화되고 있는 것이다. 사실상 이러한 신정 정치적인 '얼굴의 재현'은 근대 정치의 정치 선전과 광고에도 여전히 적용되고 있다는 것을 상기해야 한다.

북한 체제의 성격을 한마디로 규정하기는 어렵지만 대체로 전체주의 국가의 특성과 동시에 신화적 국가의 특성을 함의하고 있다. 북한은 정권 수립 단계부터 김일성을 중심으로 한 정치 구도가 형성되었고, 이후 김일성-김정일-김정은으로 세습적 권력 승계가 이루어졌으며, 김일성 사후에도 김일성의 신격화를 통해 유훈 통치를 지속하여 권력을 장악해 왔다. 북한은 이러한 '위대하신 김일성 수령'을 신격화한 독재 체제, 세습 권력, 유훈 통치 등을 특징으로 하는 '신정 정치'의 특징을 가지고 있는 것이다. 이 장에서는 그러한 신정 체제의 특성을 시각 정치적 언어, 즉 북한 지도자 김일성의 초상화 재현 방식에서 찾고자 한다.

미르조에프(Nicholas Mirzoeff)는 『바디스케이프(Bodyscape)』에서, 재현되는 신체는 피와 살이 있는 육체와는 구별되는 것, 하나의 기호로 나타나는 것, 은유적인 의미들로 재현되는 것이라고 말한다. 즉 피와 살이 있는 자연적 신체와 그 신체와는 구별되는 정치적 신체가 존재하며, 그것은 기호화, 은유화의 과정을 거치게 된다는 것이다. 에른스트 칸토로비츠의 연구서 『왕의 두 신체(The King's Two bodies)』는 군주의 신체에 대한 중요한 의미를 던져준다.

> 왕은 두 종류의 신체를 갖는데 그것은 바로 자연적 신체(body natural)와 정치적 신체(body politic)이다. 자연적 신체로서의 왕의 신체는 (그것이 본질적으로 고려된다면)죽을 수밖에 없는 인간의 신체를 말하는 것으로서 자연 또는 사고에 의해 발생하는 질병과 유아나 노인의 허약함, 그리고 다른 사람들의 자연적 신체에서 발생하는 것과 똑같은 결점들의 지배를 받는다. 그러나 정치적 신체로서의 왕의 신체는 정치 형태와 정부를 구성하는, 보이거나 조정될 수 없는 신체로서 국민에게 지시하고 공공복리를 관리하기 위해 만들어진 것이다. 따라서 이 신체는 유아나 노인, 그리고 자연인이 지배받는 결점 및 무능력이 전적으로 배제되며, 이와 같은 이유 때문에 왕이 정치적 신체로서 행하는 일은 자연인으로서의 왕의 신체가 가지고 있는 어떠한 무능력에 의해서도 좌절되거나 무가치해질 수가 없다.[2]

중세와 근대 초 유럽의 군주 국가들은 봉건 제도의 독재 정치 구조를 유지하기 위해 강력하고 위압적인 개인의 견고한 연속성에 의존했다. 개인으로서의 군주의 나약함을 보강하기 위해 정치 이론가들은 왕이 두 개의 신체를 가지고 있다는 개념을 만들어냈다. 그 하나는 인간 존재의 '너무나도, 너무나도 인간적인 육체',

---

2 Ernst Kantorowicz, 1953, *The King's Two Bodies*, Princeton NJ, Princeton University Press, p.4.

> 즉 군주 개인의 신체였으며, 다른 하나는 죽을 수밖에 없는 인간의 나약함과 결함의 범위를 넘어선 불멸의 존재, 결코 죽지 않는 왕이라는 신화적인 개념이었다.[3]

이러한 정치적 신체의 개념은 근대 정치에서도 신화적 개념과 긴밀히 연결되었다.

루이스 마린(Louis Marin)은 왕의 두 가지 신체라는 개념을 고안해 낸 데 따른 변화를 다음과 같이 요약했다.

> 왕(the king, 소문자 k, 통풍에 의해 부어오른 무릎을 가진 실재의 인간)은 완전히 왕(the King, 대문자 K, 존엄하고 폐하로 칭해지는 정치적 신체)이라는 그 '이미지'로 변화되어 '재현'된다.[4]

자연적 신체를 부인하면서, 정치적 신체는 시각적 재현에 의존하게 되었다고 보는 것이다.

칸토로비치가 일찍이 지적했듯이 군주, 혹은 지도자는 자연적 신체와 정치적 신체라는 서로 상반되는 신체가 동거하고 있는 것이다. 나약하지만 강하고, 죽지만 죽지 않는 신체이다. 이것은 자연적 신체가 갖는 약점들과 한계들을 극복하고 보완하기 위해 완벽한 이상형의 신체를 재현하기 위한 방법이었다. 북한의 지도자 김일성의 신

---

3 Nicholas Mirzoeff저, 이필 · 이윤희 역, 1999, 『바디스케이프』, 서울: 시각과언어, pp.102–103.

4 Louis Marin, 1988, *The Portrait of the King*, University of Minnesota Press, p.222.

체도 죽을 수밖에 없는 나약한 자연적 신체이면서, 동시에 대문자 K로 시작하는 the King으로 존재하는 불멸의 정치적 신체를 보여주는 대표적인 사례이다. 흥미롭게도 북한은 칸토로비치의 논의와 유사하게, 공식적인 이데올로기인 주체사상에서 "사람은 육체적 생명과 함께 사회 정치적 생명을 가진다"고 말하고 있다. 따라서 북한의 경우, 지도자의 두 신체뿐만 아니라 인민에게도 두 신체가 있다고 말할 수 있다. 이 장에서는 시각적 재현에 의존하여 완벽한 정치적 신체로 재현되는 김일성의 신체에 대해, 특히 김일성 얼굴의 권력론에 대해 논의할 것이다.

2.2
김일성 초상화_그 정치적 얼굴

그러면 왜 얼굴에, 초상에 주목해야 하는가. 북한에서 김일성을 신성화시키는 대표적인 방법으로 사용되어 온 것이 '초상화'인데, 이러한 김일성의 얼굴은 정치적으로 어떤 의미일까. 김일성의 정치적 신체를 분석하는 데에, 그 무엇보다 '초상화'에 집중하는 이유는, 얼굴이 재현하는 정치적 의미들이 있기 때문이다.

> 특히 얼굴은 '시선의 장소'다. 즉 보면서 동시에 보여지는 장소며, 따라서 얼굴은 사회적 기능들-상호 소통적, 상호 주체적, 표현적, 언어적 기능들-이 활동할 수 있는 장이 된다. 또한 얼굴은 가장 존재론적인 기능을 갖는 가시적 도구로, 무엇보다 인간에 속

> 한다. 이 때문에 휴머니즘의 모든 형태는 항상 얼굴에 열광했다. 즉 타자에게 무언가를 보여주기 위한 의미 있고 가장 생동적인 장소로 이용하거나 혹은 역설적으로 그 어떤 것도 보여주지 않고 전달하지 않는 가면처럼 사용했다. 얼굴은 진실을 가리고 있는, 즉 그 위에 또 하나의 속 얼굴을 감추고 있는 장소이자, 동시에 자신을 그대로 드러내고 있는 타자를 바라보는 장소다.[5]

자크 오몽(Jacques Aumont)은 얼굴에 대해 논평하면서, 우리가 재현이라고 부르는 것은 유사성 혹은 상이한 양극이 있다며 "양극 중 하나는 외양, 가시적인 것, 현상적인 것, 재현적인 유사성 등을 말하며, 다른 하나는 내재성, 비가시적인 것, 초월적인 것, 존재, 표현적 유사성 등을 가리킨다. 이 모든 재현 이야기에서 얼굴은 출발점이자 종착점이다"라고 언급했다. 즉 얼굴은 타자에게 노출되어 있는 마지막 장소이자 얼굴의 누드성을 갖고 있기에 얼굴의 재현은 가시적인 외양을 드러내며, 동시에 얼굴은 그 내면에 내재성과 비가시적인 초월성을 갖고 있다. 초월적이고 절대적 얼굴이란 개념은 화장한 얼굴, 혹은 가면의 얼굴로 덧씌워진다. 들뢰즈(Gilles Deleuze)와 가타리(Félix Guattari)는 '얼굴성'에 대해 논술하면서, "얼굴은 개인적인(individual) 것이 아니"고, 얼굴은 사회적 권력 배치물들의 관계 속에서 태어나는 것이며, 따라서 "얼굴은 정치다"라고 언급한다.[6] 얼

---

5 Jacques Aumont저, 김호영 역, 2006, 『영화 속의 얼굴』, 서울: 마음산책, pp.34–35.

6 Gilles Deleuze and Félix Guattari, 1987(원전 1980), *A Thousand Plateaus*, "Year Zero: Faciality", University of Minnesota Press, p.168, 181.

굴은 다름 아닌 정치다. 얼굴의 구성이, 얼굴의 활용이, 얼굴의 소비가, 얼굴의 재현이 곧 정치다. 그렇기 때문에 정치적 신체를 논의할 때 얼굴을 논의하는 것은 매우 주요한 출발점인 것이다. 그 얼굴을 재현하고 있는 '초상화'는 "얼굴에 관해 성찰하는 가장 강력한 행위"가 된다.

> 초상화는 진실과 관련된다. 초상화가 반드시 주인공의 진실을 밝혀줄 수 있다는 의미가 아니라, 초상화에는 항상 어떤 진실이 담겨 있다는 의미다. 하나의 초상화를 시도한다는 사실 자체가 어떤 진실의 가능성을 믿는다는 것을 의미한다. 사실, 초상화가 반드시 얼굴을 포함하는 것은 아니다. 세상에는 얼굴 없는 초상화들이 있고, 물론 초상화 없는 얼굴들도 있다. 그러나 진실에 대한 '요구' 및 재현에 위탁된 진실이라는 가설의 근본적 '필연성'은 얼굴 자체가 진실과 연관된다는 가정, 얼굴이 영혼의 진정한 창문이라는 가정하에 초상화를 얼굴에 연관시킨다. 따라서 초상화는 얼굴에 관해 성찰하는 가장 강력한 행위라 할 수 있다.[7]

얼굴이 여러 표정을 내포하고 있는 것과 같이, 초상화에 재현된 얼굴은 하나의 정치적 표정을 얻는 것이다. 얼굴의 재현이라는 것은 국가 지도자, 권력자의 얼굴을 재현하는 정치적 표정이 있을 수 있고, 수많은 선거 포스터에 등장하는 정치인의 표정일 수 있고, 반대

---

7 Jacques Aumont, 2006, p.53.

로 범죄자를 기록하는 정치적 표정을 창출할 수도 있다. 또는 부르주아의 권력을 표상하는 것일 수도 있고, 노동자의 신상 기록을 위한 표정일 수도 있다. 그 어떤 것이든, 우리는 얼굴에 관해 성찰해야 한다. 얼굴이 정치적인 한에서.

또한 실질적인 얼굴만을 초상화라고 보지는 않는다. 때로는 얼굴 없는 초상화도 있고, 단체의 얼굴들이나 다른 것이 얼굴을 대신하기도 한다. 북한은『로동신문』에 김일성, 김정일과 함께 찍은 수많은 단체 사진을 게재하는데, 이러한 '단체의 얼굴'이 북한의 특성을 보여주는 하나의 '초상화'가 될 수 있다. 그 어떤 초상화이든, 초상화를 시도하고 유포하는 국가 권력은 그러한 재현에 위탁된 진실의 힘을 상정하고 믿으며 확대 재생산하고자 한다. 초상화는 그 어떤 진실을 담고 있거나 은폐하고 있다는 점에서, 그 진실을 들여다보는 비밀 통로가 되는 셈이다. 북한의 진실에 대해 다가가고 싶다면 그들의 '얼굴'을 통해서, '초상화'를 통해서 걸어 들어가는 방법이 있을 수 있다.

그림 2.1 김일성 초상화, 1968.1.1.

그림 2.2 김일성 초상화, 1969.1.1.

그림 2.3 김일성 초상화, 1994.7.9.

이제 김일성의 초상화를 보자. 김일성의 단독 초상은 『로동신문』에 게재된 초상 사진, 초상화를 중심으로 그 변화 과정을 살펴볼 수 있다. 북한은 처음에는 『로동신문』에 '초상 사진'을 실었다. 김일성의 초상 사진은 한국전쟁 중인 1950년 7월 9일자, 1951년 1월 1일자 신년호 등에 실렸다. 하지만 이때의 사진은 증명사진처럼 상반신을 찍은 것이었고 크지도 않았다. 북한 신문에 지도자의 사진 대신, 얼굴 '그림', 즉 초상화가 처음 등장한 시기는 1968년이다. 김일성의 초상화는 모두 네 가지 도상이며, 구체적으로 김일성 초상화의 변화와 그의 얼굴 재현은 다음과 같다.

김일성이 57세였던 1968년 1월 1일 그의 초상화 〈그림 2.1〉이 게재되었는데, 이는 김정일의 지시로 만수대창작사 소속 화가들이 그린 것이다. 만수대창작사의 가장 중요한 사업은 '수령님의 영상을 최상의 수준에서 형상함으로써 수령님의 권위와 위신을 백방으로 보장하는 것'이다.[8] 이 시점 이후 김일성은 공식적인 행사 사진 이외에는 초상화의 형태로 신문에 게재된다. 1년 후 1969년에 다시 그려진 초상화 〈그림 2.2〉는 58세부터 1994년 김일성이 83세로 사망할 때까지 꽤 오랫동안, 약 25년간 변함없이 사용되었다. 초상화 〈그림 2.3〉은 1994년 김일성의 부고 기사에 실렸던 초상화로 양복을 입은 모습으로 변화되었다.

---

8 평양미술대학 주체미술연구소 편, 1994, 『친애하는 지도자 김정일 동지 미술 령도사1』, 평양: 조선미술출판사, p.216.

2.3
초상화, '사이비-아우라'의 복원

북한에서는 초기에 김일성의 '초상 사진'을 먼저 사용했는데, 이후에는 왜 사진 대신 초상화를 사용한 것일까. 일반적으로 사진은 리얼리티를 전제하는 것으로, 탈이데올로기적인 것으로 받아들이는 경향이 있다.[9] 그러나 롤랑 바르트(Roland Barthes)는 사진을 모든 커뮤니케이션의 양태에 내재하는 문화적 기호로서 신화의 체계라고 보았고, 발터 벤야민(Walter Benjamin)은 "카메라에 비치는 자연은 눈에 비치는 자연과는 다른 법"이라고 하면서 '사진의 (생산)의도'에 주목해야 한다고 지적한다.[10] 카메라의 시각은 축소의 원리, 확대의 원리, 원근법의 원리를 내재한 채 새로운 질서를 규정한다. 따라서 사진이 우리가 바라보는 리얼리티를 그대로 반영한다고 믿는 것은 그 자체가 신화적이다. 그러나 물질성의 확대나 축소가 벤야민이 말하는 '정감이 가득한 풍경이나 영혼이 가득 담긴 초상화'와는 다른 영역인 것이다. 영혼이 담긴 초상을 표현하기에는 사진의 물질성이 오히려 역효과를 가져올 수 있다.

일반적으로, 초상 사진에서 초상화로의 변화는 기술 복제와 시선의 역사에서 보자면 퇴행적 변화이다. 초기에 사진의 발명은 초상화를 대체하는 초상 사진으로 일반에게 대중화되었다. 벤야민이 지적

---

9 Vilém Flusser저, 윤종석 역, 1999, 『사진의 철학을 위하여』, 서울: 커뮤니케이션북스, pp.46–47.

10 Walter Benjamin저, 최성만 역, 2007, 『기술 복제 시대의 예술 작품 / 사진의 작은 역사 외』, 서울: 도서출판 길. p.168.

하듯이 "최근의 사진술이 이룩한, 의심할 나위 없이 분명한 공적이라고 할 수 있는, 대상을 아우라에서 해방시키는 작업"이 급속도로 이루어지면서, 사진은 아우라가 탈각된 물질성을 드러내는 것이 되었다. "아우라를 파괴하는 일은 오늘날의 지각이 갖는 특징이다."[11] 그럼에도 초상 사진 대신 초상화를 사용하는 것은 그러한 아우라를 복원하려는 시도라고 읽을 수 있다.

초상 사진은 복제가 가능한 것이다. 초상 사진의 무한 인화 과정은 일회성과 지속성을 지우고, 일시성과 반복성이 진입해 들어오는 과정이다. 그런데 흥미로운 것은 북한에서는 지도자의 초상 사진이 아닌 초상화를 시도했으나, 그것이 보도되는 것은 기술 복제가 가능한 '신문'이라는 매개체이거나 무한 복제로 탄생한 '초상화'를 찍은 '사진 액자'로 각 장소와 가정에까지 보급되었다는 사실이다. 초상화 속의 김일성은 고유한 아우라를, 혹은 고유한 일회성과 지속성을 가진 존재이나, 그것의 보급은 적극적인 복제의 수용으로 일시성과 반복성의 얼굴을 보여주고 있는 것이다.

오늘날에는 기술 복제가 발전하면서 예술 작품이 지녔던 제의 가치보다는 전시 가치로 급속한 변화가 이루어졌다. 전시 가치와 제의 가치가 팽팽하게 줄다리기를 하고 있는 그 "마지막 보루가 바로 인간의 얼굴"이라고 하는데, 특히 그것이 지배자의 얼굴이라면 '얼굴의 권력'을 논의해야 하는 문제인 것이다. 벤야민은 제의 가치보다 전시 가치가, 진품성보다는 복제물이 넘쳐나는 시기에 "이제 예술

---

11 Walter Benjamin, 2007, pp.182–184.

은 다른 실천, 즉 정치에 바탕을 두게 된다"고 말한다.[12] 따라서 북한의 김일성 초상화는 '얼굴의 정치'가 요구되는 특별한 사례를 제공하고 있는 셈이다.

지도자의 얼굴 재현에서, 초상 사진을 뒤로하고 다시 초상화로 방법론적으로 회귀하는 것은 인물이 갖는 아우라를 다시 찾고 싶은 욕망과 시도이다. 그러나 북한에서 시도하고 있는 아우라의 복원은 '사이비-아우라'라고 할 수 있다. 사이비-아우라는 진정한 아우라가 붕괴되는 국면이 야기하는 왜곡된 대응 방식에서 유래한다. 근대에 특징적인 우연과 충격에 대한 경험 속에서 "감상적인 방식으로 아우라를 보존하려는 시도들은 상품의 교환 가치를 (새로움, 스타, 소비에 대한 숭배 속에서)물신 숭배적으로 미화하며, 또한 (사이비)아우라적인 예술 작품 속에서 순수 예술을 실체화한다."[13] 이런 시도는 원형적 파시즘이 구사했던 '정치의 심미화'와 연관되어 있다. 이 층위에서 아우라는 벤야민이 추구했던 '미학의 정치화'란 관점에서 파괴될 필요가 있다.

벤야민이 '아우라의 파괴'가 오늘날 지각이 갖는 특징이라고 말했지만, 오늘날 지각이 갖는 특징은 '사이비-아우라의 복원'일 수 있다. 아우라의 복원은 파시즘과 독재를 정당화하는 것으로 기능할 수 있기 때문이다. 그렇기에 더욱더 '정치하게' 정치적 도상을 살펴보아야 할 과제가 우리 앞에 놓여 있다고 할 수 있다.

---

12 Walter Benjamin, 2007, pp.113–117.

13 윤미애, 2008, "정치와 신학 사이에서 본 벤야민의 매체 이론–아우라 개념을 중심으로", 『카프카연구』, 제19권. p.72.

2.4
초상화의 딜레마_물질성과 초월성

북한 사례 이전에, 초상 사진에서 초상화로 변화한 유사한 사례는 일본 메이지 천황의 초상에서 확인할 수 있다. 타키 코지(多木浩二)는『천황의 초상』에서 메이지 천황의 초상은 처음엔 사진으로 제작되지만, 다시 초상화(콘테화)로 대체되면서 초월적 존재로서의 상징적 신체를 갖게 된다고 말하고 있다.

메이지 천황의 초상 사진은 각각 1872년, 1873년에 촬영한 사진이다. 첫 번째 사진 〈그림 2.4〉는 메이지 천황이 일본의 전통 의상을 입고 있으며, 1년 후에 찍은 사진 〈그림 2.5〉는 서구의 국왕이 입었을 법한 양장을 입고 있다. 바로 옆 테이블에는 나폴레옹 모자까지

그림 2.4 메이지천황 초상 사진(전통의상), 1872. 우치다 쿠이치 촬영.

그림 2.5 메이지천황 초상사진(양장), 1873. 우치다 쿠이치 촬영.

그림 2.6 메이지천황 초상화(콘테화), 1888. 에도아르도 키오소네 그림.

출처: 多木浩二 2007, 115; 118; 152.

놓여 있으니 1년 사이에 엄청난 변화를 보여주고 있다. 복장, 머리 스타일, 배경, 소품에 이르기까지 세심하게 배치한 것을 알 수 있다. 그러다가 〈그림 2.6〉의 1888년 도상은 초상 사진이 아닌 '초상화'로 그려진 것을 확인할 수 있다. 이 그림은 일본에서 궁정화가로 고용된 이탈리아 출신 화가 키오소네(Edoardo Chiossone)가 그린 그림을 미루키 리요가 촬영한 것이다.

타키 코지는 천황의 초상화 〈그림 2.6〉을 분석하면서, "이 도상의 각 부분은 놀라울 정도로 세밀한데, 이는 역설적이게도 우치다 쿠이치의 '사진'이 신체를 생생하게 보여주고 있는 것과는 전혀 다르게 완전히 비현실적 이미지이다"라면서, "이러한 이미지는 시간 속에 있는 개별성이 아니라 기법에 의해 만들어진 초월적 존재"라고 말한다.[14] 초상 사진 〈그림 2.5〉 속의 신체는 젊고 마른 체형의 천황, 무언가 자신 없거나 불만이 있어 보이는 듯한 표정, 의자에 기대앉아 무기력해 보이는 자세, 칼을 비스듬하게 기대 놓은 진취성이 없는 포즈, 서구의 옷을 빌려 입은 듯한 어색한 복장과 텅 빈 배경이 그대로 드러난다. 그러나 초상화 〈그림 2.6〉은 매우 다른 이미지를 보여준다. 무언가 존엄한 이미지, 풍채가 좋아 보이는 믿음직한 신체, 의자 등받이에 기대지 않고 칼을 손에 쥐고 있는 당당하고 진취적인 자세, 제법 어울려 보이는 복장과 꽉 찬 배경, 서구형의 국왕 모습과 흡사한 이상화된, 비현실적 이미지를 획득한 것이다.

따라서 사진보다는 초상화와 같은 이런 낡은 방식이 초월적 존재

---

14 多木浩二(타키 코지)저 · 박삼헌 역, 2007, 『천황의 초상』, 서울: 소명출판, pp.178–179.

를 표현하기에 더 적합하다는 것을 새삼 확인할 수 있다. 사진을 찍는다는 것은 사진기 앞에 앉아 있는 모델의 시간성과 개별성, 물질성을 드러내는 것이기 때문에, 초월성을 드러내기에 적합하지 않다.

초기 비잔틴 이콘에서도 서로 상반되는 이들 요소들을 조화시켜야 하는 딜레마가 있었다. 즉 초상화처럼 인물을 재현한다는 점에서는 그 인물의 특성에 부합하는 요소들을 사실주의적으로 묘사해야 하지만, 동시에 묘사된 인물의 초월성, 다시 말해 거룩함과 신성을 나타내기 위해서는 그 인물의 전체 인상에서 현실적 물질성을 지워야 한다는 딜레마가 그것이다.[15] 이처럼 현실적 물질성을 신비감이나 초월성으로 대체하기 위해서는 초상 사진보다는 초상화가 더 적합한 것이다. 그리고 더 나아가 초상화가 안고 있던 딜레마는, 모순의 일치를 통해 사실성과 초월성을 가교하는 역할로 나아간다.

2.5
김일성 수령 형상 작품의 미학적 특성

그러면 북한의 주체 미술에서 말하는 수령 형상 작품의 미학적 특성을 살펴보자.

> 사회주의 미술은 인간을 추상적으로 그리는 것이 아니라 구체적으로 산 인간을 그려내야 한다. 따라서 수령을 개인이 아니라

15　이덕형, 2006, 『비잔티움, 빛의 모자이크』, 서울: 성균관대학교출판부, p.384.

인민 대중의 통일 단결의 중심으로, 최고 뇌수로 형상하면서도 추상적인 존재로 형상할 수 없게 된다. 바로 수령을 구체적인 인간으로 그리면서도 개인처럼 형상하지 말아야 한다는 요구가 수령 형상 작품의 고유한 생리를 이루며 이 요구로부터 다른 일반 작품에서와 다른 수령 형상 작품의 미학적 특성이 흘러나오게 되는 것이다. 만일 미술 작품에서 수령을 개인으로 보아서는 안 된다고 하면서 추상적으로 절대화하여 그리거나 신비화하여 형상하게 되면 기정사실화하는 편향에 빠지게 되며 따라서 수령의 지위와 역할을 진실하고 생동하게 보여줄 수 없게 된다. 반대로 수령을 구체적인 인물로 보고 그린다고 하면서 개인 일반의 형상에 용해시키게 되면 수령의 위대성과 품격을 제대로 보여주지 못하게 되며 수령 형상 작품 창조의 목적도 실현할 수 없게 된다. 미술 작품에서는 수령의 숭고한 형상을 구체적인 인간으로 그리면서도 개인으로 형상하지 말아야 한다.[16]

김일성 수령의 형상에 있어서는 "추상적으로 그리는 것이 아니라 구체적으로 산 인간"을 그려야 하며, 더 직접적으로는 "수령을 구체적인 인간으로 그리면서도 개인처럼 형상하지 말아야 한다"고 쓰고 있다. 한편으로는 추상적 인간과 구체적 인간을 대별하며 사실주의를 표방하면서, 또 한편으로는 구체적 인간 중에서 '개인'과 '비개인'을 대별하고 있는 것으로 읽어야 할 것 같다.

---

16 김교련, 1995, 『주체미술건설』(주체미술총서1), 평양: 문학예술종합출판사, pp.83–84.

표 2.1 김일성 수령 형상 작품의 미학적 특성

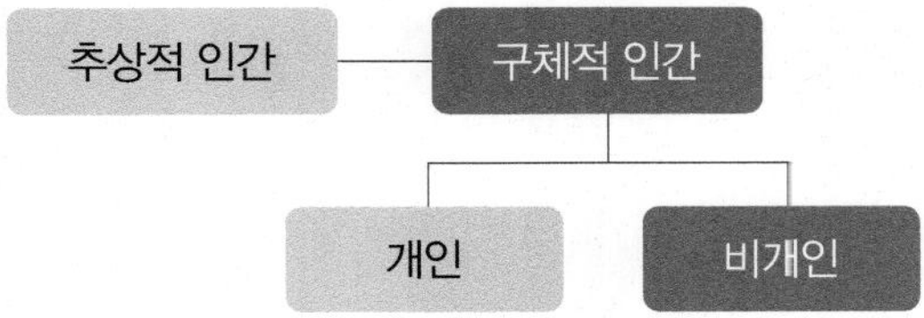

추상적 인간과 구체적 인간이란 어떤 개념인지 북한의 문헌에는 자세히 설명되어 있지 않다. 그러나 김일성은 추상적으로 상상하는 인간이 아니라 구체적으로 살아 움직이는 인간이라는 의미를 내재한다. 그런데 구체적인 인간 중에서도 개인처럼 형상하면 안 된다고 하니 그는 '비개인'인 셈이다. 비개인은 어떤 존재인가. 짐승이나 괴물과 같은 인간(개인) 이하이거나 신과 같은 인간 이상의 존재자일 것이다. 그것은 김일성이란 초월적인 '신', 혹은 초인을 의미하는 것이라고 해석할 수 있다. 그리고 개인의 차원을 넘어선 집단, 제도, 법, 국가를 상징하는 것일 수도 있다. 즉 김일성은 개인의 차원을 넘어 하나의 집합적인 정치적 신체가 되며, 그 자체가 법이자 국가를 상징하는 것으로 나아가는 것이다. 김일성의 비개인은 특별한 존재자이며, 곧 '정치적 신체'를 가진 자를 의미한다. 그런데 그 '비개인'을 "절대화하거나 신비화"하여 형상하면 안 된다고 한다. 김일성은 구체적으로 살아 있는 인간이면서, 개인 이상의 존재자이면서 동시에 신비화하지 않고 땅에 발을 딛고 서 있는 자이다. 이 "절대화하지 않고 신비화하지 않은 비개인"이라는 매우 어려운 형상을 우리는 대면하고 있는 셈이다.

따라서 김일성의 초상화는 분명 김일성을 매우 닮은 얼굴로 사실주의적으로 묘사하면서, 동시에 자연적 신체인 오른쪽 뒷목에 부어오른 혹을 교묘히 감출 수 있고, 노년에 들어선 얼굴의 검버섯과 주름살을 지우며, 언제나 늙지 않는 지도자의 얼굴을 유지하며, 건강상태에 대한 정보를 노출시키지 않는, 근엄한 지도자로서의 초월적 이미지를 획득할 수 있다.

2.6 김일성 초상화의 인물 형상

1) '성스러운 유형'의 표정

구체적으로 김일성 초상화를 분석하면서 인물의 형상화를 살펴보도록 하자. 김일성 초상화에서 김일성은 근엄한 표정으로 재현되어 있다. 먼저 1968년 초상화 〈그림 2.2〉를 보면, 올백으로 넘긴 머리, 짙은 눈썹, 정면을 바라보는 눈, 아래로 내려간 입꼬리, 어두운 목선의 음영 등을 볼 수 있다. 대체로 어둡고 굳은 인상을 보여주는데, 이는 비잔틴 시대의 초기 초상화 형태인 '성스러운 유형(sacred type)'을 상기시킨다.

> 초기의 초상화 형태를 잘 보여주고 있는 공식적인 제국의 초상화 형태는 'typos hieros(성스러운 유형, sacred type)'이었다. … 이 같은 노력의 일환의 하나로 등장하기 시작한 이 '성스러운 유형'의 초상화 형태는 황제나 집정관처럼 비잔티움 제국을 대변하

는 공적 인물의 초상을 성스러운 것으로 간주하는 형식으로 발전되고 있었다. 이 '성스러운 유형'의 초상화 형식은 인물의 성스러움을 부각시키기 위해 인물을 근엄하고 무표정하게 그리고 있었다. 그렇게 함으로써 이 인물이 현실 속에서 쉽게 찾아볼 수 있는 그런 인물이 아니라는 사실을 암시하는 방식이다. 바로 '탈물질화', '탈현실화'의 초상 기법으로서, 이 같은 '성스러운 이미지(imago sacra)'의 양식 역시 초기 이콘의 인물 표상에 적지 않은 영향을 미치고 있었다.[17]

'성스러운 유형'은 인물의 성스러움을 보여주기 위해 근엄하고 무표정한 얼굴로 재현되었다. 이것은 탈물질화, 탈현실화의 초상 기법으로 현실에서는 쉽게 찾아볼 수 없는 인물이라는 사실을 암시하는 것이다. 김일성 초상화에서 이러한 근엄하고 무표정한 성스러운 유형의 얼굴은 초상화 〈그림 2.1〉에서 〈그림 2.2〉, 〈그림 2.3〉에 이르기까지, 즉 1994년 김일성이 사망할 때까지 유지된다. 실제로 조선시대의 초상화에서도 "담담하고 절제된 군자의 자세"를 미덕으로 삼았다고 한다.[18] 이러한 얼굴 표정이 일반적인 지도자의 표정으로 재현된 역사를 이해하기 위해서는 초상화, 혹은 이콘의 기원을 살펴보아야 한다.

헬레니즘 양식의 하나인 초상화는 서기 1세기 경 로마 제국 내

17 이덕형, 2006, p.373.

18 조선미, 2009, 『한국의 초상화–형과 영의 예술』, 서울: 돌베개, p.59.

에서 개인의 장례 예술과 로마 황제의 공식적인 초상 이미지 등에 널리 확산되어 있었는데, 죽은 사람을 기억하기 위한 장례용 초상과 대리석 기능을 맡고 있던 법정의 황제 초상화가 그 대표적인 예였다. 특히 로마 제국에서 그랬던 것처럼 법정에 걸린 황제의 초상화는 황제의 출석을 대신하는 법률적인 효력을 지니고 있었으며, 법정은 황제의 초상이나 흉상이 있어야만 판결과 선고를 할 수 있었다. 이때 초상화를 그리는 사람의 주된 목적은 그려진 인물이 실제로 그 자리에 나타나고 있다는 생각을 불러일으키도록 하는 것이었다. 그러나 이와 같은 요구가 인물의 모습을 자연주의적 기법처럼 있는 그대로 그리는 것을 의미하지는 않았다. 오히려 그 인물이 속한 사회적 지위나 계급을 상기시키는 상징이 여기에 응용되고 있었으며, 인물의 초상은 전형화된 몇 가지 도식에 맞추어 형상화되고 있었다. 예를 들어 황제의 초상의 경우에는 정면을 향한 전신상이나 반신상의 모습, 근엄하고 무표정한 얼굴, 최고의 지위를 나타내는 공식적인 전례 의상 등이 표현되었다.[19]

'법정에 걸린 황제의 초상화'는 황제의 출석을 대신하는 법적 효력을 지녔다. 법정에서의 판결과 선고는 엄숙한 황제의 표정으로 그 효력을 드러내는 것이다. 이러한 황제의 얼굴은 그리스도의 이콘에도 영향을 미쳐 도상학적으로 유사한 관계가 형성되었다. 사람의 손으로 만들지 않았다는 의미의 '아케이로포이에토스(Acheiropoietos)'

---

19 이덕형, 2006, pp.370–371.

와 같은 그리스도의 도상에서도 근엄한 표정을 읽을 수 있다. 그리스도가 한 마리의 길 잃은 양을 안고 있는 친근한 목자의 이미지라기보다는 근엄하고 성스러운 황제의 이미지로 재현되면서, 종교적 이콘은 성스러움과 제국의 권력을 상징하는 이미지가 중첩되는 도상으로 자리잡게 된다.

그림 2.7 노브고로트 화파, 〈손으로 그리지 않은 구세주〉(만딜리온), 12세기 후반, 목판에 템페라, 77×71cm, 러시아 트레티야코프 미술관.

조르조 아감벤(Giorgio Agamben)은 또한 「얼굴(The face)」에 관한 논고에서 프란츠 로젠츠바이크(Franz Rosenzweig)의 글을 인용하면서 얼굴의 이중성에 대해 논한다. 그는 전체주의 국가에서 얼굴의 수동적 후면을 상기시키며, "사무실에 있는 독재자의 비표현적 이미지"를 읽어내고 있는 것이다.

> 광고와 포르노그래피(소비 사회)에서는, 눈과 입이 전면에 나온다. 이와 달리 전체주의적 국가(관료제)에서는 수동적 후면이 지배적이다(사무실에 있는 독재자의 무표정한 이미지, the inexpressive images of tyrants in their offices). 그러나 오직 이런 두 층위 사이의 상호적 게임만이 얼굴의 삶을 헌정한다.[20]

20 Giorgio Agamben저, 김상운 · 양창렬 역, 2009, 「얼굴」, 『목적 없는 수단–정치에 관한 11개의 노트』, 서울: 난장, p.110, 번역 수정.

그림 2.8 김일성 태양상, 1994.8.8.

여기에서 전체주의 국가는 스탈린주의 체제를 겨냥하고 있다. 독재자는 사무실에서 차가운 진리를 실행하는 기계처럼 있다. 그 무표정한 이미지의 표현성에 주목하며 관료주의에 대해 비판한다. 이에 반해 오늘날 선진 산업 민주주의 국가들, 곧 소비 사회에서는 시각적인 것과 언어적인 것이 능동적으로 전면에서 자신의 진리를, 정치를 행사한다. 이는 소비 사회에 대한 비판이다.[21] 여기에서 주목하고 싶은 것은 "사무실에 있는 독재자의 무표정한 이미지"이다. 이는 스탈린 체제의 관료주의에 대한 비판이기도 하지만, 동시에 그것은 초월자로 상정하고 싶은 지도자의 '성스러운 유형'의 전형인 것이다.

특히 김일성 초상화에서 이러한 비표현적 이미지, 즉 '근엄하고 무표정한 얼굴'에 주목하게 되는 이유는 김일성 사후의 초상화 〈그림 2.8〉에서는 생존의 표정과는 전혀 다르게 '환하게 웃는 표정'으로 바뀌기 때문이다. 김일성의 사망 한 달 후인 1994년 8월 8일자부터는 기존의 초상화와는 전혀 다른 초상화가 사용되기 시작한다. 머리에는 흰 머리카락이 보이고 하얀 치아를 드러내고 환히 웃고 있으며, 얼굴은 왼쪽 방향 3/4 시점으로 변화되었으며, 양복을 입고 있

21 서규환, 2018, 『정치적 모랄리아2: 슈미트와 벤야민 사이, 아감벤』, 인천: 다인아트, p.290.

다. 북한에서는 이 초상화를 김일성 '태양상'이라고 부른다. 태양상이라는 이름은 프랑스에서 절대 권력을 구축한 '태양왕' 루이14세를 떠올리게 한다. 이 초상화는 만수대창작사의 김성호, 김성민의 합작으로 그린 '명화'로, 김일성의 영결식에 사용했으며, 김정일은 이 그림에 대해 "보면 볼수록 생존해 계실 때의 모습 그대로의 인상이 강하게 온다"고 극찬했다. 이 태양상은 주로 공공 건물이나 대형 빌딩에 태양처럼 높이 떠올라 있는 초상화이며, 가정에 걸려 있는 초상화까지도 웃는 얼굴의 초상화로 교체하고 있다.

갑자기 왜 김일성의 얼굴은 사망과 동시에 웃는 얼굴이 되었을까. 원래 '웃는 얼굴'은 '성스러운 유형'에 비해 상대적으로 어리석음이나 무절제를 나타낸다고 생각했기 때문에 초상화에서는 잘 사용하지 않았던 기법이다. 레오나르도 다 빈치의 〈모나리자〉(1503~1506), 프란스 할스의 〈웃고 있는 기사〉(1624) 정도가 초상화에서 '웃는 얼굴'을 재현하고 있는데, 그 당시에 이런 초상화는 거의 혁명적인 작품이었다.[22] 그래서 북한에서 김일성의 초상화를 웃는 얼굴로 재현한 것은 매우 큰 변화인데, 웃는 얼굴이야말로 김일성이 죽었음과 동시에 태양으로 전환되는 것으로 읽을 수 있다. 이제는 죽음의 비탄을 초월하여, 그리고 북한의 기근과 경제적 어려움과 국제적 고립감과 압박감 등을 초월하여 권력의 현전과 정치적 실천에서 초월하게 된 '죽은 자의 웃음'이자 '태양의 웃음'이다. 김일성은 웃으며 태

22 이진숙, "〈이진숙의 휴먼 갤러리〉(7) '엄숙주의' 서양미술사에 '웃는 여자'는 혁명이었다", 『경향신문』, 2018/07/30.

양처럼 떠올라 북한이라는 나라를 굽어보는 죽었으나 살아 있는 '신'이 되었다. 이러한 변화는 김정일 초상화에서도 마찬가지로 나타난다. 김정일의 생전 초상화는 근엄하고 무표정한 '성스러운 유형'을 취해왔으나, 김정일 사망 이후 그려진 영정 초상화 김정일 태양상은 인민군창작사의 리성일이 그린 그림으로 김일성 태양상과 같이 환하게 '웃는 얼굴'로 변화된다. 이제 북한의 거리에는 김일성 태양상과 김정일 태양상이 나란히 걸려 있다.

2) 정면 혹은 3/4 시점의 시선

첫 번째 초상화 〈그림 2.1〉 이후 김일성이 58세였던 1969년에 정형화된 초상화 〈그림 2.2〉를 다시 제작하는데, 이번에는 정면보다 약간 오른쪽 얼굴을 보여주고 있다. 초상화 〈그림 2.1〉의 정면상이 보여주던 딱딱하고 직선적인 느낌보다는 다소 부드러워 보인다. 사실 정면 시선은 상대방의 얼굴을 보는 것과 동시에 그 사람의 눈동자에 비치는 나를 바라보는 것이기도 하다. 그렇게 때문에 정면상은 보는 사람에게 부담스러운 시선인데, 3/4 시점으로 비껴서면서 다소 편안한 시선이 된 것이다.

일반적으로 비잔틴 시대의 초상화 형식은 정면이나 3/4 시점으로 표현되었다. 이콘의 인물 형상 서법에서 인물들의 얼굴은 대부분의 경우 '정면성의 원칙'을 따른다. 특히 의미론적으로 중요한 인물일 경우 정면에서 묘사되는데, 그 인물에 대한 공경과 그 인물을 바라보는 관찰자와의 정신적 합일을 상징한다. 초월적인 존재와의 '대화'를 전제로 하는 것이다. 반대로 측면으로 그려진 인물은 대개 부정적인 인물을 표현할 때 사용되었다.

특히나 인물의 '눈'은 인간의 존재를 육체적인 물질적 존재가 아니라 영적인 정신적 존재로 환치시키는 중요한 임계 지점의 역할을 맡게 된다. 눈은 영혼의 창이면서 초월과 내재를 매개한다. 이를 반영하듯 대개 이콘에서 형상화된 인물의 눈은 두 가지로 표현된다. 그것은 초월을 상기시키는 과장된 눈과 긴장하거나 근심 어린 표정의 현세적인 눈으로 재현되는 것이다.[23] 김일성 초상화에서의 '눈'은 초월을 상기시키는 눈이라고 할 수 있다. 그리스 조각상이나 이집트 초상화에서의 과장된 눈은 초월을 향한 존재의 탈각을 암시하고 피안의 세계를 지향하고 있다. 초기 비잔티움 이콘에서는 성인이나 그리스도의 눈이 이러한 경향을 반영한다. 그들의 시선은 정면이나 혹은 저 먼 곳의 상부를 향해 있다. 성스러운 존재의 탈물질화를 우회적으로 표현하는 것이다. 김일성의 초상화 〈그림 2.2〉에서 3/4 시점으로 비켜서고 약간 위를 바라보는 시선은 사회주의 국가에 대한 이상향을 넌지시 지향하는 것으로 보인다. 이러한 기법은 오늘날 정치적 벽보나 선전 이미지에서도 여전히 적용되고 있다.

3) 혹을 감춘 오른쪽 얼굴의 구도

김일성 초상화는『로동신문』에 대략 가로 21cm, 세로 27cm로 실제 사람의 얼굴 크기와 비슷한 크기로 게재되었다. 이콘에서 얼굴의 크기는 '코의 길이'에 따라 결정되는데, 김일성 초상화에서 얼굴의 구

23 이덕형, 2006, pp.553–554.

도를 코의 길이로 그려보면 〈그림 2.9〉와 같다.

그림 2.9 김일성 초상화 구도

초상화의 얼굴에서 코끝과 양미간 사이를 중심점으로 잡고 첫 번째 원, 두 번째 원을 그렸다. 이콘에서는 세 번째 원이 후광이 되는데, 이 초상화에는 후광이 없으므로 세 번째 원은 그리지 않았다. 여기에서 흥미로운 것은 이 원의 중심점이 초상화의 전체 세로 중심축과 어긋나 있다는 점이다. 첫 번째 초상화에서는 정면을 바라보고 있는 것임에도 얼굴 형상이 전체적으로 중심에 오지 않고 왼쪽으로 치우쳐져 있다. 그런데 옷의 카라를 중심으로 보면 몸은 약간 오른쪽에 위치해 있다는 것을 알 수 있다. 두 번째 초상화는 얼굴이 3/4 시선으로 살짝 이동하면서도 얼굴의 중심선과 옷의 중심선이 일치하고 있으나, 전체적인 세로 중심축은 이번에는 오른쪽으로 치우쳐져 있다. 세 번째 초상화도 전체적인 세로 중심축이 오른쪽으로 치우쳐져 있는데, 양복의 넥타이로 확인할 수 있는 옷의 중심축과도 다시 어긋나 있다.

인물의 중심축을 꼭 맞추어야 하는 것은 아니지만, 아마도 초상화를 그린 화가는 김일성 초상 사진을 들여다보며 '그대로' 재현하기 위해 애썼을 것이다. 그렇다면 초상화의 틀어진 중심축은 김일성의 사진에 찍힌 기본 자세일 수 있다. 이러한 틀어진 중심축은 아마도 김일성의 얼굴 재현에서 김일성의 '오른쪽 뒷목에 있는 혹'을 가리기 위한 것이다. 이렇게 늘 몸을 오른쪽으로 약간 틀고 왼쪽 어깨를 앞으로 내밀며 정면을 바라보는 자세는 이른바 김일성의 기본 자세였을 것이다. 변영욱은 『로동신문』에 실린 김일성의 사진 분석에서 이러한 자세를 김일성의 '얼짱 각도'라고 말하기도 한다.[24] 우리나라의 초상화는 일반적으로 왼쪽 얼굴을 그리는 데 익숙해 있다. 조사에 의하면 왼쪽 얼굴의 초상화가 97%라고 하는데, 이것은 사료에 따라 다르게 나타날 수 있고, 정면상도 많았다.[25] 이는 조선 시대 왕의 초상화인 "어진을 그릴 때에는 백관을 마주하고 조정에 임하는 모습인 정면관이 가장 바람직하지만 정면관을 그리기는 난해하다"는 기록에서도 알 수 있듯이 약간 옆으로 시선을 주는 측면상이 많이 그려졌을 수 있다.[26]

김일성의 초상화는 〈그림 2.1〉에서 〈그림 2.2〉로 변화되면서 정면상에서 오른쪽 얼굴로 변화되었는데, 실제로 오른쪽 뒷목의 혹이 전혀 드러나지 않도록 목선을 더 날렵하게 처리한 것을 확인할 수 있다. 그리고 이는 어쩌면 '오른쪽 뒷목의 혹을 감추기 위해' 실제

---

24 변영욱, 2008, 『김정일, JPG—이미지 독점』, 서울: 한울아카데미, pp.60–61.

25 김현규, "초상화는 왜 왼쪽 얼굴이 많은가?", 『과학동아』, 1999.12.

26 조선미, 2009, p.75.

'사진'에서는 늘 왼쪽이나 정면상의 얼굴을 보일 수밖에 없었던 김일성의 얼굴 재현에 있어서 균형점을 맞추려는 시도로 오른쪽 얼굴을 그린 것이 아니었을까. 그러나 김일성 사후 태양상은 모두 환하게 웃는 '왼쪽 얼굴'을 보여주고 있다. 일반적으로 왼쪽 얼굴이 친숙하다는 점에서 김일성은 사후에 매우 친숙한 얼굴로 '태양'이 되었다.

2.7 후광 이미지

김일성 초상화는 모든 인민들이 가슴에 달고 다니는 초상 휘장으로 만들어졌으며 화폐 도안으로 활용되기도 했다. 초상 휘장은 1970년 11월 김정일이 조선노동당 제5차 대회에 즈음해 "인민들의 한결같은 마음이 반영된 주석(김일성)의 존귀한 영상이 모셔진 초상 휘장(배지)을 만들어 당대회 대표들에게 수여할 것을 발기했다"고 전해진다. 김정일은 수령의 초상화를 사용하는 초상 휘장 제작 공정까지도 일일이 지도하고 구체적인 방도와 지시를 하기도 했다.[27]

특히 초상 휘장은 시간이 지나면서 디자인이 다양화되고 계급을 구분하는 시각적 효과를 냈다. 1997년쯤부터는 김일성과 김정일을 함께 담은 배지도 만들고 있다. 이 중에서 노동당 깃발 속에 김일성 얼굴이 그려져 있는 것은 당 중앙지도원급 이상의 고위직이, 군복 차림의 김일성 군상 배지는 국가보위부나 인민보안성 등 사법, 검찰

27 평양미술대학 주체미술연구소 편, 1994, p.228.

기관의 요원들이 착용한다. 그밖에 원형 안에 김일성 초상이 그려져 있는 대형의 원형 배지는 지방의 당 간부급 이상만 달 수 있다. 그리고 해외 교포들이 패용하는 국기상 배지도 있다. 일반 주민은 간부급 배지의 절반 정도 작은 크기의 소형 원형 배지를 달고 있는 것이 보통이다.[28] 공산주의 사회는 원래 계급 없는 사회를 지향하는데, 북한은 배지의 디자인을 계급별로 다르게 제작 배포함으로써 계급을 시각적으로 가시화하는 사회가 된 것이다.

그런데 배지를 자세히 들여다보면 겉모습의 디자인은 사각형, 원형, 깃발 모양 등 다양하지만 대체로 안에 그려진 김일성의 초상화와 그 얼굴의 뒤에 원형 모양의 '후광' 이미지가 들어가 있다는 공통점을 발견할 수 있다.

> 초기 초상화의 또 다른 한 형식은 석관 위에 둥근 원형 모양의 테두리 속에 양각된 이미지를 넣는 것이었다. 이러한 조각상은 원형의 모습이 방패와 같은 모습을 취하고 있는 까닭에 방패형 원형 초상이라는 의미에서 'imago clipeata(방패형 이미지)'라고 부른다. 이것은 '메달리온(Medallion)'이라고 부르는 원형 양각 메달로 발전되었으며, 죽은 사람의 흉상을 담고 있는 이 원형 초상 조각은 승전 기념비의 장식 또는 부유층이나 귀족의 석관 위에 조형되었다.[29]

---

28 차종환 · 최재현 · 배준식 · 이정우 · 허일무 · 배성근, 2008, 『북한 톹방기』, 서울: 도서출판 예가, pp.408–409.

29 이덕형, 2006, p.375.

그림 2.10 대일본제국 고귀어 초상, 석판, 1885.
출처: 若桑 みどり 2007, 343.

일반적으로 신이나 왕과 같은 신성한 인물을 그리는 이콘에서 평온함과 고뇌, 근심과 초월을 담고 있는 얼굴 표정에서 신성의 흔적을 나타낼 수 있는 기법적 장치는 무엇인가. 이콘 화가들은 그것을 '후광'을 통해 해결할 수 있었다. 후광을 두르게 되는 대상은 그리스도, 테오토코스 성모, 천사, 몇몇 예외적인 이콘에서 사도들과 성인들로 한정되는데, 이것은 이들이 이미 천상의 신성과 영광을 공유하고 있다는 것을 알려주는 관례적 상징 기호가 되었다. 이콘 속에 묘사된 인물이 보통 사람이 아니라 성스러운 신적 권위를 위임받은 인물이라는 점을 아우라와 같은 후광을 통해 부각시키는 것이다.[30]

30　이덕형, 2006, pp.550–551.

그림 2.11 Torzhestvo oktiabria (Celebration of October), 1926.
출처: Victoria E. Bonnell, 1999, 177.

이러한 후광이나 만돌라는 메달리온의 형태로 차용되었다. 후광은 초상화 뒤에 빛의 형상을 원형으로 표현하는 것을 의미하며, 만돌라는 후광이 전신에 걸쳐 아몬드 형태로 나타나는 전신 후광을 의미한다. 한 예로, 일본 메이지 황후의 초상을 분석한 와카쿠와 미도리(若桑 みどり)의 『황후의 초상』에서도 천황과 그의 가족들을 메달리온 안에 표상하는 기법을 차용했음을 확인할 수 있다. 그리고 소련에서도 스탈린이 레닌을 우상화하는 도상 중에도 이러한 메달리온 안에 표상하는 기법들이 활용되었다.

이처럼 김일성 초상 휘장의 디자인은 다양하지만 그 안에는 김일성의 고귀함과 초월성을 확장하기 위해 타원형의 메달리온 형태 안에 김일성의 초상화를 넣는다. 최근에는 초상 휘장이 북한의 젊은 층에게는 패션의 하나로 받아들여져 다양한 디자인의 휘장을 활용한다. 김일성의 초상 휘장은 '위대한 수령'을 가슴에 모시는 매우 존귀한 대상임에도 불구하고, 패션의 도구로 그 물신성을 드러내기도 한다.

2.8
시각적 재현의 정치적 공간

북한에서 김일성의 형상물을 어떻게 다뤄야 하는가에 대한 구체적인 규정이 나오는 것은 주체사상하의 이른바 '유일사상 10대 원칙'이다. 김일성 절대화에 대해 규정하고 있는 유일사상 체계 확립의 10대 원칙 제3조는 다음과 같다.

10대 원칙 제3조

위대한 수령 김일성 동지의 권위를 절대화하여야 한다. 위대한 수령 김일성 동지의 권위를 절대화하는 것은 우리 혁명의 지상의 요구이며 우리 당과 인민의 혁명적 의지이다.

10대 원칙 제3조 6항

경애하는 수령 김일성 동지의 초상화, 석고상, 동상, 초상, 휘장, 수령의 초상화를 게재한 출판물, 수령을 형상화한 미술 작품, 수령의 현지 교시판, 당의 기본 구호 등을 정중히 취급하고 또 철저히 보호하여야 한다.

이러한 유일사상 10대 원칙에 따라, 북한의 최고 지도자의 시각적 재현을 둘러싼 정치적 공간은 인민들에 대한 관리, 감시, 처벌 등으로 엄격한 통제가 이루어지고 있다. 예를 들어, 초상화의 관리는 매우 정성스럽고 엄숙하게 이루어진다.

> 북한의 모든 곳에 여러 가지 형태의 김일성, 김정일 초상이 있다고 해서 통제가 되는 것은 아니다. 그럼 북한 주민들은 이것에 어떻게 통제를 받을까. 그것은 김일성과 김정일의 초상화에 대한 관리를 잘하도록 강제함으로써 이루어진다. … 칠판 옆의 한 켠에는 정성스럽게 치장한 '초상화 정성함'이 있다. 그 안에는 부드럽고 색깔 고운 천으로 정성스레 만든 3~4개의 초상화 청소용 걸레가 있다. 선생님은 학생들이 순번을 정해서 매일 아침저녁으로 김일성과 김정일의 초상화를 정성스럽게 닦게 한다(인민학교에서는 학생들이 어리므로 선생님이 직접 한다). 인민학교 2학년 말부터 가입하게 되는 '조선소년단'은 '초상화 정성 작업'을 조직 생활의 첫째가는 중요한 요소로 보고 생활 총화에서 엄격한 통제와 총화를 한다. 선생님들도 매일 아침 수업을 하기 전에 흰종이로 초상화의 윗부분을 닦아서 먼지가 묻는가 안 묻는가 하는 것을 확인한다. 이러한 모든 일들이 김 부자를 잘 모셔야 한다는 의식적, 무의식적인 경외심과 강박감에 시달리게 만들고 우상화를 만들어 내는 것이다.[31]

북한에서는 초상화의 관리 및 정성 작업이 매우 중요한 교육 과정에 포함되며, 각 가정에서도 정성함을 관리하도록 하고 있다. 또한 북한이 2004년 4월 7일자로 전국에 배포한 〈전시 세칙〉에 따르면 전쟁이 일어날 경우 북한 주민이 1차적으로 해야 할 대피 요령으로 김

---

31 김승철, 2000, 『북한 동포들의 생활문화양식과 마지막 희망』, 인천: 도서출판 JMG, pp.276–279.

정일 국방위원장과 그 부모의 초상화, 동상 보전 등을 규정하고 있다. "혁명의 수뇌부를 사수하기 위해서라면 청춘도 생명도 서슴없이 바쳐야 하는 것"이 초상화에 대한 북한의 원칙이다. 실제로 북한에서는 화재나 재난 시에도 불길에 뛰어들어 초상화를 구출하느라 목숨을 잃기도 한다는 사례가 미담으로 소개되고 영웅으로 칭해진다.

초상화에 대한 북한 주민의 의례는 2003년 대구 유니버시아드대회에 참가한 북한 응원단을 통해 남한 사회에 직접적으로 제기된 적이 있다. 남쪽에서 북한 응원단을 환영하기 위해 내건 현수막에 김정일 위원장의 사진을 인쇄했는데, 북한 응원단은 김정일 위원장의 사진이 구겨진 채 비를 맞으며 도로변에 걸려 있는 것을 보고 강력히 항의했다. 이는 사진에 대한 태도의 차이로 남한 사회에서 당시 이슈가 되었던 사건이었다. 초상화에 대한 이러한 신격화는 김일성의 초상은 접지 못하도록 규정된 신문 접지, 김일성 초상이 들어간 화폐 접지에서도 적용되어 통제된다. 김일성의 절대화는 초상화의 관리와 의례에서 엄격한 법제화와 규율로 철저하게 이행되고 있다. 이러한 원칙이 지배하는 정치 공간은 북한 내에서 '인민의 국민화'를 가능하게 한 공간이다.

2.9 신정 정치의 재현

칸토로비치의 '왕의 두 신체'는 중세 시대 이래 군주정에서의 지배 양식을 왕의 신체를 중심으로 분석하는 유용한 모델이다. 왕의 두 신체는 늙고 병들고 죽을 수밖에 없는 자연적 신체(body natural)와, 동시에 그러한 결함이 전적으로 배제된 신성하고 초월적인 정치적 신체(body politic)를 가지고 있다는 것이다. 이것은 시각적인 것과 정치적인 것, 그리고 중세와 근대 정치를 매개하는 중요한 주제이다.

특히 정치적 신체 중에서도 초상화에 나타난 '얼굴'의 재현에 주목함으로써 북한에서의 김일성 얼굴이 갖는 권력론, 정치적 얼굴의 의미를 살펴보았다. 일반적인 시각적 재현의 역사는 사진이 발명되면서 '초상화'에서 '초상 사진'으로의 발전 과정을 보여주는데, 북한은 김일성의 얼굴을 초상 사진이 아닌 초상화의 형태로 가시화한다. 초상화는 사진에 비해서 인물이 갖는 현재의 시간성과 개별성, 물질성을 지우고, 인물의 초월성과 거룩한 신성성을 드러내기에 더 적합한 것이다.

김일성 초상화는 근엄하고 무표정한 '성스러운 유형(sacred type)'의 전형을 보여주며, 시선은 정면상 혹은 3/4 시점으로 변화되면서 초월적인 눈을 재현한다. 그리고 구도는 '오른쪽 뒷목에 있는 혹'을 가려 자연적 신체의 결함을 전적으로 배제하는 시각적 전략을 엿볼 수 있다. 이러한 김일성 초상화는 배지(초상 휘장), 화폐 등에 메달리온(Medallion) 형태로 가시화되는데, 성스러움을 상징하는 후광의 이미지를 보여준다. 이러한 김일성의 초상화는 초월성과 신성성을 강화하여 '사이비-아우라'를 복원하려는 시도라고 해석한다.

그러나 김일성 사후의 태양상은 기존의 초상화와는 전혀 다르게 환하게 웃고 있는 초상화를 사용함으로써 김일성은 죽었으나 살아있는 지도자가 된다. 이제 김일성의 얼굴은 권력의 현전, 정치적 실천에서 벗어나 죽음을 초월하여 환하게 웃으며 태양처럼 떠올라 북한을 내려다보는 신이 되었다.

이처럼 김일성 초상화에 나타난 북한의 시각 정치적 언어는 김일성의 정치적 신체를 강화하는 시각적 전략으로 신정 정치의 특성을 드러내고 있다. 김일성의 얼굴은 '성스러운 유형'의 정치적 얼굴을 획득하고, '죽었으나 살아 있는' 불멸의 신체로 영원히 살아 있는 얼굴의 권력을 보여준다. 이러한 과정을 통해 북한은 '신'의 초월성을 드러내는 '신정 정치'의 특징을 재현하고 있다.

제 3 장

남북 합작과 북한에서 건축하기

심영규
울산대학교

3.1
남북 교류와 북한 건축의 이해

지금까지 북한은 우리에게 닫힌 도시였다. 직접적인 경험이 불가능하니 북한에서 공식 · 비공식적으로 출판한 자료에 의존할 수밖에 없었다. 특히 도시와 건축에 대한 연구는 그 특성상 외부에서 보이는 모습뿐 아니라 도시 설계의 방법, 내부의 생활 모습과 구조, 지어지는 과정, 기술의 변화 등이 중요한데 그런 자료가 풍부하지 않다. 2000년 남북 간 화해 무드를 바탕으로 조성된 북한 방문의 기회와 제한적이지만 북한에서 진행했던 설계와 시공의 사례는 그런 부족한 부분을 어느 정도 해소해주었다. 그나마 최근의 디지털 기술 발전에 따라 구글 지도와 유튜브의 VR(Virtual Reality) 영상을 통해 간접 경험할 기회도 늘었다. 이렇게 지금까지 북한 건축과 평양이란 도시에 대한 연구는 주로 건물의 외형과 건축 양식의 변화에 의존했다. 사회주의 건축은 선전과 선동의 도구로 일종의 형태적 건축이 도드라진다. 이는 고정적이고 육중한 '철근과 콘크리트의 건축'으로 대변된다. 그러나 여전히 부족한 것은 실제 북한에서 건축이란 행위가 어떻게 이루어지는가 하는 연구이다. 희망하건대 머지않은 미래에 북한 땅에서 건축할 기회를 상상한다면, 그때를 위해 준비할 것이 많다. 북한에서의 건축은 우리의 상상보다 훨씬 어려움이 많기 때문이다. 최근 건축 기술의 발달로 이동 가능한 컨테이너와 같은 모듈러(modular) 건축이 가능해지고, 공장에서 사전 제작하는 페브리케이션(fabrication) 기술을 활용해 공사 기간과 비용을 대폭 줄이는 일이 가능해졌다. 이른바 유연하고 이동 가능한 '모듈러 건축'으로 대변되는 방식이다. 건축 기술의 발달이 지구상에서 가장 폐쇄적인 땅 북한의 철근 콘크리트 건축을 어떻게 유연한 모듈러 건축으로 바꿀 수 있는지 제언해 보는 것은 의미 있는 일이다.

이 장에서는 2000년 남북정상회담을 계기로 본격적으로 시작해 2010년을 전후해 완공된 남북 합작 건축 프로젝트의 사례를 살펴보며, 북한에서 건축이 제한적이지만 어떻게 진행될 수 있고 향후 남북한의 교류가 다시 활발하게 된다면 어떤 과정을 거쳐 설계와 건설이 진행될 수 있는지 시사점을 얻으려고 한다. 해당 프로젝트를 담당했던 이들의 인터뷰를 통해 각 사례에 대한 과정뿐 아니라 어려움에 관한 내용을 통해 북한에서 건축하기의 실제와 가능성 혹은 불가능함에 대에 대해 타진해 본다.

3.2
남북 합작 프로젝트의 시작

1) 이상적이고 폐쇄적인 사회주의 도시, 평양

사회주의 사상으로 복구된 평양 건축

북한의 건축을 다루기 위해서는 평양을 봐야 한다. 북한 건축의 전체이자 전부가 평양이기 때문이다. 평양에 대한 도시 구조와 건축에 대한 기본적인 이해는 현재 평양의 도시 구조가 왜 이렇게 이뤄졌고, 건물이 왜 이런 형태를 가지고 있는지에 중요한 단서를 제공하기 때문이다. 특히 자본주의 체제하에서 자유롭게 거래되는 부동산의 특성과 철저한 건축법과 규제가 존재하는 남한과 달리 체제가 완전히 다른 북한에는 어떻게 건축이 이뤄질까?

평양의 도시와 건축은 기본적으로 사회주의 사상에 기초하고 있으나 체제의 특성으로 유럽식 사회주의 건축이 아주 짧은 시기에 들어왔다.[1] 해방 직후 소련의 지원으로 평양에 많은 공공 건물이 지어졌는데, 이는 일제 강점기에 식민지 경영을 위한 각종 공공시설이 서울에 집중됨에 따라 평양에는 이런 공공시설이 절대적으로 부족했기 때문이었다. 김일성종합대학, 평양성종합병원, 만경대혁명학원, 해방호텔 등 당시 중요한 공공 건물이 모두 소련의 지원으로 축조된 대표적인 신고전주의 양식이다. 당시 북에는 대규모 공공시설

평양시 중심부 전경, 조선화보사, 2007년

---

1 안창모, 2009, '남과 북의 건축문화와 민족정체성: 전통건축과 민족건축을 중심으로', 북한과학기술네트워크

인민대학습당, 조선화보사, 2007

인민문화궁전, 조선화보사, 2007

을 설계할 수 있는 건축가와 이를 지을 수 있는 자원과 경제적 능력이 부족했기 때문에 당시 동유럽 건축의 주류를 형성하고 있던 신고전주의 양식이 도입되었다.[2]

6 · 25전쟁은 평양의 도시 건축 모습을 크게 바꿔 놓았다. 평양의 90% 이상이 폭격과 전쟁으로 파괴됨에 따라 전면적 복구를 위한 완전히 새로운 도시 계획이 진행됐다. '평양시 복구 건설 총계획(1952년)'은 모스크바에서 유학한 김정희가 주도했다. 기본 방향은 "역사적으로 형성된 도시의 기본을 보존"하겠다고 밝히면서도 북성, 내성, 중성, 외성으로 구성된 역사 도시 평양의 구조를 철저히 해체했다. 대신 동서로 흐르는 대동강을 도시 축으로 설정해 강을 따라 건물을 배치했다. 김일성광장을 남산 동쪽에 건설하고 대동강과 나란하게 도로를 내고, 평양의 동쪽과 서쪽의 대동강, 보통강 하류에는 공장과 기업소, 위생, 교육, 편의 시설을 배치했다. 주택 지구를 녹화하고 도시 주변에 녹지대를 형성하는 방향으로 복구가 이뤄졌다.

---

2 안창모, 2013, '평양 도시와 건축에 새겨진 이상과 현실', SPACE, 2월호

전후 복구가 마무리된 '제1차 7개년 계획'(1961년) 이후 신고전주의 건축이 범람하던 시기를 지나 본격적으로 '민족 건축 양식'이 등장한다.[3] 민족 건축 양식은 사회주의적 내용에 민족적 형식이 부여돼 탄생한 것이다. 김일성은 '민족적 건축 예술'을 화두로 "전후 복구기에 새로운 건축 예술을 창조하는 데 있어 선조들의 건축 예술을 정당하게 평가하고 민족적 특성을 현대적 미감에 맞도록 재현해야 한다"고 언급하며, "건축 설계는 민족 형식에 사회주의적 내용을 부여하는 것이어야 한다"고 말했다. 이러한 건축에 대한 생각은 "건축을 우리 식으로 창조해야 한다"는 '주체건축론'과 닿아 있다. 이런 민족 건축 양식은 문화 시설에 집중됐는데, 평양대극장(1960년), 인민문화궁전(1974년), 국제친선전람관(1978년), 인민대학습당(1982년) 등이 대표적이다.

냉전이 각인된 폐쇄된 도시, 평양

이후 사회주의 이념의 우월성을 드러내는 문화 도시화 정책에 따라 공공 문화 시설은 민족 건축 양식에서 탈피해 세계적인 흐름에 맞춰 지어졌다. 이는 개방을 전제로 하는 국제화의 흐름 속에서 민족의 고유한 건축 양식만 고집할 수는 없었기 때문인데, 이런 전환은 주체건축론의 "건축 창조에서 민족적 특성과 현대성을 옳게 결합시켜야 한다"는 강령과 큰 결에서 맥락을 같이한다.

결과적으로 면적으로 보면 서울보다 5배나 큰 평양은 북한 전체

---

3 김현수, 1994, '북한의 도시계획에 관한 연구', 서울대학교 박사논문

고층 아파트가 즐비한 모란봉거리, 조선화보사, 2007

인구의 10% 정도만 살고 있는 250만 정도의 중규모 도시로 성장했다. 이는 전체 인구의 20% 이상을 담당하는 1,000만 도시 서울에 비교하면 굉장히 낮은 수치다. 서울 도심의 경관은 상업과 업무용 고층 건물이 주도하지만, 평양에는 고층 집합 주택 같은 주거 시설이 차지하는 비중이 높다. 특히 1970년대 이후 이루어진 평양의 창광거리 도심 재개발에서 만수대 지구 재개발에 등장한 초고층 아파트는 도심 경관을 주도하는 대표적인 초고층 건물군이다. 이렇게 주요 건물을 인동간격(鄰棟間隔)을 확보하고 고밀화하지 않는 이유는 사회주의 도시 계획 외에도 전쟁의 경험과 냉전 체제의 영향이 도시 구조에 깊이 각인되어 있기 때문이다. 전쟁에 대비해 확보된 공지가 녹지로 채워져 사회주의 체제의 우월함을 드러내는 공원 도시의 이미지를 구축하면서 의도하지 않게 평양은 온전한 사회주의 도시로 다시 태어났지만, 잠재적 전쟁의 위협에 대응하는 구조로 이루어졌다.[4]

---

4 김현수, 2013, '사회주의 도시 평양의 변화', SPACE, 2월호

2) 6 · 15남북 공동선언 이후의 남북 건축 공동 프로젝트[5]

폐쇄적이던 평양이 2000년 김대중 전 대통령이 북한을 방문해 열린 역사적인 첫 정상회담과 6 · 15 남북 공동선언 발표를 계기로 남북간 교류에 물꼬가 트였다. 이는 건축에도 큰 영향을 미쳤다. 일부의 건설 자원을 지원하는 소극적 방식에서 출발한 남북한 교류는 남한의 건축가가 직접 북한을 방문해 설계와 시공 프로젝트를 진행하는 단계에 이르렀다.

그러나 전 세계에서 가장 폐쇄적인 땅 북한, 이곳에 남한 사람이 방북해 건축 프로젝트를 진행하기란 쉽지 않다. 2000년 이후 꽁꽁 잠겨 있던 북한 땅이 열리고 대북 교류가 활발해지면서 경제 · 학술 · 체육 문화 부분에 간헐적인 왕래가 있었지만 큰 비용과 시간이 필요한 건축은 상황이 달랐다. 단순한 교류를 넘어 물리적 건물을 세우고 공간을 만드는 시간이 오래 걸리는 일이기 때문이다.

우선 방북을 위해 까다로운 과정과 절차가 필요하다. 북한에서 초청장을 받고 정부에서 방북 비자도 받아야 한다. 통일부의 입국 허가도 받아야 한다. 또한 급변할 수 있는 한반도 정세에 따라 오랜 시간이 걸리는 프로젝트의 미래가 불투명해지기도 한다. 실제 그동안 활발하던 금강산 · 개성 관광은 2008년 관광객 피살 사건으로, 개성공단은 2010년 천안함 사태와 연평도 포격, 북한 핵실험과 장거리 미사일 발사 등 일련의 사태로 중단됐다. 이에 정부는 대북 경제 제재인 5 · 24조치를 취했다. 이후 한때 재가동되기도 했지만 2016년

---

5 심영규, 2013, '북한에서 건축하기의 실제', SPACE, 2월호

개선문 일대, 조선화보사, 2007

완전히 폐쇄됐다. 이 부분은 이 장의 중반부에 상세히 다룬다.

물리적인 부분이나 시공 시스템도 마찬가지로 어렵다. 건설 기술과 자제가 부족한 북한에서 비용이 많이 드는 건축을 위해선 작은 공구와 벽돌 하나까지 남한에서 공수해야 한다. 작은 공장에서 물건을 생산하는 수준이 아니기 때문이다. 많은 사람들이 북한과 함께 북한에서 건축하기에 대해 관심이 있지만, 실제 지어진 건물이 극히 제한적인 것이 그 반증이다.

이런 상황에도 아주 제한적이지만 북한 땅에 한국 건축이 이뤄졌다. 2007년 완공된 평양과학기술대학교는 설계는 남한에서 하고 시공과 감리는 중국과 북한에서 했다. 2004년부터 2007년까지 지어진 어린이 어깨동무병원은 설계부터 감리까지 모두 남한에서 진행한 경우다. 반면 2009년 완공된 금강산 아난티 리조트는 경제특구라는 특별한 대지와 상황에서 건축한 경우로 아주 제한적인 몇 가지 경우에 속한다.

평양과학기술대학교(2007년)

남한과 북한의 건축 사업은 특수한 관계에 놓여 있는 국가 간 교류인 만큼 북한의 뚜렷한 요구가 있고 남한에서 이를 충족하는 방법을 제안하는 경우에만 성립한다. 2007년 완공된 평양과학기술대학의 탄생이 그렇다. 구소련 시대에 북한 내 우수 학생들, 특히 1등 당원의 자제들은 사회주의 유럽 국가로 유학을 갔다. 그러나 1991년 구소련이 붕괴하면서 북한은 국제 사회 수준의 인재 양성을 내부적으로 해결할 수 있는 기관과 시설을 마련해야 하는 상황에 부딪혔다. 그러던 중 남한의 동북아교육문화협력재단이 1992년 설립한 연변과학기술대학이 사회주의 체제 아래서도 성공적으로 운영되고 있는 사례를 봤다. 이후 북한 교육성에서 재단 측에 특수 대학 설립을 요청했다. 재단은 교육성과 계약을 체결하고 남한 정부의 승인을 받아 프로젝트가 수립됐다.

평양과학기술대학은 북한의 요청으로 시작돼 동북아교육문화협력재단에서 사업과 관련된 제반 업무를 진행했고, 재단과의 수의계약을 통해 정림종합건축사사무소(이하 정림건축)가 설계에 참여했다. 2001년 봄 첫 방문을 시작으로 5년간 설계 프로젝트를 진행했다. 정림건축은 평양 내 대지 선정 작업부터 시작했고 북한 방문단은 평양의 여러 곳을 둘러보다가 평양방어사령부(91훈련소, 남한의 수도방위사령부)의 대공포 부대가 위치한 평양시 락랑구역 승리동 일대를 대지로 결정했다. 프로젝트를 진행했던 이형재 당시 정림건축 부사장은 "북한에서 처음에는 거절했으나 우리가 이 땅이 아니면 안 된다고 설득하자 부대를 이전한 뒤 가로 1㎞, 세로 1㎞ 총 100만m^2

평양과학기술대학교 학생 기숙사 교수 숙소 전경(좌) 및 본관(우)
출처: ©NAFEC

규모의 부지를 교육특구로 지정했다"고 말했다. 북한에서는 그만큼 해외의 새로운 기술과 지식을 가르칠 고등 교육 시설이 절실했던 것으로 볼 수 있다.

이후 설계 과정은 계획 설계와 기술 검토, 실시 설계와 기술 검토 순으로 이어졌다. 당시 건축법이 없던 북한에서 설계를 위한 법규는 남한의 법규를 그대로 반영했다. 그리고 설계안 · 도면 검수는 평양건설건재대학과 김책공과대학의 교수진들이 맡아 진행했다. 이형재는 "북측은 남한의 높은 설계 수준을 보고 놀랐다"며 "북한은 아직 우리가 1960년대 하던 손 도면 방식으로 일한다"고 회상했다.

재단은 남한의 건설회사가 시공해주길 원했으나 남측 건설사들이 사업에 대한 확신과 안정이 보장되지 않아 참여하기 어렵다는 뜻을 밝혔다. 마침 북한에서도 허가를 안 해 중국 건설회사에 부탁했다. 그리고 감리는 북한 교육성에서 진행했다. 결국 이 프로젝트는 남한, 북한, 중국으로 분리돼 여러 단계를 거치게 됐다. 당연히 의사

소통에 어려움이 많았고 재료 수급의 문제와 현지 상황에 의해 초기 계획 의도에서 많이 변경된 상태로 준공됐다.

5년간 설계 이후 5년간 시공을 통해 2010년 총 19개 동 총면적 87,028.84㎡, 건축 면적 24,724.67㎡에 이르는 대학 단지를 준공했다. 세부 시설로는 대학본부, 정보통신공학부(IT), 생명공학부(BT), 상경학부 등 교육 시설과 학생과 남북 교직원 및 가족을 위한 기숙사, 식당, 강당 등 편의 시설, 기타 지원 시설로 계획되었으며 특히 국내외 기업과의 산학 협력을 위하여 약 10만㎡(3만 평)의 지산 복합 단지를 조성, 국내외 기업을 유치, 교육, 연구와 경제 협력에 이바지하도록 했다.

어린이 어깨동무병원(2004~2007년)

어린이 어깨동무는 1996년 설립된 남한 NGO다. 북한 어린이 교육 사업과 보건 의료 분야의 사업을 했는데, 평양 어린이 어깨동무병원은 2002년 시작해 2004년 6월 완공했고 이후 3개의 병원을 더 지었다. 의료 시설이라는 특이점 때문에 계획과 건축, 감리까지 모든 부분을 남한의 자원과 기술, 사람이 진행한 프로젝트다. 당시 북한의 시설이 열악했는데, 실제로 남한의 서울대학교 병원 격인 평양의학대학 병동에 소아 병동조차 없어 새로 건설 사업을 했다. 당시 현장 소장을 했던 양계열(태흥개발 소장)은 직접 평양에서 거주하면서 현장을 지켰다. 그의 전언에 따르면 현장 상황은 생각보다 열악했다. 가장 큰 문제는 전기였다. 북한의 전압이 낮아 남한에서 가져간 장비를 제대로 활용하기 어려웠다. 북한의 표준 사용 전압과 주파수는

완공된 평양 어린이어깨동무병원
출처: ©어린이어깨동무병원

13,200V/380−220V, 60Hz이지만 극심한 전력난으로 '주파수 드롭' 현상이 심각해 45Hz에도 못 미치는 경우가 허다하다. 220V가 기준 전압이지만 160~180V가 일반적인 형편이었다. 그마저도 16시 30분 이후가 되면 전기가 끊긴다고 한다. 당연히 시공에 큰 제약이 있었다.

벽돌 같은 간단한 자제도 남한에서 가져갈 수 없어 북한에서 직접 만들어야 했다. 특히 북한은 '건축−설비−전기−토목'으로 분업되는 부분 중 미장, 목수, 창호와 같은 세부적인 분업과 기술력이 상대적으로 낮았다.

북한에는 인력이 많지만 대부분 기술자는 적고 나머지는 단순 보조다. 그래서 북한의 건설사업소(건설사), 직장장(현장소장)과의 기술 협의와 이전이 매우 중요했지만 더뎠다. 세 번째 지은 소아 병동은 연면적 4,010㎡, 지하 1층, 지상 5층, 병상 220여 개로 큰 규모였지만, 2년 만에야 공사를 마무리 지을 수 있었다.

금강산 아난티 골프&리조트(2009년)

금강산은 북한 내에서도 관광특구로 지정돼 건축에 상당히 자율이 보장된 특별한 지역이다. 앞에서 언급한 두 개의 건물과 달리 건축주가 한국 업체고 설계 시공 감리까지 모두 한국 기업이 했다. 특히 비용이나 층 높이 등 설계상의 제약 조건 또한 없었다.

이 프로젝트는 2005년 1월 시작해 2007년 3월까지 설계를 마치고 2007년 3월부터 2008년 6월까지 시공을 했다. 건축주인 에머슨퍼시픽은 힐튼 남해 골프&스파 리조트 프로젝트를 끝내고, 다음 프로젝트인 금강산 아난티 골프&온천 리조트에 착수했다. 건축 설계는 SKM건축의 민성진 소장이 작업했다.

본격적인 건축에 앞서 북한이 정한 절차는 필요하되, 제약 조건은 없었다. 한국의 건축 허가격인 '위치 지정 신청'을 받아야 했으나, 이와 관련된 별도의 제한 조건은 없었다고 한다. 사이트 위치 선정은 북한에서 했고, 그 대지 경계 안에서 건축물과 골프 코스는 원하는 대로 설계할 수 있었으며 설계는 한국 법규를 적용했다. 북한에서 주어진 구역 내에서 골프장 코스, 클럽하우스, 콘도 등 건축물을 설계 의도대로 배치를 계획했다. 그 후 작성된 도서로 명승지종합개발지도국에 위치 지정 신청을 하였고 사후 확인을 받았다. 그 과정에서도 지적과 보안의 요구는 없었고 원안대로 허가를 받아 시공했다.

민성진은 금강산이라는 특수한 상황 때문에 콘크리트를 사용하지 않고 목재 재료를 선택했다. 자재의 운반과 자연을 훼손하지 않으려는 의도였다. 많은 어려움이 예상된 만큼 준비가 많이 필요했다. 콘크리트 강도와 자재 이동과 시공성에 어려움이 예상돼 조립식 건물과 공업용 목재인 '집성목(glulam, 글루램)'이란 재료를 선택했다. 가장 먼저 한국에서 시뮬레이션이 중요했다. 그는 "한국에서 1대 1 크기로 여러 번 목업(mockup)을 하면서 문제를 파악하고 해결책을 찾아 문제를 최소화했다"고 말했다. 공사 중에 필요한 자재와 공법을 시뮬레이션해 현장에서 자재 때문에 공사가 중단되는 일이 없도록 했다.

하지만 가장 큰 문제는 역시 전력 수급 상황과 의사소통의 어려움이었다. 현장에 있는 감리 직원과 오전 9시 하루 1회 딱 10분만 통화할 수 있었고 팩스도 하루 1장밖에 보낼 수 없었다. 북한의 사전 검열 때문에 통신을 최소화했다고 회고한다.

3.3
개성공단 프로젝트

1) 해방 이후 최대 규모 남북 경협 사업의 시작

초기 계획부터 시범 단지 조성까지

개성공단은 하나의 공단을 넘어 개성시의 판문군 평화리 일대에 총 2,000만 평(65.7㎢) 규모의 공업 단지뿐 아니라 배후 도시까지 개발하는 거대한 계획이었다. 이 중 공장 구역은 약 600만 평(19.7㎢), 생활 · 관광 · 상업 구역은 300만 평(9.9㎢), 개성시와 확장 구역 약

1,100만 평(36.1㎢)으로 이루어져 있다.[6]

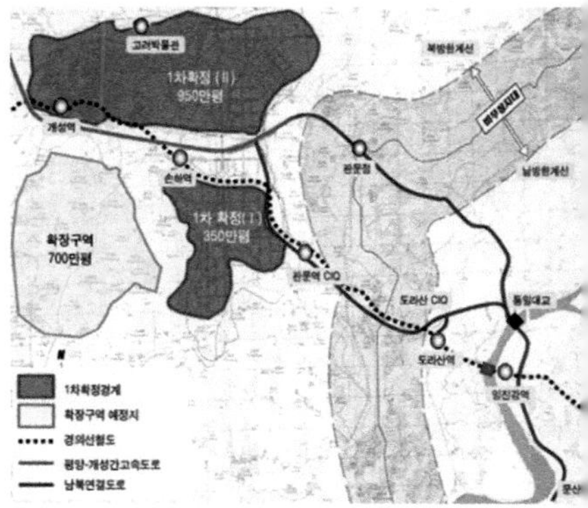

개성공단 개발 계획 개요
출처: ©개성공단사업지원단

기업이 입주하는 공장 구역은 3단계에 걸쳐 개발될 계획이었는데, 1단계(100만 평)는 노동 집약적인 중소기업 공단으로 개발하고, 2단계(150만 평)는 수도권과 연계된 산업 단지로 서울의 금융 시장과 인천의 물류 등과 협력 체계를 구축하고 수출 기지로 육성한다는 구상이었다. 3단계(350만 평)는 중화학공업과 첨단 산업 분야의 유망 업종을 유치해 복합 공업 단지를 조성하고, 다국적 기업까지 유치해 동북아 경제 거점으로 키운다는 청사진이었다. 이대로라면 총 2,000개의 기업이 입주하여 총 35만 명의 인력을 고용하고, 연간 160억 달러를 생산하는 대규모 공단과 배후 도시가 탄생하는 것이었다. 그야말로 '해방 이후 최초의 대규모 남북 경협 사업'이라는 점에서 국내외의 많은 관심과 기대를 모았다.

개성공단 사업의 시작은 1998년 김대중 전 대통령이 취임하여 대북 포용 정책을 적극적으로 추진하면서 본격화되기 시작했다. 그중에서 가장 먼저 추진되었던 사업이 금강산 관광 사업이었다. 당시 현대그룹은 금강산 관광 사업뿐 아니라 소위 '7대 경제 협력 사업'을 추진하기로 북한과 합의하였는데, 이 '7대 사업' 중의 하나가 서해안

6 현대아산, 2005,『개성공업지구 개발 총계획』

공단 건설 사업이었으며, 개성공단 사업은 이 사업의 연장선상에서 나왔다. 현대아산과 북한의 조선아시아태평양평화위원회(이하 아태)는 2000년 8월 22일 '공업지구 건설 · 운영에 관한 합의서'를 체결해 개성 지역에 대규모 공단을 건설하기로 합의했다. 2007년 10월 평양에서 이뤄진 노무현 전 대통령과 북한 김정일 위원장 간의 정상회담에서 채택된 '남북 관계 발전과 평화 번영을 위한 선언(10 · 4선언)'에서는 개성공단 사업과 관련하여 "개성공업지구 1단계 건설을 빠른 시일 안에 완공하고 2단계 개발에 착수하며 문산–봉동 간 철도 화물 수송을 시작하고 통행 · 통신 · 통관 문제를 비롯한 제반 제도적 보장 조치들을 조속히 완비"하기로 선언(제5조)하였다.

개성공단 조성과 가동 중단[7]

2004년 6월에 처음으로 개성공단 시범 단지에 15개 사를 분양하고,

개성공단의 전경

7 양문수, 2017, '개성공단 전면중단 1년과 남북관계: 평가와 과제', 국회입법조사처 주최 세미나

2005년 9월에는 본단지 1차 24개 사 분양이 있었으며, 2007년 6월에는 사실상 마지막 분양이 되어버린 본단지 2차 183개 사의 분양이 있었다. 2007년까지 85개 기업이 입주하였으나, 이명박 정부 출범 이후부터 현저히 감소해 2008년 7개, 2009년 14개, 5 · 24조치 이전까지 5개 기업만 추가로 입주하는 데 그쳤다. 2010년 3월 26일에 발생한 천안함 침몰 사태의 책임을 물어 우리 정부는 5월 24일 남북교류 협력을 원칙적으로 금지하는 대북 제재 조치를 발표하였다. 이 5 · 24조치로 개성공단은 더는 성장이 불가능한 상황이 되었으며, 아예 '동결 상태'에 들어가게 되었다. 또한 체류 인원 축소에 따라 현장 관리 인원의 부족으로 생산 라인의 감독과 품질 관리에 어려움이 발생했다. 2010년 11월 23일 북한의 연평도 포격 도발로 아예 우리 정부는 11월 24일부터 개성공단으로의 출경을 잠정 차단하기도 했다.

개성공단은 2005년 본격적으로 가동된 이후 2006년 북한의 1차 핵실험 이전까지는 비교적 안정적으로 유지되었으나, 북한의 1차 핵실험으로 분양이 늦어지고, 분양을 받은 기업도 정세의 불안으로 입주를 늦추는 등 그 발전에 제동이 걸리기 시작하였으며, 결국 2016년 북한의 4차 핵실험으로 전면 중단되고 말았다.

2013년 가동 중단과 재가동

북한은 2013년 2월 박근혜 정부 출범을 앞두고 제3차 핵실험을 실시하고, 유엔의 안전보장이사회는 대북 제재 2094호를 결의하였다. 이에 북한은 3월 일방적으로 서해 군 통신선을 차단하였다. 개성공단 출입을 위해서는 서해 군 통신선으로 출입 신청과 승인 등의 절차를 진행해야 하는데 아예 불가능하게 된 것이다. 우리 정부는 5월 3일까지 개성공단에 있던 남측 인원 전원을 철수한다. 한동안 가동 중단에 대한 책임을 남측에 돌리며 재발 방지 대책에 대해서도 일방적인 주장을 되풀이하며 회담을 거부해오던 북측은 정부가 입주 기업에게 경협 보험금을 지급하기로 한 8월 조평통 대변인 특별 담화를 통해 잠정 중단 조치 해제와 출입을 전면 허용한다. 북측 근로자의 정상 출근, 신변 안전과 재산 보호, 중단 사태 재발 방지와 정상 운영 보장 등을 밝혔다. 8월 14일에 개성공단 종합지원센터에서 제7차 실무회담이 개최되었고 「개성공단의 정상화를 위한 합의서」를 채택해 재가동에 들어갔다.

개성공단은 2013년 4월 8일부터 9월 16일까지 생산이 중단되었으나, 재가동 이후 빠르게 정상화되어 2013년 12월 말에는 월간 생산액이 3천 529만 달러에 이르는 등 잠정 중단 전인 2012년 12월 말과 비교할 때 약 97% 수준까지 회복되었다. 또한 개성공단이 재가동되던 9월 초순에는 입주 기업 123개 중 91개 사만 가동하고, 가동률도 56%에 불과하였으나, 12월 말에 이르러서는 가동률이 약 85% 수준으로 증가하였고, 2014년 8월에는 가동 중단 이전 수준으로 완전히 회복되었다.

2016년 전면 중단까지

개성공단이 재가동된 이후에도 북한의 도발은 계속되었고, 2015년 8월에 발생한 DMZ 목함 지뢰 폭발 및 북한의 포격 도발 이후 정부는 개성공단 체류 인원을 500여 명으로 축소하였다. 2016년 1월 6일 북한이 제4차 핵실험을 실시하면서 최대의 위기에 직면하게 되었다. 우리 정부는 북한의 핵실험 직후 개성공단에 대한 출입 인원 축소 조치를 실시하여, 2016년 1월 12일부터 생산 활동에 필요한 최소한의 인원만 방북을 허용했다. 이러한 상황에서 2월 7일 북한이 장거리 미사일을 발사하자 우리 정부는 2월 10일 개성공단의 가동을 전면 중단한다. 이렇게 갑작스럽게 가동이 중단되자 입주 기업들은 개성공단에 투자한 기계 설비는 물론 완제품 · 원부자재를 고스란히 남겨둔 채 철수할 수밖에 없었다. 즉, 1조 원이 넘는 투자 자산(공공부분 4,597억 원, 민간 5,613억 원)과 완제품 및 원부자재를 고스란히 남겨둔 채 개성공단 사업이 중단된 것이다. 개성공단은 2004년 12월 이래로 만 11년여 만인 2016년 2월 10일 전면 중단되었다. 당시 개성공단은 총 2,000만 평에 달하는 개발 계획 중 5%에 해당하는 1단계 100만 평에 대한 개발은 완료하였고 입주 기업은 125개로 계획 대비 40% 정도만 입주(1단계 100만 평 공장 용지 64.5만 평 중 26.9만 평 입주)한 상태였다.

2) 개성공단 프로젝트의 의의와 한계[8]

개성공단 사업은 경제적 의미뿐 아니라 다양한 사회적 의미도 있다. 먼저 남북 관계 개선과 발전에 대한 기여다. 공단 건설과 운영 과정에서 대규모의 인적 왕래, 접촉이 이루어지면서 한반도 긴장이 실질적으로 완화되는 효과가 있었다. 아울러 남북한 경제의 상호 의존성

8 임강택, 이강후, 2017, 『개성공단 운영실태와 발전방안: 개성공단 운영 11년의 교훈』, 통일연구원.

을 늘려 남북 관계를 안정화하고 개선에 기여한 것으로 평가받는다. 북한의 개혁 · 개방을 촉진했다. 북한은 개성공단 사업을 통해 시장 경제의 메커니즘을 학습했고 대외 개방 노하우까지 습득했다. 또한 남한에 대한 북한 주민들의 인식을 개선하는 데 크게 기여했다. 북한 주민은 개성공단 근무로 자신들의 생활 수준이 대폭 향상되고 개성공단이 북한 주민의 생활 수준을 크게 향상함에 따라 남한에 대한 적대심과 거부감이 줄었다.

이러한 긍정적인 평가에도 불구하고 태생적 한계도 있다. 개성공단과 관련해 지적되고 있는 가장 큰 문제는 "불안정성을 어떻게 극복할 것인가?"이다. 남북 관계와 한반도 정세 등 사업의 외부적 여건 변화에 취약한 구조를 가졌음을 지적해야 한다.

개성공단이 정치적 상황에 영향을 받지 않고 안정적으로 운영되기 위하여 경제특구로서 행정적 자율성과 독립성을 최대한 확보할 필요가 있었다. 이는 중국 등 여타 지역의 경제특구와 달랐는데, 우선 재정적 부담은 남측에 전적으로 의존하고 공단 관리를 총괄하는 개성공업지구관리위원회는 예산의 독립성이 매우 부족하다. 사업의 성격상 경제특구보다는 거대한 임가공 단지에 가깝다. 개성공단은 주로 남한 기업이 개성이라는 북한 땅에 들어가 북한 사람들을 고용해 제품을 생산하는 공업단지다. 개발 사업 방식은 개발 사업자가 북한 측으로부터 토지 이용권을 50년 이상 임차하고 각종 사업권을 확보하여 토지를 개발하고 투자 환경을 조성한 후 국내외 기업에 분양하는 방식이다. 북한 내에서 원부자재를 조달하기도 어렵고, 생산 제품을 북한에 판매하기도 어려운 등 개성공단과 북한 내부 경제와

개성공단의 모습

의 연관성이 적다.

또한 처음부터 규모의 적절성과 실현 가능성에 대한 문제가 있었다. 엄청난 규모의 투자 자금에 대한 조달 방안이 없었고, 정확하고 냉철하게 경제성을 분석하지 않았다. 북한의 수용력뿐 아니라 복잡한 남북 관계의 수용력도 간과했다.

이처럼 다양한 의미를 내포하고 있는 것으로 평가되는 개성공단 사업이 갑작스럽게 중단된 것은 기본적으로 남북 간 경제 협력 사업이 정치 · 안보적 문제에서 자유롭지 못하기 때문이라고 할 수 있다. 이러한 상황에서 우리는 개성지역 공단에만 국한하지 않고 북한 전역을 투자 대상으로 고려하는 종합적 개발 전략을 고민할 필요가 있다. 만약 북한의 다른 지역에 개성공단과 같은 공단 시설을 개발 · 운영하는 문제를 동시에 추진할 경우 적정 수준의 규모는 조정될 수 있을 것이라는 점도 고려되어야 한다. 이제 개성공단 중단 사태로 남북 사이에는 어떤 교류 협력의 통로도 남지 않게 되었다.

3.4
북한에서 건축하기의 실제와 제언

1) 북한에서 건축하기의 어려움[9]

인프라 부족

북한에 이뤄진 프로젝트의 대부분은 북의 요구와 필요에 충족하는 사업이었고, 수행 과정에서 많은 어려움과 제약이 따랐다. 당연히 불가피하게 건축가의 관리와 통제가 미치지 않는 상황이 종종 발생했다. 건축 이후에도 원래의 용도나 계획에 따라 사용되지 않는 경우도 비일비재했다. 비근한 예로 2003년 10월 6일 평양 유경 정주영 체육관이 개관되었는데, 현대아산이 투자하고 북한의 기술로 1999년 9월 착공한 지 4년 만에 완공한 것이다. 총공사비는 5,600만 달러(현대아산 4,700만 달러, 북한 900만 달러)가 들었다. 남측이 설계와 기술, 주요 자재 공급 등을 맡았고 북측이 노동력과 골재 등을 제공했다. 면적은 8,261평에 이르고, 1만 2,309석의 대규모였다. 그러나 현재 체육관은 애초 계획대로 운영되지 않고 이용률도 현저히 낮다. 현재 남북 관계가 경색된 상황이라 대북 사업이 전반적으로 어렵기 때문이다.

한편, 통일교재단 회사인 평화자동차는 2007년 8월 5일 평양시 안산동에 세계평화센터를 건립했다. 착공한 지 10년 만에 준공한 것이다. 연면적 9,062㎡(2,746평), 지하 1층, 지상 5층 규모로 남측 건설

---

9 심영규, 2013, '북한에서 건축하기의 실제', SPACE, 2월호

사에서 세운 최초의 복합 건물이다. 인근에 보통강호텔과 안산관 식당도 세계평화통일가정연합이 지분을 투자해 운영 중이다. 이 건축의 재원과 설계를 남한에서 진행했다. 그러나 마찬가지로 평화자동차 측에 따르면 남북의 상황에 따라 활용이 안 되고 있다고 한다.

기술과 용어, 법규 문제

북한에서 건축하기는 남한과 상황이 질적으로 다르다. 북한의 건축을 이해하기 위해서는 북한을 전체적으로 이해해야 한다. 많은 전문가들은 "북한에서 건축은 디자인이 중요하지 않다"며 "살림집이라고 불리는 북한의 주택은 인민의 삶을 위한 실질적인 공간이고 공공건축은 사상을 선전하는 물리적인 수단이기 때문이다"고 말했다. 실제로 북한은 남한의 헌법, 법률, 시행령, 규칙, 조례와 같은 복잡한 건축법이 없다. 1당 1인 독재 체제이므로 국방위원장의 교시, 담화 명령이 헌법보다 우선한다. 그 아래 당이 있고 헌법과 법률이 존재한다. 한국과 같은 구체적이고 복잡한 법이 의미가 없다는 뜻이다.

또한 모든 인프라가 평양에 집중됐다. 다른 곳에선 그만큼 건축을 하는 상황과 여건이 어렵다는 것이다. 잘 알려진 대로 북한은 물자가 상당히 부족하다. 전기는 물론 재재와 같은 건축 물자는 더 심각한 상황이다. 그나마 노동력이 풍부하지만 기술 격차가 크고 의사소통이 어렵다.

평양의학대학병원 소아 병동을 설계한 이준상(엘레멘타 건축사무소 소장)도 "처음에 서울대학교 병원 측에서 소개를 받아 프로젝트에 참여했다"며 "개인적 호기심으로 시작했지만 다섯 번 정도 평양을 방

5 · 1 경기장, 조선화보사, 2007

문하면서 현장 상황을 잘 몰랐던 것이 가장 힘들었다"고 말했다. 최혜경(어린이 어깨동무 사무국장)은 "전기가 가장 큰 문제"라고 지적했다. 소아 병동은 평양 내에서도 전력 상황이 좋은 곳에 속한다. 그러나 종종 전압 자체가 불안하고 단전이 되기 일쑤였다. 남한에서 사용하던 장비를 북한에서 온전히 사용하기 어렵다. 같은 현장이라도 어느 시기 어느 시간대에 따라 측정하느냐에 따라 상황이 다르다.

많은 전문가는 향후 남북한 건축계가 힘을 합해야 할 부분을 짚었다. 한 건축가는 "북한에서는 프로젝트 이외에는 어떤 질문도 용납되지 않았다"며 "만일 학문적 교류 등의 공동 협력을 하려면 별도의 구체적인 사업으로 만들어 추진해야 할 것"이라 전했다. 이어 "설계에서 남북한이 정리할 부분은 특히 건축 용어"이며 "북한에서 자체적으로 발전시켜온 민족 건축(전통 건축)은 학문적으로 교류하면서 함께 연구할 만한 가치가 있다"고 말했다. 최근 들어 북한에서도 국외 공사에 참여해 본 경험이 있는 대외건설사업소가 늘고 있지만,

공법의 차이와 자재를 사용해 본 경험의 여부 등을 고려할 때 공정별 기술 이전과 지속적인 관리가 중요하다. 특히 북한의 전기 문제가 심각한데, 이 부분은 공사 초기에 고압 수전을 통한 수배전반을 지원하는 게 공정과 비용을 절약할 수 있는 효과적인 방법으로 볼 수 있다. 많은 물류 비용이 요구되는 공법과 자재 선정은 기획 단계에서 배제하는 것이 좋다. 특히 건식 공법이나 시스템 혹은 모듈화된 자재를 사용하는 공법이 유리하다.

2) 프리페브리케이션과 모듈화를 통한 제언

공장에서 사전 제작하고 현장에서 조립하는 모듈러 건축은 다른 재료가 아닌 철재로 된 유닛으로 가능하다. 아직 시장에서는 모듈러 건축을 컨테이너를 쌓아 올린 정도로 생각하는 게 일반적이지만 이미 미국에서는 수십 층의 아파트나 기숙사도 짓고 있고 초기 단계지만 실증 사례도 있다. 국내 모듈러 건축의 정의는 두 가지다. 건설기술연구원(KICT)은 "주택 자재와 부품 및 구조체 등을 공업화 공법으로 조립 생산하는 주택"으로 정의하며, 국토교통부는 "블록 형태의 유닛 구조체에 창호와 외벽체, 전기 배선 및 배관, 욕실 주방 가구 등 70% 이상의 부품을 공장에서 제작하고 현장에서 조립하는 주택"으로 좀 더 구체적으로 설명한다. 법적으로는 70% 이상의 공장 제작률이 중요한 기준이다. 또한 용도에 맞게 사용한 후 재사용할 수 있는 재사용률도 중요한 기준이다.

2018년 평창 동계올림픽을 위해 건설된 미디어레지던시는 전체를 공장 제작과 현장 모듈러 시공으로 진행한 사례다. 짧은 올림픽

기간 동안 국내외 미디어 관계자의 숙소로 이용한 뒤 다른 곳으로 이동해 호텔이나 기숙사 등으로 활용할 목적으로 만들었기 때문이다. 2017년 6월 용지 정리와 착공을 시작한 지 7개월 만인 12월, 전체 면적 1만 305.5㎡의 지상 4층, 300개의 객실을 가진 건물 3동을 완공했다. 현장 기초 공사 1개월, 필로티 공사 2.5개월, 현장 설치 40일, 엘리베이터와 부대 공사와 시험 운전까지 2개월 만에 끝낸 것이다. 300개의 객실 유닛, 보일러실 3개, 계단 모듈 11개, 홀 모듈 11개, 지붕 모듈 90개, 외벽 모듈 66개의 모든 제작은 공장에서 4개월 만에 마쳤다.

이렇게 노동 집약적이고 현장 중심인 습식 공법에서 기술 집약적이고 공장 중심형인 건식 공법으로 대체되면 현장의 효율성과 비용 절감과 같은 1차적 장점뿐 아니라 재활용이나 친환경에도 유리하다. 일정 관리도 쉽고 시공의 정확도가 높아 인력과 비용의 낭비도 줄인다. 표준화, 규격화, 대량 생산이 가능해 건축을 시스템화할 수 있다.

평창 미디어레지던스의 경우 아직 습식 공사에 비해 공사비가 높지만 향후 재활용을 생각한다면 비용 절감 효과도 기대할 만하다. 단점도 있다. 101동의 1층을 제외하고 객실로만 이뤄진 단순한 형태라는 점, 아직 다양한 디자인과 적용 사례가 더 필요한 부분이다.

또한 만약 통일이 된다면 이런 단일 건물의 이슈도 있겠지만 도시계획적인 측면이 더욱 중요하고 우선시되어야 한다.[10] 남한의 건물을 그대로 북한에 옮겨서 짓는다는 생각보다는 북한의 컨텍스트를

---

10 심영규, 2018, '유닛을 쌓아 구축하다: 2018 평창 동계올림픽 미디어레지던스', 『감매거진—철재편』

고려해 설계할 필요도 있다. 한국 건축계는 앞으로 북한과의 교류 가능성과 건축가의 역할에 더 초점을 맞출 필요가 있다. 북한의 정치 상황을 보면 늘 불안정하다. 하지만 기존 사회주의 국가의 개방을 보면 그것이 급진적이었건 점진적이었건, 변화는 필연적이기 때문이다. 가장 중요한 것은 북한에 대한 외형적 이해가 아니라 내부에 대한 이해이다.

3) 공간을 넘는 상상력에 대한 제언

2000년 정상회담으로 급격하게 증대한 남북 간 사회 문화 교류와 경제 협력을 통하여 평양을 직접 방문하는 사람들이 많아졌다. 남북 관계가 활성화되면서 금강산과 개성 관광이 성사되고, 개성공단도 가동되어 이들 지역을 방문하거나 심지어 상주한 남한 사람의 숫자가 훨씬 많았지만, 개성이나 금강산은 남북한 공동으로 운영하는 특별한 공간이었다. 그러나 평양은 오랫 동안 금단의 땅이었던 북한의 상징임에도 상대적으로 남한 사람의 방문을 쉽게 허용하는 지역이었다. 남북 관계가 좋았던 시절에는 인도적 지원, 경제 협력 사업, 그리고 각종 수준의 회담을 위하여 평양을 찾는 남한 사람이 일 년 동안 1만 5,000명에 이를 정도였다. 방북기도 많이 나왔고 직접 찍어온 사진도 풍성해지면서 평양에 대한 다양한 연구도 가능해졌다. 더욱이 1990년대 이후 북한이 심각한 체제 위기를 겪으면서 급증한 탈북자들의 대다수가 남한에 들어왔고 이들 가운데 평양 출신들도 적지 않았다. 평양 출신 북한 이탈 주민은 밖으로 드러나지 않는 평양의 삶을 이야기해줄 수 있어 평양에 대한 또 다른 차원의 이해가

2012년 발행한 『조선 건축』에 등장한 북한의 전형적인 노동자들의 살림집(아파트) 모습

가능해졌다. 이런 배경으로 본다면 그동안 평양의 도시와 건축에 대한 논의가 일정 수준에 이르러야 했지만, 그렇지 않다.

드러난 건축 외형 말고 내부에 대한 논의와 도시를 만들고 건축한 사람들의 의도와 건설 과정도 생각해볼 필요가 있다. 평양 내부에 대한 관심은 외형과 다른 실제에 대한 분석이다. 계획되고 통제된 평양은 겉으로는 분명 쾌적한 구조를 갖고 있다. 마찬가지로 고층 살림집(아파트)은 쾌적해 보이지만 엘리베이터가 부족하거나 있더라도 전기 문제로 작동이 원활하지 않다고 한다. 따라서 겉으로 보이는 건축과 실제를 동시에 바라보아야 북한을 올바르게 이해할 수 있다.[11] 더욱이 평양 시민들의 일상생활과 문화에 대한 관심이 필요하다. 도시는 기념비적인 건축물로만 이루어지는 것이 아니라 사람들이 중요하고 이들이 영위하고 있는 삶도 중요하다. 이를 이해하기 위해서는 일상이 이루어지는 공간, 학교나 시장 그리고 주거지의 골목들까지 미세한 부분에 대한 논의가 필요하다.

평양에 대한 관심이 파편적이고 외부에 치우쳐 있다. 이 시점에서 사람과 공간, 평화와 공존이라는 가치를 구현하는 차원에서 평양에 대한 이야기들을 좀 더 성찰적으로 생각해보고 기술 발전에 따라 다양한 북한에서 건축하기를 상상해보는 일은 매우 중요하고 필요하다.

11 이우영, 2013, '평양에 대한 오랜 관심 그리고 새로운 시작', SPACE, 2월호

제 4 장

선동의 기수, 선전의 첨병으로서 영화

전영선
건국대학교

4.1
북한 영화는 처음이지

1) 북한 영화의 위상과 역할

북한에서 영화는 선전과 선동의 수단이다. 노동당의 정책을 인민들에게 알리고, 경제 활동에 참여하도록 유도하는 데 영화가 대단히 효과적이기 때문이다. 영화는 기본 줄거리에 음악과 연극적인 요소를 포함하여 모든 수단을 활용할 수 있는 장점이 있어서 예전부터 선전 선동의 핵심 장르로 중요하게 평가되었다. 인민들을 혁명화, 노동 계급화, 공산주의화하기 위한 인민 교양, 사회 교육의 수단으로 존재 가치를 인정받는다. 인민 교양을 위한 핵심 장르이기에 당대회 결정서, 신년사, 연설 등의 북한 주요 행사에서 영화와 관련한 내용이 빠지지 않고 언급된다.

> 문학 예술 부문 지도 일군들과 창작가, 예술인들은 우리 예술의 근본 사명과 목적을 깊이 명심하고 혁명적이며 전투적인 창작 창조 기풍을 높이 발휘하여 문학 예술의 모든 분야에서 일대 혁명을 일으켜야 합니다. 무엇보다 먼저 영화 부문에서 영화 혁명의 불바람을 세차게 일으켜야 하겠습니다. 사람들을 교양하고 사회에 들끓는 분위기를 세우며 혁명과 건설을 추동하는 데서 영화가 차지하는 몫이 대단히 큽니다.[1]

영화 창작의 원칙과 방향의 지침이 되는 것은 최고 지도자의 문건이다. 북한 정권 수립 이후부터 영화를 비롯한 문화 예술 창작과 관련한 사업은 최고 지도자의 교시나 말씀, 담화 등을 통해 결정되었다. 영화와 관련한 문건으로는 김일성이 1968년 11월 1일에 영화 예술인들을 대상으로 한 연설인「혁명적 영화 창작에서 나서는 몇 가지 문제에 대하여」가 있다. 영화가 사회적으로 어떤 의미를 갖고 있으며, 혁명적인 영화를 어떻게 만들어야 하는지가 담겨 있다. 김일성의 관련 교시는 김정일로 이어졌다. 영화와 관련해서는 특히 김정일의 영향력이 절대적이다. 김정일은 영화에 대해 남다른 관심을 보였다. 김정일이 권력의 핵심부에 등장할 때 가장 먼저 장악한 분야는 문화 예술 분야였다. 그중에서도 영화는 김정일의 정치적 입지를 다지는 중요한 분야였다.

김정일은 영화 창작을 비롯하여 영화에 대한 여러 문건을 남겼다. 김정일의 주요 문건으로는 1969년 2월 17일 노동당 중앙위원회 선전선동부 일군들과 한 담화「영화 혁명 수행에서 나서는 중심적 문제에 대하여」를 비롯「혁명적 영화 창작에서 생활을 진실하게 그릴 데 대하여」,「예술 영화 촬영소 사업을 개선할 데 대하여」,「우리의 사회주의 현실이 요구하는 혁명적 문학 작품을 더 많이 창작하자」,「영화 음악을 우리 식으로 발전시켜야 한다」 등이 있다.

영화와 관련한 김정일의 이론은『영화예술론』으로 집약되었다.

---

1 「혁명적인 사상 공세로 최후 승리를 앞당겨 나가자: 경애하는 김정은 동지께서 조선로동당 제8차 사상일군대회에서 하신 연설」,『로동신문』, 2014년 2월 6일.

『영화예술론』은 김정일이 1973년 4월에 집필한 것으로 알려진 영화 이론서이다. 김정일이 북한의 통치 이념이자 유일한 사상인 주체사상의 입장에서 쓴 이론서이다. 『영화예술론』에는 영화 창작의 기본 입장에서부터 연출 등에 이르기까지 관련 내용이 기술되어 있다.[2] 지금도 북한에서 영화 창작은 『영화예술론』을 기준으로 이루어진다.

영화가 차지하는 비중이 높기 때문에 영화에 대한 관리는 국가 차원에서 이루어진다. 영화 제작을 관리하고, 기획하고, 상영하고, 사후 관리까지 국가의 계획에 따라 이루어진다. 북한에서 영화의 내용을 심의하고 관리하는 최종 부서는 조선로동당 선전선동부이다. 영화의 내용이 올바른 방향으로 이루어지고 있는지를 총괄적으로 관리한다.

김정일 시기였던 2009년에는 영화에 대한 총괄적인 지도를 목적으로 국가영화위원회를 신설하였다. 2009년 2월 11일에 최고인민회의 상임위원회 정령 제3059호로 설립된 국가영화위원회는 북한에서 영화 제작과 관련한 모든 정책을 기획하고 관리는 국가급 기관이다. 산하에 국제영화합작사를 두고 국제 영화 합작 사업도 관장한다. 영화만을 위해 별도의 국가 기관을 만들었다는 것을 통해 영화가 얼마나 중요한지를 보여준다.

김정은 체제에서도 "한 편의 영화가 수만 발의 포탄을 대신할 수

---

2 『영화예술론』의 목차는 ① 생활과 문학(영화문학론), ② 영화와 연출(연출론), ③ 성격과 배우(배우론), ④ 영상과 촬영(촬영론), ⑤ 화면과 미술(영화미술론), ⑥ 장면과 음악(영화음악론), ⑦ 예술과 창작(창작방법론), ⑧ 창작과 지도(창작지도론)이다.

있다"면서 혁명에서 영화가 중요하다고 평가한다.[3] 김정은은 "무엇보다 먼저 영화 부문에서 새 세기 영화 혁명의 불바람을 세차게 일으켜야 한다. 사람들을 혁명적으로 교양하고 격동적인 시대를 새로운 높이에로 추동하는 데서 영화가 차지하는 몫은 대단히 크다"면서 영화 분야에서 새로운 혁명을 일으켜 인민들의 마음에 혁명적 열정을 안겨줄 수 있는 명작을 창작할 것을 요구하였다.[4]

2) 북한에는 어떤 영화가 있는가

북한에서 영화는 예술 영화, 만화 영화(아동 영화), 기록 영화, 과학 영화로 구분한다. 우리가 보통 영화라고 하는 것은 극 영화를 말하는데, 북한에서 극 영화는 예술 영화라고 한다. 북한에서 예술 영화는 "인간과 그의 생활을 인물들의 말과 행동을 통하여 형상적으로 반영하는 영화의 한 종류"로 규정한다. 남한에서의 '예술 영화'가 상업성을 지향하는 상업 영화와 달리 순수 예술성을 지향하는 영화를 의미하는 것과는 차이가 있다.

예술 영화는 다시 길이에 따라서 '장편 예술 영화', '중편 예술 영

---

3 「김정은 동지께서 조선로동당 제8차 사상일군대회에서 하신 연설」, 『로동신문』, 2014년 2월 26일: "위대한 장군님께서는 한 편의 영화나 한 건의 글이 수천 톤의 식량이나 수만 발의 포탄을 대신할 수 있다고 하시면서 혁명 전사들 가운데서도 사상 전선을 지켜선 일군들을 그 누구보다 아끼고 사랑하시었으며 걸음걸음 이끌어주고 고무해주시었습니다."

4 「만리마 시대를 빛내이는 시대의 명작들을 더 많이 창작하자」, 『문학신문』, 2019년 5월 25일 : "우리 당의 빛나는 문학 예술 전통이 있고 위대한 장군님께서 마련해주신 주체적인 영화 예술 발전의 억 년 초석이 있으며 그이의 령도 따라 이 땅우에 주체 문학 예술의 눈부신 전성기를 펼쳐 온 전 세대 문예 전사들의 투쟁 정신, 창조 기풍과 무궁무진한 잠재력이 있기에 세계에로 향한 문은 언제나 열려져 있으며 그 성과도 확정적이다. 영화 예술 부문의 창작가, 예술인들은 격동적인 시대의 요구에 맞게 자기가 창작하는 하나하나의 작품마다에 뼈심을 들이고 높은 요구성을 제기하면서 온 나라 인민들의 가슴마다에 고귀한 사상 정신적 량식과 혁명적 열정을 안겨줄 수 있는 시대의 명작들을 내놓아야 한다."

화', '단편 예술 영화'로 나뉜다. 북한에는 다부작 예술 영화가 있다. 다부작 예술 영화는 한 편으로 끝나는 것이 아니라 '2부나 3부 또는 그 이상의 부로 이루어진 작품'으로 '오랜 기간에 걸친 생활의 발전과 인물의 성장 과정을 폭넓게 보여주는 영화'이다. 특별한 목적이나 주제에 따라 여러 편의 영화를 묶어 하나의 시리즈로 제작하는 영화 형식이다. '민족과 운명'이라는 다부작 영화는 80여 편의 시리즈로 만들어졌다.

만화 영화는 애니메이션 영화이다. 2014년 이전까지는 아동 영화라고 하였다. 아동 영화는 아동을 대상으로 하는 영화로서 주로 애니메이션으로 제작하였다. 애니메이션이라고 하지 않고 '아동 영화'라고 한 것은 아동을 대상으로 만들어진 영화이기 때문이다. 애니메이션은 남녀노소 할 것 없이 모두가 보는 영화지만 아동 영화는 대상이 아동으로 한정된다. 아동 영화는 "어린이들에게 지식 교양을 심어주고, 사회주의 애국 교양에 도움이 되고, 과학적인 인식을 심어 주"기 위한 목적으로 제작한 영화이다. 아동 영화는 아동을 대상으로 하기 때문에 의인화나 동화적 수법이 허용된다.

기록 영화는 보도 자료나 다큐멘터리를 의미한다. 기록 영화라고 하는 것은 목적 자체가 영상을 통해 기록을 하기 위한 것이기 때문이다. 북한에서는 기록 영화를 "역사적 사실을 영상으로 기록한 영화"로 규정한다. 기록 영화는 최고 지도자의 정치 행사나 일정과 관련한 내용이 가장 많다. 기록 영화는 방송이나 뉴스에 나오는 모든 화면 자료가 기록 영화에 해당한다. 최고 지도자의 해외 방문, 외교 행사, 정치 행사, 건설 현장 방문, 국빈 방문, 영웅 칭호 수여 기록 등의 행적과 관련한 내용이 기록 영화의 중심이다. 이외에도 기록 영화는 북한에서 진행되는 여러 행사나 전시회, 자연 풍경이나 역사물에 대한 촬영 등 주로 보존적인 성격이 강한 영화도 포함한다. 기록 영화 방송 자료나 보도 자료 등 영상으로 기록하는 것은 모두 기록 영화로 분류한다.[5]

과학 영화는 "인민 대중에게 선진적인 과학 기술 상식을 널리 알려주는 것을" 목적으로 과학과 관련한 내용을 교육하기 위해 제작한 영화이다. 대중들과 자라나는 청소년들이 사회적 존재로 마땅히 지녀야 할 과학 기술 지식을 널리 보급하고 그 수준을 높이는 데 목적을 두고 제작하는데, 과학성을 기본 특성으로 하는 과학 영화는 현미 촬영과 고속 촬영, 미속 촬영 등의 촬영 기법과 영화 미술로 과학적인 내용을 재미 있게 전달하는 것이 가장 중요하다.

각각의 영화는 전담 영화 촬영소에서 제작한다. 예술 영화를 제작하는 곳은 조선예술영화촬영소, 조선인민군 4 · 25예술영화촬영소, 평양연극영화대학 청소년영화창작단이 있다. 만화 영화는 주로 조선 4 · 26만화영화촬영소에서 제작하는데, 이전 명칭은 4 · 26아동영화촬영소였다. 기록 영화는 조선기록영화촬영소에서 과학 영화는 조선과학영화촬영소에서 제작한다. 교육 영화, 기록 영화, 과학 영화 제작은 필요에 따라 통합하기도 하고 분류하여 운영하기도 한다.

---

5 김승, 『북한 기록 영화』(커뮤니케이션북스, 2016), 3쪽: "서구의 다큐멘터리는 사실의 창조적 재현이라는 의미를 지니면서 인간의 생활과 자연을 기록 · 재구성하는 반면에 북한의 기록 영화는 당의 정책을 직접적으로 해설하고 선전하는 데 주안점을 두면서 수령과 당의 혁명 역사를 기록하고, 사회적 현상과 현실을 정확하게 보여주는 역사의 증언자 역할을 한다. 또한 북한은 '주체의 기록 영화' 이론이라는 독자적인 이론 토대를 기반으로 하나의 장르를 형성하며 기록 영화를 제작한다."

한때는 교육 영화, 기록 영화, 과학 영화 창작단을 하나의 단위로 묶어 운영하기도 하였으나 현재는 교육 영화를 빼고는 조선기록과학영화촬영소로 운영하고 있다.

3) '종자'와 '속도전'_북한 영화 창작의 원칙

북한 영화 창작에서 가장 중요한 원칙은 '종자'와 '속도'이다. 종자는 씨앗이다. 영화 제작을 씨앗에 비유하는 것은 씨앗을 심으면 싹이 트고 잎이 나고 열매가 맺는다. 영화 제작 역시 영화의 소재가 되는 씨앗을 잘 잡아서 스토리를 통해 열매를 맺는다고 보기 때문이다. 종자는 영화의 소재이자 영화를 통해 전달하고자 하는 주제이다. 영화 제작에서 종자를 강조하는 것은 좋은 소재를 잘 잡아서 영화의 주제를 잘 살려야 한다는 원칙을 강조하는 것이다.

영화 창작에서 주제 즉, 종자가 중요한 것은 영화가 국가를 통해 이루어지기 때문이다. 영화를 만들기 위해서는 먼저 '왜 이 영화를 만들어야 하는지'를 당에 설명해야 한다. 영화가 사회적으로 어떤 의미를 담고 있고, 그 의미를 표현하기 위해 어떤 연출을 했는지를 보여주고 허락을 받아야 한다.

당에서 필요한 종자를 제시하기도 한다. 새로운 시대의 종자로 제시된 주제를 인민 생활 속에서 잡아 시나리오를 창작하고 영화를 만든다. 감독이나 관객의 요구와 상관없이 당에서 필요할 때, 필요한 내용으로 만들어 공급한다. 국가에서 기획하고 관리한다. 창작에서부터 제작, 상영, 사후 관리까지 국가(당)의 의도에서 벗어날 수는 없다.

'속도전'은 빨리 만드는 것이다. 전투처럼 빠르게 만들어야 한다는 원칙이다. 빠른 속도로 만들어야 하기 때문에 '속도전'이라고 한다. 속도전은 단순하게 빨리 만드는 것만을 의미하지는 않는다. 빨리 만들면서도 내용적인 완성도가 높아야 한다. 작가, 예술인들의 정치적 자각과 창조적 열의를 최대한 동원하여 가장 짧은 기간에 사상적으로도 훌륭한 작품을 만들어야 한다.

영화 창작에서 속도전을 강조하는 것은 영화가 변화하는 시대에 맞추어 대응하는 수단이기 때문이다. 사회가 변화하고 정책이 바뀔 때마다 그에 맞추어 새로운 주제의 영화를 만들어야 하기 때문이다. 빠르면서도 내용이 충실한 영화를 만들기 위해 강조하는 것이 창작자들의 혁명 학습이다. 평상시에 사상 학습을 충실하게 진행하여 당의 정책 방향을 올바르게 파악하고 있어야 한다. 속도전의 논리에 의하면 문학 예술 창작에서 좋은 작품을 창작하느냐 하지 못하느냐 하는 문제는 시간에 있는 것이 아니라 창작자의 높은 사상과 열정에 있다고 본다. 사상과 열정이 충만하다면 어떤 어려운 창작의 과제도 짧은 시일 안에 해결할 수 있다는 것이다. 짧은 시간에 훌륭한 영화를 만들기 위해서는 평소에 시대적 상황에 맞는 주제를 잘 잡아야 한다. 즉 종자를 잘 잡는 것이 핵심이다.

4.2
북한 영화, 정치의 다른 이름

1) 수령의 혁명 투쟁과 정치 영화

북한 영화에서 가장 중요한 주제의 하나는 항일 혁명 주제이다. 김일성이 일제 시기에 진행하였다는 항일 혁명은 북한 체제의 근간이 되는 사건이다. 일제와 싸운 김일성의 업적을 소재로 한 영화는 북한 영화라면 반드시 포함해야 할 변하지 않는 주제이다. 북한 영화가 김일성의 혁명 역사를 중심으로 제작하게 된 이유는 정치적 상황 때문이었다.

북한 정권은 일제 강점기에 참여한 여러 세력들의 연합 성격으로 구성되었다. 중국 공산당원으로 활동하였던 세력, 소련 공산당원으로 활동하였던 세력 등등으로 나뉘어 있었다. 여러 세력으로 나뉘었던 북한 권력은 1950년대 후반에서 1960년대 중반에 이르면서 김일성 일파의 권력 독점으로 이어졌다. 정치적 정적이 제거된 상황에서 김일성은 절대 권력을 기반으로 수령 체제로 북한 사회를 새롭게 구성하였다.

수령 체제는 한마디로 김일성이 모든 것의 중심에 있다는 사실을 의미한다. 김일성의 역사가 곧 북한의 역사가 되었고, 김일성의 철학이 모든 판단의 기준이 되었다. 문학 예술 역시 김일성의 활동을 중심으로 새롭게 정립되었다. 김일성의 항일 무장 혁명 투쟁에서 북한 예술의 출발이 만들어졌다. 모든 문화 예술의 의미와 가치를 김일성의 혁명 활동에서 찾았다. 먼저 김일성이 항일 무장 혁명 투쟁 시절에 창작하였거나 공연하였다는 작품을 찾아 현대적 작품으로 재창작하는 데서 시작하였다. 이 과정을 북한에서는 '문학 예술 혁명'이라고 불렀다. 이후 북한 문학 예술에서 혁명은 곧 김일성의 혁명 사상을 기반으로 한 예술을 일컫게 되었다.

혁명적 문학 예술의 첫 작업은 수령 형상이었다. 수령 형상은 수령을 문학 예술에서 어떻게 형상하는가의 문제이다. 수령이 얼마나 위대한지를 보여주는 작업이 시작되었다. 출발은 불후의 고전적 명작이었다. 불후의 고전적 명작은 예술적으로 길이 남을 명작이라는 일반적인 작품을 지칭하지 않는다. 불후의 고전적 명작은 김일성이 창작하거나 창작을 지도한 작품을 의미한다.

〈피바다〉, 〈꽃파는 처녀〉를 비롯하여 항일 혁명 투쟁 시절에 창작하였다는 '불후의 고전적 명작'이 새로운 형식의 작품으로 만들어졌다. 영화를 통한 수령 형상 창조 작업은 백두산창작단을 중심으로 시작되었다. 백두산창작단은 김정일의 지시에 의하여 1967년 2월에 창립된 수령 형상 전문 영화 제작단이다. 창작단 명칭에서도 어느 정도 짐작할 수 있듯이 김일성의 혁명 역사와 혁명 가정을 취급한 혁명 영화들을 창작하고 항일 혁명 투쟁 시기에 창작된 소위 '불후의 명작'들을 영화로 옮기는 영화 창작단이었다.

백두산창작단은 1969년 예술 영화 〈피바다〉를 시작으로 〈한 자위단원의 운명〉, 〈꽃파는 처녀〉, 〈안중근 이등박문을 쏘다〉를 창작하였고, 김일성의 혁명 역사, 혁명 가정의 투쟁 업적을 찬양하는 〈누리에 붙는 불〉(1974), 〈첫 무장대오에서 있은 이야기〉(1978), 〈백두산〉(1982), 〈조선의 별(1부~10부)〉(1980~1987), 〈미래를 꽃피운 사랑〉(1982), 〈친위전사〉(1982), 〈압록강을 넘나들며〉(1983), 〈푸른 소나무〉(1984), 〈해발〉(1985), 〈잊을 수 없는 나날에〉(1986), 〈려명〉(1987), 〈기다려다오〉(1987), 〈혁명전사〉(1987) 등을 창작하면서 수령 형상 영화의 전형을 정립하였다. 이후 제작된 항일 혁명 주제의 영화는 백두산창작단의 창작 방식과 형식을 본받게 되었다.

2) 수령과 영화

수령 형상은 북한 영화의 가장 중요한 주제의 하나이다. 북한 영화가 전달하고자 하는 일차적 주제는 '혁명적 수령관'이다. '혁명적 수령관'은 북한 사회의 정체성과 관련되기 때문에 혁명적 수령관이 반영되지 않은 작품은 단 한 편도 없다.

수령에 대한 형상은 개인의 문제가 아니라 인류 역사 발전과 관계된 노동 계급의 발전과 미래에 대한 문제가 되기에 수령은 그 자체로서 가장 완벽한 인물로 그려진다. 수령을 따르는 인민 역시 모든 것을 다 바쳐 충성하는 인물들로 그려진다. 그렇게 위대한 수령과 수령을 어버이로 따르는 인민의 관계가 바로 북한이 말하는 '사회주의 대가정'이다.

수령과 관련한 영화는 대작이 많다. 북한 영화에서 대작은 흔히

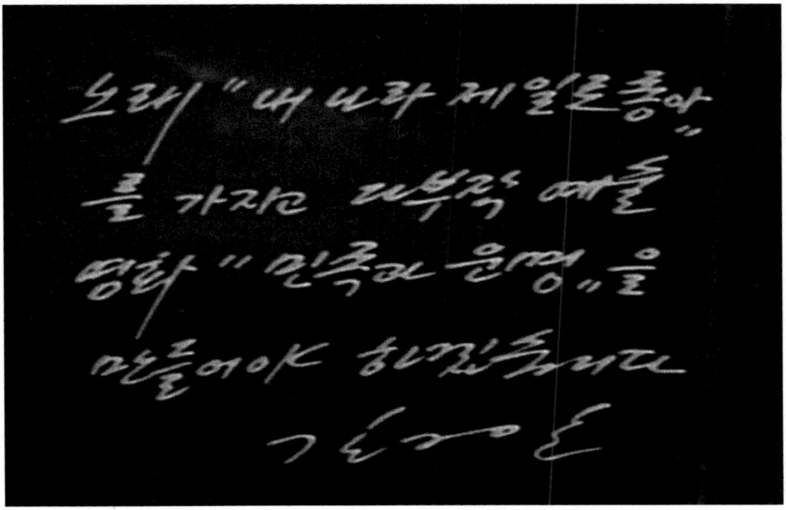

다부작 예술 영화 〈민족과 운명〉 시리즈의 타이틀

다부작 영화로 제작하였다. 다부작 영화의 핵심은 사상성이다. 김정일은 고전적 명작을 영화로 옮기는 창조 과정은 당의 유일 사상 체계를 철저히 세우며 자신을 혁명화 로동 계급화하는 과정으로, 자기의 당성을 단련하며 검열받는 과정으로 삼고 혁명적으로 창작하며 전투적으로 생활하는 공산주의적 창작 기풍을 확립할 것을 강조하였다. 수령을 소재로 한 다부작 영화로는 〈조선의 별〉, 〈민족의 태양〉, 〈백두산〉, 〈민족과 운명〉 시리즈가 있다.

〈조선의 별〉은 1920년대 중반부터 1930년대까지 김일성 주석과 김일성 주석을 따르는 인물들의 항일 무장 혁명 투쟁을 찬양하는 내용으로 1980년부터 1987년까지 10부작으로 제작되었다. 〈민족의 태양〉은 〈조선의 별〉 후속 시리즈로 김일성의 항일 혁명을 주제로 한 시리즈 영화이다. 〈민족과 운명〉은 북한 영화의 성과물로 가장 높은 평가를 받는 시리즈 영화이다. 1991년부터 제작에 들어가 처음 10부작으로 기획되었으나 김정일 국방위원장의 지시로 20부에서 50부로 늘어났으며, 2002년에 다시 100부작으로 제작이 확장되어 80여 편이 넘는 시리즈로 제작되었다. '민족과 운명'은 그 자체가 시리즈이면서 제1부부터 4부는 최현덕 편을 비롯하여, 최홍희, 최덕신, 최현, 윤이상, 이인모 등의 인물을 중심으로 각 편마다 몇 개의 시리즈로 구성되어 있는 독특한 시리즈 영화이다.

3) 북한 영화 속 전형

북한 영화가 지향하는 것은 '전형'이다. 전형이란 가장 모범적인 인물이다. 이런 인물들을 통해 인민들에게 수령에 대한 태도를 배우게

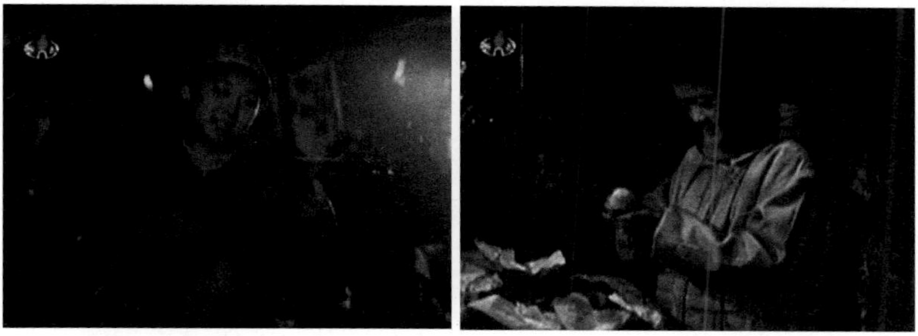

고난의 행군을 소재로 한 영화 〈자강도사람들〉

한다. 인물들의 전형은 가장 어려운 상황 속에서 만들어진다. 모든 사람들이 싫어하거나 회피하는 일을 맡아서 하는 인물들이다. 북한에서 가장 어려웠던 시기인 고난의 행군 시기를 소재로 한 〈자강도 사람들〉과 〈대홍단 책임비서〉는 전형적인 인물을 보여주는 본보기 영화이다.

영화 〈자강도 사람들〉은 조선예술영화촬영소에서 2000년에 제작한 영화이다. 북한에서도 오지에 속하는 자강도를 배경으로 한다. 자강도는 '고난의 행군' 과정에서 가장 모범을 보인 지역으로 선전하는 곳이다. 자강도의 도청 소재지인 강계시는 강계 정신으로 알려진 곳이다.

강계 정신은 자강도의 도청 소재지이자 도를 대표하는 상징 도시인 강계시와 이곳 주민들의 투쟁 정신을 본받자는 뜻에서 붙여졌다. 이후 강계 정신은 극심한 경제난으로 어려움을 겪고 있는 북한이 체제를 유지하고 경제난을 극복하기 위해 주민들에게 요구하는 시대정신 겸 경제 회생의 기치로 받아들여지고 있다.

영화 〈자강도 사람들〉은 강계 정신이 어떻게 만들어졌고, 북한에서도 험난하기로 소문난 자강도 땅 사람들이 생사를 건 고난을 어떻게 극복했는지를 선전하기 위해 만든 영화이다. 영화에서 주인공 강호성은 생사를 가름할 수 없는 상황에서도 발전소를 건설하라는 장군님의 명령을 충심으로 받는 인물로 설정되어 있다. 고난의 행군 상황 속에서도 당의 명령을 충실하게 수행하였고, 자강도를 찾은 장군님이 "자강도의 일꾼, 당원, 그리고 근로자들은 어려운 때에 어떻게 당을 받들어야 하는가를 모범적으로 보여주었다"면서 "이들의 투쟁 정신을 '강계 정신'이라고 이름 짓자"고 하는 것으로 끝난다. 수령에 충직한 인물, 당에 모든 것을 믿고 당에서 내린 과제를 목숨 걸고 수행하는 전형적 인물을 영화를 통해 보여주고자 하였다.

〈대홍단 책임비서〉는 1997년 8월에 제작한 영화이다. 고난의 행군 시기에 제작된 최고의 영화로 평가받는 작품이다. 〈대홍단 책임비서〉의 촬영지는 대홍단이다. 대홍단은 행정구역 이름으로 양강도에 있다.

양강도는 압록강과 두만강이 시작하는 백두산이 있는 곳으로 북한에서도 험하기로 유명한 곳이다. 양강도 대홍단군은 북한에서 식량 문제 해결을 위한 감자 협동농장을 운영하고 있는 지역이다. 김정일이 식량 문제 해결을 위해 감자 농사의 중요성을 강조하면서 대규모 감자 협동농장을 조성한 곳이다. 북한에서는 대홍단이라고 하면 감자 협동농장부터 떠올린다. 김정일이 감자 생산에서 혁신적 성과를 이루었다고 선전하면서 이러한 정신을 본받을 것을 강조하는 '대홍단 정신'이라는 용어도 만들어졌다.

영화 〈대홍단 책임비서〉는 김충진 책임비서를 비롯하여 농업 증산에 힘쓴 농업 근로자들의 노력과 끈기, 자재와 기계, 전력 등 농업과 관련된 문제들을 자체적으로 해결해 나가는 자력갱생, 간고분투의 정신을 소재로 한 영화이다.

4.3
북한 영화를 통해 본 경제 전략

1) 북한 영화 속 사회주의 경제

1990년대 중반 '고난의 행군'을 지나면서 경제 문제가 북한 체제의 생존을 좌우하는 문제가 되었다. 정치적으로는 선군을 내세우면서, 경제를 통한 돌파구를 마련하고자 하였다. 2000년을 기점으로 북한 영화에서 경제가 차지하는 비중이 높아졌다.

2000년을 기점으로 조개 양식장 건설을 주제로 한 〈내 고향 바다〉(평양연극영화대학, 2005), 함흥 청년 목장 건설 실화를 영화로 만든 〈래일의 개척자들〉, 경제에서 실적보다는 실리를 주제로 한 〈부부

고난의 행군 이후 먹거리 문제가 영화의 중요한 소재가 되었다(영화 〈자강도 사람들〉 중에서)

지배인〉(조선예술영화촬영소, 2001), 〈새령마루에로〉(조선예술영화촬영소, 2005), 〈조국 땅 한 끝에서〉(2003), 제품 품질 개선을 주제로 한 〈봄 향기〉(조선예술영화촬영소, 2005), 양어장과 발전소 및 농촌 건설을 주제로 한 〈그들은 제대 병사였다〉(조선예술영화촬영소, 2002), 자원하여 6년이나 더 군대 생활을 하고는 대홍단 감자 농장으로 자원한 〈기다리는 처녀〉(조선예술영화촬영소, 2002), 풀과 고기를 바꾸라는 주제에 따라 토끼 기르기를 소재로 한 〈축산반장의 교훈〉(조선예술영화촬영소), 탄광의 먹거리 문제를 자체적으로 해결하는 〈새로운 처녀 인수원〉(조선중앙텔레비죤, 2004), 광명성 제염소 건설 현장을 소재로 한 〈부부 수첩〉(2000), 전력 생산을 위해 목숨을 걸고 석탄을 캐는 탄광 돌격대의 이야기를 다룬 〈민들레 꽃다발〉(조선예술영화촬영소, 2004) 등의 영화가 제작되었다.

북한 영화에서 경제 문제는 국가적 차원에서 늘 중시하였던 주제이다. 하지만 2000년 이후 북한 영화에서는 경제 문제를 보다 직접적이고 구체적인 문제로 다루기 시작하였다. 이들 영화는 경제를 다룬 이전의 영화와 차이가 있다. 2000년 이전과 비교할 때 두드러진 특징은 경제 문제를 다루는 태도이다. 경제적 문제는 사상 무장을 통한 강인한 정신력으로 돌파하거나 새로운 시대적 요구에 부합하는 전형적 인간형의 창출이라는 정치사상적 측면에서 접근하였다. '위대한 장군님'에 대한 충성심으로 모든 문제를 돌파하는 방식이었다. 그러나 2000년 이후에 제작된 영화는 성적으로 당의 정책을 따라야 한다는 식의 단순한 구성이 아니다. 경제 문제와 관련한 갈등도 치열하고 내용도 구체적이다. 경제에서의 실리가 무엇이며, 인민 경제 건설이 왜 중요한지를 하나하나 짚어가면서 설명해준다. 마치 성공한 기업이나 우수 사례를 영화로 만들어 소개하는 방식이다.

2) 북한 영화 속 과학 기술 주제

2000년 이후 북한 영화에서 과학은 중요한 주제로 부각된다. 과학자에 대한 호명이 잦아졌다. 이즈음 북한에서 과학은 만능 키이다. 과학은 강성대국으로 가는 지름길이요, 인민 생활 경제 부활의 키워드가 되었다. 과학의 필요성을 강조하고, 과학자들을 경제 현장으로 불러들이고 있다. 여성 과학자들도 예외가 아니다. 대학을 졸업하고 가정에 머물러 있던 과학자들에게 소환장을 보낸다. "어서 오라, 조국은 그대들을 필요로 하고 있다"는 메시지를 전달한다.

과학의 중요성을 소재로 한 영화로는 〈세대의 임무〉, 〈존엄〉, 〈하나의 생각〉, 〈제1바이올린수〉, 〈가야 할 길〉 등이 있다. 〈세대의 임무〉는 과학의 필요성과 과학자들의 마음가짐을 다지는 영화로 신구 세대의 과학자상을 대비하면서 새로운 시대의 연구 과제는 컴퓨터를 다룰 줄 아는 새로운 시대의 과학자들에게 맡겨야 한다는 것을 주제로 한다. 〈존엄〉은 과학의 중요성을 주제로 한 영화로 과학 기술의 장래와 청년의 삶이 하나라는 것을 내용으로 하는 영화이다. 젊은 과학자의 기백과 실력을 믿자는 것이 〈존엄〉의 핵심이다. 구세대의 연륜에 의지하기보다는 세새대의 담력과 열정에 맡겨 새로운 돌파구를 만들어 나가자는 주제이다.

〈하나의 생각〉은 인민들을 대상으로 한 문학 작품 현상 공모에 당선된 군중 문학 창작 당선 작품이다. 〈하나의 생각〉은 '과학자에 앞서 한 여성'이라는 입장의 미향과 "조국이 과학자를 부르는데 물러 설 수 있느냐"는 정임을 통하여 여성 과학자들에게 "과학으로 결사 옹위하자"는 것을 호소한다. 여성 과학자들을 호명하면서 인민 생활 경제 문제를 해결하고자 하는 정책을 엿볼 수 있다.

〈제1바이올린수〉는 김일성종합대학 물리학부의 수재이자 대학생 연환 공연 때 제1바이올린수로 출연하여 관중들의 절찬을 받는 현아를 주인공으로 한 영화이다. 과학계에서의 '제1바이올린수'가 될 남다른 지향과 포부를 안고 '2월17일 과학자 기술자 돌격대'에 참여한다. 거듭되는 실패 속에 해가 계속 바뀌어 가자 애인인 문지수는 성공 여부가 불분명한 접점 재료 연구에서 손을 뗄 것을 요구한다. 그렇지만 현아는 과학자로서의 깨끗한 의리를 마음에 품은 채 연구를 계속한다. 여러 번의 실패에도 좌절하지 않고 연구를 진행하여 마침내 매장량이 풍부하고 견딤성이 강한 구리와 카드뮴에 의한 새로운 접점 재료를 완성한다. 현아의 연구로 금속재료공학과 인민 경제 발전에 기여할 수 있게 되었다면서 기뻐한다.

〈가야 할 길〉은 선군 시대 과학자들의 희생정신을 소재로 한 영화이다. 해군에서 복무하다 죽은 아들을 마음에 품고 사는 지배인은 아들이 죽었다는 소식을 아내에게도 비밀로 한다. 공장 사람들이 아들이 죽었다는 것을 알게 되면 자신에게 해야 할 말을 하지 않을까 걱정이 되었기 때문이었다. 지배인은 최첨단 유압 장치를 설계하던 이과대학 박사원을 졸업한 강진이 불치병에 걸려 생이 얼마 남지 않았다는 것을 알고는 크게 실망한다. 강진은 자신에게 시간이 별로 없다면서 최종 실험을 강행하지만 실패하고 의식을 잃고 쓰러진다.

지배인은 강진이 남긴 기초 자료를 바탕으로 각고의 노력 끝에 유압 실험을 성공한다. 그리고 장군님이 청남 기계공장에 제대 군인들을 대거 파견하여 청남 기계공장의 임무 수행을 돕도록 배려하였다는 소식으로 끝난다.

3) 북한 영화 속 먹거리 주제

북한 영화에서 먹거리 문제는 정치 문제 다음으로 많은 주제이다. 북한 영화는 기본적으로 인민을 교양해 당의 정책으로 이끌어내야 하는 임무가 있다. 먹거리 문제를 다룬 영화로는 〈내 고향 바다〉(2005), 〈새로운 처녀 인수원〉(2004), 〈축산반장의 교훈〉, 〈유익한 소동〉, 〈그가 걷는 길〉(2002) 등이 있다. 이들 영화에서는 경제에서의 과학화 기술화를 강조하는 것이 특징이다.

〈내 고향의 바다〉는 바닷가 양식 사업을 소재로 국토에 대한 사랑을 주제로 한 내용이다. 〈내 고향의 바다〉에서 갈등은 바다의 조개를 캐서 수출할 것인가? 아니면 양식으로 먹거리를 키우고 지킬 것인가를 주제로 한다. 특히 외화 벌이 사업을 두고 수산물 보호를 둘러싼 갈등은 북한의 경제 현실을 반영하고 있다. 당에서 내린 방침과 현실적인 환경 사이의 대립은 보다 나은 경제 발전을 목표로 하지만 정책과 현실 사이에서 경제 인식에 대한 의식의 균열을 보여준다. '혁명적 군인 정신'을 강조한다. 영화 가운데 "외화 몇 푼에 군대와 인민을 팔아먹는"이라는 표현은 외화 벌이가 당장에 눈 앞의 이익은 될지 모르지만 결국 나라의 위기를 초래할 수 있다는 사실을 경계하면서 자원을 보호하자는 내용이다.

〈새로운 처녀 인수원〉(2004)은 탄광 후방 사업을 책임진 인수원으로 부임한 보람이 광부들의 먹거리 문제를 고민하다가 폐광을 이용하여 버섯을 비롯한 먹거리를 해결한다는 내용이다. 천동탄광 경리과로 배치된 홍보람은 제대 군인 출신의 여성 인수원이다. 광산 노동들을 위한 먹거리 문제를 해결하고자 노력한 끝에 버섯 재배를 시험했다가 한 번 실패하고 포기한 선우영을 설득하여 마침내 버섯 재배에 성공한다. 돼지 우리를 만들어 돼지도 키우고 양어장도 건설해 물고기도 자체적으로 키워낸다. 이렇게 버섯을 비롯하여 축산과 양어를 비롯 부업 농사에서 이모작을 실천하여 탄광의 식재료들을 자체적으로 해결한다.

〈축산반장의 교훈〉은 북한이 식량 문제 해결을 위해 내세운 구호인 '풀과 고기를 바꿀 데 대하여'를 주제로 한 텔레비전 영화이다. 주인공인 광남은 학생 시절 토끼를 잘 길러 상까지 받았으며, 축산 기술 자격증도 있는 제대 군인이었다. 토끼가 많지 않았던 축산반에 자신의 기술을 이용해 개체 수를 늘리고, 배합 사료를 개발하고, 냉습지를 벌판으로 가꾸어 토끼 기르기 문제를 해결한다. 토끼 기르기에서도 요령주의, 형식주의를 버리고 끈기 있게 일해야 한다는 것을 주제로 한다.

〈유익한 소동〉은 염소 기르기를 주제로 한 텔레비전 영화이다. 풀과 고기를 바꾸자는 교시에 맞추어 젖염소 사업에 나선 젊은이들의 이야기이다. 예전에 염소를 길렀던 옥별의 아버지와 새로운 기술로 염소를 기르는 석천을 대비하여 과학적이지 못하고 아무렇게나 염소를 길렀던 과거와 달리 과학적이고 체계적으로 염소를 키워야 한다는 주제를 전달한다.

〈그가 걷는 길〉(2002)은 군대를 배경으로 우량 염소와 게사니(거위)를 길러 먹거리를 해결하는 데 힘쓴다는 내용이다. 군관학교 출신인 최정삼은 후방 부대 사업을 담당하는 군관이었다. 힘든 일을 도맡아 하다가 쓰러진다. 좀 더 편한 자리로 가라는 친구의 권고도 마다하고 "지금의 위치가 김정일 동지의 병사 사랑의 기치를 맨 앞에서 실천하는 길이기 때문에 포기하지 못하겠다"면서 정치대학도 포기한다. 마침내 우량 종자의 염소와 게사니(거위)를 키워내는 데 성공하고, 김정일을 직접 만나는 영광을 누리게 되었다.

4.4. 김정은 시대를 대표하는 영화 〈우리 집 이야기〉

김정은 체제가 시작된 이후 북한 영화는 김정일 시대에 비해 상대적으로 침체되었다. 연간 제작 편 수도 현저히 줄었다. 북한 영화가 전

2016년 제작 예술 영화 〈우리집 이야기〉

반적으로 부진한 가운데 주목받는 영화로 예술 영화 〈우리 집 이야기〉가 있다. 영화 〈우리 집 이야기〉는 2016년에 제작한 예술 영화로 김정은 시대를 대표하는 영화이다.

〈우리 집 이야기〉는 열여덟 살 처녀 리정아가 졸지에 부모를 잃고 고아가 된 은정이 자매(은정, 은향, 은철)를 어머니처럼 보살핀다는 이야기이다. 북한에서 일곱 명의 고아를 돌보아 김정은 시대의 청년 영웅으로 떠오른 장정화라는 인물의 실화를 바탕으로 한 영화이다.

장정화는 18살의 청년동맹원으로 처녀의 몸으로 일곱 명의 고아를 키워 김정은이 '처녀 어머니'라는 별칭을 붙여주었다고 한다. 김정일 사망 이후 새롭게 만들어진 김정일청년영예상을 받기도 하였다. 극 중에서는 실제 이름인 장정화가 아닌 리정아로 나온다. 〈우리 집 이야기〉는 북한에서 영화에 대한 사회적 관심을 소개하는 별도의 방송물을 제작할 정도로 인기를 모은 영화이다. 2018년 9월 9일 공화국 창건 70돌을 맞이하여 조선중앙텔레비죤에서 방영하기도 하였다.

〈우리 집 이야기〉를 소개한 영상물 〈류다른 관람 열풍을 일으키는 인기 영화〉, 〈우리 집 이야기〉의 의미와 창작 과정을 소개한 영상물 〈영원할 우리 집 이야기 – 조선예술영화 ≪우리 집 이야기≫의 창작 과정을 놓고〉

영화는 은정의 부모가 미래 꿈을 담은 '우리 집 이야기'라는 일기장을 남기고 세상을 떠나고, 부모를 잃은 이 집에 리정아라는 처녀가 드나들면서 아이들을 돌보는 것으로 시작한다. 리정아는 은정 남매를 불쌍히 여기며 최선을 다해 아이들을 뒷바라지를 해주었다. 은정에게 도움이 손길이 없었던 것은 아니었다. 은정이 이모를 비롯 학교 선생님, 엄마가 근무하던 직장의 책임자들이 나서서 은정이네를 도와주려고 하였다. 하지만 맏딸 은정은 자존심이 높았다. 사람들이 자신을 불쌍하게 여기는 것이 싫었다. 혼자 힘으로 동생들을 돌보려고 하였다. 하지만 15살의 소녀 어른에게 집안일과 공부를 같이하는 일은 쉽지 않았다. 그런 은정을 보면서 리정아는 아이들을 뒷바라지하며 한 걸음씩 다가간다. 혼자서 집안 일과 동생을 돌보던 은정도 정아 언니를 조금씩 받아들이기 시작하였다. 그러던 중 은정이 정아를 오해하고 멀리하게 된다. 리정아도 최선을 다하지만 어쩔 수 없는 한계를 느낀다. 아무리 해도 은정의 엄마가 될 수는 없다고 생각하고 포기하려고 한다. 그때 은정의 깊은 마음을 알아 본 구역 책임비서와 청년동맹에서 은정을 도와준다. 리정아는 은정 엄마가 남긴 일기장 '우리 집 이야기'를 보면서 아이들에게 조국에 대한 자긍심을 심어주고, 김정은이 학생들의 꿈을 키워주기 애쓰고 있다는 사실을 알려주면서 마음을 열어간다.

리정아의 이야기는 당에도 알려져 김정은 시대의 모범 청년으로 연단에도 오르고, 김정은으로부터 '처녀 어머니'라는 칭찬까지 듣게 되었다. 은정 남매는 엄마처럼 모든 것을 품어주고 자신과 동생들의 꿈을 지켜주려는 리정아에게 마음을 열고, 엄마가 쓰던 일기장을 건네면서 '우리 집 이야기'를 어머니가 써 달라고 말하는 것으로 끝난다.

영화 〈우리 집 이야기〉의 주제 즉, 종자는 "우리의 아버지는 경애하는 김정은 원수님이시고 우리의 집은 당의 품"이라는 것이다.[6] 사회주의 제도 안에 살고 있는 모든 인민은 곧 한 지붕 아래 살고 있는 한 가족이라는 메시지를 전달한다. 〈우리 집 이야기〉는 정아를 중심으로 당원들과 온 마을 사람들이 고아를 돌보는 모습에서, 지금 살고 있는 우리 사회 자체가 곧 '우리 집'이라는 메시지가 분명해진다.

예술 영화 〈우리 집 이야기〉를 소개한 북한 잡지

6 손태광, 「영화의 감화력은 진실성에 있다」, 『조선예술』 2017년 1호(문학 예술출판사, 2017) 29쪽: "예술 영화 《우리 집 이야기》에서는 우리의 아버지는 경애하는 김정은 원수님이시고 우리의 집은 당의 품이라는 것을 종자로 하고 있다."

영화의 모델이었던 장정화를 북한에서 김정은 시대의 영웅으로 내세운 것은 김정은 체제의 정치적 행보와 연결된다. 장정화가 아이들을 돌본 것은 세상의 칭찬을 받기 위한 것이 아니라 부모를 잃은 아이들을 거두고, 꿈을 키워주기 위해 밤낮으로 애쓰는 '경애하는 원수님'의 걱정을 조금이라도 덜어드리고자 하는 마음에서 우러나온 행동이었기 때문이다. '김정은 원수님이 아이들이 마음껏 꿈을 키울 수 있도록 밤낮으로 애쓰고 있는 상황'에서 그런 수령님의 깊은 마음을 헤아리고 조금이라도 수령님의 어깨를 덜어드리고 실천하는 청년으로서 장정화가 선택되었던 것이다.[7] 실화를 영화로 만들고, 사회적 반향을 소개하는 영상물을 만든 것도 최고 지도자에 충실하면서도 전형적인 인간상, 김정은 시대의 청년상을 구체적으로 보여주기 위해서였다.

4.5
북한 영화, 어디로 가는가

김정은 체제가 시작된 2012년 이후 북한 문화는 상당히 달라진 모습

---

7 황봉송, 「(방문기) 은정이 형제가 터친 우리 집 이야기(1)–예술 영화 《우리 집 이야기》에서 은정이 형제들의 역을 수행한 학생들을 찾아서–」, 『조선예술』 2017년 2호(문학 예술출판사, 2017), 55쪽: "집에 대한 이야기. 누구에게나 자기 나름의 집에 대한 이야기가 있다. 부모형제의 따뜻한 사랑과 정이 오가는 집, 가정의 화목과 행복이 넘쳐나는 집. 집에 대한 이야기는 사람마다 서로 다르지만 그것은 하나같이 위대한 령도자를 한 가정의 어버이로 모시고 사는 더없는 긍지와 자부심에 대한 이야기인 것이다. 이런 것으로 하여 사람들은 우리 모두가 안겨 사는 집, 하나의 대가정을 이루고 사는 우리의 크나큰 집에 대하여 다시금 뜨겁게 받아안게 된다. 이러한 우리 모두의 집을 영화적 화폭으로 감동 깊게 펼쳐보인 예술 영화 《우리 집 이야기》는 지금도 사람들에게 깊은 여운을 남겨주며 집에 대한 이야기로 아름다운 꽃을 피워주고 있다."

을 보인다. 무대에서 진행되는 공연의 형식은 화려하고 과감해졌다. 그러나 북한 예술을 대표하는 영화에서는 극심한 부진이 이어지고 있다. 김정은은 기회가 있을 때마다 좋은 영화를 만들어야 하는데, 좋은 영화가 나오지 않는다고 비판하고 있다. 최고 지도자의 비판에서도 적절한 영화를 내놓지 못하고 있다.

2014년 제9차 전국예술인대회가 열렸다. 김정은은 예술인대회 참가자들에게 보낸 서한「시대와 혁명 발전의 요구에 맞게 주체적 문학 예술의 새로운 전성기를 열어나가자」를 보내 "문학 예술 부문 사업이 당과 혁명의 요구, 시대의 부름에 따라서지 못하고 있다"고 비판하였다. 문학 예술 부문이 "굳어진 틀과 낡은 도식에 매여" 있어 "창작가 · 예술인들의 수준과 창작적 기량도 발전하는 현실과 당의 요구에 비해볼 때 뒤떨어져 있다"는 것이 비판의 핵심이었다. 비판과 함께 "사회주의 문학 예술의 주인은 인민 대중이며 그 창조자 · 향유자도 인민 대중"이라고 하면서 "우리의 문학 예술은 전문가들이나 이해하고 향유하는 문학 예술이 아니라 인민들이 요구하고 좋아하는 문학 예술로 되어야"한다고 하였다.[8]

그리고 2016년 조선노동당 제7차 대회에서도 '사업 총화 보고' 분야에서 문화 예술계의 성과를 비판하였다. 문화 예술이 현실을 따라가지 못한다면서, "모든 부문이 만리마의 속도로 내달리고 있지만 문학 예술 부문은 아직 온 사회를 혁명열, 투쟁열로 들끓게 하고 천

---

8 「경애하는 김정은 동지께서 제9차 전국예술인대회 참가자들에게 력사적 서한《시대와 혁명 발전의 요구에 맞게 주체적 문학 예술의 새로운 전성기를 열어나가자》를 보내시었다」, 『로동신문』, 2014년 5월 17일.

만 심장에 불을 다는 훌륭한 문학 예술 작품들을 많이 내놓지 못하고 있다"면서 비판, 특히 영화 예술을 꼭 집어 "침체에서 벗어"나야 한다면서 영화계의 부진에 대한 각성을 촉구하였다.

또한 2019년 4월 11일부터 12일까지 최고인민회의 제14기 제1차 회의에서도 김정은 위원장은 시정 연설에서 "문화 예술 부문에서 시대의 요구와 인민들의 지향을 반영한 명작들을 더 많이 창작 창조하며 특히 영화 부문에서 새 세기 영화 혁명의 불길을 일으켜 사회주의 문화 발전의 새로운 전성기를 열어나가는 데서 선구자적 역할을 하여야" 한다면서 창작을 촉구하였다.[9]

김정은 시대 북한 영화는 예술적 기량이 높으면서도 시대를 반영한 작품을 요구하고 있는 것이다. 달라진 것이 있다면 과거와 같이 인민들을 교양하기 위한 영화를 만들지 않는다는 것이다. 인민을 대상으로 한 교양 사업은 철저히 당의 초급 간부들에게 맡기고 있다. 김정은은 노동당 초급 선전원들에게 참신한 방법으로 선전 선동 사업을 진행할 것을 주문하였다. 2019년 3월 9일에 있었던 제2차 전국당초급선전일군대회에 보낸 김정은의 서한 「참신한 선전 선동으로 혁명의 전진 동력을 배가해 나가자」에서 "오늘 우리 국가 제일주의에 고무된 인민들의 애국 열의를 고조시키고 그것을 실제적이며 비약적인 사회주의 건설 성과에로 지향시키는 기본 방략은 정치사상 사업을 보다 참신하게 전투적으로 벌리는 데 있습니다"라고 강조한

9 「조선로동당 위원장이시며 조선민주주의인민공화국 국무위원회 위원장이신 우리 당과 국가, 군대의 최고령도자 김정은 동지께서 력사적인 시정 연설을 하시었다」, 『로동신문』, 2019년 4월 13일.

이후 '참신'한 교양 사업에 대한 논의가 이어지고 있다.

북한이 말하는 참신한 선전 활동 방식은 '교감', '감성', '입체성'이다. 과거 영화가 담당하였던 선전 선동 활동은 초급 당원을 중심으로 옮겨졌다. 그리고 선전 선동 활동 방식도 이전과는 달라졌다. 김정은은 "선전 선동 활동을 실감 있게, 대중이 스스로 공감할 수 있게 하는 데 사상 교양 사업의 생명력이 있다"[10]면서, "대중의 심금을 울릴 수 있는 참신하고 실효성 있는 교양 사업 방법들을 적극 탐구하고 사상전을 진공적으로, 련속적으로 벌려나가야 한다"면서 대중과의 교감과 감성을 강조하였다.[11] 선전 방식에서도 입체적이고 최신 정보를 활용할 것을 강조한다. 그리고 "작업 현장에 이동 강의판을 놓고 많은 사람들을 대상으로 강의를 진행하였는데 조금 떨어진 거리에서 강의를 받는 종업원들에게는 시각적으로 강의의 내용이 잘 안겨오지 않았"는데, "강사들의 강의에 다매체 편집물을 만들어 리용하는 문제와 그 내용을 혁신하기 위한 문제를 제기하고 그를 위한 조직 사업을 진행"하였다면서 구체적으로는 다매체 편집물을 활용한 선전 사업을 소개하였다.[12] 2019년 9월 28일 『로동신문』 사설 「당 정책의 열렬한 선전자-모범 강연 강사들」을 통해 당 초급 선전 사업에서 앞장선 김일성고급당학교 부강좌장 김윤식과 청봉종합식료공장 실장 전철우를 사례로 소개하였는데, 이들의 강연에서 높게 평가

---

10 「참신하고 강력한 선전 선동 활동으로 온 나라를 들끓게 하자」, 『로동신문』, 2019년 3월 9일.

11 「성실한 피와 땀으로 조국의 위대한 력사를 써나가자」, 『로동신문』 2019년 3월 23일.

12 「공세적이며 다각적인 방법으로-대안중기계련합기업소 당위원회 사업에서」, 『로동신문』, 2019년 6월 11일.

하는 것은 현재 상황과 관련한 다양한 최신 강연 자료를 활용한 점이었다.

이처럼 선전 선동 사업에서 영화가 담당했던 역할은 이제 초급 당원들의 현장 선전과 선동 방식으로 바뀌었다. 영화계에 주문하는 것은 김정은 시대 어젠다로 제시한 사회주의 문명국의 수준에 맞는 세계적 수준의 영화이다. 김정은은 영화를 통한 선전과 선동 사업을 대신하여 세계적 수준의 영화를 요구하고 있다.

김정은의 요구와 북한 영화계의 현실 사이에는 차이가 크다. 영화를 만들고 경쟁하기 위해서는 다양한 인프라와 제작 환경이 마련되어야 한다. 2016년 이후로 북한에서 예술 영화가 단 한 편도 만들어지지 않은 것은 이러한 김정은의 요구와 수준에 맞는 영화를 만들지 못하는 상황을 보여주는 것이다.

제 5 장

영화로 통일을 읽다[1]

전병길
재단법인 통일과나눔

5.1 한국 영화 속 분단과 통일 이야기

1) 분단이 만들어낸 반공 영화

의도하건 그렇지 않건 한국에 살아가고 있는 이들에게 분단의 문제는 현실의 문제이다. 현실 문제이다 보니 그 속에 다양한 이야기들이 있고 그 이야기들은 영화로도 제작되었다. 우리나라에 '분단 영화'라는 독특한 장르의 영화가 시작된 것은 1940년대 후반부터다. 1945년 해방이 되고 곧 이어 분단되면서 정부의 적극적인 지원 아래 많은 분단 영화가 제작되었다. 이때 만들어진 영화는 대부분 선전 영화로 반공 색채를 강하게 띠고 있었다. 최초의 분단 영화는 한국전쟁 발발 1년 전에 만들어진 한형모 감독의 〈성벽을 뚫고〉(1949년)이다.[2]

이 영화는 해방 이후 좌우가 극한 대립을 이루고 있던 시기에 서로 다른 길을 택한 처남 매부가 총부리를 겨누는 상황을 보여주며 앞으로 닥칠 전쟁의 비극을 예견하고 있다.

1950~60년대에는 반공을 기반으로 한 분단 영화의 전성기였다. 패전한 빨치산의 이야기를 다룬 이강천 감독의 〈피아골〉(1955년)은 1950년대 분단 영화를 대표한다. 1960년대 수많은 분단 영화가 제

---

1 이 장은 2014년에 출간된 〈공동관람구역-영화로 통일을 읽다〉(책마루)의 내용을 재편집한 것이다.

2 [명화는 시대다] 휴전 1년 뒤 남남북녀 입맞춤이라니… 1954년 '운명의 손', 국민일보 2017. 10. 11

성벽을 뚫고 (Breaking the Wall)
1949년, 감독 : 한형모
출연: 이집길 , 서월영 , 복혜숙 , 박경석 , 황해
출처: KMDB–한국영화데이터베이스

작됐지만 그중 한국전쟁 직후 한 가정의 비극을 그린 유현목의 〈오발탄〉(1961년), 북한 인민군을 인간적으로 묘사하다 문제가 되었던 이만희의 〈7인의 여포로〉(1965년), 군인의 의리와 인간애를 강조한 이만희의 〈돌아오지 않는 해병〉(1963년), 전쟁 속에서 신과 인간을 주제로 삼은 유현목의 〈순교자〉(1965년), 분단의 비극을 두 남편과 한 여인이라는 멜로적 요소와 결합시킨 김기덕의 〈남과 북〉(1965년)은 그 시대를 대표하는 분단 영화이다.

1950~60년에는 다양한 문화 생활을 할 수 있는 시설이 많지 않아 동네 극장들은 큰 호황을 누렸다. 분단 영화는 시대적 분위기와 반공 영화에 대한 정부의 적극적 지원, 그리고 시민들의 거의 유일한 문화 수단이었던 영화가 어우러지면서 만들어진 결과물로 자연스럽게 우리 삶의 한 부분으로 자리 잡아 갔다. 분단 영화의 힘이 얼마나 강력했던지 한국 최고의 영화상인 '대종상 영화제'에는 지난 1987년

까지 반공 영화 부분이 따로 있을 정도였다.[3]

1970년대에 들어서 텔레비전 보급이 늘어나는 등 다양한 문화 매체들이 새로 만들어지면서 영화의 인기는 시들해졌고 분단 영화 역시 60년대처럼 큰 인기를 누리지 못했다. 아울러 국산 영화가 봇물처럼 밀려오는 미국 할리우드 액션물을 따라가기가 당시로서는 버거웠다.

그런데 한 가지 특이한 점은 미국 영화 수입과 분단 영화 사이에는 일종의 인과관계가 형성됐다는 점이다. 당시 정부는 영화법을 개정해 분단 영화에 대한 심의를 강화했다. 한편 민족의 주체성 확립과 애국애족의 국민성을 고무 · 진작시키는 영화를 우수 영화로 선정했다. 그리고 그 혜택으로 외국 영화 수입권을 주는 제도를 시행했다. 분단이나 정부 시책을 홍보하는 영화를 많이 제작하는 영화사에 외국 영화 수입권을 주는 이 제도에 따라 외화 수입을 위해 작품성보다는 영화를 위한 영화가 대량으로 만들어지기에 이르렀다.[4] 그렇게 만들어진 영화 중 상당수가 분단과 반공을 소재로 제작됐다. 이때 영화들은 반공을 강조하는 국책에 따라 남북 간 대결 의식을 강조하고 체제의 우월성을 선전하며 북한의 비인간성을 고발하는 작품이 주류를 이루었다. 북한과 북한 사람은 증오와 혐오, 공포, 정복의 대상이었다. 한마디로 1970년대 반공 영화는 반공 이데올로기를 선전하는 도구에서 벗어나지 못했다. 하지만 이러한 흐름 속에

3 [취재 후] 무자비한 괴뢰군에서 '꽃미남 요원'까지…'반공'에서 '평화'로, KBS 뉴스, 2018. 04. 30.

4 오진곤, 1970년대 후반 한국 반공 영화와 아동 영화의 장르적 혼합 양상에 관한 연구, 동아연구 제35권 1호(통권 70집, 2016), pp. 76~178

서도 〈들국화는 피었는데〉(1974년), 〈낙동강은 흐르는가〉(1976년)와 같은 작품성 있는 영화가 만들어지기도 했다. 아울러 1970년대 후반부터 〈로보트 태권V〉 같은 어린이 만화 영화가 인기를 끌면서 〈똘이장군〉으로 대표되는 반공 애니메이션이 등장하기도 했다.

2) 변화의 바람

1980년대 들어 분단 영화는 조금씩 변화의 조짐을 보이기 시작했다. 정치적으로는 신군부가 등장해 군사 정권이 계속되었지만 사회 문화적으로 일명 3S라 일컬어진 스포츠, 스크린, 섹스 문화의 물결이 영화 시장에도 영향을 미쳤다. 정부의 반공 정책 아래 다양한 반공 영화가 계속 만들어지고 있었지만 이산가족 찾기를 소재로 한 임권택 감독의 〈길소뜸〉(1985년)같이 새로운 시각으로 분단의 문제를 바라보는 작품도 등장했다.

한국 영화에서 분단 문제에 대해 자유롭게 이야기하기 시작한 것은 1990년 빨치산의 이야기를 다룬 영화 〈남부군〉의 개봉 이후부터이다. 1980년대 후반 우리 사회는 민주화를 이루었고 동유럽 공산권의 붕괴를 목격했다. 이때 한반도에서도 냉전을 종식시키고자 하는 염원이 가득했다. 문화 예술계에서 이러한 염원은 문학 분야에서 먼저 표출되었고 나름의 상상력이 가미된 소설들이 출판되기에 이른다. 이러한 흐름은 문학에서 영화로 이어지는데 이태의 실록 수기 〈남부군〉은 정지영 감독의 영화 〈남부군〉으로, 조정래의 소설 〈태백산맥〉은 임권택 감독의 영화 〈태백산맥〉(1994년)으로 이어진다. 〈남부군〉과 〈태백산맥〉은 이분법적 이데올로기 구분에서 자유롭고자 하는 외침이기도 했다.

분단 영화의 일대 변화를 가져온 영화는 강제규 감독의 〈쉬리〉(1999년)였다. 남북 분단 소재를 첩보 액션물로 활용한 이 작품은 처음으로 북한 사람을 매력적인 캐릭터로 탄생시켰다. 오도된 이념과 사상의 '꼭두각시'에 불과할지라도 그들이 갖고 있는 확신과 대의에 대한 충성심은 관객들이 감동적으로 받아들이기에 충분했다. 이후 북에 대한 묘사는 이념적 측면보다는 인간적 면모가 보다 부각됐다. 〈간첩 리철진〉(1999년)은 남파 간첩이 택시 강도를 당하는 다소 우스꽝스럽고 허점이 많은 인물로 그려졌으며 아등바등 살아가는 생계형 고정 간첩도 등장했다. 박찬욱 감독의 〈공동경비구역 JSA〉(2000년)는 여기에 더해 남북한 사람이 우연히 모여 우정을 나눈다는 설정으로 대단한 인기를 얻었다. 북한 사람이나 북한 출신 인사를 만나는 일 자체가 금기시됐던 당시에 총을 든 남북의 젊은 병사들이 한곳에 모인다는 설정은 굉장한 파격이었다. 남북의 사람들이 우연히 기묘하게 한 곳에 모인다는 설정은 이후 분단 영화의 한 공식이 되면서 〈웰컴 투 동막골〉(2005년), 〈만남의 광장〉(2007년), 〈의형제〉(2009년)까지 이어진다. 〈실미도〉, 〈태극기 휘날리며〉를 거쳐 2005년부터는 탈북자들이 영화의 주인공으로 등장하기 시작했다. 〈태풍〉(2005년)에서는 남북 모두에게서 버림받고 해적이 된 탈북자가, 〈국경의 남쪽〉(2006년)에선 사랑하는 연인을 북에 두고 월남한 청년이, 〈크로싱〉(2008년)에선 가족을 살리기 위해 국경을 넘은 남자가 주인공이었다.

1998년 김대중 정부의 햇볕정책 발표에 이은 〈쉬리〉의 흥행이나

1차 남북 정상회담 전후 〈공동경비구역 JSA〉가 일으켰던 붐 등 분단 소재의 영화는 남북 간 정세 변화나 시류에 영향을 많이 받았다. 또한 북한 핵 문제, 식량 부족, 탈북자 문제 등도 분단 영화에 반영됐다. 분단 관련 영화는 다양한 소재를 바탕으로 한국 영화의 큰 흐름을 이어갔다.

2010년 이후에는 그동안 공포의 대명사였던 간첩이 '생계형 간첩' 등으로 재조명되면서 간첩 소재 영화의 새 장을 열기도 했다. 〈은밀하게 위대하게〉(2013년)와 〈간첩〉(2012년), 〈의형제〉(2010년), 〈붉은 가족〉(2012년), 〈동창생〉(2013년)은 모두 간첩을 소재로 한다. 과거의 간첩 영화에 비해 이 영화들은 간첩을 남한에 적대적이고 무자비한 모습이 아닌 소시민적이고 인간적인 모습으로 다뤘다는 점에서 다르다. 시대의 변화를 반영했겠만 꽃미남 배우들이 간첩 연기를 하고, 간첩을 판타지 캐릭터로 묘사하는 등 분단 현실을 너무 간과하는 것 아니냐는 문제 제기가 없지는 않았다.

3) 영화로 읽는 통일

그동안 분단 영화에 대한 평가는 주로 개별 영화 단위로 이루어졌다. 그리고 시대 순으로 구분하여 소개되기도 했다. 지금껏 제작되었던 분단 영화를 시대 상황과 소재별로 정리한 자료들은 거의 없었다. 분단과 통일을 주제로 한 많은 작품이 있었음에도 불구하고 분단의 아픔과 통일의 꿈이라는 큰 흐름에 맞는 주제별 영화 소개는 거의 이뤄지지 않았다. 따라서 이 장에서는 분단 영화들을 바탕으로 다양한 담론들을 이야기하고자 한다.

다음 절에서는 한국전쟁을 배경으로 한 영화 〈태극기 휘날리며〉(2004년)를 소개한다. 한국전쟁 직전 이념의 갈등에서부터 전쟁의 잔혹함, 민초들의 희생을 담은 영화들이다. 3절에서는 한국전쟁 이후 전개된 남북 간의 대결을 다룬 〈이중간첩〉(2002년)을 소개하며 4절에선 남북의 대치라는 극도의 긴장 속에서 경계'를 넘었던 이야기를 다룬 〈국경의 남쪽〉(2006년)을 살핀다. 이어지는 5절에선 분단이라는 절망에 굴하지 않고 희망을 찾기 위해 노력했던 이야기를 다룬 영화 〈코리아〉(2011년)를 소개한다. 마지막 맺음말에서는 통일 시대를 준비하며 만들어질 영화에 대한 기대감을 그려 보았다.

소개되는 영화들은 대부분 1990년 이후 제작된 영화들이다. 과거의 영화들 중에서도 훌륭한 작품들이 많다. 하지만 주로 정부 지원으로 제작되거나 지나친 반공 의식 함양에만 초점을 두고 있어 독자들과 공감하며 미래를 설계하는 데 있어 부적절하다고 판단해 주로 1990년대 이후 작품으로 선정했다.

각 작품을 중심으로 단순히 영화 스토리만을 이야기하는 것이 아니라 영화의 시대적 배경, 그리고 실제 일어난 사건을 바라보며 역사적 맥락을 찾았다. 이러한 영화로 읽는 통일 이야기는 딱딱한 이미지로 굳어버린 통일 관련 서적의 한계를 보완하고 영상에 익숙한 젊은 세대들에게 공감을 얻는 데 좋은 지식과 정보가 될것으로 생각한다. 또한 영화 속에 담긴 스토리를 통해 분단의 상황들을 이해하고 통일의 상상력을 키울 수 있으리라고 기대한다.

5.2
응어리진 상처, 한국전쟁

태극기 휘날리며
(TaeGukGi : Brotherhood Of War) (2004)
감독: 강제규
출연: 장동건, 원빈, 이은주
출처: KMDB–한국영화데이터베이스

1) 태극기 휘날리며

영화 〈태극기 휘날리며〉(2004년)의 배경 음악은 영화가 개봉된 지 15년 이상 지난 지금도 자주 들을 수 있다. 카페, 레스토랑 등에서 뿐만 아니라 군인 관련 행사에도 심심치 않게 등장한다. 특히 지난 2010년 천안함 침몰 사건 당시 선체와 장병들의 유해를 인양할 때 방송사들은 이를 중계하며 배경 음악으로 〈태극기 휘날리며〉의 음악을 사용하기도 했다. 영화 개봉 후 10년 이상의 시간이 흘렀음에도 〈태극기 휘날리며〉의 음악은 왜 여전히 사람들에게 기억되고 있는 것일까? 아마도 음악 속에 담겨 있는 영화의 스토리와 정서가 한국인의 그 무엇인가를 자극하고 움켜쥐고 있기 때문일 것이다. 영화에는 분단, 전쟁, 이념, 형제애, 갈등, 헤어짐, 그리움 등 1945년 이후 우리가 겪었던 회한들이 고스란히 담겨 있다. 〈태극기 휘날리며〉는 영화를 뛰어넘는 그 무엇을 우리에게 주었다.

어느 백발의 할머니와 다큐멘터리의 한 장면이 영화 〈태극기 휘날리며〉의 오늘을 있게 했다. 강제규 감독은 2001년 한국전쟁 전사자 유해 발굴을 다룬 다큐멘터리를 시청하던 중 한 장면에 깊은 인상을 받았다. 50년 만에 찾은 남편의 유해 앞에 흐느끼던 백발 할머니의 모습을 담은 장면이었다. 강제규 감독은 이 장면을 모티브로 한국전쟁을 다룬 영화 제작을 결심했고, 한국 영화 1,000만 관객 신화를 만든 〈태극기 휘날리며〉는 그렇게 탄생했다.[5]

영화는 두 형제의 밝은 표정으로 시작한다. 서울 종로에서 가족의 생계를 위해 구두닦이를 하는 이진태(장동건)와 그가 아끼는 동생 이진석(원빈), 진태의 약혼녀 김영신(이은주)과 가족들은 어려운 가운데서도 밝고 활기찬 생활을 해 나간다. 전쟁 발발 하루 전날 이들은 함께 냇가에서 물장난을 치며 가족의 정을 나눈다. 다음 날, 진태와 영신의 가족들은 피난 행렬을 따라 대구까지 내려간다. 대구역사에서 만 18세의 진석이 강제로 징집되어 군용열차에 오르자, 진태는 동생을 구하기 위해 군용열차에 오르지만 진태 역시 징집되고 만다. 두 형제는 징집과 동시에 낙동강 방어선 전투에 투입된다.

진태는 무공훈장을 받으면 동생을 제대시킬 수 있다는 대대장의 말을 듣고 오로지 동생을 위해 전쟁 영웅의 길로 들어선다. 그러나 갈수록 응어리진 상처, 전쟁의 광기에 휘말리는 진태와 그런 형의

5 "영화 '태극기 휘날리며'는 유해발굴 실화가 모티브", 국민일보, 2004. 04. 24

모습을 바라보는 진석 사이에 갈등과 증오가 싹트기 시작한다. 이후 진태의 약혼녀 영신이 공산당에 협조했다는 누명으로 국군에게 죽임을 당하고, 진석 역시 국군에게 죽임을 당한 것으로 오해한 진태는 인민군 부대장이 되어 국군의 적이 된다. 뒤늦게 자신과 가족들을 위해 형이 인민군이 되었다는 사실을 안 진석은 제대를 하루 앞두고 형을 구하기 위해 전선으로 나간다.

2) 냉전과 열전 사이

영화 〈태극기 휘날리며〉의 배경이 된 한국전쟁이 발발하기 5년 전인 1945년, 2차 세계대전 이후 세계 질서의 재편 과정에서 미국을 중심으로 한 자유 진영과 소련을 위시한 공산 진영은 곳곳에서 파열음을 내기 시작했다. 당시 우리 국민들은 분단에 대한 걱정보다는 일본이 패망한 후 독립된 새로운 나라가 세워진다는 기대감에 부풀어 있었다. 좌익과 우익으로 나뉜 정세가 이렇게 큰 문제로 다가올 줄 몰랐던 것이다. 그리고 미국과 소련은 우리 민족이 주체가 된 새로운 정부가 수립되기 전 잠시 이 땅에 주둔하며 일본의 잔재를 청산해주는 고마운 나라 정도로만 생각했을지도 모른다.

하지만 미국과 소련의 이해관계가 달랐고 좌익과 우익, 친일파와 독립운동가들의 생각은 달랐다. 순진한 국민들은 좌익과 우익 사이에서 노선을 강요당했으며, 이전에는 듣지도 보지도 못한 선동적 정치 문구를 접하기 시작했다. 좌우익의 대립이 극해지며 곳곳에서 테러와 파업, 동맹 휴업, 군인들의 반란이 일어났다. 북한에서는 인민이 주인되는 '인민공화국'을 세운다는 목적으로 지주의 땅과 재산을 몰수했고, 많은 기독교인이 신앙의 자유를 찾아 남쪽으로 내려왔다. 1948년 남과 북에 각각 독자적인 정부가 수립된 이후 양측의 갈등의 골은 더 깊어만 갔다. 북한의 김일성은 전쟁을 수행할 '인민군'을 창설하고 탱크와 같은 무기를 소련으로부터 지원받아 군사력을 강화했다. 그리고 1950년 6월 25일 북한의 남침으로 전정이 발발했다.

3) 전쟁의 아픔

전쟁이 발발했을 때 대부분의 남한 사람들은 38선 부근에서의 작은 교전쯤으로 생각했다. 전쟁 초반 절대적인 열세에 놓였던 남한은 고전을 면치 못하고 후퇴에 후퇴를 거듭했다. 북한군은 3일 만에 서울을 함락하고 3개월 만에 경상도 일부를 제외한 전 국토를 점령하였다. 이후 유엔군과 한국군이 합동으로 실시한 인천상륙작전을 계기로 전세가 역전되었다.

한국군과 유엔군은 서울을 탈환하고 북진을 계속하여 압록강까지 도달했고, 통일이 곧 달성될 것처럼 보였다. 그러나 10월 하순경부터 뜻하지 않은 중공군의 개입으로 전선은 다시 38선 부근으로 내려와 교착 상태에 빠졌다. 그리고 2년여의 휴전회담 끝에 1953년 7월 27일 휴전이 되었다.

한국전쟁이 발발한 지 오랜 시간이 지났지만 아직도 전쟁의 아픔은 곳곳에 남아 있다. 통일되지 못하고 갈라진 극토, 가족과 뜻하지 않게 헤어진 이산가족들, 세계 최대의 화력과 병력이 밀집되어 있는 휴전선 155마일, 그리고 한반도를 둘러싸고 여전히 미묘한 갈등이 상존하는 국제 질서, 3면의 바다와 북쪽의 철책으로 가로 막혀 섬

아닌 섬이 되어 버린 대한민국의 생각과 공간적 제약, 이 모든 것이 한국전쟁의 결과물들이다. 한국전쟁은 우리에게 직접적인 인적, 물적 피해도 주었지만, 정신적으로 상대에 대한 깊은 불신과 적대감을 가지게 만들었다.

이러한 심리적 변화는 분단을 고착화했고 오늘날까지 이어져 오고 있다. 보이는 한국전쟁은 멈추었지만, 보이지 않는 한국전쟁은 아직도 곳곳에서 현재 진행형으로 일어나고 있다.

4) 두 형제가 만난 두밀령

영화 〈태극기 휘날리며〉에서 진석, 진태 형제가 마지막으로 함께 했던 장소는 '두밀령'이다. 두밀령은 남과 북에는 격전의 장이었지만 형제에게는 화해와 다음의 만남을 기약하는 장소였다. 〈태극기 휘날리며〉가 관객 600만 명을 넘어설 무렵 인터넷을 중심으로 두밀령에 기념비를 세우자는 서명 운동이 일어나기도 했다.[6] 두밀령은 정확히 말하자면 최전방인 강원도 양구군 해안면에 있는 능선이다. 휴전선에 인접해 있고 한국전쟁 당시 치열한 전투가 벌어졌던 '펀치볼 해안 분지 고지', '피의 능선'으로 잘 알려진 곳이다. 사실 두밀령에 전쟁은 있었지만 진태와 진석은 없었다. 단지 영화 속 가상의 스토리였을 뿐이다.

하지만 전쟁을 겪어 보지 않았던 세대들에게 영화 속 두밀령 이야기는 남북 분단과 전쟁의 고통을 간접적으로 느낄 수 있게 해준 공

---

6 [세종로 인&아웃] " 태극기가 이렇게 휘날릴 줄은… " , 동아일보, 2004. 02. 29

간으로 다시 창조되었다. 일방적인 정보 전달 위주의 통일 교육을 받았을 때 별 다른 반응을 하지 않던 사람들이 영화 한 편을 통해 분단과 통일에 대해 생각해 보고 뭔가 하고 싶은 '영감(靈鑑)'을 얻은 것이다. 이것이 〈태극기 휘날리며〉가 만든 변화의 힘이다.

영화 〈태극기 휘날리며〉는 이처럼 전쟁이라는 극한 상황을 통해 '형제애', 나아가 '가족에 대한 의미'를 강조하고 있다. 전쟁이 일어나기 전 진태는 진석을 위한 뒷바라지뿐만 아니라 약혼녀 영신과 그녀의 동생들을 포함한 사랑 가득한 가족 공동체를 꿈꾸고 있었다. 전쟁 발발 하루 전날 냇가에서 "더도 말고 덜도 말고 꼭 오늘만 같았으면 좋겠다"고 하던 영신의 말은 어두운 복선을 의미했다.

가족이 품고 있었던 소박하고 작은 행복이 가혹한 냉전과 분단의 현실 앞에 무너져 내린 것이다. 하지만 영신이 했던 그 말은 우리에게 새로운 희망으로 해석될 수 있다. 전쟁 이후 우리가 이루어 놓은 가치들을 잃어버리지 않고 발전시키도록 하는 노력으로 말이다.

5.3
끝나지 않은 전쟁

1) 이중간첩

1945년 제2차 세계대전이 끝난 후 독일은 동서로 분단되었다. 수도인 베를린도 자유 진영의 서베를린과 공산 진영의 동베를린으로 나뉘었다. 1961년 8월, 동독에 의해 동베를린과 서베를린 간에 경계선이 생기면서 동서 베를린 간 이동의 자유는 철저히 봉쇄되었고 냉전

이중간첩 (Double Agent) (2002)
감독: 김현정
출연: 한석규, 고소영, 천호진, 송재호
출처: KMDB–한국영화데이터베이스

의 상징인 '베를린 장벽'이 세워졌다.

베를린 장벽을 따라 동서 베를린 간의 이동을 용이하도록 하기 위한 검문소가 설치되었다. 미군이 관할했던 프리드리히슈타트의 검문소(Check Point)는 '체크 포인트 찰리(Check Point Charlie)'라고 불렸다. 체크 포인트 찰리는 허가를 받은 군대 인사들, 기자, 외교관, 고위 인사들이 지나다니는 곳이었기 때문에 널리 알려졌고 몇 차례 대담한 탈출 시도가 벌어진 장소로 명성을 얻었다.

체크 포인트 찰리는 독일 분단과 이데올로기 갈등의 상징성 때문인지 냉전 시대 스파이 소설이나 영화의 배경으로 등장하면서 나름의 독특한 매력을 풍기기도 했다. 한국 영화에도 이데올로기 갈등의 상징인 체크 포인트 찰리를 배경으로 시작하는 영화 한 편이 있다. 바로 김현정 감독의 영화 〈이중간첩〉(2002년)이다.

영화 〈이중간첩〉은 남한 사람이 아닌 북한 사람을 주인공으로 전개되는 다소 생소한 설정이다. 림병호(한석규)는 북의 신념과 체제에 충실한 인물인 동시에 인간적 고뇌와 갈등을 지닌 사람이다. 그는 1980년 동베를린 주재 북한 대사관에 근무하는 정보 요원이었지만, 체제에 불만을 느끼고 남한으로 귀순한다. 하지만 그의 숨겨진 정체는 북한 지령을 받는 위장 간첩이다. 철저히 짜인 탈출 각본에 의해 그는 숨 가쁜 추격전을 벌이며 총상도 마다하지 않는다.

남한에 온 림병호는 "자유를 찾아 내려왔다"고 주장하지만 조사 과정에서 살인적인 고문을 받는다. 혹독한 고문 과정을 거친 림병호는 2년간 북파 공작원 훈련 교관 업무를 맡게 되고, 이후 그를 유심히 지켜보던 안전기획부 간부 백승철(천호진)의 눈에 띄어 정보 분석 요원으로 발탁된다. 남한에 온 후 매일 밤 DJ 윤수미(고소영) 아나운서가 진행하던 라디오 프로그램을 듣던 림병호에게 마침내 기다리던 암호 지령이 떨어진다.

림병호는 고정간첩으로 활동하고 있던 윤수미를 통해 남한 내 고정간첩의 총책인 송경식(송재호)의 지령을 받으며 활동을 시작한다. 당의 명령을 실행하고 싶어 늘 조바심을 내는 림병호에게 남한에서 나고 자란 고정간첩 윤수미는 포근함과 위안을 제공한다. 자신을 철저히 위장하고 24시간 감시받으며 살아가던 갑갑한 림병호의 삶에도 잠시나마 숨통이 트이기 시작한다.

영화 속 갈등의 폭발은 고정간첩 송경식이 체포되면서 이뤄진다. 림병호는 안전기획부 고문실에서 얼굴을 몰랐던 송경식과 대면한다. 그리고 백승철은 림병호에게 어떤 방법을 써서라도 자백을 받아낼 것을 요구하고 북한 당국은 그에게 송경식을 살해할 것을 명령한다. 림병호는 북의 지령을 따르려고 하지만 송경식을 아버지처럼 생각하는 윤수미를 보며 인간적인 고뇌와 갈등 앞에서 망설인다.

림병호와 윤수미의 행각은 시간이 흐르며 서서히 발각된다. 북한 역시 더 이상 이들이 쓸모가 없어지자 용도 폐기하려 한다. 결국 남과 북 어느 사회에서도 편입될 수 없음을 알게 된 이들은 서울 주재 외신 기자의 도움을 받아 브라질로의 도피를 선택한다. 그리고 2년 후 브라질의 외딴 길거리에서 림병호는 누가 보냈는지도 모르는 살인 청부업자에 의해 목숨을 잃는다.

2) 이수근 위장 간첩 사건

영화 〈이중간첩〉은 제목이 참 직설적이다. 이중간첩은 영어로는 'double agent'로 사전에 등록돼 있는 단어이기도 하다. 역사적으로 체제 갈등이나 적대 국가 사이에는 꼭 '이중간첩'이 존재했다. 실제 남북 관계에서도 이중간첩 사건들이 있었다. 대표적 사건이 바로 1967년 '이수근 위장 간첩 사건'이다. 이수근은 당시 북한 중앙통신사 부사장으로 있으면서 북한 당국으로부터 위장 월남 귀순하라는 지령을 받고, 1967년 3월 22일 판문점에서 열린 군사정전위원회를 취재하다가 UN군에 귀순 의사를 피력한 뒤 극적으로 탈출해 남한으로 왔다. 한국 정부는 그가 북한의 언론계 거물이며 지식인이라는 점을 감안하여 대대적으로 환영하면서 주택과 정착금을 지급하고 결혼까지 주선하며 남한 생활 정착을 도왔다.

그러나 그는 남한의 각종 기밀을 수집해 북한에 보내려는 시도를 했다는 의심을 받는다. 그의 여러 행동을 수상하게 여긴 남한의 정보 및 수사 당국은 그를 주시하고 경계하기 시작했다. 이수근은 더 이상 한국에 있을 수 없음을 눈치 채고 위조 여권을 만들어 한국을 탈출, 홍콩과 방콕을 거쳐 호찌민에서 북한으로 귀환하려다 한국의 정보 요원에 의해 체포, 압송돼 간첩죄를 적용받아 형장의 이슬로 사라지고 만다. 이것이 그동안 일반적으로 알려진 '이수근 위장 간첩 사건'이다.[7]

하지만 그로부터 40여 년이 지난 2008년 12월 법원은 이수근을 간첩으로 볼 수 없다는 판결을 내렸다. 그를 간첩으로 만들었던 결정적 증거물이었던 암호문은 처음부터 존재하지 않았던 것이다.[8] 법원 판결에 앞서 2007년 1월 '진실 화해를 위한 과거사정리위원회'는 이 사건을 "이수근이 중앙정보부의 지나친 감시 및 재북 가족의 안위에 대한 염려 등으로 한국을 출국하자, 중앙정보부가 당혹한 나머지 이수근을 위장 간첩으로 조작, 처형하여 귀순자의 생명권을 박탈한 비인도적 · 반민주적 인권 유린 사건"이라고 규정했다.[9]

분단과 이데올로기 갈등, 그리고 무소불위의 권력 앞에서 한 사람과 그 주변 인물들의 삶이 처절히 짓밟힌 대표적 사건이다. 이수근 사건뿐 아니라 지식인, 조업 중 납북된 어부, 유학생 등을 대상으로 한 정보기관의 간첩단 조작 사건들이 있었다. 모두 시대의 희생양이고 아픔이었다. 물론 간첩으로 조작된 사건들도 있었지만 실제 간첩 사건들도 셀 수 없이 많았다.

---

7 "간첩? 이수근", MBC 다큐멘타리 〈이제는 말할 수 있다.〉, 1999. 12. 26 방영

8 '위장 간첩 누명 사형' 故 이수근, 재심서 49년만에 무죄, 중앙일보. 2008. 10. 11

9 진실화해위 "이수근 위장 간첩 사건, 중정서 조작한 것", 동아일보. 2007. 01. 17

3) 어우러진 광장을 꿈꾸며

1960년 발표된 최인훈의 소설『광장』에는 남과 북, 그 어느 쪽에서도 희망을 찾지 못해 중립국을 선택하는 인물 이명준이 등장한다. 제3국을 향하는 배에서 투신한 그의 죽음에서 작가는 어디에도 속할 수 없는 상황에 놓인 개인의 좌절을 그렸다. 우리는 역사 속에서 그리고 영화 속에서 그것을 운명으로 받아들여야 했던 이명준과 같은 이들을 봐 왔다.

영화 〈이중간첩〉의 림병호 역시 영화 제목이 말해주듯 남과 북 어디로도 갈 수 없는 운명이었다. 혁명 과업을 위해 몸에 총알이 박히는 아픔을 감내하고 살이 찢어지는 지독한 고문마저 이겨낸 그였지만 영영 돌아올 수 없는 도피의 길에서 쓸쓸히 최후를 맞이해야 했다. 림병호는 비록 남과 북 모두에게 버림받은 스파이였지만, 분단이라는 장애 속에서 한 여인을 품었던 로맨티스트였고, 정치적 음모 가운데 사람다움을 생각하고 표현한 휴머니스트였다.

영화 속 림병호가 동베를린을 탈출했던 장소인 '체크포인트 찰리'는 지난 1990년 독일이 통일되면서 자연스레 그 역할을 다하고 공식적으로 사라졌다. 경계를 구분 짓던 장벽과 철조망을 감시하던 군인들도 이젠 없다. 다만 옛날의 일들을 기념하기 위해 지은 초소 모형과 기념 사진을 찍기 위해 서 있는 군인 복장을 한 모델들만 있을 뿐이다. 이제 그곳은 사람들이 모이는 '광장'이 되었다. 시대는 우리에게 말한다. 더 이상 위장, 잠입, 비밀이란 단어들보다 광장으로 대변되는 개방, 공유, 어울림으로 가라고 말이다.

5.4
경계를 넘다

1) 국경의 남쪽

국경의 남쪽 (South Of The Border)(2006)
감독: 안판석
출연: 차승원, 조이진, 심혜진, 송재호, 유해진
출처: KMDB–한국영화데이터베이스

2006년 1월 7일 전라북도 전주에 있는 '한국 소리문화의 전당'의 풍경. 1층 입구에는 김일성 주석과 김정일 국방위원장의 초상화가 나란히 걸려 있다. 공연장으로 들어서는 양편의 계단에는 '위대한 수령 김일성 동지 만세'라는 현수막과 인공기까지 걸려 있다. 로동신문과 북한 가극 공연 스틸들로 가득한 벽면을 따라 객석 문을 열면 무대와 객석은 사람들의 열기로 가득하다. 이 장면은 실제 북한 예술단의 공연 실황이 아니다.

영화 〈국경의 남쪽〉(2006년)의 하이라이트인 북한 혁명 가극 〈당의 참된 딸〉을 재현하는 장면이다. 제작진은 오케스트라 단원인 주인공 김선호의 생동감 있는 모습을 웅장한 스케일의 장면으로 연출해냈다. 〈당의 참된 딸〉은 북한의 5대 혁명 가극의 하나로 '한국전쟁 당시 부상병 후송을 담당했던 젊은 여성이 죽는 순간에도 당증과 당비를 당에 전해달라는 유언을 남긴다'는 내용을 담고 있다.

조국 북한을 위해 헌신하다 죽음을 맞이하는 혁명 가극의 이야기와는 맞지 않게 영화 〈국경의 남쪽〉의 주인공은 이 공연을 마지막으로 조국을 탈출함으로써 사랑하는 여인과 이별을 한다.

2) 북녘 청춘들의 엇갈린 러브스토리

영화 〈국경의 남쪽〉은 배고픔과 인권 탄압 같은 북한의 현실을 고발하는 정치색 짙은 작품이 아니다. 남녘땅으로 내려온 한 탈북자가 북에 두고 온 연인을 못 잊어 애타게 그리다가 천신만고 끝에 재회하지만 끝내는 남남이 될 수밖에 없는 애환을 다룬 영화다. 이 영화가 보여 주는 것은 국경을 넘은 남녀에게 일어난 엇갈리는 사랑의 슬픔이다.

주인공 김선호(차승원)는 예술가, 그것도 북한 예술가들의 로망인 만수예술단 오케스트라의 '호른' 연주자다. 선호에게는 사랑하는 연인 이연화(조이진)가 있다. 선호는 성격도 얼굴도 동치미 같은 시원한 연화를 정말 좋아한다. 연화는 직설적이며 씩씩한 인물이다. 순수한 청년 선호와 씩씩한 아가씨 연화의 사랑 고백 또한 유쾌하다.

> 연화: 기니까 나랑 결혼하고 싶다. 이 말입니까?
>
> 선호: 야, 이거 완전히 직사포구만.
>
> 연화: 선호 동지하고 나 사이에 산이래두 솟아 있어야 곡사포를 쏘지 이렇게 마주 섰는데 직사포를 쏘지 그럼 곡사포

를 쏘겠어요?

연화를 향한 선호의 사랑은 순수하고 아름답다. 별일이 없는 한 일과 사랑에서 선호의 인생은 거침이 없을 듯 보인다. 하지만 늘 행복하고 평온할 것 같은 선호와 연화에게 운명의 시간이 다가왔다. 어느 날 선호의 아버지(송재호)가 가족회의를 소집한다. 아버지는 '6.25 때 자랑스럽게 전사한 줄 알았던 할아버지는 실제로는 남한에 살아 있으며 그동안 서신을 교류해왔다'고 고백한다. 그뿐만 아니라 아버지와 할아버지의 서신 교류가 당국에 적발된 탓에 가족의 운명까지 위험에 처했다.

결국 이들 가족은 탈북을 결행하고, 선호는 '사람을 보내서 남으로 부르겠다'는 말을 남긴 채 연화 곁을 떠난다. 이 영화의 진짜 이야기는 선호가 북한을 탈출하고 우여곡절 끝에 남한에 도착하면서 시작된다. 선호가 북에 두고 온 연화와 접촉을 시도하다 사기를 당하고, 또 다른 여인 경주(심혜진)를 만나며 새로운 이야기가 전개된다. 선호는 한동안 사랑하는 연화만을 떠올린다. 결국 북한쪽 소식통으로부터 연화가 결혼했다는 잘못된 소식을 들은 선호는 자신의 상처와 삶을 보듬어주는 경주와 가정을 꾸린다.

선호의 가족은 남한에 정착한 후 생존의 문제에 부닥친다. 북으로 편지를 보내온 할아버지는 이미 돌아가셨고, 이제 이들에게 남은 것은 자본주의 남한에서 살아남는 일이다. 남한 삶에 익숙해질 무렵 연화는 사랑하는 한 사람 선호를 찾기 위해 죽음을 각오하고 국경을 넘어 남한에 나타난다. 선호와 연화는 다시 만나 변하지 않은 서로의 사랑을 확인하지만 이미 돌아오지 못할 강을 건넌 후였다. 연화는 우연히 탈북자가 운영하는 식당을 소개하는 한 TV 프로에서 선호가 경주 등 가족들과 함께 출연하는 모습을 보고는 그가 이미 결혼했다는 사실을 알게 된다. 선호 역시 고민과 갈등을 한다. 사랑하는 연화가 눈앞에 다시 나타났지만 초라한 자신을 온몸으로 받아준 현재의 아내 경주를 저버릴 수도 없는 것이다.

옛 사랑의 흔적에 아파하는 선호는 어떤 선택을 하게 될까? 선호는 연화가 임시로 머물고 있는 '하나원(탈북민 정착 지원 시설)'의 담을 넘는다. 결국 사랑을 지키고 확인하기 위해 국경을 넘었던 선호와 연화는 해피엔딩이 아닌 찢어지는 아픔을 안고 현실을 받아들인 채 살아간다. 연화를 잊지 못해 애태우는 선호는 경주와의 사이에서 첫 아이가 태어나자 행복에 겨워 돌 사진을 찍으려고 한 사진관을 찾는다. 사진관에서 선호는 면사포를 쓴 연화의 사진을 발견한다. 알고 보니 연화는 사랑하는 선호를 떠난 후 정착 생활을 안내하고 신변을 보호해주던 담당 경찰관의 청혼을 받아들여 결혼한 것이다. 지금 연화는 행복한 삶을 살고 있을까?

3) 남한 아내, 북한 아내

선호와 연화처럼 여러 사연으로 북녘에 두고 온 사랑하는 사람과 헤어져야 했던 탈북자의 이야기가 있다. 탈북자의 수가 급증하기 시작한 2000년대 이후부터 이러한 문제는 단순히 마음속에 묻어둔 이야기가 아닌 법적 문제로까지 확대되었다. 〈국경의 남쪽〉 속 선호와 연화는 사랑하는 사이였지만 결혼은 하지 않았기에 각자 다른 사람과의 결혼에 이르는 데 법적 문제는 없었다. 하지만 북한에 배우자를 두고 혼자 남한에 왔을 경우 새로운 인연을 만나 결혼하기 위해서는 북한에 남겨 둔 배우자와 법적인 이혼 절차를 밟아야 한다.

남한에서 재혼했으나 북한의 배우자가 탈북해 남한에 올 경우 여러 복잡한 문제들이 벌어질 수밖에 없다. 탈북자들 사이에서는 이와 비슷한 사례들이 실제로 벌어지고 있다. 2005년 방영된 부부 간의 문제를 다룬 KBS 단막 드라마 〈사랑과 전쟁〉에서 '남한 아내, 북한 아내'라는 제목으로 비슷한 사연이 다뤄지기도 했다. '남한 아내, 북한 아내'에서는 남한과 북한에 각자 두 아내를 두고 이러지도 저러지도 못하고 괴로워하는 탈북자 남편의 이야기를 사실적으로 묘사했다.

법원에서 멈춘 사랑 '남한 아내, 북한 아내'와 같은 사례들이 늘어나자 정부는 2007년 북한이탈주민보호법을 개정해 탈북자들이 북한의 배우자를 상대로 하는 이혼 청구를 가능하도록 했다. 그리고 2007년 4월, 북한 배우자를 상대로 이혼 신청을 한 탈북자 13명에 대해 법원은 "북한을 이탈하게 된 경위, 배우자가 남한에 거주하는지 여부가 불명확한 점, 남북이 나뉘어 주민 사이의 왕래나 서신 교환이 자유롭지 못한 현재 상태가 가까운 장래에 해소될 개연성이 크지 않은 점 등을 종합해보면 혼인 관계를 계속하기 어려운 중대한 사유가 있다고 할 수 있다"며 이들의 이혼 신청을 받아들였다.[10] 이를 시작으로 매년 적지 않은 숫자의 탈북자들이 북한에 두고 온 배

10 "새터민, 북한 배우자 이혼 가능" 첫 판결, 한겨레, 2007. 06. 22

우자에 대한 이혼 소송을 진행하고 있다.

이들의 사연은 영화 속 선호와 연화의 이야기와 별반 다르지 않다. 영화처럼 이들은 그(그녀)를 두고 너무 멀리 와 버렸다. 그렇다고 되돌아갈 수도 없다. 지리적 국경은 넘었지만 현실 속 넘을 수 없는 벽에 부딪혀 버렸다. 그리고 사연 속의 상대방을 기다리다 결국은 법원을 찾아 이혼 청구서를 제출해야 했다. 영화 〈국경의 남쪽〉에서 선호가 연화를 잊고 경주와의 새로운 삶에 원하든 원하지 않든 의미를 부여하는 것처럼 말이다. 어쩌면 악몽과도 같은 현실 속에서 선호는 가슴이 찡한 클로징 나레이션을 한다.

> "처음 소년단에 입단하던 시절이 떠오릅니다….
> 나는 위대한 수령 김일성 대원수님께서 세워주시고
> 친애하는 지도자 김정일 장군님께서 빛내어주시는
> 영광스러운 조선소년단에 입단하면서…
> 그땐 인생이란 게 그저 세상의 모든 적들을
> 용맹하게 물리치기만 하면 되는 줄 알았습니다.
> 망설임 없이 앞만 보고 나아가기만 하면 되는 줄 알았단 말입니다.
> 그런데, 지금 와서 보니… 삶이란
> 이해할 수 없는 음표로 가득 찬 악보와도 같아서
> 제가 할 일은 그저… 더듬더듬… 연주하는 것뿐이었습니다."

5.5
절망 속에서 희망을 노래하다

1) 코리아, 남북이 함께한 46일간의 감동 스토리

국내 일간신문에 1991년 5월초 실린 제41회 세계탁구선수권대회 남북 단일팀을 소재로 한 스포츠 음료 게토레이의 광고 카피다.

> "1991년 4월 29일 오후 6시 43분 일본 지바의 닛폰컨벤션센터,
> 손에 땀을 쥐게 하는 4시간여 동안의 경기가 끝나고
> 코리아 단일팀 우승이 확정된 순간,
> 흰색 바탕에 청색 한반도 지도를 가슴에 품었던
> 리분희 · 현정화 선수의 온몸은,
> 7,000만 겨레의 땀으로 흠뻑 젖어 있었습니다.
> 분단 46년 만에 첫 남북한 단일 탁구팀
> 그 오랜 숙원만큼이나 풀리지 않았던 겨레의 갈증을
> 이제 우리가 풀기 시작했습니다.
> 스포츠로 시작된 민족 화합이 정치, 경제, 문화 교류로 이어지고
> 통일로 향한 염원이 보람의 땀방울로 맺힐 때
> 게토레이가 다시 한번 7,000만 겨레의 갈증을 풀고 싶습니다."

스포츠 음료 게토레이는 브랜드가 갖고 있는 '갈증 해소 음료'의 콘셉트에 맞춰 탁구 단일팀의 선전을 겨레의 갈증이 풀리기 시작했다고 표현했다. 1990년대 초 분단 국가인 독일이 통일되고 동구 사

코리아 (As one)(2011)
감독: 문현성
출연: 하지원, 배두나, 한예리, 최윤영, 박철민
출처: KMDB–한국영화데이터베이스

회주의가 붕괴된 직후 남북 관계에도 새로운 기류가 흐르기 시작했다. 정치적으로 총리급 인사를 대표로 하는 남북고위급회담이 서울과 평양을 오가며 열리기 시작했고 고위급 회담을 통해 남북한 사이의 화해 및 불가침, 교류 협력 등에 관한 '남북기본합의서'도 발표됐다.

남북 당국이 '남북기본합의서'를 만들었던 그해 봄 남북은 기적과도 같은 한 편의 각본 없는 스포츠 드라마를 만들었다. 바로 일본 지바에서 열린 제41회 세계 탁구 선수권대회 남북 단일팀이다. 사상 최초로 만들어진 남북 탁구 단일팀은 구성 단계에서부터 국내외적으로 많은 관심을 받았다. 역사적인 남북 단일팀의 합의서는 다음 세가지 사항으로 구성됐다.

> 첫째, 선수단의 호칭은 우리말로 코리아, 영어로는 KOREA로 한다.
> 둘째, 선수단 기(旗)는 흰색 바탕에 하늘색 우리나라 지도를 그려 놓고 제주도를 제외한 섬은 생략한다.

셋째, 선수단 가(歌)는 1920년대에 우리나라에서 부르던 아리랑으로 한다.[11]

지금 남북 화해의 상징으로 사용하는 한반도기와 함께 부르는 아리랑의 전통이 바로 이때부터 시작됐다. 남북 탁구 단일팀 선수들 중 가장 주목을 받은 선수는 남북의 여자 에이스인 현정화(남한), 리분희(북한)이었다. 이들은 환상적인 호흡으로 만나는 팀들을 모두 격파하고 결승전에서 세계 최강 중국을 물리치며 정상의 자리에 올랐다. 여자 복식 경기에서 남북 단일 '코리아팀'의 우승이 확정되는 순간 300여 명의 응원단이 한꺼번에 관중석 스탠드에서 내려와 선수단과 얼싸안고 눈물을 흘렸다.

시상식에서는 남북이 합의한 대로 한반도기가 올라갔고 남한과 북한의 애국가 대신 아리랑이 울려 퍼졌다. 이 자리에 모인 남북한 해외동포 모두가 아리랑을 따라 불렀다. 이 순간만큼은 남과 북도 그리고 한국과 연계된 재일교포 조직인 민단(재일대한민국민단)과 친북 재일교포 조직인 조총련(재일본조선인총연합회) 사이의 구분이 없었다. 단지 코리아만 있을 뿐이었다.

1991년 세계탁구선수권대회를 배경으로 만든 영화 〈코리아〉(2011년)는 탁구 영화다. 탁구공의 빠른 움직임과 소리, 스포츠 경기의 긴박감이 영화의 흥미를 돋운다. 영화 〈코리아〉는 또한 탁구로 하나

---

11 "남북 탁구 · 축구 단일팀 합의서", 동아일보. 1991. 02. 13

되었던 남과 북의 이야기를 담고 있다. 녹색 테이블 위 네트를 사이에 두고 라이벌로 마주했던 남과 북의 탁구 선수들이 이념을 허물고 한 팀이 된 46일을 그린다.

1988년 서울올림픽 탁구 복식 우승으로 스타가 된 현정화(하지원)는 1991년 일본 지바에서 열리는 세계선수권대회를 앞두고 남북 단일팀이 결성된다는 소식을 전해 듣는다. 언론은 분단 46년 만에 처음으로 남북이 단일팀 구성에 합의했다며 역사적 의미를 부여하지만, 정작 현정화를 비롯한 남쪽 선수와 코치진은 이 같은 결정에 당혹스러워한다. 게다가 대회까지 남은 시간은 고작 40여 일뿐. 이념이나 체제 경쟁 같은 것은 차치하더라도 동료로서의 신뢰도, 인간적 애정도 없는 상태에서 순식간에 코리아라는 이름으로 한 팀이 된 남북 선수들은 사사건건 부딪친다.

그리고 남한의 간판 선수 현정화 역시 라이벌 관계이자 북한의 맏언니 격이었던 리분희(배두나)와 갈등을 빚는다. 실제 인물인 현정화에게 북한 리분희는 탁구 최강 중국과의 대결에 앞서 통과해야 하는 어려운 관문이었다. 한마디로 남북 대결의 구도 아래서 현정화에게 리분희는 숙적이었다. 1984년 세계 무대에 혜성같이 등장한 북한 리분희는 데뷔 이후 한국 선수를 상대로 16연승을 구가하며 '한국 탁구 킬러'라는 별명을 얻었고, 1980년대 말 세계 랭킹 3위에 오른 에이스 중의 에이스였다.

영화 속에서 리분희와 현정화를 비롯한 남북한 선수들은 'KOREA'라는 커다란 민족적 대의를 입었지만 서로 다른 체제에 길들여 살아왔기에 좌충우돌의 시간을 겪는다. 상호 이질적인 탁구 용어, 훈련 방법, 팀 분위기, 그리고 주변의 기대 어린 시선까지 받아가며 낯선 환경에서 한 팀을 이뤄 팀워크를 다져 나가야 했다. 40여 일의 시간을 함께하며 현정화와 리분희는 환상의 짝꿍이 된다.

중국과의 결승전 직전 남북 단일 코리아팀의 코치 이은일(박철민)은 선수들에게 다음과 같은 당부한다.

> "그래. 이게 바로 우리의 현실이야. 갈라지고 나누어진 땅에 각자 따로 살면서 탁구대에서 서로를 적으로 마주보아야 하니까. 많은 사람들이 이 선을 넘고 그래서 같은 곳에 서고 싶어했는데도 말이다. 그러니 우리가 나란히 서면! 하나가 되면! 그 힘이 얼마나 커지는지를 보여주자. 이 찬란한 순간이 다시 오지 않더라도 결코 후회하지 않도록 최선을 다해주기 바란다."

그리고 남북 단일 코리아팀은 여자 복식 결승전에서 세계 탁구의 최강 중국을 꺾고 기적을 만든다. 남북이 하나되면 세계 최강도 넘을 수 있다는 가능성을 보여 준 순간이었다. 영화 〈코리아〉는 실제 일어난 사건을 배경으로 했지만 극적 재미를 위해 다소 과장되고 또 불편한 장면이 있는 것도 사실이다. 이 영화는 아무래도 남북 단일팀이 이룬 쾌거를 민족주의 속에서 호소한다. 그러다 보니 '착한' 우리 편 코리아팀의 단합을 위해 중국 등 상대팀의 비열함을 부각하거나, 북한 선수들이 당의 지시에 따라 갑작스레 경기를 중단하려는 부분은 조금 과한 표현이라는 생각이 들기도 한다.

2) 체제 대결, 스포츠의 이면

영화 〈코리아〉에는 스포츠를 통한 남북의 화해와 연합의 의미가 담겨 있다. 하지만 스포츠는 이러한 감동만을 주는 것은 아니다. 정치나 체제의 홍보 수단으로 악용되기도 한다. 스포츠를 정치 선전의 도구로 가장 교묘하게 활용했던 인물은 2차 세계대전의 전범인 독일의 아돌프 히틀러다. 히틀러는 게르만 민족의 우월성을 보이기 위해 헤비급 복싱선수 막스 슈멜링(Max Schmeling)을 이용했으며 1936년 베를린 올림픽을 통해 전체주의 나치 독일을 대외적으로 알리기도 했다. 베를린 올림픽은 우리에게 태극기가 아닌 일장기를 달고 달린 손기정 선수의 마라톤 금메달로 알려져 있지만 실은 군사 병영화된 독일의 모습을 만천하에 선전포고한 대회로서의 성격이 짙다.[12] 베를린 올림픽 3년 뒤인 1939년 2차 세계대전이 발발하면서 평화의 제전인 올림픽은 12년간 열리지 못한다.

스포츠는 또한 정치적 대리전 역할을 한다. 냉전 시절 미국과 소련(러시아)의 스포츠 대결은 한마디로 이데올로기의 대리전이기도 했다. 특히 국제대회 결승전에서 미국과 소련이 맞붙을 경우 전 세계의 이목의 집중되었으며 양국은 피할 수 없는 자존심 대결을 벌여야 했다. 또한 중요한 정치, 군사적 사건이 발생할 때마다 스포츠는 그 의견을 표명하는 장이기도 했다. 1979년 소련이 아프가니스탄을 침공한 직후 미국, 영국 등 서방 세계는 1980년 소련 모스크바 올림픽에 불참했으며 서방 세계의 불참에 대한 보복으로 소련을 비롯한

---

12 Episode 5 – Sporting Fever, People's Century, the BBC(UK) & PBS (US) (1995)

동구권 국가들은 1984년 미국 LA올림픽에 불참하기도 했다.

이념이 배어 있는 스포츠 대결은 남북한 사이에서도 비슷하게 일어났다. 1980년대 후반 사회주의권이 붕괴되기 전까지 남북은 체제의 우월성을 나타내기 위해 각축을 벌였다. 정치, 경제, 사회, 문화 등 모든 면에서 상대방을 압도하기 위해 열을 올렸다. 특히 국민들의 관심이 높은 스포츠 부분에서 보이지 않는 전쟁을 치러야 했다.

북한은 1966년 열린 잉글랜드 월드컵에서 8강에 진출하며 세계를 놀라게 했지만 남한은 북한 축구가 두려워 아예 잉글랜드 월드컵 아시아 예선전에 참가하지도 않았다. 북한에 패배하는 것 자체가 용납되지 않던 시절이었다. 이때부터 남한은 북한이 나오는 대회는 아예 기피했다. 1974년 테헤란 아시안게임에서는 북한과의 대진을 피하려고 다른 나라와의 경기에서 일부러 진 일도 있었다.[13] 남쪽의 박정희 유신체제와 북쪽의 김일성 유일체제 사이에 적대적 경쟁과 긴장이 최고조에 이르렀던 그 시절 남북의 스포츠는 한마디로 '총성 없는 전쟁'이었다.

1972년 뮌헨 올림픽 사격 종목에서 금메달을 딴 북한의 이호준이 "미제의 털가슴에 총알을 날리는 심정으로 쐈다"[14]고 수상 소감을 말할 정도로 스포츠는 이념의 시녀 역할을 하고 있었다. 흔히 스포츠에는 국경이 없다고 하지만 분명 이념의 장벽은 존재했다. 열려 있는 그라운드에서 남북한 선수들은 마음을 닫고 이기기 위한 투쟁을

13 "[분수대] 남북 축구 잔혹사", 중앙일보. 2009. 6. 20

14 "[노재현의 시시각각] '개인'의 발견", 중앙일보. 2010. 02. 26

해야 했다. 자의반 타의반으로 말이다. 이기는 것이 곧 애국이요 상대에 대한 우월을 의미했다. 그렇다면 그때 그 현장에 있었던 선수들은 지금 어떤 생각을 하고 있을까?

3) 역사의 한 페이지를 기억하며

영화 〈코리아〉의 문현성 감독이 남북 탁구 단일팀을 소재로 영화를 만들기 위해 당시 선수로 뛰었던 현정화 감독에게 찾아갔을 때 현 감독의 반응은 "왜 이제야 찾아 왔느냐?"였다고 한다.[15] 1991년 4월의 이야기는 사람들에게 잊혀진 추억이었지만 현 감독에는 지워지지 않는 '살아 있는 역사'였다. 현정화 감독은 영화 제작 과정에서 당시의 분위기를 재현하고 영화의 완성도를 높이는 데 노력을 아끼지 않았다.

탁구 경기 장면 연출을 위해 7개월 동안 배우들을 직접 지도하기도 했는데 왼손 전형 북한 에이스 리분희의 리얼리티를 살리기 위해 리분희 역의 배두나에게 왼손 탁구를 가르쳤고, 북한 유순복 역할을 맡은 '왼손잡이' 한예리에게 '오른손 탁구'를 가르쳤다. 현정화 감독은 영화의 기획, 배우 섭외 및 훈련, 홍보까지 자문료, 개런티 없이 무보수를 자청했다.[16] 탁구에 대한 사랑과 남북이 하나 되었던 20여 년 전 일본 지바에서의 감동이 없었다면 불가능했을 일들이다.

스포츠와 문화 교류를 통해 체제 이질감이나 남북 간 군사적

---

15 "현정화 감독 "끼던 금반지 리분희에게 선물했죠"", 스포츠동아, 2012. 05. 04

16 "'코리아' 보고 울어버린 현정화의 '코리아' 이야기", 스포츠조선, 2012. 04. 20

긴장 관계를 극복할 수 있을 것이란 생각을 갖고 있습니다. 각자가 맡은 분야에서 북한 사람들을 자주 만나 소통하고 대화하다 보면 북한 사람들의 마음이 열리고 남북의 마음이 열리면 통일이 가까워질 것입니다.

— 현정화 감독, 2012년 3월 7일 이화여대 통일특강

5.6 경계에서, 통일을 꿈꾸며

사람들에게 사랑받은 예술 작품에는 만든 이의 진정성 담긴 이야기가 있다. 예술의 한 부분인 영화에서도 분단의 현실을 고민하고 통일을 꿈꾼 이들의 고민이 담긴 작품들이 관객의 많은 사랑을 받아왔다.

그렇다면 지금 우리는 어떤 통일 영화에 대한 꿈을 꿔야 할까? 한국전쟁, 간첩을 다룬 소재도 의미가 있겠지만 우선 남북이 서로를 이해하고 함께 만들어 나가야 할 미래를 담을 필요가 있다. 양우석 감독의 〈강철비〉(2018년), 〈강철비2〉(2020년)는 냉혹한 국제 관계와 고질적인 남북 갈등 속에서 우리가 어디에 있고 어떤 길로 나아가야 할지에 대한 영화적 상상력의 새로운 방향을 보여주었다. 영화적 상상력을 바탕으로 한 한반도의 미래상은 앞으로 신선한 시나리오와 다양한 제작 방법을 통해 선보이며 미래에 대한 자극을 줄 것으로 보인다.

또 지나온 세월 남북 간에 놓인 장벽을 넘기 위해 고민하고 실천했던 사람들의 이야기를 소개하는 작품도 필요하다. 윤종빈 감독의

영화 〈공작〉(2018년)과 노규엽 감독의 영화 〈출국〉(2018년)은 남북의 경계에 선 사람들의 이야기를 그렸다. 〈공작〉은 북한과 접촉하는 안기부(현 국가정보원) 공작원 이야기를, 〈출국〉은 북한으로 간 재독 유학생 가족 이야기를 그렸다. 두 이야기 모두 실화를 바탕으로 했다. 영화의 성격과 지향점은 다르지만 영화 속 주인공은 분단의 경계선에서 고통과 갈등을 겪으며 주변의 희생을 감내해야 했다. 지난 70년 이상 우리가 경험했던 모습이며 앞으로 상처를 치유하는 데 상당한 시간이 걸릴 수밖에 없는 현실의 또다른 자아상이다.

또한 북한의 실상을 제대로 알리는 영화들이 계속 나와야 한다. 2014년 개봉한 김진무 감독의 〈신이 보낸 사람〉은 북한 인권과 종교의 자유에 대한 강한 메시지를 전달한다. 같은 민족, 통일의 대상, 상이한 문화, 호기심의 존재인 북한을 인권과 종교의 자유의 관점에 적나라하게 바라본다. 북한 사회와 체제의 민낯이다. 보는 사람에 따라 불편함도 있겠으나 지금 북녘에서 벌어지고 있는 현실의 일이기도 하다.

북한 및 통일, 한반도 주변의 국제 관계에 대한 이야기 소재는 풍부하다. 지난 100여 년 역동적으로 전개된 우리와 우리 주변 이야기들이 다 영화가 소재가 된다. 새로 만들어질 통일 영화는 좋은 콘텐츠가 될 수 있으며, 우리 사회에 통일에 대한 생각과 논의를 한층 더 증진시킬 수 있는 계기를 만들 것이다. 물론 현실의 남북 관계와 통일 준비는 녹록하지 않지만 말이다.

제 6 장

북한 내 한류와 외래문화[1]

강동완
동아대학교

6.1
북한에서 한류의 의미

한국의 대중문화가 세계적으로 확산되면서 한류는 한국을 대표하는 브랜드로 자리매김하고 있다. 외국인들에게 한국(남한)하면 떠오르는 이미지는 무엇인가 질문하면 K-POP으로 대표되는 한류라 말하는 것을 쉽게 볼 수 있다. 이제는 대중문화의 인기를 넘어 한국산 제품과 서비스 산업, 관광 분야로까지 '한류'라는 표현이 사용되며 그 영역이 확장된다.

그런데 한류가 또 다른 희망의 메시지로 확산되는 곳이 있다. 바로 분단 70여 년의 장벽이 드리운 북한이다. 북한 하면 으레 독재, 폐쇄 국가, 핵무기 등 아마도 정치 · 군사적인 면을 먼저 떠올리지 않을까? 북한과 한류는 왠지 잘 어울릴 것 같지 않다. 외부 정보의 유입이 철저히 차단되고 감시와 통제가 이루어지는 북한 사회에서 남한의 대중문화가 인기를 누린다는 것이 정말 사실일까? 심각한 경제난으로 하루 한 끼를 걱정한다는 북한에서 어떻게 남한 영상물을 시청할 수 있을까?

북한에서의 한류 현상은 이미 여러 경로를 통해 확인되고 있다.

---

1 이 장은 강동완, 2017, 『북한에서의 한류 현상: 그 의미와 영향』, 서울: 통일교육원에 수록된 글을 재구성한 것이다.

북한 이탈 주민들의 증언은 물론 북한의 공식 문헌에서도 남한 영상물 시청에 따른 '비사회주의 행위'를 단속하라는 내용이 직접 언급되고 있다. 외부 정보와 문화를 엄격히 차단하고 통제하려는 북한 당국의 단속을 넘어 남한의 영화를 비롯 드라마, 오락 등의 텔레비전 프로그램들이 CD(DVD), USB 등을 통해 북한 내부로 유입, 확산되는 것이다.

북한에서의 한류 현상은 북한 주민들에게 외부 세계를 보는 또 다른 창이다. 북한 주민들은 남한 영화나 드라마, 대중가요를 통해 남한을 새롭게 인식하고 간접적이나마 자유를 경험한다. 북한 주민들이 남한 영상물을 접하면서 제한적이나마 자본주의와 자유, 민주주의에 대한 인식을 경험하는 일은 남북한의 사회 문화적 거리를 좁히는 긍정적 효과가 있다. 그동안 북한 당국으로부터 철저하게 주입된 정보를 통해 외부 세계를 인식했던 북한 주민들로서는 남한 미디어가 외부 세계를 경험하는 출구가 된다.

북한 지역에서의 남한 영화나 드라마 시청은 남북한 주민들의 연결점이라는 점에서 의미가 있다. 북한 주민들의 남한 영상물 시청은 남한 사람과의 공감대를 형성하게 만들 수 있다. 분단의 거리를 좁히는 역할로 기능할 수도 있다는 얘기다. 북한에서는 외래문화를 접한 사람들을 '자본주의 날라리'라고 부른다. 김정일 시대부터 강조된 외래문화 차단을 위한 '모기장론'은 김정은 시대에도 여전히 강조되고 있다. 북한 당국은 "제국주의 사상 문화 침투를 봉쇄하라"라는 내용으로 사상전을 강조한다.

한류로 대변되는 남한 대중문화의 확산은 그동안 폐쇄되었던 북한 사회는 물론 북한 체제에 어떠한 파급 효과로 작용할 것인가에 대한 논의로 확장된다. 남한 대중 매체의 북한 내 확산은 남북한 사회를 넘나드는 소통의 통로가 될 수 있다는 점에서 분단 구조 재편성에 이바지할 것이다. 그럼 지금부터 북한 당국의 감시를 피해 자본주의 날라리풍에 빠진 '아랫동네 날라리'들을 만나보자. 그들은 과연 어떻게 남한 영상물을 시청하고 판매하는지, 남한 영상물로 인해 벌어지는 북한 사회는 앞으로 또 어떻게 변화할 것인지, 그리고 북한에서의 한류 현상은 통일 과정에 어떠한 영향을 미치는지 등에 대해 살펴보자.

6.2
북한 주민과 한류의 만남

1) 남한 영상물 시청 방법 및 형태

북한 주민들의 남한 영상물 시청 방법은 대략 두 가지 정도로 구분할 수 있다. 첫째, TV를 통해 남한 방송을 직접 시청하는 방식, 둘째, DVD 및 노트텔(중국산 EVD 플레이어) 등 저장 매체를 통해 시청하는 형태다. 국내에 입국한 북한 이탈 주민들의 증언에 따르면 주로 남한과 가까운 접경 지역과 동해안 근처 일부 지역에서는 남한 방송이 직접 수신되었다고 한다.

북한에서 남한 방송을 직접 수신하기 위해 안테나를 조정했다는 증언도 있다. 남한이 전송 방식을 아날로그에서 디지털 방식으로 전환하면서 현재까지 북한에서 남한 방송이 직접 수신되는지는 확인할 수 없다. 하지만 최근 북한 주민들의 증언에 따르면 한국에서의 디지털 방송 전환 이후에도 여전히 한국방송이 수신된다고 한다.

남한 영상물이 북한에서 확산하는 배경에는 당연히 영상물을 시청할 수 있는 재생 장치, 즉 북한에서 녹화기라 불리는 영상 매체의 유통이 활발히 이루어지고 있기 때문이다. 남한 방송을 직접 수신할 수 없는 내륙 지역에서는 북한에서 일명 '알판'이라 불리는 DVD를 통해 시청한다. 남한 영상물이 북한에 본격적으로 유입되기 시작한 2000년대 초반 무렵에는 CD, DVD 등을 재생할 수 있는 녹화기가 주로 유통되었다. 물론 이 시기 이전에는 북한에서 일명 '밴또'라고 부르는 VHS(가정용 비디오 테이프 레코더 방식)가 유통되기도 했다. 하지만 이 시기에 북한에서 비디오 테이프는 일반 주민들이 쉽게 접할 수 있는 매체라기보다는 간부들을 비롯한 특권 계층에 한정되었다. 또한 상품이 유통될 수 있는 장마당이 아직 활성화되지 않았던 시기이기 때문에 일반 주민들이 VHS를 이용하는 데는 한계가 있었다.

북한에서 남한 영화나 드라마가 인기를 끌고 이른바 '아랫동네 알판'이 장마당에서 비싼 가격에 거래되면서 저가의 중국산 EVD (Enhanced Versatile Disc) 플레이어가 본격적으로 유통되기 시작했다. EVD 플레이어는 미국이 주도한 비디오 압축 기술인 DVD를 대체하기 위해 중국이 개발한 새로운 포맷의 영상 압축 기술 방식이다. 중국산 EVD 제품은 저가로 공급되면서 북한 지역에 대량으로 유통되었다. 이 제품은 북한 당국이 통제하는 물품이 아니므로 밀수는 물론 북중 간 공식 무역을 통해 북한으로 유입된다.

한편, 북한에서 선군정치의 표상이라 할 수 있는 군대에서도 남한 영상물 시청이 이루어지고 있다는 점에 주목할 필요가 있다. 물론 북한군 내부의 정보 통제와 자본주의 및 민주주의 체제에 대한 엄격하고 비판적인 학습과 감시 상황을 고려하면 외부 대중 매체의 유입만으로 이들에게 큰 변화가 나타날 것이라 단정할 수는 없다. 하지만 강력한 단속에도 불구하고 끊임없이 외부 매체가 다양한 경로를 통해 북한의 군대 내부에까지 유입 · 확산하고 있다는 점은 주요한 변화라 할 수 있다.

2) 남한 영상물의 북한 내부 유통 구조

북한 주민들이 남한 영상물(알판)을 입수하는 과정 역시 장마당을 통해 은밀하게 이루어진다. 앞서 말했듯이 하드웨어(녹화기, 수상기)는 단속의 대상이 아니므로 장마당 매대에 직접 내놓고 판매할 수 있다. 하지만 남한 영상물이 담긴 알판은 불법이기 때문에 함부로 거래할 수는 없다. 장마당에서 이를 전문으로 판매하는 상인이 있다고 하지만 이 상인 역시 평소에 믿을 만한 사람들에게 주로 판매를 한다.

장마당에 알판을 파는 상인은 매대 위에는 북한 영화 알판을 진열해 놓고, 이른바 "아랫동네에서 온 것 있느냐"고 물어오는 손님을 상품이 있는 곳으로 데리고 가 은밀하게 거래한다고 한다. 장마당에서 알판을 직접 구매하는 경우도 있지만 남한의 대여점 같은 방식으로 CD알이나 녹화기를 빌려주는 대여업도 있다고 한다. 특히, 한국 드라마의 경우 편 수가 많으므로 바로 구매하지 않고 하루나 이틀 단위로 빌려 시청하는 경우가 많다. 오히려 구매해 보관하는 일보다 한 번 보고 돌려주는 것이 훨씬 더 안전하고 비용도 적기 때문이다.

특히, 단속되었을 때 소유자를 끝까지 추적하고 처벌도 더 높으므로 처벌의 수위를 조금이라도 낮추기 위해 직접 소유하지 않고 대여하는 방식이 더 이득이라고 한다. 장마당에서 유통되는 남한 영상물은 비싼 가격에 거래되는 인기 품목이므로 중국 접경 지역에서 물건을 들여와 북한 내륙 지역으로 유통함으로써 이윤을 많이 남긴다. 중국에서 물건을 직접 가지고 들어오는 대행자들이 있는데 그 주된 역할을 담당하는 집단은 화교들이다. 청진시, 나진시, 혜산시 등 국경무역을 하는 곳에서 상품을 구매하여 다른 지역에 가서 웃돈을 받고 판매하는 방식이다. 특히 혜산시 지역은 국경 무역 도시로서 외부로부터 상품이 유입되는 기착지 역할을 한다.

3) 영상물 시청을 위한 전력 구하기

남한 영상물을 시청하기 위해서는 당연히 재생 장치가 있어야 하며 이를 플레이할 수 있는 전기가 필수적으로 요청된다. 북한 주민들은 열악한 북한의 전력난을 어떠한 방식으로 해결하고 있을까? 북한에서 남한 영상물을 시청하기 위해 전력을 구하는 방식이 계층에 따라 다르다는 점도 주목할 만하다. 한마디로 경제적 능력에 따라 전력을 구하는 방식이 다르다는 얘기이다.

북한의 전력 사정이 좋지 않지만 일정 부분 전기가 들어오는 시간이 있다. 하지만 전기가 일정한 전압으로 들어오지 않으므로 공급되는 전기를 안정적으로 사용하기 위해 '변류기', '변압기'와 같은 장치들이 대부분의 북한 가정집에 필수 구비 품목이라고 한다. 전기가 들어오지 않을 때는 자동차 배터리를 연결해 사용하거나 군부대 내

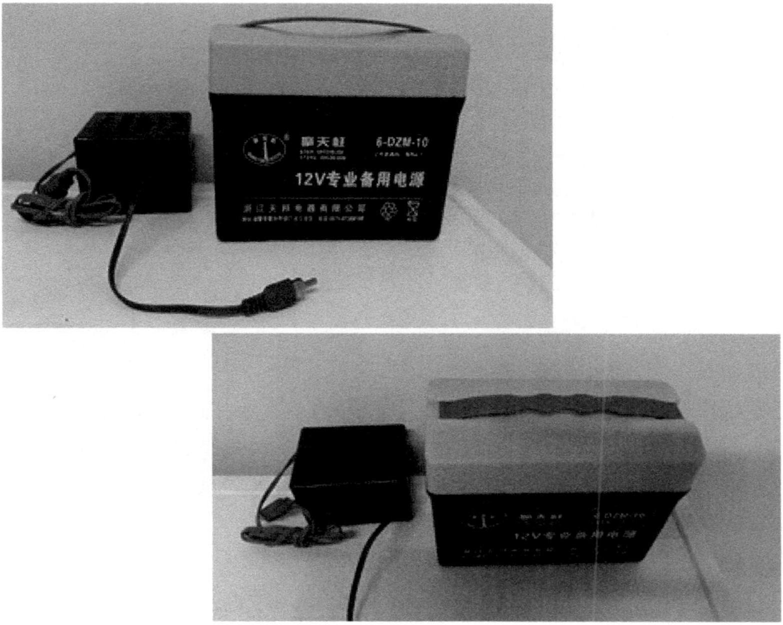

중국산 가정용 12V 배터리

고위층은 탱크 배터리를 통해 전기를 구했다고 한다. 전력 사정이 좋지 않은 북한에서 주민들은 남한 영상물 시청을 위해 중국산 소형 텔레비전을 12V 배터리에 직접 연결하는 방법을 사용하기도 한다.

김정은 시대 들어 주요한 전력 사정의 변화는 바로 태양열 발전에 있다. 도시는 물론 시골 마을 집에도 태양열 집열판이 설치된 것을 확인할 수 있다. 그만큼 태양열 발전을 많이 사용하고 있다는 것인데, 이 역시 집열판을 설치할 수준의 경제적 부분이 뒷받침되느냐의 여부에 달려 있다. 대도시 아파트나 건물에는 어김없이 태양열 집열판을 볼 수 있다. 북중 국경 지역 시골 마을에도 이러한 집열판을 심

북한 신의주 내 건물의 태양열 집열판

심찮게 볼 수 있다. 북에서는 부족한 전력을 이러한 방식으로 충당하고 있다.

6.3
한류와 북한 주민들의 의식 변화

1) 북한 주민들의 남한에 대한 인식

북한에서의 한류 현상에 주목하는 이유는 남한 영상물을 시청한 북한 주민들이 어떠한 의식 변화를 겪는가의 문제 때문이다. 북한 당국으로부터 사상 교양과 학습을 통해 남한과 남한 사람에 대한 고정된 이미지를 늘 강요받은 북한 주민들, 그들이 직접 남한 영상물을 통해 본 남한은 어떤 모습이었을까? 그들이 남한 영상물을 통해 보고 느낀 것은 무엇이었을까?

북한 주민들이 남한 영화, 드라마를 시청하면서 의식 변화를 겪는 과정은 그동안 교육받아 왔던 남한의 모습과 다른 현실을 목격하면서 그 실상에 대해 '왜 그럴까' 하는 궁금증에서 시작된다. 남한 영상물을 통해 발전된 남한의 모습을 목격하면서 '도대체 어떻게 발전했을까?'라고 스스로에게 질문을 던지기도 한다. 북한에서 남한 영상물을 접한 북한 이탈 주민들은 우선 북한 당국의 사상 교육과 학습으로 주입받은 남한에 대한 기존 정보와는 전혀 다른 남한을 간접 경험하게 된다. 한국에 거지가 많다는 북한 당국의 교육 내용이 드라마와 영화를 통해 전혀 다르다는 사실을 인지하게 되는 것이다. 여자들이 자동차를 운전하는 것도 신기한데 한 손으로 휴대전화 통화까지 하는 장면은 너무나 부럽고 신기한 장면이다. 북한 당국의 사상 교육을 받은 주민들에게 남한은 '미 제국주의 식민지', '헐벗고 굶주린 사회', '썩고 병든 자본주의'의 모습이었다. 그런데 영상물을 통해 보는 남한의 모습은 교육받은 내용과는 전혀 다른 모습이다. 한국 영화, 드라마 내용에 몰입하면서 등장인물의 상황이나 정서에 공감하며 한국산에 대한 거부감을 해제하고 남한 영상물의 내용에 동화되는 과정도 볼 수 있다. 북한에서 영화나 드라마는 사회주의 혁명과 지도자에 대한 충성을 끌어내기 위한 수단으로서만 기능한다. 그런데 남한 영상물은 주민들이 쉽게 이해할 수 있는 생활 속 소재로 사람에 관한 이야기를 다루고 있다. 북한 주민들에게 특히 경제적으로 발전한 남한의 모습은 충격적으로 다가선다. 영상을 통해 비친 남한의 경제적 상황에서 생각하게 되는 잘살고 있구나 하는 느낌은 북한 주민들에게는 아주 사소하고 작은 장면들에서 비롯된다. 그리고 이러한 시청 소감은 자신의 생각을 바꾸는 계기로 이어진다. 영상을 보면서 의식의 변화로 이어지는 남한의 모습이 사상 학습에서 강조했던 결코 썩고 병든 자본주의의 모습만은 아닌 것이다. 일한 만큼 가져가는, 월급을 받을 수 있는 구조로 아무리 일을 해도 자기 것이 될 수 없는 자신들의 체제와 비교된다. 재산은 국가의 소유이고 사적 소유는 인정되지 않으므로 자신들이 소유할 수 있는 영역은 턱없이 부족하다.

하지만 남한은 달랐다. 상대방에 대한 배려 없이 자기만 위하는 이기적 인간형을 자본주의적 인간형이라 교육받았지만, 자본주의적 풍요로움은 오히려 너그러움이 되었다. 도시뿐 아니라 시골 마을에

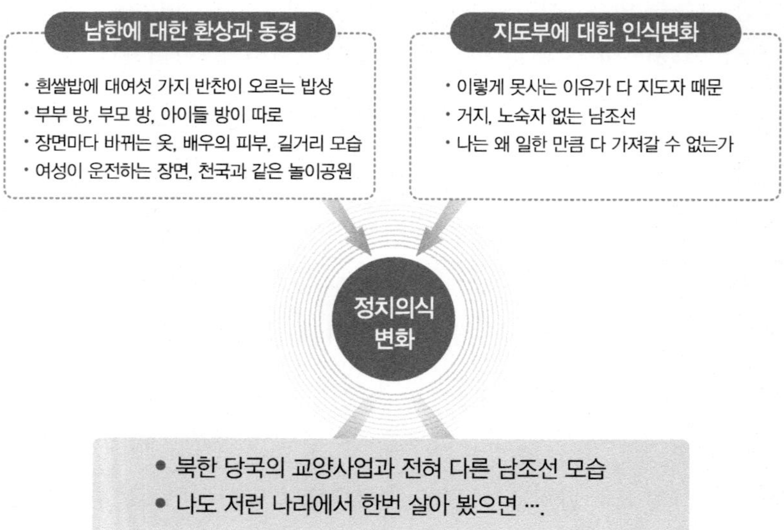

남한 영상물 시청에 따른 북한 주민의 의식 변화

서 보여지는 풍경에서조차 경제적 발전상을 비교할 수 있었다. 아직도 '이밥에 고깃국'을 강조하는 자신들의 상황과 비교해 아무리 못사는 집이 배경일지라도 먹거리에 대한 걱정은 없어보였다. 일상적으로 펼쳐지는 밥상 위에는 풍부한 반찬이 오르고, 흰쌀밥을 먹는 사람들의 모습은 그야말로 부러움의 대상이었다. 그렇게 살아보고 싶은 마음이 들었다. 거리에 넘쳐나는 자동차와 즐비한 사람들, 고층 건물은 기존의 교육을 통해 알고 있던 모습이 아니었다. 단순한 부러움을 넘어 '우리는 왜 저렇게 살지 못하는가' 하는 생각으로 확산되었다.

주위에 넘쳐나는 선전물들은 혁명을 위해 충성해야 한다고 강조하지만, 자본주의 사회인 남한의 영상물에서는 개인의 사적 공간이 자유스럽게 펼쳐졌다. 먹고 살 만큼만 일하면 된다고 생각했지만 경제가 어려워지면서 직장에 나가도 할 일이 없어 노는 사람이 늘어나고 배급은 전면적으로 중단되었다. 애써 일을 해도 받을 수 있는 게 없었다. 하지만 남한의 영상물에서 사람들은 일할 땐 열심이었지만 그렇게 벌어들인 수입으로 여가를 즐겼다. 이렇게 영상을 통해 북한 주민들은 자유가 무엇인지를 간접 경험하며 이러한 일상이야말로 사람 사는 모습이라고 생각하게 되었다.

2) 인권 의식의 변화

남한 영상물을 본 북한 주민들의 의식에 인권에 대한 인식 변화가 일었다. 인권이 정확히 어떤 개념인지는 중요하지 않았다. 그저 '저런 게 삶이구나'라는 생각만으로도 충분했다. 예를 들어 시위 장면에 비친 사람들의 옷과 신발을 보며 저렇게 잘 입고 잘사는데 도대체 왜 시위를 할까라고 생각한다. 경제 문제를 넘어서는 또 다른 가치에 대해 생각한다.

중국에서 접한 한국의 뉴스는 인권을 다시 생각하는 계기가 되기도 했다. “인권이 무엇이라고 생각하느냐”는 질문에 “말하고 싶은 것을 말할 수 있는 거다”라고 답했다. 중국을 왕래하며 접하게 된 남한의 뉴스는 자유롭게 말할 수 있는 민주주주의 그 자체라고 인식하게 된 것이다. 마침내 기본적 인권조차 누리지 못하는 북한에서의 자신들의 처지를 돌아보며 체제에 대한 환멸을 느끼게 되는 것이다.

3) 북한 내 한류의 역기능

북한 내 한류의 역기능이 남북한 통일과 북한 사회 변화에 역풍이 되지는 않을지 살펴보자. 북한 내에 불고 있는 한류의 바람이 마냥 남북의 사람들을 하나로 묶어가는 순풍이 될 수 있는가의 문제이다. 북한에서의 한류가 남북한 주민들의 인식 변화와 통일에 긍정적인 영향만 미치는 것은 분명 아니다. 남한 영상물의 폭력성과 선정성 등은 정보 수용의 양에 제약을 받는 북한 주민들에게 남한에 대한 왜곡된 상을 심어줄 우려도 있다.

미디어 시청 이전에 학습된 내용이 미디어 내용과 겹치면서 내용이 확인, 강화되는 것을 미디어 이론에서는 ‘기폭 효과(priming effect)’라 한다. 기폭 효과의 내용 중 하나는 수용자가 미디어 내용을 접했을 때 미디어 내용에 동화되는 정도와 방향은 상황 특이성, 그리고 프로그램 특이성에 기인한다는 것이다. 그렇기에 상업성이 뚜렷한 영화, 드라마가 지닌 내용상의 선정성, 폭력성, 그 외에도 특정 내용이 두드러져 자극적 효과를 주게 되면서 미디어 수용자가 특정 내용으로 편향되거나 왜곡된 인식을 형성할 수 있다. 북한에서 남한 미디어를 시청하는 과정에서 남한에 대한 부정적 인식으로 편중되는 내용은 구체적으로 '배금주의', '폭력성', '인간관계' 등 세 가지 정도를 들 수 있다.

4) 외부 정보 유입에 따른 북한 당국의 대응

북한 당국은 자본주의 시장 경제 공세를 자유화 바람이나 황색 바람으로 규정하고 체제 유지를 강화해 왔다. 이전 김정일 시대부터 외래문화에 대한 단속과 통제를 강조했는데 김정은 시대에도 이러한 경향은 지속하고 있다. 북한 당국은 "인간의 건전한 넋을 흐리게 하는 퇴폐적인 사상 문화를 유포시켜 우리의 사상 진지를 허물려는 제국주의자들의 침략 책동의 한 고리가 민족어 말살 책동"이라고 주장한다.

북한 당국은 남한 영상물 시청이 북한 주민들의 사상 균열을 초래하고 있다는 점과 함께 남한 제품의 유통 역시 강력히 단속하고 있다. 최근 『로동신문』의 기사를 보면 연일 비사회주의 행위와 제국주의 사상 문화 침투 봉쇄를 주된 내용으로 하는 사상전을 더욱 강조하고 있다. 특히 북한 당국은 외래문화의 유입으로 청년들의 사상 약화를 강조하는데, 동유럽 사회주의 국가들의 붕괴 과정에서 청년들이 사상 문화적으로 오염되었기 때문이라고 인식한다. 북한 당국은 남한 영상물의 유입 확산이 북한 주민들의 사상적 변질을 초래할 수 있다는 위험성을 인식하고 여러 가지 수단을 동원하여 단속하고 있다. '자본주의 날라리풍'으로 규정한 외래문화의 확산을 막기 위해 '비사회주의 그루빠'라는 별도의 단속반을 운영하며, 적발되면 노동 단련형, 타지 추방이나 교화형 등에 처한다. 만약 시청 빈도가 높거나 남한 영상물을 대량으로 복제, 유통할 경우 때에 따라서는 사형에 처하는 것으로 알려져 있다. 처벌의 유형 중 다른 지역으로 추방당하는 사례도 있다. 처벌의 수위는 노동단련대–추방–교화소 순으로 이루어진다. 노동단련대에 가는 것이 추방을 당하는 것보다 강도가 약한 처벌이라고 한다. 시청 행위 그 자체뿐 아니라 남한 영상물 시청 후 머리 모양이나 옷차림새 등을 따라 하는 비사회주의 현상을 단속하기도 한다.

단속은 가택 수색이나 검열 '비사회주의 구루빠' 활동을 통해 이뤄진다. 특히 중국 접경 지역의 경우 탈북을 시도하기 위해 모여드는 사람들을 단속하기 위해 숙박 검열을 하는데, 이때 남한 영상 매체 시청이나 소유 등에 대한 단속이 이뤄진다. 주변에서 다른 사람이 신고만 해도 가택 수색을 당한다.

북한 당국은 남한 영상물 시청과 배포를 비사회주의 행위로 엄격히 통제, 단속한다. 강연회 때 남조선 영상물을 시청하지 말라는 사상 학습을 진행하는데, 젊은 세대들에 대한 교육이 특별히 강조된다. 강연을 통한 교육뿐 아니라 실제 단속이 이루어지는데 남한 영상물 시청 및 판매 행위 단속과 비사회주의 양식에 대한 통제 강화를 위해 일명 비사회주의 그루빠를 운영하는 것이다. '비사그루빠'로 알려진 합동 단속반원은 불시에 가택 수색을 하기도 하며 위장 단속까지 하는 것으로 알려졌다.

한편, 북한은 자본주의 문화에 대해 '제국주의 사상 문화 침투'로 규정하며 이른바 봉쇄로 대표되는 '모기장론'을 주장해 왔다. 그런데 최근 들어서는 모기장론을 넘어 공격전을 주장한다. 2018년 3월 8일자 『로동신문』을 보면 "주동적이며 적극적인 대책"을 강조하는 것을 확인할 수 있다. 기존의 모기장론을 통한 외부 정보의 차단을 넘어 오히려 자본주의 문화를 극복할 수 있는 새로운 문화를 창조하려는 전략이다.

6.4 외래문화 유입과 북한 사회 전망

1) 주민들의 생각이 바뀌다

남한의 영상물이나 외부 정보가 북한 내부에서 확산되는 현상에서 가장 중요한 맥락은 북한 주민들의 의식과 북한 사회에 어떠한 영향을 끼치고 있는가의 문제이다. 북한 주민들은 오랜 기간 신문, 방송, 강연 등에서 남한의 왜곡된 정보를 일방적, 반복적으로 주입받아 오면서 자연스럽게 남한에 대해 부정적 적대적으로 인식하게 되는데, 사회 전반에 '의식화'라는 형태로 작용한다. 북한 주민들은 상대적으로 자신들의 체제에 대한 우월성을 가질 수밖에 없으며, 여기에 수령의 영도라는 절대적 신념 체계가 형성되면서 '사회주의 인간형'으로 개조되는 것이다.

그런데 남한 영상물 시청을 통한 정보의 축적을 통해 남한의 발전상을 동경하고, 북한 당국의 선전과 학습이 거짓인 것으로 인지된다면 사상 통제의 이완과 균열로 인한 체제 내구력 약화 가능성을 배제할 수 없게 된다. 그동안 북한 당국으로부터 사상 학습 교양을 통해 주입된 '헐벗고 굶주린 남한, 미 제국주의로부터 해방시켜야 할 남한'이 아닌 '경제적으로 풍요롭고 자유가 있는 남한'이라는 사실을 알게 됨으로써 상대적 빈곤감을 가질 수 있다. 이러한 생각은 '우리가 이렇게 못사는 이유가 무엇인지?'라는 반문과 자본주의 사회의 모습을 보면서 '나는 왜 일한 만큼 얻을 수 없는가?'와 같은 반감으로 이어진다. 국가와 정권에 귀속된 부속물로서의 인간이 아닌, 사적 욕망과 감정을 가진 하나의 주체로서 자신을 발견하게 된다. 이러한 주민들의 의식 변화는 정권에 대한 불만으로 이어지며 아직은 소소하고 느슨하지만 의식의 공유로 이어진다.

2) 장마당을 활성화하다

북한에서 남한 영상물의 확산은 단순히 한류의 전파라는 점 외에 폐쇄된 북한 체제에 자본주의 요소로서의 시장을 확대하는 매개체로 기능한다는 점이 중요하다. 북한에서 시장은 북한 당국의 공식적 허가와 북한 주민들의 장마당을 통한 비공식적 거래 방식을 통해 다양하게 나타나고 있다. 북한에서 시장은 이제 단순히 물물거래의 기능보다는 정보가 유통되고 북한 사회의 폐쇄성을 상쇄하는 기능을 하고 있다. 남한 영상 매체의 확산은 북한에서 지역, 계층 간 경계 허물기라는 사회적 현상의 변화를 초래한다. 북한에서 한류 확산의 근저에는 시장이라는 새로운 생존 방식이 결합되어 있다는 점을 주목할 필요가 있다. 시장을 통해 사람과 사람 사이의 인적 관계망이 형성되는데, 이는 단순히 상품의 거래뿐 아니라 정보 공유를 통해 정치적 의식의 형성으로까지 나아가고 있다.

한편, 계층적 분화 역시 주목할 만한 변화의 요인이라 할 수 있다. 중앙당에서 파견된 단속반원은 물론 겹겹이 단속 시스템을 강화해도 뇌물을 통한 비리 구조가 근절되지 않는 것은 균열의 틈새라는 점에서 의미가 있다. 설령, 단속이 이루어져도 뇌물을 통한 '봐주기 현상'이 만연한 것이 현재 북한 사회의 이면이다. 단속반원의 입장에서는 사회적으로 만연한 외래문화를 모두 엄중한 법으로 처벌하는 데 한계가 있으며, 단속이 자신의 부를 축적하거나 진급을 위한 수단으로 사용되는 경우도 많다. 특히, 장사를 통해 많은 돈을 번 사람들에게 의도적으로 접근해 단속하고 무마해주는 대가로 돈을 챙겨 가는 행위도 일어나고 있다.

한국 콘텐츠의 북한 내 영향력은 바로 북한 내 계층 허물기를 초래한다는 점이다. 북한에서 한국 콘텐츠는 시청 자체는 물론 상품의 거래도 당연히 불법으로 간주한다. 북한은 비사회주의 행위를 엄벌하기 위해 남한 영상물 시청자들을 단속하고 장마당에서 관련 물건을 파는 행위에 대해 엄격히 통제하고 있다. 하지만 단속에 적발되더라도 뇌물을 통해 사건을 무마하는 현상이 만연하다. 또한, 검열원이 압수한 남한 영상물을 자신의 친지나 지인들과 함께 돌려보는 예도 있으며, 이를 상인과 결탁하여 조직적으로 판매하기도 한다.

3) 남한 문화를 모방하는 신세대가 등장하다

남한 영상물의 북한 유입 및 확대 과정에서 신분적 계층의 분화와 함께 세대 간 갈등 및 인식 차이 역시 북한 체제 변화의 주요 요인이라 할 수 있다. 북한 체제가 인간의 자아 의지가 형성되기 이전인 유아기부터 엄격한 사상 교육과 통제로 체제 순응형 인간을 만들어내는 것에 기인한다. 하지만 아동, 청소년 시기에 고난의 행군기를 겪은 이른바 '장마당 세대'의 경우 공교육 구조의 붕괴로 체계적인 사상 교육을 습득하지 못한 새세대들이라는 점에서 세대 간 갈등과 인식 차이가 만들어졌다.

북한의 새로운 세대를 지칭하는 용어로 '장마당 세대'라는 말이 있다. 1990년대 중후반 북한의 심각한 경제난 속에서 북한 당국이 대내외에 내세웠던 무상 교육, 무상 의료, 무상 배급이라는 복지 구호가 무색할 만큼 북한의 복지 체계는 제대로 가동되지 못했다. 바로 이 시기를 전후해 태어나 사회주의 체제의 복지 혜택을 실감하지 못한 세대를 일컫는 말이 장마당 세대다.

지금쯤 이들은 20대를 전후한 나이거나 많게는 30대 초 · 중반에 다다랐을 것이다. 30대 이하의 청(소)년층의 경우 고난의 시기를 지나며 체계적인 사상 학습 교육을 받지 못해 국가나 지도자에 대한 충성도가 약한 세대라 할 수 있다. 30대 중후반 연령대만 해도 정권을 위해 '자폭 용사'가 되겠다는 신념의 세대였다면 그 이하는 국가가 자신들을 속이고, 폐쇄 체제를 유지하고 있다는 사실을 조금씩 인지하는 세대라 한다. 더불어 윗세대와 자신들을 구분 지으려는 청년 세대의 특성은 남한 영상물에 동화되는 효과가 더욱 높다. 즉, 기성세대와 자신들을 구별하려는 성향, 그리고 생애 주기 특성상 또래 집단을 중심으로 동류 의식을 지향하려는 특성은 남한 영상물을 함께 모여 시청하거나 내용을 공유하며 모방하는 형태로 나타난다. 이들은 남한 영상물에 대한 통제가 가해진다 해도 대담하게 반복 시청하는 특성이 있다. 남한 말투를 따라 하거나 머리 모양을 바꾸고 한국 노래를 따라 부르는 것이 또래에서 우월감을 나타낼 수 있는 행동이 되었다. 남한 영상물을 시청한 청소년들은 의식이 '깼다'라고 표현한다. 모방하려는 청소년들의 특성상 남한 영상물로 인한 파급 효과가 어느 세대보다 클 것이라 기대할 수 있다.

남한 영상 매체 시청을 통해 변화된 사회 문화적 의식은 구체적 행위 양식의 변화로 이어지는 문화적 모방 단계로 확대되고 있다. 남한 드라마나 영화를 본 사람들은 한마디로 '세련되어진다'고 표현한다. 남한 영상물을 보며 스타일을 모방하는 이른바 '남한 따라 하기' 현상도 나타나고 있다. 옷이나 머리 모양, 말씨 등을 따라 하면서 사회적 일탈로 이어지기도 하는데 이는 체제 저항의 요인으로서 하위 문화가 형성되고 있음을 의미한다.

6.5 문화로 여는 통일

분단 70여 년의 분단 세월은 남북한 사람들 간의 문화, 정서, 인식의 단절을 초래했다. 한민족이기 때문에 같은 문화를 공유할 수 있다는 생각은 어쩌면 섣부른 기대이다. 오랜 기간 각기 다른 삶을 살아온 사람들이 만나 하나가 되기 위해 무엇을 해야 할까?

실질적 통일 준비는 최근 변화된 북한 사회상의 재인식과 북한 주민에 대한 공감적 이해를 통해 남북한 주민들이 상호 문화적, 정서적 동질감을 형성하는 것이라 할 수 있다. 분단의 시공간으로 인한 관계의 단절에서 사람 간 회복을 통한 가슴 따스한 통일을 이야기해야 한다. 문화적 접근을 통해 북한 사람에 대한 일상과 마음을 이해하고, 함께 살아가야 할 대상으로서 공통의 인식적 기반을 만들어가야 한다. 통일은 단순히 남한의 경제적 성장만을 의미하는 것이 아닌 남북한 주민 모두의 삶의 질을 높인다는 점에서 북한 주민을 고려한 다양한 정책 방안이 마련되어야 한다. 함께 살아가야 할 대상으로서 북한 주민들에게도 통일이 진정 대박이 될 수 있음을 인지하는 노력이 필요하다. 무엇보다 북한 주민들이 체제 선택의 순간이 왔을 때 남한의 경제적 풍요로움과 자유민주주의를 선택할 수 있도록 자발적 변화를 위한 외부 정보 유입 방안이 필요하다. 북한 사람들이 남한의 대중문화를 통해 남북한 문화 접점이 이루어지고 상호 공감대가 형성되는 것은 바로 분단의 장벽을 허무는 통일의 현재 모습이라 할 수 있다. 지금까지의 통일 논의가 '미래 언제, 어떠할지 모르는' 모호성과 추상성이었다면, 이제는 남북한 사람 간의 문화적 공유와 공감적 정서를 통해 통일의 기반을 만드는 일이 필요하다. 남북한 사람들의 '같은 추억 만들기'는 이념과 사상을 뛰어넘은 문화 접점을 통해서만 가능하기에 문화로 여는 가슴 따스한 통일 이야기를 기대해 본다.

제 7 장

남북한 문화 협력과 스포츠[1]

정기웅
한국외국어대학교

7.1
문화 협력으로서의 스포츠 교류

고대 그리스의 올림픽 경기에서부터 오늘날의 메가 스포츠 이벤트에 이르기까지 스포츠는 역사 속에서 언제나 비정치성과 중립성을 표방해왔다. 그러나 스포츠가 표방한 비정치성과 중립성은 그저 표면적인 것에 그쳤음을 부인할 수 없으며 이는 오히려 스포츠의 도구로서의 유용성을 극대화하는 결과를 가져왔다. 역설적이게도 비정치성과 중립성의 추구가 스포츠를 더욱 정치적이며 중립적이지 않은 목적에 의해 움직이게 만들었던 것이다. 그런 까닭에 오늘날의 스포츠는 어느 사회에서나 잠재적인 정치적 이슈로서 존재하며, 스포츠에 내재된 문화적 주제는 언제나 정치적 의미로 전환될 수 있는 이데올로기적 잠재력을 갖는다.

스포츠는 또한 사회적 통합의 촉진, 국민적 일체감의 고양, 국가 정체성의 형성, 해외에서의 긍정적 국가 이미지 확산과 같은 목적을 달성하는 데 있어서도 매우 효과적인 수단으로 간주된다. 근대 스포

---

1 이 장은 정기웅, 2018, 『스포츠 외교의 신화: 성공과 실패, 그리고 그 밖의 이야기들』, 서울: 박영사; 정기웅, 2019, "남북한 스포츠 교류 결정요인 연구: 분석틀의 모색", 『국제지역연구』 23권 2호, 37–60; 김재한 · 정기웅, 2019, "올림픽의 남북한 공동 개최: 신화와 현실", 『정치 · 정보연구』 22권 3호, 211–242; 정기웅, 2020, "남북한 스포츠 교류 결정요인 연구: 1964년 도쿄, 2018년 평창, 2032년 서울 · 평양의 사례를 중심으로", 『국제지역연구』 24권 2호, 295–320의 내용을 바탕으로 장 · 절을 재구성하고 내용을 수정 · 보완하여 작성된 것임을 밝힌다.

츠는 국가와 자본의 요구에 맞게 구성됨으로써 대내적으로는 정치적 상징 조작의 수단으로, 대외적으로는 다양한 외교적 목적을 위해 활용될 수 있는 수단으로서의 역할을 담당해 왔다.

스포츠가 수단으로서의 유용성을 갖게 되는 것은 스포츠가 표방하는 비정치성과 중립성이 스포츠가 도구로서 작동하는 것을 용이하게 할 뿐만 아니라, 스포츠가 도구로 사용되었을 때 초래할 수 있는 결과에 대한 책임이 경미하기 때문이다. 즉 스포츠가 어떠한 정치 · 외교적 목적 달성을 위한 도구로 사용되는 경우 그것이 전달하는 정치적 의도에 반드시 수반될 수 밖에 없는 책임이라는 측면에 있어서 공식적 정치 활동에 비해 훨씬 미미한 결과를 갖는 까닭에 그 사용이 비교적 더 자유롭다는 것이다.

스포츠는 특히 외교 분야에서 빈번하게 편리한 정치적 도구로서 사용되어지곤 하는데, 이는 스포츠 활동이 공식적 외교 활동과 유사한 정치적 효과를 가져올 수 있으면서도 공식적 외교 활동에 비해 국제법이나 국제 관행의 구속을 상대적으로 덜 받을 뿐만 아니라, 전쟁과 같은 무력 충돌의 부담으로부터 상대적으로 자유롭기 때문이다. 스포츠 활동이 문화의 영역으로 포장될 때 타국에의 접근 가능성과 도구적 유용성은 극대화된다.

스포츠의 이러한 특징은 남북한 관계의 역사 속에서도 그대로 드러난다. 한반도 분단 이후 오늘에 이르기까지의 남북한 관계 속에서 스포츠는 지속적인 접촉의 매개체 역할을 담당해 왔다. 냉전 시대 동서 양 진영의 대결 구도 속에서 남북한의 적대적 분위기가 절정에 달해 있던 시기에조차 스포츠를 앞세운 남북한 접촉의 시도가 존재했다.

1953년 7월 27일 판문점에서 휴전협정이 체결됨으르써 분단의 고착화가 이루어진 이후 상당한 기간 동안 남과 북의 왕래는 사실상 차단되어 있었다. 본격적인 남북 대화의 시작은 1971년 8월 12일 대한적십자사가 남북적십자회담 개최를 북한적십자 중앙위원회에 제의하면서부터라고 할 수 있다. 1971년 8월 20일 제1차 예비 접촉을 시작으로 동년 9월 20일 제1차 예비 회담이 개최된 이후 2018년에 이르기까지 남과 북 사이에는 총 667회의 크고 작은 회담이 개최되었다.[2] 667회의 회담 중 스포츠 교류를 포함한 사회 · 문화 분야의 접촉은 62건으로 전체의 10%에도 못 미친다. 그러나 스포츠 교류는 정치, 경제, 군사 분야와 비교해 보았을 때 남북한 정부가 상대적으로 큰 부담감을 느끼지 않는다는 점, 반드시 해결해야 할 현안이 존재하지 않는다는 점, 스포츠가 가져다 줄 수 있는 통합의 효과와 상징성, 비교적 작은 비용으로 커다란 파급 효과를 가져올 수 있다는 점 등으로 많은 주목을 받아왔다.

예로서 휴전 직후 남북의 갈등 구조가 최고조에 달해 있던 1950년대와 1960년대에도 스포츠를 통한 남북 간 교류가 있었다. 1950년대의 경우 남북 간 직접 대화가 이루어지진 않았으나 북한이 국제올림픽위원회(International Olympic Committee, IOC) 가입을 위해 남북 체육회담을 제안하는 형태로 남북 체육 교류가 진행되었다. 1960년

---

2 남북회담 본부 제공 회담 통계 자료https://dialogue.unikorea.go.kr/ukd/b/be/usrCmsStat/List.do?tab=1 (검색일: 2020년 7월 15일). 남북회담 본부는 2020년 7월 현재 회담 통계자료를 2018년까지만 제공하고 있다.

대에 들어서는 1964년의 도쿄 올림픽에 단일팀으로 출전하는 문제를 놓고 1963년 1월과 5월에 로잔 및 홍콩에서 남북체육회담이 개최되었으며, 이 만남이 휴전 이후 남북 간에 이루어진 최초의 공식적인 회담이라고 볼 수 있을 것이다.

남북 관계가 교착 상태에 빠져 있을 때면 스포츠를 포함한 사회·문화 교류가 국면 전환의 도구로 제시되곤 한다. 남북 관계의 경색 기간이 길어지면 길어질수록 이러한 관계를 해소시켜야 한다는 주장이 강하게 제기되고 또한 설득력을 얻기 마련이다. 스포츠는 이러한 경우 매우 유용한 도구로서 작동한다. 스포츠 교류로 대표되는 남북 간 사회·문화 접촉은 대개의 경우 남북이 상당한 기간 동안의 대치 국면을 끝내고 새로운 접촉을 모색할 때 이루어졌으며, 때로는 성공의 갈채를 받기도 하였고, 때로는 실패의 안타까움으로 귀결되었다.

그러나 지난 남북 교류의 역사를 돌이켜 보았을 때 "남과 북의 스포츠 교류가 진실로 남북 간 교류 협력을 유발할 수 있는 선도적 사업으로 작동해 왔는가?"라고 묻는다면, 긍정적이었다고 답하기만은 힘들다. 오히려 스포츠의 긍정적 역할만을 강조함으로써 그와 같은 스포츠의 도구적 활용을 초래하였던 남과 북의 전략적 사고와 정치적 판단에 대한 고려가 등한시되었다고 말할 수 있다.

이 장에서는 남북한 스포츠 교류의 과거를 반성하고, 현재를 검토하며, 미래에 대해 전망한다. 과거에 대한 반성으로서 남북한 문화 교류·협력의 핵심 어젠다로서의 스포츠의 위상과 정치·외교적 맥락을 살펴보고, 현재에 대한 고찰로서 평창 동계올림픽과 도쿄 올림픽과 관련된 남북한 스포츠 협력을 고찰하며, 향후 협력의 지향점으로서 서울 · 평양 공동 올림픽 개최에 관해 간략히 논할 것이다.

7.2
남북한 스포츠 교류의 반성

남북한 스포츠 교류와 관련하여 지금까지 많은 연구가 이루어져 왔다. 개별 사례에 대한 사적(史的) 접근에서부터 비교 분석, 전략적 접근, 정책 방안 제시에 이르기까지 매우 다양한 측면에서 남북한 스포츠 교류와 접촉에 관한 연구가 진행된 바 있다. 기존 연구들의 많은 공헌에도 불구하고 몇 가지 아쉬움이 남는 바, 이에 대하여 정기웅은 다음과 같이 지적하고 있다.[3]

> … 기존 연구 경향에서 파악할 수 있듯이 남북한 스포츠 교류에 관한 연구는 사례의 특수성에 집중하거나, 법리적 검토, 당위(當爲)의 강조, 사적 묘사(historical description), 정책적 목적성과 전략 선택 등에 집중하고 있다. … 한 가지 아쉬운 점은 남북 스포츠 교류의 이면에 숨겨져 있는 남과 북의 정치적 의도와 시기적 상황, 환경적 요인, 맥락적 연결성 등이 상대적으로 소홀히 다루어졌다는 것이다.

---

3 정기웅, 2019, 41.

이러한 지적을 받아들일 때 남북한 스포츠 교류를 고찰함에 있어 반드시 고려해야 할 것들은 세 가지로 압축할 수 있다. 첫째는 "언제, 어떻게 성공했는가?"의 문제이고, 두 번째는 "왜, 무엇 때문에 실패했는가?" 그리고 세 번째는 "누가, 무엇이 핵심적 역할을 했는가?"이다.

이를 다른 말로 표현하면 '시기, 방법, 전략, 행위자'로 나타낼 수 있다. 즉 남북한 스포츠 교류를 분석함에 있어서는 개별적 상황의 특수성에 집중하기보다는 맥락적 연결성에 주목할 필요가 있다는 것이다. 이는 사건 발생 시기 세계 정세와 남북한 외교의 방향성을 파악하고, 한국과 북한의 스포츠 교류를 남북한 외교의 연장선상에서 분석하고 연구하는 일이 필요함을 의미한다. 이 과정에서 외교 정책 집행 과정에서의 결정적 행위자와 환경적 요인, 남과 북의 정책 목표 및 의도와 전략 등에 대한 집중적 분석이 병행될 필요가 있다.

이러한 분석은 스포츠와 정치 · 외교의 관계에서 정치 · 외교를 우선시하는 입장에서 접근하는 일이다. 즉 국제 스포츠 교류 혹은 스포츠 외교에서 스포츠가 차지하는 위상은 주체가 아닌 도구에 불과하며, "스포츠의 도구적 유용성이란 결국에는 연관된 행위자들의 정치적 결정이 이루어진 이후에야 성공적으로 작동하는 것"이라는 주장이다.

그렇다면 남과 북의 스포츠 교류의 경우에는 어떠한 정치적 목표 혹은 의도가 존재하는가? 존스(Andrew L. Johns)는 정부가 국제 스포츠 교류에 간섭하는 데는 전형적으로 세 가지 이유 때문이라고 주장한다.[4] "첫 번째는 동맹을 유지하거나 강화하기 위해서, 둘째는 국내와 국외에서 정책을 홍보하거나 정치적 위상을 강화하기 위해서, 세 번째는 국가의 위신을 향상시키기 위해서" 정부는 국제 스포츠 교류에 간섭한다. 남북 스포츠 교류에서 남북한 정부가 갖고 있었던 목적성을 존스의 주장을 적용하여 파악한다면, 두 번째와 세 번째 이유가 복합적으로 작용하고 있다고 이야기할 수 있다. 즉 남북한 정부가 남북 스포츠 교류를 내세운 것은 "남북 관계에서의 주도권을 과시함으로써 대외적으로 국가의 위신을 강화하고 대내적으로 정권의 위상을 강화시키기 위해서"라고 말할 수 있다. 휴전 이후 지금까지 이루어져 온 남북한 간의 수많은 스포츠 교류 · 접촉은 이러한 정치적 목표 및 목적 달성으로부터 결코 자유롭지 못하다.

상기한 바와 같은 정치적 목표 및 목적 달성을 위해 시도되었던 남북한 스포츠 교류의 역사를 검토하고, 각 사례들을 유형별로 분류하면 크게 세 가지로 나눌 수 있다. 첫째, 일방에 의하여 의제가 제안되고 접촉이 이루어졌으나 구체적인 성과 없이 끝난 경우(제1유형), 둘째, 일방에 의하여 의제가 제안되고 접촉이 이루어졌으며 구체적인 성과가 발생한 경우(제2유형), 셋째, 일방에 의하여 의제가 제안되었으나 남과 북의 협상이나 만남 없이 일방적 의제 제안으로 끝난 경우(제3유형) 등이다.[5]

---

4 Andrew L. Johns, 2014, "Introduction: Competing in the Global Arena: Sport and Foreign Relations since 1945." In *Diplomatic Games: Sport, Statecraft, and International Relations Since 1945*, edited by Heather L. Dichter and Andrew L. Johns, 5. University Press of Kentucky.

5 〈표 7.1〉이 남북 스포츠 교류의 모든 사례들을 포괄하고 있지는 않다. 제시된 사례들 이외의 많은 사례들이 있지만, 남북 양측 혹은 일방의 국내 · 국제정치적 맥락 속에서 유의미한 반향을 불러일으켰다고 생각되는 사례들만을 유형분류의 대상으로 삼고 있다. '유의미한 반향'은 온전히 필자의 자의적 판단에 따른 것이다.

표 7.1 남북한 스포츠 교류 유형 분류

유형 분류	사례 및 주요 안건
제1유형	1963 제1차~3차 남북체육회담 (동경 올림픽 단일팀 구성)
	1979 제1차~4차 남북한탁구협회대표단회의 (세계탁구선수권대회 단일팀 구성)
	1984 제1차~3차 남북체육회담 (LA 올림픽 단일팀 구성)
	1985~1986 제1차~3차 남북체육회담 (서울 올림픽 공동 개최 및 단일팀 구성)
	1989~1990 제1차~9차 남북체육회담 (북경 아시안게임 단일팀 구성)
제2유형	1990~1991 제1차~4차 남북체육회담 (남북통일축구, 세계탁구선수권대회 단일팀 구성, 세계청소년축구대회 단일팀 구성)
	2000 시드니 올림픽 (개막식 공동 입장)
	2002 부산 아시안게임 (응원단 파견)
	2003 아오모리 동계아시안게임 (개 · 폐회식 공동 입장)
	2003 대구 하계유니버시아드 대회 (응원단 파견)
	2004 아테네 올림픽 (개막식 공동 입장)
	2006 도하 아시안게임 (개 · 폐회식 공동 입장)
	2008 베이징 올림픽 (공동 응원단)
	2014 인천 아시아경기대회 (응원단 파견)
	2018 평창 동계올림픽 (단일팀 구성)
제3유형	2011 민주당 손학규 대표의 제안 (평창 동계올림픽 남북 공동 개최)

〈표 7.1〉은 남북한 스포츠 교류사에서 유의미한 접촉 혹은 제안으로 기억될 만한 대표적 사례들을 상기한 유형에 따라 분류하여 정리한 것이다. 흥미로운 것은 제1유형과 제2유형에 비해 제3유형에 해당하는 사례, 즉 남북의 협상이나 만남 없이 일방적 의제 제안으로 끝난 경우에 해당하는 사례가 매우 드물며, 발생 시기도 냉전 이후라는 점이다. 냉전 시기에는 상대방을 향한 선언 자체가 세밀히

계산된 매우 상징적인 정치적 행위였고, 이러한 일방의 선언에 대해 타방은 반드시 응대해야만 하는 분위기였다. 이 시기의 사례들을 검토해 보면 남과 북의 정통성 경쟁, 체제 우월성의 과시, 국내 · 국제적 정치 상황 등으로 인하여 어느 한쪽의 주장에 대해 최소한 응대하는 표현이라도 하거나 아니면 국제 사회의 압력과 분위기로 인해 어쩔 수 없이 협상장에 마주 앉아야만 했었다. 반면 남과 북의 체제 경쟁이 남한의 압도적인 승리로 끝났다고 볼 수 있는 냉전 후 분위기에서는 굳이 상대방의 반응에 신경 쓰지 않고 일방적 주장을 제기할 수 있는 분위기가 조성되었다고 볼 수도 있을 것이다. 제3유형에 해당하는 사례가 냉전 이후에 발견되는 것은 이러한 까닭 때문일 수 있다. 여기에서는 성공과 실패의 대표적 사례들에 대한 검토를 통해 남북한 스포츠 교류의 역사를 반성한다.

1) 실패 사례

실패의 사례들은 〈표 7.1〉의 제1유형에서 찾아볼 수 있다. 여러 사례들 중 대표적인 것으로 1964년 도쿄 올림픽 참가를 위한 남북한 단일팀 구성 협상을 살펴보자.

휴전 이후 1963년 1월 24일 스위스 로잔의 IOC 본부 사무실에서 제1차 남북체육회담이 개최될 때까지 남북 스포츠 교류에 있어 공세적 입장을 취한 것은 북한이었다. 북한이 공세적 입장을 취한 것은 국가 정통성 확보를 위한 국제적 승인 획득과 관련이 있다.[6] IOC 가입은 하나의 국가로서 국제 사회로부터 승인을 받는다는 것을 뜻했으며, 이러한 맥락에서 북한은 IOC 가입을 적극 추진하였던 것이다. 그러나 IOC는 수차에 걸친 북한의 신청에도 불구하고 '1 국가 1 NOC'라는 원칙을 내세워 북한의 가입을 거부하였다. 이 시기 한국은 한반도의 유일한 합법 정부임을 주장하였고, IOC는 이를 받아들여 한국이 한반도를 대표하여 IOC에 가입되어 있기 때문에 북한의 가입을 받아들일 수 없다는 입장이었던 것이다.

이와 같은 상황에 변화가 생기기 시작한 것은 1955년 이루어진 동독의 IOC 가입이었다. IOC는 동서독 단일팀 구성을 조건으로 동독의 가입을 승인하였다. 동독과 서독이 각각 IOC에 가입함으로써 북한은 IOC에 승인을 압박할 수 있는 근거를 획득하게 되었다. 북한은 동서독의 경우를 활용하여 IOC 가입을 이루어내기 위해 한국에 대하여 남북 체육 교류 및 단일팀 구성을 제안하기 시작하였다. 1956년 4월 제3차 조선로동당대회에서 남북 체육 교류 문제에 대해 언급한 것을 시작으로, 1956년 9월 IOC를 통해 남북 단일팀 구성을 대한올림픽위원회(Korean Olympic Committee, KOC)에 제안하였으며, 1957년 6월에는 단일팀 구성 제안 전문을 KOC에 보냈다. 이러한 북한의 제의는 지속되었으며, IOC 또한 남한과 북한의 단일팀 구성을 지지하는 입장을 표출하였다.

이 시기 남북 체육 교류 문제는 지속적인 일방적 제안을 통해 공세적 입장을 취하고 있던 북한과 수세적 입장에서 거부 의사를 밝히

---

6 스트렝(Andrew Strenk)은 스포츠가 국제 정치에서 활용되는 유형으로 '외교적 승인 또는 승인 거부의 수단, 정치 이념의 전파 수단, 국가 위상의 제고 수단, 국제적 이해와 평화 증진의 수단, 저항 수단, 그리고 무기 없는 전쟁 수단'의 여섯 가지를 제시하였다. 북한의 IOC 가입 시도는 이 중 '외교적 승인'의 범주에 속한다고 할 수 있다. Andrew Strenk, 1977, "Sport As an International Political and Diplomatic Tool", *ARENA Newsletter* 1(5): 3–10.

는 남한, 그리고 동서독의 경우를 들어 남북한 간 대화를 촉구하는 IOC라는 모양새를 이루고 있었다. 상황의 전개가 이렇게 이루어진 것은 냉전 시기 국제 무대에서 흔히 발견할 수 있었던 자유주의 진영과 공산주의 진영의 격한 대결이 무대를 바꿔 이루어지던 것과 같은 모양새였으며, 독립적이고 중립적인 지위를 주장하는 IOC로서는 올림픽 정신의 강조와 상호 협상을 강조할 수밖에 없었기 때문이라고 볼 수 있다.

이러한 상황에 결정적 변화가 생긴 것은 1962년 모스크바에서 개최된 제59차 IOC 총회였다. 총회에서 북한은 사회주의 국가들의 협조를 얻어 1964년 제18회 도쿄 올림픽에 남북한이 단일팀으로 참가하되 이것이 불가능할 경우 개별 팀으로 참가할 수 있다는 조건부 승인을 얻어냈기 때문이다. 결국 북한과 IOC의 압박 속에서 남한은 남북 접촉에 응할 수밖에 없는 상황이었으며, 그 결과 1963년 1월에는 스위스 로잔에서, 5월과 7월에는 홍콩에서 남북체육회담이 개최되었다.

남북체육회담의 전개 과정과 협상 상황에 대해서는 김재우를 필두로 여러 연구가 진행된 바 있으며, 선수 및 임원 선발 문제, 국기 및 국호의 사용 문제 등 남북이 합의에 이르지 못했던 주요 안건들과 회담이 실패로 귀결되었던 과정들이 상세히 분석되었다.[7] 그러나 이미 지적한 바와 같이 기존의 연구들은 남북체육회담이 실패로 귀결될 수밖에 없었던 맥락적 연결성에 대해 상대적으로 소홀하였다.

---

7 김재우, 2013, "1963년 로잔 남북체육 회담에 관한 역사적 연구," 『한국체육학회지』, 52권 4호,,21–33.

즉 우리가 주목해야 할 것은 남과 북이 만나서 논의한 의제들이 아니라, 왜 남과 북이 만났음에도 불구하고 합의에 이르지 못했는가의 문제인 것이다. 사실 국기 및 국호를 포함해 남북한이 합의하지 못했던 안건들의 경우 이는 단지 회담을 파탄내고 싶었던 구실에 불과했을 뿐, 만약 남북이 진정 단일팀을 구성하여 올림픽에 참가하고자 했다면 의제로 다루어진 문제들은 어떤 면에서는 매우 쉽게 해결될 수 있었음을 우리는 냉전 이후의 남북한 협력의 사례들을 통해 이미 확인한 바 있다.

그렇다면 남과 북은 왜 합의에 실패하였는가? 거시적 맥락에서 접근하자면 냉전의 대결적 분위기와 체제 경쟁에서 어느 일방도 압도적 우위를 주장하지 못했던 시대적 상황을 지적할 수 있다. 동서양 진영의 첨예한 대립 구도 속에서 어떤 화합적 결말을 이끌어내는 일이 쉬운 일이 아니었을 것임은 쉽게 예측할 수 있다. 국내 정치적 상황을 살펴본다면 남한의 경우 군사 쿠데타로 정권을 잡은 이후 아직 확실하게 사회적 안정을 꾀하지 못하고 있었던 취약한 정통성과 정치적 안정의 문제, 휴전 이후 10여 년밖에 지나지 않아 남한 사회 내부에 만연하고 있던 반공주의적 성향과 북한에 대한 적대감, 군사정부의 반공주의적 외교 정책 등을 제시할 수 있을 것이다. 또한 이미 남한 단독으로 IOC에 가입해 있는 상태에서 북한의 IOC 가입을 저지하지 못한 것만으로도 불만족스러운 상황에서 단일팀 구성을 통해 북한과 비교되는 상황을 자초할 이유가 없었던 것이다. 북한의 입장에서는 IOC 가입을 통하여 국제 사회로부터 승인을 받겠다는 목적을 이룬 상태에서 굳이 남한에 양보하면서까지 회담을 지속할 특별한 이유가 없었기 때문이라고 볼 수 있다. 즉 북한이 IOC에 가입함으로써 일종의 외교 전쟁에서 승리한 상태에서 굳이 남한 측과 대화를 지속할 이유가 없었던 것이다. 왜냐하면 남한과 단일팀을 이루어 올림픽에 참가하는 것보다는 북한 단독으로 참가해 더 좋은 성적을 거둠으로써 또 한 번 체제 경쟁에서 우위에 있음을 보여줄 수 있는 기회를 가질 수 있기 때문이다. 남과 북 양측 국민들의 입장에서는 남북 단일팀 구성을 통한 남북 협력과 통일 분위기 조성이라는 기대감을 키울 수도 있었겠지만, 그와 동시에 군사 쿠데타 이후 얼마 지나지 않은 상태에서 반공주의적 사회 분위기와 여전히 남아 있는 전쟁의 기억에 따른 북한에 대한 적대감으로 굳이 단일팀 구성을 정부에 강하게 압박할 이유가 없었다고 볼 수 있다.

종합해 보았을 때, 이 시기 남북은 영합(zero-sum)적 관계 속에서 각자의 상대 이익(relative gain)에 대해서만 집중했던 까닭에 어떤 공통의 이익을 창출한다는 목표 자체를 갖고 있지 않았다고 볼 수 있다. 또한 이슈의 성격이 동질적 이슈에 가까웠던 까닭에 각자의 내부 구성원들이 협상 팀에 가하는 압박 또한 크지 않았다. 따라서 결과에 대한 큰 부담 없이 협상 팀이 협상을 수행해 나갈 수 있는 분위기였다. 결국 이 시기 남북체육회담의 실패는 체계적 수준과 국가·사회적 수준 모두에서 성사되기 힘든 분위기였으며, 협상 팀의 목표 또한 단일팀의 성사에 맞추어지지 않았던 까닭에 남북 간 협의가 순조롭게 이루어지지 않았고, 종국에는 실패에 이르게 되었다고 이야기할 수 있다.

이후 관찰되는 실패의 사례들 또한 1964년의 틀(frame)을 벗어나지 못하고 있다. 남과 북, 양측 모두 결과에 대한 부담 없이 대내적 선전과 대외적 명분 쌓기에 집중하고 있으며, 실질적 협력의 의사가 없었다고 볼 수 있다. 양측 모두 일방적 주장만을 되풀이하는 상황 속에서 어떤 성공적 결과가 도출되었다면 그것이 오히려 이상한 일이었을 것이다.

2) 성공 사례

남북한 스포츠 교류의 사례 중 가장 대표적인 성공 사례로 기억되는 것은 1991년 4월 일본에서 개최된 제41회 세계탁구선수권 대회에 최초의 남북 단일팀인 '코리아팀'이 여자 단체전 우승을 달성한 일이다. 제11회 베이징 아시아 경기 대회 기간 중 남북 공동 응원 등 화해 분위기가 고조된 가운데 1990년 9월 23일 베이징호텔에서 남과 북의 체육부장관(남측 정동성, 북측 김유순) 간에 회담이 이루어졌다. 이 회담에서 남북은 남북통일축구대회 개최에 원칙적으로 합의하는 한편, 바르셀로나 올림픽 경기 대회 등 주요 국제 경기 대회의 단일팀 구성 · 참가와 남북 체육 교류 문제 등을 협의하기 위한 남북체육회담을 조속한 시일 내에 개최하기로 합의하였다. 또한 이 회담에서 남북 체육장관들은 일제 치하에서 민족혼을 일깨우는 데 커다란 기여를 한 바 있는 경평축구대회를 남북통일축구대회라는 이름으로 복원하여 개최할 것을 합의하였다.

이 합의에 따라 1990년 10월 9일부터 13일까지 평양에서, 그리고 10월 21일부터 25일까지 서울에서 남북통일축구대회가 개최되었고, 이 기간 중 한국 측 정동성 체육부장관과 북한 측 김유순 국가체육위원회위원장은 3차례 회담(1 · 2차 평양, 3차 서울)을 갖고 남북체육회담 재개, 남북 단일팀 구성 등 공동 관심사에 관해 1990년 10월 25일 공동 합의문을 발표하였다.

이와 같은 합의에 따라 국제 경기 대회 참가 및 남북 체육 교류 문제를 협의하기 위한 체육 회담이 1990년 11월 29일부터 1991년 2월 12일까지 4차에 걸쳐 판문점 평화의 집과 통일각에서 번갈아 개최되었다. 이 회담을 통해 선수단 호칭, 단기, 단가, 선수 선발 방법에 합의를 이루면서 분단 이후 처음으로 남북 단일팀을 구성하여 1991년 4월 일본에서 열린 제41회 세계탁구선수권 대회와 6월 포르투갈에서 열린 제6회 세계청소년축구선수권대회에 '코리아(Korea)'라는 단일팀으로 참가함으로써 국제 대회에의 단일팀 참가가 실현되었으며, 남북 단일팀인 '코리아팀' 여자 선수들의 단체전 우승이라는 기록을 달성하였다.

1991년 12월 31일 남과 북은 '남북 사회의 화해와 불가침 및 교류 협력에 관한 합의서(이하 남북기본합의서)'를 채택하였고, 1992년 2월 19일 평양에서 열린 제6차 남북 고위급 회담에서 합의서를 발효시켰다. 그러나 합의서에 따른 다양한 정책들이 시행되기도 전에 1993년 3월 12일 북한이 NPT 탈퇴를 선언함으로써 한반도를 위기의 소용돌이 속으로 몰아넣었다. 북한과 미국 간의 핵 협상이 진행되는 동안, 1994년 7월 김일성이 사망함으로써 북한 사회 내 위기 분위기가 고조되었지만, 미국과의 핵 협상은 계속 진전되어 1994년 10월 21일 제네바 합의를 체결함으로써 북 핵 위기는 일단락되었다. 그러나 북한은 통미봉남(通美封南)과 선군 정책을 앞세우고 고립 정책을 추구함으로써 남북 간 교류는 사실상 단절된 상태에 이르게 되었다. 이러한 정치 상황으로 인해 스포츠 분야에서도 아무런 교류가 진전되지 못했으며, 1998년 방콕 아시안게임을 앞두고 단일팀 구성을 의제로 제안된 남북체육회담 역시 북한의 거부로 성사되지 못하였다.

이와 같은 상황이 전환점을 맞이하게 된 것은 국민의 정부가 출범하면서부터였다. 국민의 정부는 출범 초기부터 일관되게 '햇볕정책'으로 대표되는 대북 유화책을 추구하였고, 이는 북한과의 관계에 많은 변화를 초래하였다.

이 시기의 스포츠 교류는 주로 기업 주도로 이루어졌다. 시작은 1990년 11월 현대 고 정주영 회장의 북한 방문이었다. 이후 핵 위기로 한동안 단절되었던 남북 스포츠 교류는 1999년 9월 현대가 북한과 합작으로 평양에 실내 종합체육관을 건설하여 기부하고, 실내 체육관의 기공식을 전후로 남북 농구 경기를 개최함으로써 재개되었다. 북한의 남녀 통일 농구단은 현대산업개발의 정몽헌 회장 초청으로 1999년 12월 22일 서울에 도착하여 3박 4일의 일정을 마치고 북한으로 돌아갔다.

2000년 6월 분단 55년 만에 개최된 남북정상회담은 남북 관계에 획을 긋는 대사건이었다. 남북 정상은 공식적으로 통일의 실현 방식에 대한 합의를 이루었고, 신속한 통일 대신 장기간의 평화 공존과 협력에 동의하였다. 정상회담은 거의 모든 분야에서의 남북 대화 정례화를 위한 기반을 구축하였으며, 6 · 15 공동선언을 통해 정상회담 후속 대화의 틀을 제시하였다. 스포츠 분야에 대한 언급은 공동 선언문 제4항에서 찾을 수 있는데 "남과 북은 경제 협력을 통하여 민족 경제를 균형적으로 발전시키고 사회, 문화, 체육, 보건, 환경 등 제반 분야의 협력과 교류를 활성화하여 서로의 신뢰를 다져나가기로 하였다"로 명기하고 있다.

정상회담 이후 남북 체육 교류는 활기를 띠기 시작했는데, 주로 합작 사업의 형태로 나타났다. 현대아산의 체육 시설 건설 사업, 우인방 커뮤니케이션의 금강산 랠리 사업, 삼성이 평양 현지 공장 설립을 앞두고 평양체육관에 전광판을 기증하고 이를 기념하기 위해 치른 '통일탁구대회' 등이 대표적 주요 사업으로 거론될 수 있을 것이다.

6 · 15 선언 후 남북 스포츠 교류의 첫 번째 작품은 21세기를 여는 첫 번째 올림픽 제전인 2000년 시드니 올림픽 동반 입장이었다. 시드니 올림픽대회 메인 스타디움에서 실시된 제27회 시드니 올림픽 입장식에서 남북한 선수들은 손에 손을 맞잡고 코리아라는 이름의 한반도 깃발을 앞세우고 동반 입장했다.

그러나 이와 같은 상징적 사건에도 불구하고, 남북 스포츠 교류가 모든 분야에서 긍정적 결과물을 낳은 것은 아니다. 북한은 2000년부터 지속된 2002년 FIFA 한일 월드컵 대회의 남북 분산 개최와 관련된 남북 협의에 매우 소극적인 태도를 보였으며, 2001년 봄 일본 오사카에서 개최 예정이었던 46회 세계탁구선수권대회를 위한 남북 단일팀 구성을 위한 회담 제의에도 응하지 않았다. 이처럼 2000년 6 · 15 남북공동선언에서 스포츠 교류를 위한 공동의 노력이 합의된 이후에도 북한은 2002년 초까지 스포츠 교류에 소극적인 자세로 일관해 왔다. 2002 월드컵의 경우도 분산 개최와 단일팀 구성이 목표로 논의되면서 대한축구협회 회장이 FIFA 부회장과 함께 방북해 현안 사항을 협의하였으나 결국 무산되었다.

2002년은 남북 스포츠 교류에 역사적 사건이 발생한 해로 평가된다. 휴전 이후 한국에서 이루어지던 국제 행사에는 무조건 불참하던 북한이 대규모 선수단을 이끌고 2002년 부산 아시안게임에 응원단과 더불어 참석한 것이다. 역시 같은 해 남북 태권도 시범단 교류가 있었고, 태권도 이질성 극복을 위한 공동 학술 대회를 실시하는 등 민간 교류에도 전향적 자세를 보이기 시작했다. 그 후 2003년 대구 유니버시아드 대회에도 선수단과 응원단을 파견하였고, 민간 차원의 남북 체육 교류도 성사시켰다.

이러한 가운데 남북한의 체육 수뇌부가 분단 이후 첫 국제 종합 대회 단일팀 구성을 위한 실무 협상에 돌입하게 된다. 남북한은 2006년 12월 카타르 도하에서 열리는 아시안게임에 단일팀을 파견하기로 합의했다. 김정길 KOC 위원장은 2005년 9월 8일 중국 광저우에서 북측의 문재덕 조선올림픽위원회 위원장과 회동을 갖고 2006년 아시안게임 남북 단일팀 구성에 원칙적으로 합의하고, 조속한 실무위원회 구성 그리고 2006년 봄 남북 축구 단일팀과 브라질 대표팀의 친선 경기 등 세 가지 안에 합의했다. 이 자리에서 셰이크 아메드 알-사바(Sheikh Ahmad al Sabah) 아시아올림픽평의회(Olympic Council of Asia, OCA) 회장은 "남북한이 아시안게임에 단일팀을 파견한다면 OCA 규정을 한시적으로 개정해서라도 이를 돕겠다"고 밝혔다.

남북한은 2006년 카타르 도하 아시안게임 단일팀 구성 합의에 이어 2008년 베이징 올림픽 단일팀 구성에도 합의했다. 남북한은 2008년 올림픽 단일팀 파견을 위해 2005년 12월과 2006년 6월 개성에서 2차례 체육회담을 갖고 단일팀의 단기와 단가, 훈련 방안 등에 대해 대략적인 합의를 이뤘지만, 선수단 구성 비율에 대해서는 이견을 보였다. 이후 3차와 4차 회담에서도 양측은 이견을 좁히지 못했고, 결국 회담은 실패로 끝나고 말았다.

이 시기 남과 북의 스포츠 교류는 매우 활발한 양상을 띠었으며, 단일팀 구성을 통한 국제 대회 참가 합의라는 구체적 성과를 거두었다. 그러나 이는 남과 북의 협력에 의해 도출된 공동의 이익 창출이라고 보기보다는 남측의 일방적 양보에 의한 '배반으로부터의 이득이 존재하지 않는 조화' 상태에서 이루어진 성과라고 보는 것이 타당할 것이다.

이 시기 햇볕정책으로 대표되는 한국의 대북 정책, 특히 스포츠 정책은 기능주의 이론의 확산 효과(spillover effect)와 많은 부분 유사점을 갖는다. 기능주의 이론은 두 사회 간에 기능적인 상호 의존 관계가 생기면 공동의 통합 이익이 생겨나고, 이 공동 이익은 두 사회를 불가분의 관계로 만들어 통합 촉진의 가장 큰 요인이 됨과 동시에, 한 부문에서 형성된 기능적 협조 관계는 다른 분야의 협력 관계를 이끌어낸다고 주장한다. 통합의 방법으로는 국민의 필요를 충족시켜 줄 수 있고, 국가 간의 갈등으로부터 비교적 자유로운 기능적 · 기술적 차원의 협조를 도모한다. 이를 통해 국가들이 상호 이익을 얻게 되면 보다 큰 협력을 유발할 수 있는 다른 영역들로 확산되어 나가고 궁극적으로는 정치적 통합에까지 이를 수 있다는 점진적 단계의 통합 방법을 추구한다는 것이다.

북한은 한국의 통일 정책이 이와 같은 기능주의적 원칙에 기반하고 있다는 것을 잘 인식하고 있었다고 볼 수 있다. 따라서 한국이 남북한 인적 · 물적 교류를 통해 북한을 개혁과 개방으로 유도하고 최종적으로 한국에 유리한 통일 조건 조성을 목표로 하고 있다는 사실 또한 잘 인식하고 있었다. 더불어 국민의 정부와 참여정부가 햇볕정책에 강하게 집착하고 있다는 사실 또한 잘 알고 있었다고 보아야 한다. 이는 바꿔 말하면 북한은 굳이 한국과의 협상에서 무언가를 얻으려 하지 않고, 그때 그때 자신의 선호에 따라 한국의 제안 혹은 정책에 맞장구를 쳐주기만 하면 원하는 바를 얻을 수 있다는 뜻이 된다. 즉 이 시기 남북한의 스포츠 교류는 갈등 조절을 통해 이익을 얻어내는 협상 혹은 협력의 상태가 아닌 조화의 상태에 가깝다고 볼 수 있다는 것이다.

이 시기 남북 스포츠 교류에 임했던 북한의 태도는 이와 같은 맥락에서 이해될 수 있다. 즉 북한은 한국 측의 정책 목표를 충분히 이해하고 있었으며, 교류 협력을 통해 북한 체제 변화를 유도하려는 한국과 '보다 많은 접촉'과 '보다 많은 교류'를 받아들여 한국의 통일 정책에 말려들기보다는, '제한된 접촉'과 '선호하는 교류'만을 받아들여 국제적 고립과 경제적 어려움을 극복하기 위해 시간 벌기나 숨고르기를 했다라고 평가할 수 있을 것이다. 따라서 이 시기 남과 북의 관계는 상호성의 원칙에 근거했다기보다는 (상대방의 대응에 상관없이)보답 없는 협력을 결정했던 남측의 정치적 선택으로 인하여 (상호 작용이 존재하지 않는 상태에서)북한의 일방적 이득이 발생하는 조화의 구조였다고 평가할 수 있을 것이다.

3) 성공과 실패의 결정 요인

〈그림 7.1〉은 기존 연구들을 참조하여 남과 북의 스포츠 교류 사례들을 시기적 맥락 속에서 정리한 것이다. 남한과 북한은 시기적 상황에 따라 공세적 자세, 타협적 자세, 수세적 자세로 그 태도를 변화시켜 왔다. 휴전 이후 냉전기에는 북한이 공세적이었던 데 반해 남한은 수세적이었고, 탈냉전을 전후한 격변의 시기에는 남한과 북한 모두 타협적 자세를 표출하고 있다. 탈냉전기에 접어들어 체제 경쟁이 일단락되고 남북한 간의 경제적 격차가 확연히 벌어졌을 때부터는 남한이 공세적 자세를 취했던 데 반해 북한이 수세적 자세를 유

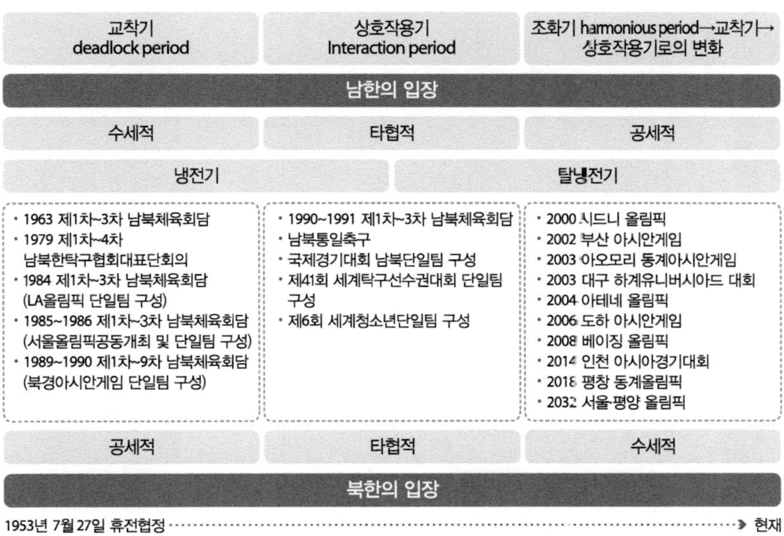

그림 7.1 남과 북의 스포츠 교류 관계도

출처: 정기웅, 2020, 312.

지하고 있음을 확인할 수 있다.

또한 냉전기의 남북 교류는 '상대방 목표 달성의 제동'을 협상 목표로 삼는 '교착기'의 성격을 표출하고 있다면 탈냉전기에 접어들면서 양측 모두 '타협적' 태도를 취함으로써 진정한 의미에서의 '상호 작용'이 발생하였고, 탈냉전의 후기에 이르러서는 남한이 북한에 대하여 일방적 양보의 태도를 취하는 '조화'의 시기가 존재하고 있음을 발견할 수 있다. 물론 탈냉전 후기에도 정권의 성격과 국제 정치적 맥락에 따라 '교착'과 '상호 작용'의 시기가 교차하여 등장한다.

결국 〈그림 7.1〉이 의미하는 것은 남과 북의 스포츠 교류가 성공적 결과를 도출해낸 것은 남한이 북한에 대하여 일방적 양보의 태도를 취하는 '조화기'에 집중되어 있다는 사실이다. 이는 향후 남북 스포츠 교류가 유의미한 결과를 얻어내기 위해 어떤 전략을 취해야 하는가에 대한 강력한 시사점을 제공한다.

7.3
남북한 스포츠 교류의 현황

1) 평창 동계올림픽과 단일팀

2018년 평창 동계올림픽의 경우 단일팀 구성을 위한 협상이 이루어지기 전에 이미 남북한 공동 개최 아이디어가 제기됨으로써 한 차례 논란이 된 바 있다. 2011년, 손학규 민주당 대표는 평창 동계올림픽 유치가 확정된 직후 평창 동계올림픽의 남북 공동 개최를 주장하고 나섬으로써 논란의 불씨를 당겼다. 2011년 7월 11일 강원도 평창의 알펜시아 리조트에서 개최된 최고위원회의에서 손 대표는 "우리는 남북 단일팀 구성과 공동 훈련 기반 조성을 넘어서 평창 동계올림픽을 준비할 것"이며 "강원도에서 평창 동계올림픽을 남북 공동으로 개최하는 방안을 심각하고 진지하게 검토하겠다"고 밝혔다. 손 대표의 발언은 당장 주목을 끌었으며 정동영을 비롯한 여러 정치인들에 의해 확대 재생산되었다. 공동 개최 여부를 놓고 보수와 진보, 찬과 반, 통일과 반통일로 나뉘어 격렬한 논쟁이 전개되었지만 공동 개최에 대한 북한의 반응을 이끌어내지 못했고, 후속 논의가 불발됨으로써 단순한 정치적 수사로 끝나고 말았다. 상기한 〈표 7.1〉에 제시된 유형들 중 제3유형에 정확히 들어맞는 사례라고 할 수 있다.

이후 남북 관계 경색으로 수면 아래로 잠수하였던 남북한 공동 개최 논의는 문재인 정부 출범과 함께 남북 단일팀 구성 논의로 되살아났다. 문재인 정부의 출범 시기를 감안할 때 이미 시기적으로 남북한 공동 개최가 현실적으로 불가능한 상황에서 차선책으로 제시될 수 있는 것은 남북 단일팀을 구성하여 올림픽에 출전하는 것이었으며, 이는 문재인 대통령의 제안으로 현실화되었다.

문재인 정부는 평창 동계올림픽을 남북한 관계 개선의 도구로 사용하고자 하였다. 2017년 6월 24일부터 30일까지 전라북도 무주에서는 세계태권도연맹(World Taekwondo, WT)이 주최하는 세계태권도선수권대회가 개최되었고, 북한의 장웅 IOC 위원이 국제태권도연맹(International Taekwondo Federation, ITF) 태권도 시범단과 함께 참석하였다.

6월 24일 개막식 축사를 통해 문재인 대통령은 "최초로 남북 단일팀을 구성해 최고의 성적을 거뒀던 1991년 세계탁구선수권대회와 세계청소년축구대회의 영광을 다시 보고 싶고, 남북 선수단 동시 입장으로 세계인의 박수갈채를 받았던 2000년 시드니올림픽의 감동을 다시 느껴보고 싶다"면서 단일팀 구상에 대한 입장을 밝혔다. 문재인 대통령의 축사는 그 문맥상 '남북 단일팀, 남북 선수단 동시 입장, 공동 응원단 구성' 등의 제안이 동시에 담겨 있는 것으로 해석되었다.

이러한 제안에 대한 북측의 답변은 처음에는 부정적이었다. 장웅 IOC 위원은 "1991년 지바 세계탁구선수권 당시 단일팀 구성을 위한 회담만 22번 했으며, 다섯 달이 걸렸다. 쉽지 않다"라는 답변을 내놓았다. 장웅 위원은 정치의 역할을 강조했다. "(미국과 중국 수교 직전) 핑퐁 경기(핑퐁 외교)가 중 · 미 관계를 개선한 것도 정치적 지반이 다져졌기 때문입니다. 핑퐁으로 (미 · 중 수교가) 됐다? 아닙니다. 정치적 환경이 해결돼야 합니다. 스포츠 위에 정치가 있습니다"는 장웅 위원의 답변은 북측이 중시하는 것이 무엇인지를 명확히 드러내 보여주었다.

몇 개월 후 북한 김정은은 2018년 1월 1일 신년사를 통해 평창 동계올림픽 참가를 시사했다. 남측은 즉각 화답하고 나섰고, 1월 9일 판문점에서 남북 고위급 회담이 개최되었다. 남북 고위급 회담에서 북한은 평창 동계올림픽에 고위급 대표단과 선수단, 응원단과 예술단, 참관단까지 대규모 대표단을 파견하겠다는 제안을 했다. 남과 북이 평창을 관계 개선의 지렛대로 삼겠다는 의지가 명확히 표출된 이 회담에서는 평창 동계올림픽 문제뿐 아니라 '군사 당국 회담, 이산가족 상봉을 위한 적십자 회담, 비핵화 회담' 등 남북 간 현안이라고 할 수 있는 온갖 문제들이 쏟아져 나왔다.

결과적으로 남북은 평창 동계올림픽에 일부나마 단일팀을 구성해 참가하는 데 성공하였고, 이는 장웅 위원의 언급을 받아들인다면 '정치적 환경이 해결'되었기 때문에 가능했다고 볼 수 있다. 그렇다면 2018년의 단일팀 구성은 어떤 맥락에서 가능했는가?

냉전의 붕괴 이후 남북 스포츠 교류의 사례들을 살펴보면 대개의 경우 남측이 이니셔티브를 취하고 북한이 이를 받아주는 양상을 보여 왔음을 발견할 수 있다. 그러나 이러한 우호적 관계의 지속은 김대중 · 노무현 정부와 같은 소위 진보 정권하에서만 이루어졌고, 이명박 · 박근혜 정부와 같은 보수 정권하에서는 관계가 경색됨으로써 스포츠를 통한 교류도 중단되었다. 2018년의 단일팀 구성이 가능했던 것은 박근혜 탄핵으로 문재인이 대통령에 당선됨으로써 남한에 진보 정권이 다시 수립되었기 때문이라는 주장이 가능하다.

문재인 정부로서는 탄핵 후 당선된 대통령으로서 국민 통합을 이룩함과 동시에 한반도가 처한 불확실성을 남북 관계 개선으로 돌파하고자 하는 정치적 목표를 갖고 있었다고 볼 수 있다. 북의 연이은 핵 실험과 핵 개발 프로그램의 추진은 동북아의 전략 균형 자체를 뒤흔드는 요소로 작동하고 있었으며, 미국 트럼프 행정부의 출범 이후 지속되고 있는 안보 · 경제 영역에서의 한 · 미 간 불협화음의 노출, 사드(THAAD) 배치로 인한 한 · 중 갈등 상황, 갈수록 심화되고 있는 일본의 우경화 및 러시아의 아시아 중시 정책 등으로 한반도를 둘러싼 전략적 상황은 매우 복잡하고도 미묘한 양상을 표출하고 있었다. 특히 2017년에는 북한의 ICBM이 제기할 수 있는 위협으로 미국이 한국을 제치고 중국 혹은 북한과 직접적인 거래를 함으로써 한국의 이익이 보장받지 못할 수 있다는 '한국 제치기(Korea passing)'의 가능성이 공공연히 언급되고 있었다. 또한 동맹의 연루(entrapment)와 방기(abandonment)의 선택 중에 방기의 가능성이 높아지고 있다는 주장들이 제기됨으로써 한국의 안보 상황이 마냥 낙관적일 수만은 없다는 인식이 확산되고 있었다. 이와 같이 불안정한 상황에서 문재인 정부로서는 올림픽을 평화 확보를 위한 하나의 수단으로서 활용하고자 하는 시도를 충분히 감행할 만했던 것이며, 그 결과는 성공적이었다.

북한의 입장에서도 문재인 정부의 제안을 받아들일 여러 이유가 존재했다. 2011년 김정일 사후 북한의 새로운 지도자로 세습에 성공한 김정은은 지난 시간 동안 숙청과 공포 정치를 통해 북한 내부의 질서를 장악하는 데 성공하였고, 남한의 보수 정권 동안 경색되어 있던 남북 관계를 호전시킴으로써 경제 상황 개선과 대내외적 위신 확보를 꾀하고자 하는 의도를 갖고 있었다고 볼 수 있다. 지속적인 핵 개발과 미국과의 갈등 관계에 따른 경제 제재로 북한으로서는 상황을 호전시키기 위한 남측의 도움이 절실하였고, 평창 동계올림픽은 남한 및 국제 사회와의 관계를 개선할 수 있는 절호의 기회로 작동하였다. 따라서 북한으로서는 남측의 제안을 마다할 이유가 없었던 것이다.

2017년의 시기적 상황을 감안할 때, 냉전 종식 후 이미 수십 년이 지났으며 과거 공존할 수 없다고 여겨졌던 국가들 간 협력의 경험이 이미 일상화되어 있었다. 이러한 상황에서 유일한 냉전의 잔재로 남아 있는 분단된 남북으로서도 굳이 적대적 감정을 공공연하게 드러낼 필요가 없었으며, 남과 북 모두 협력을 통한 긍정적 결과가 필요한 상황이었다고 할 수 있을 것이다. 일반 국민들의 경우 세대 교체로 인해 분단 1세대가 갖고 있었던 만큼의 통일에 대한 열망이 지속되고 있다고 보기는 힘들지만, 이는 달리 접근하면 남북 관계의 진전에 대해 결정적 이해 관계를 갖고 있지 않은 까닭에 그 진전 상황에 대해 굳이 어떤 적극적 의사 표현을 하고 싶지 않은 상태였다고도 볼 수 있다. 즉 남과 북이 단일팀을 구성하든 통일에 가까워지든 남북 간 역사적 만남이 이루어지든 간에 일반 대중의 관심은 한반도의 역사적 변화 모습보다는 각자의 개별적 상황에 집중되는 성향을 표출하였음을 부인할 수 없다. 다른 한편으로 단일팀 구성을 놓고 기존에 구성된 국가대표팀 선수들에 대한 불이익이라는 일부 의견이 개진되었으나, 남북 관계 개선과 한반도 평화라는 대의적 목표 달성이 보다 더 중요하다는 주장을 넘어서지 못했다. 이는 남북 관계 진전에 대한 정부의 부담을 덜어주는 결과를 가져옴으로써 정부로서는 보다 덜 부담스러운 입장에서 적극적 접촉을 취해 나갈 수 있었다고 볼 수 있다. 더불어 촛불의 경험이 상징하는 선출된 정부에 대한 절대적 지지는 남북 관계 개선에 대한 정부의 의지를 강화시키는 데 큰 역할을 했다고 볼 수 있다.

2) 도쿄 올림픽과 남북한 협력

코로나바이러스감염증-19(COVID-19)의 전 세계적 유행으로 2020

년 7월 24일부터 8월 9일까지 17일에 걸쳐 개최될 예정이던 도쿄 올림픽이 연기되었다. 여러 가지 이유로 마지막 순간까지 예정된 개최에의 미련을 버리지 못했던 아베(安倍晋三) 일본 총리와 바흐(Thomas Bach) 국제올림픽위원회(International Olympic Committee, IOC) 위원장도 캐나다와 호주를 비롯한 각국 국가올림픽위원회(National Olympic Committee, NOC)의 불참 통보와 잦아들 줄 모르는 코로나 바이러스의 위세에 결국 뜻을 꺾어야만 했다.

전염병으로 인한 올림픽 연기는 1896년 근대 올림픽 출범 이후 처음 있는 일이다. 현재로서는 2021년 7월 23일부터 8월 8일까지로 일정을 변경하겠다고 발표한 상태지만, 이후의 상황이 어떻게 전개될지 누구도 자신 있게 대답할 수 없는 현실이다. 도쿄 올림픽의 연기로 일본과 IOC뿐 아니라 2032년 올림픽 남북한 공동 개최를 계획하고 있는 한국의 행보 또한 차질을 빚게 되었다. 올림픽 개최 연기로 올림픽 전에 개최되는 IOC 총회 또한 순연되었고, 이로 인해 올림픽 남북한 공동 개최를 적극 홍보하려던 한국의 구상 또한 변화를 모색할 수밖에 없기 때문이다.

올림픽 개최지 선정은 개최 7년 전에 이루어져 왔고, 이를 따른다면 2032년의 개최지는 2025년에 결정되어야 한다. 그러나 IOC는 2019년 6월 스위스 로잔에서 개최된 제134차 총회에서 "7년 전 총회에서 개최지를 결정한다"라는 문구를 올림픽 헌장에서 삭제하였다.[8] 따라서 개최를 희망하는 도시들의 투표를 대비한 홍보 활동은 예전의 경우들보다 훨씬 일찍 시작될 것이라고 예측할 수 있다. 특히 올림픽이 개최되는 해의 IOC 총회는 대의원 설득과 홍보를 위한 좋은 기회이며, 도쿄의 경우 한국과 지리적으로 인접한 까닭에 북한과의 공동 참가 등을 통해 남북한 공동 개최의 필요성과 당위성을 주장하고 홍보 활동을 진행하는 데 있어 유리한 기회임에 분명하였다. 한국으로서는 이러한 기회를 최대한 효과적으로 활용하기를 기대하였을 것이나 IOC의 연기 결정으로 이러한 기대는 물거품이 되었다.

다른 한편으로 2032년 올림픽을 남북한이 공동 개최하겠다는 한국 정부의 계획은 희망에 불과할 뿐 현실성과 실효성이 없다는 일부의 주장을 감안한다면 도쿄 올림픽 개최 연기가 오히려 다행일 수도 있다. 현재 북한의 호응이 전혀 없는 상황에서 한국 정부만 일방적으로 남북한 공동 개최를 주장하고 있는 모양새이며, 국제 스포츠계 또한 남북한 공동 개최에 보수적 입장이 지배적이다. 따라서 도쿄 올림픽 연기를 기회로 삼아 남은 기간 동안 북한을 설득해 도쿄 올림픽에 함께 참여함은 물론 적극적 홍보 활동을 통해 2032년 올림픽의 남북한 공동 개최를 추진할 수 있는 가능성이 아직은 살아 있다고 볼 수 있기 때문이다. 따라서 한국 정부로서는 도쿄 올림픽을 남

---

8 2018년 10월 9일자로 발효된 올림픽 헌장 제33조 2항에는 "IOC 집행위원회는 총회가 개최 도시를 선정할 때까지 준수할 모든 절차를 결정한다. 예외적인 경우를 제외하고, 개최 도시 선정은 올림픽대회 개최 7년 전에 이루어진다(The IOC Executive Board determines the procedure to be followed until the election by the Session takes place. Save in exceptional circumstances, such election takes place seven years before the celebration of the Olympic Games.)"라고 명시되어 있으나, 2019년 6월의 제134차 총회 결과 개최지 선정과 관련된 시한(時限)이 철폐됨으로써 위의 두 문장 중 두 번째 문장이 올림픽 헌장에서 삭제되었다. International Olympic Committee, 2019, *Olympic Charter in force as from 26 June*. https://stillmed.olympic.org/media/Document%20Library/OlympicOrg/General/EN–Olympic–Charter.pdf#_ga=2.22191931.1271689593.1587373872–676820936.1585225660 (검색일: 2020년 7월 15일).

북한 협력을 되살리는 기회로 적극 활용해야 한다. 우리는 이미 남과 북의 협력을 통해 단일팀 구성, 공동 입장, 공동 응원 등을 이루어 낸 경험이 있다. 이러한 경험에 바탕을 두고 그 형식이 어떠한 것을 취하든 간에 가능한 모든 방법을 동원하여 도쿄 올림픽에서 남북의 협력을 과시함으로써 2032년 서울 · 평양 올림픽 공동 개최를 위한 움직임을 강화해야 한다.

7.4
미래의 서울 · 평양 올림픽 공동 개최

2018년 9월 18일부터 20일까지 평양에서 개최된 남북정상회담에서 문재인 대통령과 김정은 국무위원장은 2032년 하계올림픽 남북 공동 개최에 합의하였고, "남과 북은 2020년 하계올림픽 경기 대회를 비롯한 국제 경기들에 공동으로 적극 진출하며, 2032년 하계올림픽의 남북 공동 개최를 유치하는 데 협력하기로 하였다"라는 공동선언문을 발표하였다. 후속 조치로 두 차례의 남북 체육 분과 회담이 개최되었고, 2018년 12월 14일 개최된 2차 회담에서 하계올림픽 공동 개최 의향서를 IOC에 전달하고 2019년 2월 15일 스위스 로잔에서 IOC와 공동으로 체육 관계자 회의를 개최하기로 합의하였다. 이에 따라 남북한과 IOC 간의 3자 회의가 개최되었으며, 바흐 IOC 위원장은 "2020 도쿄 올림픽 공동 진출과 2032 하계올림픽 공동 유치는 올림픽 정신을 실천하는 매우 큰 상징으로 생각한다"라는 긍정적 반응을 표출하였다.

그러나 적극적으로 추진되던 남북한 올림픽 공동 개최 논의는 시기적 상황의 변화에 따라 수면 아래로 가라앉았다. 무엇보다 수차에 걸쳐 개최된 남북정상회담, 북미정상회담, 남북미정상회담에도 불구하고 이후 진행된 후속 조치 및 일련의 상황들이 북한의 기대에 미치지 못함에 따라 북한의 태도 또한 비협조적으로 변화하였다. 문재인 대통령은 여전히 공동 개최 의지를 강력히 천명하고 있다.

2019년 8월 15일 개최된 광복절 기념식과 10월 4일 제100회 전국체육대회 개회식에서 문재인 대통령은 "2032년 서울–평양 공동 올림픽을 성공적으로 개최"하겠다는 의사를 다시 한번 피력하였고, 2020년 신년사를 통해서도 "2032년 올림픽 남북 공동 개최는 남북이 한민족임을 세계에 과시하고, 함께 도약하는 절호의 기회가 될 것"이며 이는 "남북 정상 간 합의 사항이자 국제 사회와의 약속이기도 하다"라며 올림픽 공동 개최 의지를 굳건히 하였다.

하지만, 이에 대한 북한의 반응은 지극히 냉소적이다. 올림픽 공동 개최를 위한 남측의 협력 요청에 대해 2020년 3월 5일 북한의 선전용 매체인 '우리 민족끼리'는 "남조선 당국은 잠꼬대 같은 황당한 소리를 계속 늘어놓을 것이 아니라 난장판이 된 제 집안의 일이나 바로잡아야 할 것"이라고 응대하였다.

현재의 입장에서 전망한다면 올림픽 남북한 공동 개최는 쉽지 않을 것으로 예측된다. 이는 무엇보다도 북한 측의 적극적 반응이 결여되어 있다는 점에서 그러하다. 지난 남북 스포츠 교류의 경험 속에서 긍정적 결과를 가져온 사례들은 대개의 경우 남측의 제안에 북측이 적극 호응하거나 부정적 견해를 표출하지 않는 상태에서 피동적으로라도 협상에 응대한 경우에 한정되어 있기 때문이다. 그러나 현재의 상태는 남측의 제안에 북측이 적극적 응답을 표출하지 않고 있으며, 한 발 더 나아가 남측을 조롱하고 비난하는 지경에 이르러 있다. 더불어 현재 진행되고 있는 코로나 사태가 북한에 어떠한 영향을 미치고 있는지에 대해 어떠한 확실한 정보도 없다. 따라서 설혹 다른 모든 조건이 충족된다 할지라도 북한 측의 적극적 반응이 없는 상태에서 올림픽 남북 공동 개최가 지속적으로 추진될 수 있을지에 대해 회의적일 수밖에 없다.

남북한 올림픽 공동 개최를 포기하지 않고 지속적으로 추진한다면, 남북 협상의 진전 및 긍정적 결과 도출을 위한 조건들을 파악할 필요가 있다. 상기한 분석을 바탕으로 전망한다면 네 가지를 제시할 수 있다. 첫째, 상황적 조건이다. 둘째, 행위자의 문제이다. 셋째, 이슈의 성격이다. 넷째, 협상의 전략이다.

상황적 조건의 경우 동북아를 둘러싼 전략 환경이 남북한 올림픽 공동 개최에 우호적인가의 여부를 검토해야 한다. 미 · 중 갈등, 일본의 우경화, 러시아의 아시아 중시 정책, 한반도 평화와 통일에 대한 주변국의 입장 등을 감안할 때 남북한 올림픽 공동 개최 추진은 전략 환경에 영향을 끼치는 독립 변수가 될 수도 있고 반대로 전략 환경에 영향을 받는 종속 변수가 될 수도 있다. 우리로서는 남북한 올림픽 공동 개최가 동북아 전략 환경에 영향을 끼치는 독립 변수로 작동할 수 있도록 주변국들을 설득함으로써 북한을 협상의 장으로 끌어내야 한다.

행위자의 경우, 이슈의 성격이 현재로서는 동질적 이슈에 가깝다고 전제할 때 북한 내부 지지자나 남한 내부 지지자를 겨냥한 전략 행동보다는 북한 지도부를 겨냥한 전략 행동이 훨씬 효율적이다. 김정은의 소위 '통 큰 결단'을 이끌어내기 위해서는 공동 개최에 대한 남측의 의지가 강력하며 변하지 않았음을 지속적으로 발신할 필요가 있다. 이러한 점에서 북한의 반응에 상관없이 지속적으로 공동 개최 의지를 표출하고 있는 현 남측의 전략적 선택은 높이 평가받을 필요가 있다.

마지막으로 협상 전략의 측면에서 남측은 북측의 상황 인식을 포지티브 섬(positive-sum)의 영역에 위치하게 함으로써 상호 이익의 조정을 통한 현안 의결 및 합의 이행을 약속하게 유도해야 한다. 협상 장소와 대표자의 경우 굳이 상호성의 원칙에 집착하기보다는 가능한 북한이 선호하는 장소에서 협상이 개최되는 것을 허용하고, 협상 대표단의 지속성을 보장함으로써 예측 가능한 전개가 이루어지도록 유도할 필요가 있다.

2032년 올림픽의 남북한 공동 개최를 위해서는 북한의 정치적 결단을 이끌어낼 수 있는 정치·외교적 접근이 선행되어야만 한다. IOC의 승인을 얻기 위한 여타의 절차적 노력들과 당위성의 전파, 그리고 국제 사회에 대한 설득도 중요하지만, 무엇보다 중요한 것은 북한의 협력이기 때문이다. 북한의 협력을 끌어내는 것은 많은 부분 한국 정부의 정치적 결단과 접근 방식에 의존할 수밖에 없다.

〈표 7.1〉과 〈그림 7.1〉에서 확인할 수 있듯이 역사 속에서 남과 북의 스포츠 교류가 어떤 유의미한 결실을 거두었던 경우는 남측이 지속적 협력의 태도를 표방했던 시기에 집중되어 있음을 기억하는

일은 향후 우리가 지향해야 할 협력의 방향성에 대한 하나의 지침으로 작동할 수 있을 것이다. 2032년 서울 · 평양 올림픽 공동 개최를 위한 남북한의 긴밀한 협력을 기대하며, 올림픽 공동 개최가 민족의 평화와 번영을 위한 결정적 전기가 되기를 소망한다.

제 8 장

북한의 집단 정체성[1]

이현주
고려대학교

8.1
북한 집단 정체성 연구의 필요성

휴전 이후 남한은 극동 아시아 최전선으로 북한과 대치하며 고도의 산업화를 이루었다. 북한은 중국과 순망치한의 동지로서 시대를 역행하여 3대 세습의 신정 체제 왕조 국가가 되었다. 한반도의 두 개의 국가는 70년간 반목하면서 여전히 다투고 있다. 또한, 한국전쟁의 혈맹이었던 미국과 중국의 지원을 받고 있다. 미국과 중국은 현재 세계의 패권을 두고 갈등을 빚고 있다. 남한은 일제 청산과 전쟁 및 급격한 산업화 과정에서 생긴 부작용으로 남남 갈등이 극에 달해 있고 물질 만능주의의 병폐도 심각하다. 북한은 사회주의로서는 양립할 수 없는 세습 국가가 되어 시계를 과거로 돌린 채 연명하고 있다. 인민의 생활은 무시한 채 왕조 체제 유지를 위한 국방력 강화에 몰두하고 있다.

휴전은 종전이 아니므로 한반도는 아직 전쟁 중이다. 서로 갈등 중인 남한과 북한은 70년 전 같은 민족이었나 싶을 정도로 서로에 대해 이해하기 어려운 상태가 되어버렸다. 역사학자들은 자신들이 보고자 하는 것을 보고 남기고자 하는 것을 글로 남긴다고 토인비

---

1 이 장은 이현주. 2011. "북한 집단주의 특성요인과 심리적 분석에 관한 연구" 고려대학교 박사학위 논문을 수정 · 보완하여 작성된 것임을 밝힌다.

는 말했다. 지난 70년간 우리가 북한에 대해 보고자 했던 것은 무엇이었고 남기고자 한 것은 무엇일까. "한반도의 통일은 올 것이다"라는 전제를 버릴 수 없기에 통일을 준비하기 위한 작업은 계속되고 있다. 시중에는 북한과 관련된 다양한 자료와 정보가 넘쳐나고 있다. 자료와 정보는 많지만 북한은 외부와 차단된 사회이므로 그 실체를 정확히 알기는 어렵다. 그러나 북한은 정말 이해하기 어려운 체제인가. 북한을 이해하는 새로운 키워드로 이 장에서는 북한의 집단 정체성 형성의 대내외 환경과 특성 및 그 전망을 분석하고자 한다.

2011년 발표된 조선민주주의인민공화국사회주의헌법 1장 제12조는 "조선민주주의인민공화국은 로동 계급이 령도하는 로농동맹에 기초한 전체 인민의 정치사상적 통일에 의거한다. 국가는 사상혁명을 강화하여 사회의 모든 성원들을 혁명화,로동계급화하며 온 사회를 동지적으로 결합된 하나의 집단으로 만든다"고 규정한다. 또한, 제5장 공민의 기본 권리와 의무 제63조 조선민주주의인민공화국에서 공민의 권리와 의무는 "하나는 전체를 위하여, 전체는 하나를 위하여'라는 집단주의 원칙에 기초한다"고 규정한다. 북한에서 집단주의는 생활 양식의 차원을 넘어서는 헌법으로 규정된 공민의 권리이자 의무이다. 사회주의권의 몰락과 북핵 문제로 인한 경제 조치에도 북한이 건재한 것은 김일성 주체사상(이하 주체사상)을 중심으로 하는 집단주의 결과 형성된 북한의 집단 정체성과 무관하지 않다. 이 장에서는 북한의 집단 정체성을 '김일성 유일 사상 체계 집단 정체성(이하 집단 정체성)'이라 정의하고자 한다.

북한의 체제에 대한 연구는 전체주의적 접근이 주류였다. 외형적으로 북한은 전체주의적 특성을 온전히 보여주는 체제이므로 전체주의적 접근은 가장 유효하다 할 수 있다. 그러나 전체주의적 접근으로 북한을 설명하기에는 한계가 있다. 사회의 현상을 설명하는 방법은 다양하다. 북한과 같이 복잡한 사회는 더욱 그러하다. 전체주의적 접근으로 이해되지 않는 북한의 특성을 이해하는 방법으로 북한의 집단 정체성에 대한 연구가 다음과 같이 진행되었다.

북한의 집단 정체성에 대한 연구를 보면, 사회주의 체제 성립 이론과 헤게모니 이론을 근거로 북한 집단주의의 성격을 '강제적 성격'과 '자발적 성격'으로 분류하였다. 연구는 북한 집단주의 심리적 특성을 인지적 요인, 내면화 요인, 심리적 요인으로 도출하였다. 1990년대 이후 탈북자 수기 1,000여 건과 30명의 심층 면접을 통해 조사 질문지를 구성하고 302명에 대한 조사와 분석을 통하여 각 요인을 지수화하였다. 연구는 마취(March)와 올센(Olsen)의 신제도주의적 관점으로 과잉 사회화된 북한 주민들의 집단주의 성향을 분석하였다. 마취와 올센은 역사적 제도주의 관점에 규범을 강조하였다. 행위자의 개성과 의지보다는 규칙을 통해 축적되어 온 역사적 전통이 더욱 중요하고, 결과에 대한 기대보다는 규범과 도덕적 의무감이 보다 중요하며, 비용과 편익의 계산보다는 정체성과 적절성에 대한 해석이 더욱 중요하다는 것이다. 북한의 정치 사회화는 국가 체제가 지향하는 가치와 신념 및 태도를 국민에게 내면화시키는 것이며, 수단으로 가족, 학교 동료 집단, 교회, 청소년 단체, 사회 조직, 군대, 매스미디어 등이 동원된다. 그 과정에서 과잉

사회화가 이루어졌고 그러한 과잉 사회화는 북한 집단 정체성 형성에 기여하였다고 할 수 있다.[2]

북한 이탈 주민에 대한 조사 연구에서 북한 체제와 정치적 분리 시에 나타나는 불안을 분석하였다. 정치적 분리 집단의 불안이 그 이외 집단보다 유의하게 높게 나타났는데, 이를 통해 북한 체제와 정치적 결합이 발생하였고 이러한 정치적 결합을 통해 집단주의 소속감, 안전, 생존을 보장받았으며, 반대로 체제와 정치적 결별 시에 불안이 나타나는 것으로 볼 수 있었다. 그러므로 집단주의에서 형성된 심리적 요인이 체제 유지에 기여한다고 볼 수 있을 것이다.[3]

푸코는 집단 정체성 형성 요인으로 '관련 지식 형성', '권력 체계', '타자와 자신을 구분 짓는 관계 방식'을 제시하였다. 따라서, '관련 지식 형성', '권력 체계', '타자와 자신을 구분 짓는 관계 방식'으로 북한의 집단 정체성 형성을 분석하고 '김일성 유일 사상 체계 집단 정체성'이라 정의하였다.[4]

또한, 켄 윌버의 통합 사상 관점에서 북한의 김일성 유일 사상 체계 집단 정체성을 분석한 결과, 북한 집단 정체성의 자발적 성격은 규범적 성격보다 다소 높은 통합의 단계이나 켄 윌버의 모든 사상을 아우르는 통합 사상의 단계에는 이르지 못한 것으로 볼 수 있

---

2 이현주, 2012, "경제난 이후 북한 주민 충성도의 유지와 변화에 대한 연구", 『북한연구학회보』, 제16권, 제2호, pp. 135–171.

3 이현주, 2013, "북한 주민의 정치적 분리와 불안", 『북한연구학회보』, 제17권, 제1호, pp. 147–177.

4 이현주, 2016b, "북한의 집단 정체성과 한반도 미래 세대 사회 통합 정체성", 『아태연구』, 제23권, 제2호, pp. 277–310.

었다.[5]

귀스타브 르봉의 '심리학적 군중' 형성 요인을 중심으로 북한의 집단 정체성 형성과 변화를 고찰하였다. 통치 이념인 김일성 주체사상을 '전통적인 한(韓) 사상의 계승과 종교적 · 정치적 변형 과정'이라는 관점에서 보았다. '특정한 자극 요인'인 '6 · 25전쟁과 미국', '무의식적 요소'인 '한(韓) 사상', '정신적 감염'인 '군중 노선'을 통해 집단 정체성 형성 과정을 분석하였다. 김일성 주체사상은 시대에 따라 ① 마르크스 레닌 철학과 한(韓) 사상이 결합하는 첫 고리에서는 인간의 존엄성이 살아 있으나, ② 권력 독재의 수단인 수령론에 의해 왜곡되고, ③ 권력 세습의 목적과 함께 사회 정치적 생명체론으로 변형되며, ④ 공산권 붕괴로 밀어닥친 체제 위기 속에서 마르크스의 인간 중심 철학론으로 되돌아와 ⑤ 핵 무력의 개발과 핵 체제 완성이라는 현상적 실체의 구현, 즉 유물사관의 물리적 실현에 성공했다고 할 수 있다. 따라서 북한 핵 무력은 김일성 주체사상의 물리적 구현이며 그 핵심 고리는 김일성 주체사상이 아니라 전통적인 한(韓) 사상이다.[6] 이러한 북한의 집단 정체성에 대한 연구는 한반도의 분단 이후 통일과 사회 통합을 위해 북한을 이해할 수 있는 연구가 될 것이다.

---

5 이현주, 2017, "켄 윌버의 통합심리학 관점에서 본 김일성 유일 사상 체계 집단 정체성과 한반도 사회 통합", 『아태연구』, 24권, 제1호, pp. 5–37.

6 박요한 · 이현주, 2017, "김일성 주체사상의 한반도 핵 무력 체제 구현 과정: 통치 이념의 철학적 기초와 집단 정체성 변화를 중심으로", 『아태연구』, 24권 제4호, p. 17.

8.2
김일성 유일 사상 체계 집단 정체성의 태동

1) 김일성의 등장과 토지 개혁

북한은 지도자 1인 유일 지도 체제이다. 북한에서 지도자는 다양한 '교시'를 하달한다. 주체 농법, 주체 공법, 주체 임법의 모든 분야에 '교시'를 내린다. 이러한 '교시'는 지도자의 능력을 절대시하는 '수령의 무오류성' 때문에 가능하다. 신격(神格)의 지도자는 주체사상으로 북한을 이끈다. 이러한 주체사상을 중심으로 북한 집단 정체성이 형성된 토대를 이해하기 위해 몇 가지 사건에 주목할 필요가 있다. 그것은 김일성의 역사적 등장과 북한의 토지 개혁 및 김일성 수령 유일 지배 체제 구축을 위한 정치 사회화 과정이다.

김일성은 1941년부터 1945년 해방 전까지 소련 붉은 군대 극동군사령부 소속 88저격여단에서 대위로 복무하였다. 그 전에는 중공군에서 활동하였다. 소련은 1945년 8월 초에 한반도에 들어왔다. 히로시마에 2발의 원폭이 투하되어 일본의 패전이 확실해진 후였다. 김일성은 9월 19일 소련 군함 '푸가초프'호를 타고 부인 김정숙과 소련에서 태어난 당시 김유라로 불렸던 김정일과 함께 원산항으로 귀국하였다. 자신이 북한 최고의 권력자가 될 것이라고 상상해본 적이 없다고 회고하는[7] 김일성이 어떻게 북한 최고 권력자가 되었는가.

---

7 김일성, 1992, 『세기와 더불어』.

결정적인 계기는 김일성이 소련의 전폭적인 지원을 힘 입고 국내에 입국한 일이라고 볼 수 있다. 김일성은 당시 조만식 등 많은 국내외 경쟁자들을 제치고 소련의 지지를 받았다. 민족주의자 조만식은 당시 한반도를 분할하려는 소련의 정책에 반대했으며 6·25전쟁 중에 사망한 것으로 알려져 있다. 태평양 너머의 미국보다는 한반도 정세에 밝았던 덕분에 소련은 일본 패망 후 국내 친일파 척결에 적극적이었다. 당시 한반도의 민심은 이러한 소련이 내세우는 사회주의 정권에 상당히 호의적이었다. 이러한 분위기는 소련이 내세운 지도자 김일성에 대해서도 이어졌다. 당시 만주 지역에서 항일 운동을 하던 김일성 장군의 호칭을 김일성이 사칭했다는 일설도 있다. 그 이유는 김일성이 처음 대중 연설자로 나선 1945년에 김일성의 나이가 34세에 불과했기 때문이다. 그러므로 오랜 기간 항일 운동을 한 김일성 장군이 아닐 것이라는 것이다.

이러한 김일성이 한반도 이북에서 민심을 확고히 잡은 계기는 1946년 신속히 단행한 토지 개혁 때문이었다고 볼 수 있다. 북한은 1946년 3월 5일 토지 개혁에 대한 법령을 공포했다. '무상 몰수 무상 분배'이다. 식민지의 곤궁했던 삶에서 갑자기 해방된 후 개인 소유의 땅을 갖게 된 소작농들에게 북한은 지상낙원과 같았을 것이다. 당장 현실은 크게 나아진 것이 없었다. 하지만 일제 치하의 고통을 겪은 인민들에게 나라가 생기고 땅이 생긴 일은 꿈과 같은 경험이었을 것이다. 김일성을 어버이와 같이 섬길 이유가 생긴 것이다.

그러나 북한의 토지 개혁은 국유화를 위한 예비 단계였다. 농민은 분배된 토지에 대해 매매, 임대, 저당, 상속을 할 수 없는 경작권만

받았다. 또한, 6월에 연간 소출의 25%라는 현물세를 부과했다. 소출의 25%라는 현물세와 애국미 헌납 운동 등으로 추가 납부되는 부분까지 고려하면 농민의 실제 소득은 크게 나아지지 않았다. 그럼에도 친일파 재산 몰수와 동시에 이루어진 토지 개혁은 한반도 전체에 사회주의 정권에 긍정적인 인식을 만드는 데 크게 기여했다고 볼 수 있다. 기존 지주들이 토지를 잃고 월남하여 북한에는 이제 정권에 반대하는 세력이 사라지게 되었다. 반면 남한의 토지 개혁이 농민을 자작농이 될 수 있게 함으로써 정권의 지지 세력이 되었으나 지주들은 정권에 반대 세력이 되었다는 것과 대비되는 대목이다.

그 후, 북한의 농업은 1953년 8월 당중앙위원회 제6차 전원회의에서 협동화 방침을 채택하고 농민들을 자연 부락 단위의 협동조합에 강제 편입시키기 시작했다. 1958년 8월에 이르러 사회주의적 소유 형태인 농업협동조합 체계를 갖추게 되었다. 그 뒤 자연 부락 단위의 농업협동조합이 1962년에 협동농장으로 개칭되었다. 1962년 협동농장은 농업 생산력 증대를 위해 농업협동조합을 말단 행정 단위인 리(里) 단위로 통합하여 그 규모를 크게 하였다. 이에 따라 북한의 농업 생산 체계는 토지 및 생산 수단의 협동적 소유에 바탕을 둔 협동농장과, 국유에 바탕을 둔 국영 농/목장으로 이원화되었다.

정권 초기 김일성은 교육 사업에 집중하였다. 체계적인 교육을 받지 못한 김일성이었지만 교육의 중요성에 대해서는 누구보다도 잘 알고 있었다. 전쟁에서 부모 잃은 고아들을 데려다 돌봐주고 교육을 시켰다. 사회주의 전사를 양성한 것이다. 부모를 잃고 떠돌이 생활을 하던 고아들이 받은 교육은 일본과 미국 제국주의와 그 앞잡이 남한에 목숨 걸고 투쟁하라는 사상 교육이 가장 우선되었을 것이라는 것은 쉽게 추정이 가능하다.

> 학원에서는 학생들에 대한 정치사상 교양을 강화하는 것이 매우 중요합니다. 정치사상 교양 사업은 학생들의 실정과 우리 앞에 나서고 있는 혁명 임무에 맞게 하여야 합니다. 우리는 학생들 속에서 정치사상 교양을 강화하여 일제 사상 잔재와 봉건 사상 잔재를 하루빨리 뿌리빼야 하겠습니다. 이와 함께 학생들을 조국과 인민을 열렬히 사랑하며 조국과 인민에게 충실히 복무하는 애국주의 사상으로 무장시키며 선진적인 맑스-레닌주의 혁명 리론과 우리 당의 혁명 사상으로 튼튼히 무장시켜야 합니다.[8]

김동규는 북한 학교 교육의 시기 구분을 공산주의 사상 도입기(1945~1950년), 정권 안정과 공산주의 창작기(1950~1960년), 혁명 전통 강화와 주체사상 도입기(1960~1970년), 주체사상과 당의 유일 사상 체계 강화기(1970~1980년), 주체 교육과 인간 개조 교육 강화기(1980~)로 구분하였다. 조선노동당 창당 당시에는 소련의 마르크스-레닌주의의 이데올로기를 기본으로 했으나 1960년대부터 김일성의 항일 무장 투쟁사를 가미한 혁명 전통 사상을 전면에 내세웠다. 1980년대 제6차 당대회 이후부터는 마르크스-레닌주의를 배제

---

8 김일성, 1979, "평양학원을 창립할 데 대하여", 『김일성 저작집 1(1930.6.-1945.12)』, 평양:조선로동당출판사, p. 416.

하고 "조선노동당의 지도 이념은 김일성의 주체사상과 혁명 사상에 의하여 지도된다"고 밝힘으로써 주체사상을 전면적으로 등장시켰다.[9]

「사회주의 교육에 관한 테제」에 따르면 사회주의 교육의 이념은 후대들을 "혁명화, 노동 계급화, 공산주의화"하는 것이며, 교육의 궁극적 목표는 "공산주의적 새 인간으로 양성하는 것"이다. 이를 위해 첫째, 교육에서 당성, 노동 계급성을 구현할 것, 둘째, 교육에서 주체를 세울 것, 셋째, 교육과 혁명 실천을 결합할 것, 넷째, 사회주의 국가가 교육 사업을 책임지고 조직을 진행할 것 등을 제시하고 있다. 북한의 교육은 주민을 '공산주의적 새 인간화'시킴으로써 집단주의에서의 일탈 행위를 방지하자는 것으로 볼 수 있다. 사회주의 계급 혁명 전선에서 '견결한 혁명가'가 되도록 공산주의적 가치관과 국가관을 지닌 '새 인간'을 양성하는 것이 학교 교육의 목적이며 기본 임무와 기능이다.

김일성이 1985년 2월 발표한 "학생들을 사회주의, 공산주의 건설의 참된 후비대로 교육 교양하자"에서는 사회주의 사회에서 교육의 목적은 "하나는 전체를 위하여, 전체는 하나를 위하여라는 공산주의 원칙을 실현하기 위하여 투쟁하는 혁명가"라 제시하고 있다. 결국 북한의 교육은 주민을 '공산주의적 새 인간화'시킴으로써 집단주의를 위해 희생하는 기본적인 의식과 가치관을 형성하는 것을 목적으로 하고 있다.

---

9 김동규, 1988, 『북한의 교육학』, 서울: 주류, p. 14.

사회주의, 공산주의를 건설하면서 물질적 기초를 닦는 것만으로는 안 되며 그와 함께 사상 혁명을 하여 사람들의 의식을 공산주의적으로 개종하여야 합니다. … 자본주의로부터 사회주의 또는 공산주의에로 넘어가는 과도기에 있어서 착취 계급이 없어지고 사회주의 제도가 선 다음 프로레타리아 독재의 가장 중요한 임무는 사상 혁명을 강화하는 것입니다. … 중략 … 사회주의 사회에서 교육의 목적은《하나는 전체를 위하여, 전체는 하나를 위하여》라는 공산주의 원칙을 실현하기 위하여 투쟁하는 혁명가들, 다시 말하면 착취와 압박을 반대하고 사회와 인민을 위하여 로동 계급을 위하여 투쟁하는 공산주의자들을 키워내는 데 있습니다.[10]

정치사상 교육은 김일성 · 김정일의 혁명 역사와 혁명 활동에 대한 내용을, 과학 기술 교육은 일반 과학과 전문 기술에 대한 내용을, 체육 교육은 노동과 국방에 임하는 체력 향상에 목적을 두고 있다. 교육 내용의 특징으로서는 무엇보다 정치사상 교육의 강조를 들 수 있다. 즉, 김일성이 강조하는 '사상적 요새'를 굳건히 하여 북한 체제에 맞는 인격을 형성시킨 인재를 양성하여 집단을 위하여 헌신케 한다는 것이다. 이러한 인재 양성을 위하여 국어 교과서의 소학교 1~

10 김일성, 1993, "학생들을 사회주의, 공산주의 건설의 참된 후비대로 교육 교양하자(1985.2.26.)", 『김일성 저작집 39』, 평양: 조선로동당출판사, p. 40.

4학년의 67%와 중학교 1～3학년의 72%가 김일성 · 김정일을 찬양하는 내용과 대남 · 대미 · 대일 적개심을 고취하는 내용, 공산주의 도덕 교양 관련 등의 정치사상적인 내용이었으며, 음악 교과서 소학교 1～4학년의 81%, 중학교 1～3학년 전체의 91%가 정치사상적 내용이었다. 정치사상 교육이란 구체적으로 '위대한 수령 김일성 원수님의 혁명 력사', '혁명 활동', '공산주의 도덕' 등이며 이는 고등중학교 1～6학년 간의 이수 과목 중 11.4%를 차지한다고 한다.[11]

마르크스(K. Marx)에 의하면 사회주의는 자본주의 이후 무산 계급에 의해 자연적으로 일어난다고 주장한다. 자본의 축적은 착취되는 계급의 빈곤을 증가시키고 결국 그 과정은 혁명으로 인도된다. 프롤레타리아 대중 집단에 의하여 자본가의 힘은 전복된다는 것이다. 마르크스가 예견한 무산 계급의 폭동은 북한에서 일어나지 않았다. 그러나 지주의 재산을 압수하여 가난한 소농에게 분배한 김일성 정권에 대해 대다수의 소농민은 전폭적으로 지지하게 되었다. 김일성은 충성을 바친 인민을 발탁하여 국가와 민족의 이름으로 영웅 칭호를 주며 신분과 생활을 보장해주었다. 이러한 '노력 영웅 따라 배우기'는 김일성의 현지 지도와 맞물려 이루어졌다.

북한의 지도자는 정치적인 지도자를 넘어 북한 주민들로부터 '어버이'로 섬김을 받기에 이르렀다. 사회주의 국가에서 이러한 지도자상은 쉽게 찾아볼 수 있다. 그러나 김일성과 같이 신적 존재로 추앙되며 사망한 후에 정권을 가계 세습하는 경우는 찾아 볼 수 없

---

11 고성호 외, 1998, 『북한 문제의 이해: 실태와 변화 가능성』, 서울: 통일교육원, p. 267.

다. 독재자였던 스탈린이나 마오쩌뚱조차 정권의 가계 세습은 시도할 수 없었다. 사회주의는 개인의 소유를 철저히 부정하기 때문이다. 그러므로 북한은 사회주의를 버리고 새로운 체제를 형성하였다고 볼 수 있다. 이 과정에서 마르크스 레닌의 사회주의 사상은 양립할 수 없었다. 마르크스 레닌이 추구했던 이상적 사회주의를 버리고 김일성 수령을 중심으로 하는 주체사상의 새로운 이상 국가를 지향하는 것이다. 김일성 유일 지배 체제의 토대가 형성된 것이다.

2) 6 · 25전쟁과 적대국 미국

한국전쟁 이후 유엔의 중재하에 1953년 체결된 한국 휴전협정의 후속 조치로서 한반도에서 공식적으로 전쟁을 종료하고, 한반도의 항구적인 평화 체제를 이루기 위한 방안이 제시되었다. 북한은 휴전 후 김일성의 독재 체제가 더욱 강화되었다. 김일성은 전쟁의 책임을 국내파인 남로당 계열에 돌리고 박헌영 등에 대한 숙청 작업을 벌였다. 그 뒤로도 반대파를 끊임없이 숙청하여 58년 초 김일성 유일 독재 체제를 확립하였다. 소련과 중공으로부터의 막대한 원조를 바탕으로 전후 복구 경제 계획을 수립하고 주민들을 집단 농장과 노력 동원에 편입시켜 동원 체제 사회로 만들었다.

전후에도 북한은 군사력을 더욱 강화시켜 병영 국가로의 노선을 추구해 나갔다. 전쟁 중 북한이 패배 위기에 직면했을 때 중국의 적극적인 지원으로 회생하였기 때문에 중국과의 혈맹 의식이 두터워진 반면, 소련에 대한 불신은 커져갔고 스탈린 사후 소련의 공산주의 노선에 변화가 생기고 중 · 소 분쟁이 심화됨에 따라 북한은 친중 노선을 강화해 나갔다. 인민들 사이에는 반미주의(反美主義)가 굳게 자리 잡았다.

6.25 전쟁으로 한반도는 초토화되었고 관련국들이 쏟아 부은 전쟁 비용도 천문학적인 수준에 달한다. 남북한 전체를 통해 볼 때 학교 · 교회 · 사찰 · 병원 및 민가를 비롯하여 공장 · 도로 · 교량 등이 무수히 파괴되었다. 북한 지역에서 36만 6,840ha의 농지가 손상되었으며, 60만 채의 민가와 5,000개의 학교 및 1,000개의 병원이 파괴되었다. 남한 지역에서는 약 900개의 공장이 파괴되었으며 약 60만 채의 가옥이 파손되었다. 한국전쟁 이후 남한보다 3배의 인적 손실을 입은 북한은 계급에서 성분으로 계급 노선의 질적 변화를 가져와 노동 계급을 사회주의 혁명의 핵심적 세력으로 규정하고 농민이나 인텔리, 중산 계층을 혁명에 끌어들여 나가도록 요구했다.[12]

한국전쟁은 민족의 대이동을 초래하여 전쟁 발발로부터 휴전 성립 이전에 약 29만 명이 월북하였거나 납북되었다. 월남한 인원은 그보다 많은 45~65만 명으로 추정된다. 한국전쟁 이후 정치 · 사회 · 문화 등 모든 면에 걸쳐 남북한의 이질화가 점점 심화되면서 분단은 고착화되었다. 남북한 상호 간의 적대 감정과 이질화 현상, 그리고 분단의 고착화는 다시 통일을 가로막는 장애 요인이 되고 있다. 한국전쟁은 대한민국 사회 전반에 큰 영향을 미쳤다. 처참한 전쟁을 경험한 국민들은 우익 · 반공적 국가 질서를 지지하였

---

12 김병로, 2016, 『북한, 조선으로 다시 읽다』, 서울대학교출판문화원.

다. 또한, 진보적 정치 이념과 정당, 인사들에 대한 억압과 탄압을 묵인하였다. 그리고 한국 사회는 전쟁의 경험을 통해 서방과 미국 주도의 자유 경제 체제를 압도적으로 선호하고, 미국과의 동맹 관계를 국가 안전을 위한 필수 요소로 받아들였다. 경제적으로는 산업 생산 시설과 주택, 사회 간접 자본 등이 심각하게 파괴되었으나 미국의 경제 원조를 바탕으로 경제 활동을 유지시켜나갔다. 50년대에 걸쳐 약 30억 달러에 이르는 미국의 막대한 원조 금액은 한국의 산업 생산 활동뿐 아니라, 국민 경제 생활을 전반적으로 규정짓는 가장 중요한 요인이 되었으나, 대미 의존적 경제 구조와 소비재 경공업을 중심으로 한 공업화는 한국 경제의 자립적 성장을 저해하는 요인으로 작용하기도 하였다. 또한 한국전쟁은 친미 의존적 군사 동맹 체제 속에서 한국의 군부를 급격히 성장시키는 계기가 되었으며, 60년대 이후의 군사 쿠데타에 이은 오랜 군부 독재 정치 체제를 경험하게 되는 계기를 마련하였다.

전쟁 이후 북한이 구축한 체제는 단순히 자립(autarky)이나 폐쇄의 개념으로 설명하기에는 미흡하다. 전쟁 이후 땅굴과 산업 시설의 지역 분산에 대한 집착에서부터 핵무기 개발에 이르기까지 자립이나 폐쇄보다 정치 · 경제 · 군사 · 사회 문화의 차원에서 자기 충족적 기능이 훨씬 강화되어 있기 때문이다.[13] 미국과 벌였던 한국전쟁은 북한을 외부로부터 고립에서도 살아갈 수 있는 폐쇄적 체제로 진화시켰다. 고난의 행군 속에서도 꺼지지 않는 자력갱생

13 김병로, 2016, p. 9.

의 의지에 불을 붙였다고 볼 수 있다. 사회주의 체제에서 강력한 전체주의 · 신정 체제로의 변형이 이루어진 것이다.

6 · 25 전쟁 이후 북한은 자신의 '선(善)'한 정체성을 악한 타자인 미국을 통해 형성해 왔다. 따라서 북한과 미국 간 갈등은 정치 갈등이 아닌 선과 악의 도덕적 대결로 외세인 미국은 북한에게는 자아와 타자의 경계를 나누는 중요한 기준이다. 부도덕한 타자인 미국은 북한을 침략할 권리뿐 아니라 도덕성과 인간성에서도 부적격한 국가로 타자화된다. "정체성이란 원래부터 타고나거나 고정된 것이 아니라 복합적으로 구성되는 것"이라고 전제하고 "정체성은 '나(자아)'와 '타자'의 구별을 통해 형성되며, '도덕적이고 비위협적인 나'에 반대되는 '비도덕적이고 위협적인 타자'를 통해 설명된다."[14]

전쟁은 정치 지도자에게 전체주의의 명분을 제공하기 가장 좋은 환경이다. 강력한 독재 체제의 전체주의를 유지하기 위해 전쟁의 공포만큼 유용한 대내외 환경은 없기 때문이다. 김일성은 자신에게 집중된 정치 장악력을 지속시키기 위하여 한반도라는 지형적 특성의 긴장을 이용하였다고 볼 수 있다. 대륙 세력과 해양 세력이 만나는 지점인 한반도는 역사적으로 전쟁 긴장감이 높은 지역이다. 한반도는 주변 강국의 많은 침략을 받아왔다. 국민들은 외부의 적들로부터 위협이 클 때 강력한 지도자를 열망하게 된다. 남한과 북한의 지도자들은 상대 국가를 적대시하며 군사력을 강화하고 이

---

14 에릭 발바흐, "北, 핵개발 정당화 위해 자기 정체성과 외부 위협 활용했다", 『아세아경제』, 2014년 10월 26일.

를 자신들의 정권 연장 수단으로 활용하고자 하였다. 전후 세대와 비교하여 전쟁 세대는 자유에 대한 열망보다는 안보에 대한 열망이 클 수밖에 없다. 전쟁이 끝난 지 70여 년이 지났지만 북한은 경제난 중에도 많은 국방비를 지출하고 있으며 결국 핵 무력을 보유하게 되었다. 가난과 기아의 고난의 행군 속에서 진행된 핵무기 개발은 무엇을 말하는가. 북한은 종전 이후에도 여전히 전쟁의 공포에 사로잡혀 있고 그것으로부터 벗어날 수 없으며 또 깊은 전쟁 후유증을 앓고 있다는 것이다. 정치 권력의 역사는 생존과 팽창을 위한 투쟁의 역사였음을 볼 때 외부에 대해 공격적이며 높은 긴장을 보이는 것은 생존의 본능이라 볼 수 있다. 패권 국가 미국의 존재는 북한 인민을 더욱 단결시키는 요인으로 작동되므로 집단 정체성 형성의 외부 요인으로 볼 수 있다.

3) '8월 종파 사건'과 '갑산파(甲山派) 사건'

김일성 유일 사상 체계 집단 정체성 형성의 외부 요인을 6 · 25 전쟁과 미국이라고 볼 수 있다면 내부의 요인은 김일성 유일 지도 체계의 수립일 것이다. 김일성 유일 지도 체계의 결정적 사건은 1958년 '8월 종파 사건'과 1967년 '갑산파 사건'이었다. 북한에서 해방 이후 다양했던 정치 권력이 김일성의 백두 혈통 이외에는 1960년대 후반까지 모두 숙청되었다.

먼저, '8월 종파 사건'의 발생 경위를 보면 김일성은 1956년 6~7월 소련과 동유럽을 방문한다. 귀국 후 김일성은 당내 위기를 극복하고 다시 1957년 11월 소련과 중국을 방문했다. 당시 당내 분위기는 '반당 종파 분자'와 '반혁명 분자' 숙청에 강경하였다. 김일성은 "국제 공산주의 운동에서 주된 위험인 수정주의와 교조주의에 반대하고 맑스레닌주의 순결성을 지킨다"면서 '내부의 적에 대한 투쟁' '프롤레타리아 독재'의 옹호를 강조하는 선언을 하였다.

김일성은 소련을 방문하여 소련 측으로부터 소련계 처분 권한을 확보하는 성과를 거두었다. 또한, 마오쩌뚱과의 담판에서 북조선 주둔 중국인민지원군의 철수에 합의하였다. 이로써 김일성은 연안계 처우에 대해 중국 측을 의식하지 않게 되었으며, 중국과의 대등한 관계를 확보하였다. 지방당 차원에서 '반혁명적 무장 폭동 사건'이나 '반종파 투쟁'에 박차를 가하게 되었다. 박금철의 보고에서 '8월 종파 사건'을 최창익 · 박창옥 등이 일부 지역에서 폭동을 조직, 반혁명 음모를 획책했다고 보고 이는 '반당 종파 행위'와 무장 폭동인 '반혁명 · 반국가 행위'가 결합된 것이라 하였다. 박금철은 '반종파 투쟁'과 동시에 '지방주의와 가족주의' 투쟁도 전개해야 한다고 주장하였는데, 이는 김일성을 중심으로 한 항일 무장 투쟁 이외에 과거 민족 해방 투쟁 경험이 정치적 역학 관계에 반영되는 것을 허용치 않겠다는 선언이었다. 당 행정 간부는 "당 생활에 적극 참가하고 당의 결정과 지시에 무조건 복종한다"는 것이 강조되었다. '정치 도덕적 기준'이 '실무적 기준'에 우선하게 되었기 때문에 간부의 정치 의식을 높인다는 목적으로 매일 3~4시간의 정치 학습이 의무화되었다.[15] '8월 종파 사건' 이후 지도자에 불필요한 과거는

---

15 서동만, 2005, 『북조선사회주의 체제성립사 1945–1961』, 서울:선인.

점차 역사에서 지워지게 되었다. 북한에는 자유가 사라지게 되었고 그 자리를 차지하게 된 것이 당과 지도자에 대한 무한한 신뢰와 충성의 집단주의 당 규범이었다.

김일성은 1958년 11월 20일에 전국 시, 군 당위원회 선동원들을 위한 강습회에서 '공산주의 교양에 대하여'라는 주제의 강연을 통해 북한 집단주의의 나아갈 방향에 대해 제시하였다.

> "개인주의를 버리고 집단주의로 나아가자." … "개인주의적 성향으로는 보수 분자들과 소극 분자들에 대하여 이들이 인민의 열의와 기세를 꺾으려 한다." … "개인주의와 이기주의는 공산주의의 커다란 장애로 이로 인하여 사회주의적 소유, 즉 집단적 소유화와 전 인민적 소유화를 가로막는다."… "과거의 어려웠던 생활은 조상들 탓이므로, 잘살고 후손들에게 부강한 나라를 물려주려면 개인주의적 성향과 보수 분자들과 소극 분자들처럼 되어서는 안 되며 사회주의적 소유, 집단적 소유를 이루고, 지도를 따라야 한다."

김일성은 강연을 통해 북한 집단주의가 나아가야 할 방향을 다음과 같이 강조했다. 첫째, 전 사회가 전 인민적 소유화된 공산주의이며, 둘째, 근로자들을 사회주의적 애국주의와 프롤레타리아 국제주의 정신으로 교양하고, 셋째, '로동'을 사랑하는 정신을 심어주어 착취 제도하에서 놀고 먹는 사람들이 스스로를 수치로 여기는 사회를 만들어야 하며, 넷째, 조국 통일을 달성하고 근로자들을 사회주의와 공산주의의 열렬한 건설자로 완전히 붉은 사상으로 무장된 공산주의 전사로 교양하고, 다섯째, 근로자들을 더욱 빨리 철저하게 공산주의 사상으로 무장시키기 위하여 기술 혁명과 문화 혁명을 이루어야 하며, 여섯째, 충성하되 필요하다면 생명까지 바쳐 싸우려는 당과 인민에게 무한히 충성하는 전투 정신으로 함양시켜야 한다.

'8월 종파 사건'은 북한에서 정치적 다양성이 사라지게 된 사건이다. 그러나 '8월 종파 사건'으로 김일성의 유일 지도 체계가 완성되었다고 볼 수는 없다.

김일성 유일 지도 체계가 완성되는 결정적 계기는 1967년 '갑산파' 사건이라 볼 수 있다. '갑산파'는 1930년대 중반까지 함경북도 갑산과 그 인근 지역에서 공산주의 지하 활동을 하던 인물들이 1936~1937년 김일성의 항일 무장 투쟁과 연계하여 민족 통일 전선체인 '재만한인조국광복회' 지부를 설립하고, '갑산공작위원회'와 같은 공산주의 단체를 조직하는 활동을 전개함으로써 역사에 등장하였다. 1937년 김일성의 동북항일연군 부대가 함경북도 보천보(普天堡)를 습격할 때 이를 도왔던 역할을 수행했으며, 이를 계기로 일제에 의해 거의 전원이 체포됨으로써 이들의 조직은 괴멸적 타격을 입었다. 그러나 이 사건을 계기로 해방 이후에도 김일성파가 북한 정국을 주도하는 데 중요한 역할을 수행하게 된다. 1950년대부터 이들이 숙청되던 1967년까지 조선민주주의인민공화국에 있던 정치 파벌들로 지도적인 지위를 누렸던 인물들이다.

6 · 25전쟁 전까지는 북한 내 제 정치 세력들이 힘의 균형을 이루어 연립 정권을 구성하고 있었다. 그러나 김일성이 6 · 25전쟁 패전으로 조성된 정치적 위기를 수습하는 과정에서 남로당파를 비롯한

대립 세력을 제거하였고, 또한 1950년대 중반에 진행된 이른바 반종파 투쟁 과정에서 '갑산파'가 승리함으로써 1958년까지 김일성 중심의 확고한 권력 기반이 구축되었다. 이들은 김일성을 중심으로 한 항일 무장 투쟁 세력으로 광복 이후 '남로당파', '소련파', '연안파' 등 다른 계파를 차례로 몰아내고, 조선민주주의인민공화국의 정권을 장악했는데, 해방 후 1950년대까지의 권력 투쟁을 논할 때는 '빨치산파', '김일성파'와 같은 개념으로 쓰인다.

그러나, 김일성에게서 김정일로 권력이 이양되기 전 후계 구도 확립 문제 및 경제 정책에 대한 관점 차이로 1967년 기존 권력층의 일부가 숙청되는데, 이때 실각한 박금철, 리효순, 김도만, 허석선 등을 따로 묶어 '갑산파'로 부르기도 한다. 이런 의미로 사용될 때에는 1930년대 조국광복회 사건, 일명 '혜산 사건' 때 국내에서 거점으로 활동한 항일 무장 조직 출신으로서 김일성과 손을 잡아 집권했으나 경제적 수정주의를 내세우다 이 무렵 숙청당한 사람들을 가리킨다. '갑산파'는 '빨치산파', '김일성파', '만주파', '88여단파' 등 김일성의 친위 그룹에 대비되는 개념이다.

이들은 주체사상이 만연하기 전에 실학과 같은 민족 전통의 혁명사상에 관심을 가지고 있었는데, 1967년 노동당 4기 15차 전원회의에서 당 간부들에게 목민심서를 읽게 하고 실학을 높이 평가하는 등 부르주아 사상과 수정주의, 봉건 유교 사상을 퍼뜨렸다고 비난받고 숙청당했다.

'갑산파'가 숙청된 1967년 이후 북한 사회주의는 김일성을 중심으로 하는 유일 지배 체제로 변형되어 3대 세습에 이르게 되었다. 마르크스의 사회주의 사상은 정치 이데올로기로서의 적합성을 잃게 되고 만다. 새로운 정치 이데올로기인 주체사상의 필요성이 대두되는 구조로 변화되어갔다. 주체사상은 김일성 가계의 세습을 위하여 형성되어 갔으며 북한의 집단 정체성은 김일성 유일 사상 체계 집단 정체성을 향하여 나아가게 되었다.

8.3
주체사상과 집단 정체성

철학에서 주체의 기원은 고대로부터 시작되어 중세기까지 서양 문명사를 가로지른다. 주체는 '인간과 세계를 끌어가는 주인이 누구인가'라는 질문에 대한 해답이다. 근대적 의미의 주체는 데카르트 이후라 볼 수 있다. '생각하는 존재'인 인간의 주체성에 대한 일반적 개념에 반해 북한의 주체사상은 어떠한 존재 가치를 추구하는가. 주체사상에 대한 논란은 해묵은 감이 없지 않다. 그러나 사회 정체성이 이데올로기의 영향에서 벗어날 수 없듯이 북한의 집단 정체성 역시 주체사상을 떠나서 논할 수 없다.

그렇다면 주체사상의 기원과 그 특성은 무엇인가. 북한의 주장대로 헤겔-마르크스의 변증법에 반하는 새로운 변증법을 김일성이 스스로 창의한 것인가. 북한은 공식 문서로 주체사상은 '1920년대 카륜회의 동맹'에서 시작되었다고 주장한다. 이와는 다른 주장으로 북한의 주체사상은 한국전쟁 직후 한국전쟁으로 강화된 중국 영향력으로부터의 탈퇴 과정에서 형성되었다고도 한다.[16] 김일성이 주체사상을 처음 언급한 것은 1955년 12월 28일이다, 김일성은 지금부터 북한에서 교조주의와 형식주의를 없애고 주체를 세우자고 역설한다. 그는 소련 공산당의 역사나 중국 혁명에 대한 연구 및 마르크스 레닌주의의 일반론 연구는 북한 혁명을 올바르게 하는 데 목적이 있다고 봤다.[17] 1959년부터 중소 이데올로기 분쟁이 격화되자 김일성과 북한은 사상 주체, 정치 자주, 경제 자립, 국방 자위를 주창했고, 1961년 노동당 4차 대회 이후 주체사상이 체계화되었다.

김일성 유일 사상 체계 확립의 결정적 전기가 되는 시기는 1966년 당 대표자회부터이다. 이때는 당적 사상 체계라는 말로 쓰이고 있었다. 이후, 1967년에는 '유일한 당적 사상 체계'가 등장하였다. 1967년 12월 16일 최고인민회의 제4기 제1차 회의에서 '주체사상'이 처음 등장한다.[18] 김정일은 후계자로 선임되면서 주체사상을 체계화했다. 김정일 전기에 따르면 1974년 주체사상을 김일성주의로 정식화했다. 이와 함께 '혁명적 수령관'의 연장에서 후계자론을 제시함으로써 후계의 정당성을 확보하게 되었다. 김정일은 1974년 제5기 8차 전원회의에서 당내 핵심 권력 기구인 중앙위원회 정치위원회 위원으로 선출되면서 소위 '당중앙'이라는 호칭과 함께 김

---

16 서대숙. 2000.『현대 북한의 지도자(김일성과 김정일)』. 서울:을유문화사. p. 142.

17 서대숙. 2000. p. 129.

18 정영철. 2005.『김정일리더쉽연구』. 서울: 선인. p. 125.

일성의 후계자로 공인되었다.[19]

북한은 김일성 유일 영도 체계를 법제화하기 위하여 '사회주의헌법'을 채택하였다. 1972년 최고인민회의 제5기 제1차 회의(1972.12.27)에서 대의원 전원 일치의 찬성으로 '사회주의헌법'을 채택하였다.

김일성은 "지난 24년간 북한 인민은 조선로동당의 현명한 령도밑에 사회주의 혁명과 사회주의 건설에서 위대한 성과"를 거두었다고 하면서 "우리 인민의 정치 · 경제 · 문화 생활에서의 획기적인 전변이 일어났다"고 하였다. 북한은 새로운 사회주의헌법을 제정하여 일인 지도제를 채택함으로써 사회주의 혁명 1948년 헌법상 국가 최고기관인 최고인민회의 및 그 상임위원회에 대해 법상 하위 조직인 내각의 수상에 불과하던 김일성이 초헌법적 존재로 1인 독재를 행사해 왔던 규범과 현실 간의 괴리를 해소하였다. 국가주석제는 1972년 헌법의 뚜렷한 특징으로서 초헌법적으로 유지되어 온 김일성 1인 지배 체제의 현실을 헌법 규범화함으로써 그 체제를 강화하려는 것이었다.

'사회주의헌법'의 내용을 보면 공민의 권리보다는 공민의 의무에 대해 상세히 제시하고 있음을 알 수 있다. 5장 공민의 기본 권리와 의무 제81조는 "공민은 인민의 정치사상적 통일과 단결을 견결히 수호하여야 하며 조직과 집단을 귀중히 여기며 사회와 인민을 위하여 몸바쳐 일하는 기풍을 높이 발휘하여야" 하며, 제82조는 "공

19 이종석, 2000, 『새로 쓴 현대북한의 이해』, 역사비평사, p. 507.

민은 국가의 법과 사회주의적 생활 규범을 지키며 조선민주주의인민공화국의 공민된 영예와 존엄을 고수하여야 한다"고 규정하였다. 또한, 제85조에는 "공민은 언제나 혁명적 경각성을 높이며 국가의 안전을 위하여 몸 바쳐 투쟁하여야" 하며, 제86조는 "조국 보위는 공민의 최대의 의무이며 영예이다. 공민은 조국을 보위하여야 하며 법이 정한 데 따라 군대에 복무하여야 한다"고 규정했다. 이 헌법을 통해 김일성의 절대 권력 체제를 기반으로 한 김일성 유일 지도 체제를 제도화하였다. 이는 사회주의 국가의 통치 체계에 관한 법으로 채택되었으며, 정부 수석이었던 수상을 국가 주권을 대표하는 주석으로 격상하고 이 직위에 김일성이 등극하였다. 주석이 국가 무력의 최고사령관, 국방위원장으로서 국가의 일체 무력을 지휘 · 통솔하도록 하여 당 · 정 · 군의 최고 수위에 김일성이 자리하게 되었다.

1972년 헌법 제6장 제93조는 "조선민주주의 인민공화국 주석은 조선민주주의인민공화국 전반적 무력의 최고 사령관, 국방위원회 위원장으로 되며 국가의 일체 무력을 지휘 통솔한다"라고 명시하고, 중앙인민위원회를 국가 주권의 최고 지도 기관으로 내오고 그 기구의 당연직 위원장으로 주석을 내세웠다. 결국 1972년 사회주의 헌법은 사회주의와 김일성 유일 지배 체제를 반영하기 위해 이루어진 것이었다. 이후 사회주의헌법은 김정일과 김정은 체제로 권력 승계가 이루어지면서도 집단 정체성 형성의 근간을 이루는 헌법적 제도화는 근본적으로 변하지 않고 있다. 이후, 북한은 1992년 4월 9일 최고인민회의 제9기 3차 회의에서 마르크스 레닌주의를 주체사상으로 대체하는 헌법 개정을 하였으며 2009년 4월 9일 최고인민회의 제12기 제1차 회의에서 주체사상과 함께 선군 사상을 통치 이념에 추가하였다.

김일성대학교 총장을 역임하고 남한에 망명한 황장엽에 의하면 주체사상에서는 인간의 행동을 전적으로 구속하는 객관적인 필연적 법칙이란 존재하지 않는다. 주체사상에 따르면 인간이 객관적 필연적 법칙에 대해서도 주동적, 능동적으로 작용할 수 있는 자유를 가지고 있기 때문이다. 주동적, 능동적으로 작용할 수 있는 인간의 자유는 인간 자신의 자주성과 창조성의 발전 수준에 의하여 규정된다. 인간은 자주적이며, 창조적인 생활력이 장성함에 따라 객관적 법칙에 주동적, 능동적으로 작용할 수 있는 인간의 자유는 더욱 증대된다.[20] 주체사상의 세계관은 사람을 단순히 세계의 한 부분으로서가 아니라 세계를 지배하는 주인으로 내세웠다는 것이다. 이는 종래와는 달리 세계의 주인인 사람을 중심으로 세계와 그 변화 발전에 대하는 새로운 세계관이라는 것이다.

그렇다면 북한 인민들은 주체사상에 따라 인간의 자유가 증대된 삶을 살아가고 있는가. 누구나 알고 있듯이 그렇지 않다. 김병로는 주체사상이 인간 중심 사상과 수령론으로 구성되었다고 하였으며 수령론을 제외한 인간 중심 사상은 통일 이후에 자유민주주의 사상에 수용될 수 있다고 하였다. 사실 주체사상의 특성은 수령론에 있다.

북한에는 수령이 인격신으로 나타나고 있다. 마르크스-레닌의

---

20 황장엽, 2008, 『인간중심철학원론』, 시대정신, p. 64.

유물론에는 존재하지 않는 인격신이 존재하는 사회가 북한이다. 김일성의 역사적 지위는 살아 있는 신성의 존재로써 고조선의 단군, 고구려의 주몽과 같은 건국의 시조와 같은 역사의 설립자로 추앙되고 있다.[21] 인민은 당을 위하여, 당은 수령을 위하여, 수령은 인민을 위하여 운명공동체적 사회적 생명체로 재탄생하여, 민족의 재통일과 남한 인민을 미제 속에서 자주적, 주체적 인민으로 구명해내야 할 영구 혁명을 위한 역사적 소명이라는 벡터를 지향한다.[22] 김일성은 사망 후에도 북한을 지배하고 있다. 김일성은 사망과 함께 주체력(self-calender)을 탄생시켜 사회적 생명으로서 시간성의 연장을 가능하게 하였다. 김일성은 영생불멸하는 역사 속 전쟁의 화신(化神)으로 만수산 궁전에 존속한다. 또한, 북한 전역에 설치된 5만여 곳의 주체사상연구소, 북한의 전 가정에 걸린 어버이 수령의 초상화, 마을 단위의 생활 현장마다 동상의 형태로 부활하여 인민들과 삶에 함께 일상화된다.[23]

수령의 권위와 능력에 대해 가장 잘 설명하는 것이 사회 정치적 생명체론이다. 사회 정치적 생명체론은 김일성 · 김정일에 충성하는 수령관과 집단주의 생활 원리를 이론적으로 결합한 것으로, 이 사회 정치적 생명은 영생한다고 주장한다. 자연 상태의 인간은 죽음으로 사라져버리는 유한한 존재이다. 그러나 사회 정치적 생명체인 인간은 유한성에서 벗어나 영원불멸의 존재가 되는 것이다. 사회는 개인

---

21 박요한 · 이현주, 2017, p. 11-31.

22 서동만, 2005, pp. 211-297.

23 박요한, 2016, 『북한 핵 무력의 세계정체성』, 행복에너지, p. 221.

을 초월해 영원히 존재하기 때문이다. 개개인은 죽음으로 사라져버리는 유한한 존재이지만 사회는 개인을 초월해 영원히 존재한다는 사회의 영원불멸설을 주장함으로써 집단주의 속에서 개인의 의미를 찾고 있다. 그러므로 인민은 인격신인 수령의 지시와 명령에 따라 사회에 헌신하는 사회 정치적 생명체로 살아가야 하는 의무를 갖는다. 사회 정치적 생명체론은 유물론의 북한 사회주의가 김일성 주체사상의 유신론 사회로 진화하는 논리적 근거가 된다. 이로써 김일성 주체사상은 종교로 완성되었다고 볼 수 있다.

영생의 발견은 구성원 개개인들에게 삶의 의미를 부여하며 북한이 완전한 자기 충족적 사회로 완성되는 계기가 되었다. 주체사상을 새롭게 이론화한 '사회 정치적 생명체론'은 수령 · 당 · 대중이 하나로 결합된 통일체로서 자주적 생명력을 가지고 영생한다고 주장하기 때문이다.[24] 북한 집단주의 속에서 인간의 존재 의미는 체제를 위해 충성할 때에 비로소 완성된다고 볼 수 있다.

8.4
핵 무력과 집단 정체성

중국의 덩샤오핑이 미국과 서구 시장 등 국제 사회를 향해 동력의 발원을 찾아 개혁 개방의 노선 선회를 하는 순간, 김정일은 '북한식대로 사회주의 혁명의 완결'을 외치면서 경제 동력의 발원지를 북한

---

24 김병로, 2016, p. 102.

내부로 돌리고 '제2고난의 행군'을 선언했다. 국가 시스템 작동 원리를 선군 정치로 변환시키고, 세계와는 격리된 그들만의 시공간 속에서 자위적 안보 무력인 핵 무력 개발에 박차를 가하였다고 할 수 있다.[25] 2011년 김정일 사망 후 김정은이 북조선인민민주주의공화국의 국가 권력을 승계하였다. 김정은은 권력을 이어받은 후 로켓 발사 성공과 제3차 핵 실험을 통해 김정일에 이어 미국과 또 다시 첨예한 긴장의 각을 세웠다. 급기야 2013년 말 친중 노선의 총책이자 후견 그룹의 좌장이었던 장성택과 그 엘리트들을 척결하였다. 3년 정도에 걸친 김정은의 권력 승계와 일원적 통치 구조 정립 과정은 전 세계 국가들에게는 초유의 권력 시스템으로 번역되고 있다.[26]

최근 북한 경제에 안정적인 운용과 생존의 문제가 제기되면서 제재를 전후하여 북한 경제가 변화보다는 자립과 자주에 방점을 두는 조짐이 나타나고 있다. 북한에게 있어서 핵 무력 보유는 무엇을 의미하는가. 핵 무력은 백두 혈통 체제를 계승시켜준 핵심 역량을 발휘하고, 한반도의 평화를 물리적으로 강제화하는 항상적(恒常的)인 안보 무력에 해당한다. 즉, 김정은 정권이 제시하는 '핵 무력'의 함의는 핵 무력 보유와 진화는 한반도의 영구적인 평화가 유지되고 영세중립국으로서의 자주적이고 자위적인 안보 능력이 구축된다는 데 있다고 볼 수 있다.

북한 핵 무력의 성격은 역사적 국면과 맥락 속에서 구명될 수 있

25 박춘대, 2013, "북한 핵 무력의 동학과 네트워킹", 숭실대학교 박사학위논문, p. 265.

26 박춘대, 2013, p. 168.

다. 북한 핵 무력은 중국의 노선 선회와 구소련 연방의 해체 속에서 착상되었고, 부시 미 행정부와 중국 주도 6자회담이라는 자양분 속에서 양육되었고, 부시 · 노무현, 이명박 · 오바마 정권 10년 동안 진화를 거듭했다. 북한 핵은 중국에게는 '핵을 보유한' 변방 오랑캐 국가의 탄생이었고, 미국에게는 태평양 안보권의 직접적 위협이며, 핵 프로그램 개발 욕망이라는 마력의 지구적 확산의 출발점에 해당한다. 현실적으로 북한 핵은 한반도에 물리적으로 전쟁의 억지 권력을 구축했고, 중-미 관계의 새로운 지위와 역할에 대한 재조립을 강제한다. 동시에 북한 핵무기 체제 현실화는 UN헌장, IAEA, NPT의 관련 규정의 재조립을 강요한다.[27]

북한 핵 무력은 2006년 필수 통과 지점인 핵 폭발 실험과 2012년 운반 수단(로켓) 발사에 성공하여 우주 궤도에 우주 사령부(인공위성)를 자생적으로 쏘아올림으로써, 스스로의 정체성을 '핵 무력을 보유한 자위 안보 무력 강국'으로 명명하기에 이른다. 북한은 령도자(김일성-김정일-김정은)=당국가=인민대중=핵 무력을 운명적 일체로 공식화하였다. 김정은은 2013년 북조선 헌법에 북조선을 핵 무력 보유 자주적 안보 강국으로서의 국가 정체성을 규정하고, 핵 무력은 곧 북조선, 북조선은 곧 김정은, 김정은은 곧 핵 무력이라는 등식을 안보와 정치, 두 갈래 노선에서 이데올로기로 완성하겠다 명시하였다.[28]

---

27 박요한, 2015, "김일성 유일 사상체계는 기독교와 유사한가?", 『2015 북한연구학회 동계학술회의 자료집』, pp. 11–31.

28 박요한, 2016, p. 145.

주체사상의 나라 북한에서 자주 안보는 최선이자 최상의 목표였다. 그 목표를 위하여 70년간 패권 국가 미국을 '악'으로 규정하며 경제난 속에서 국가적 역량을 총결집시켰다. 고난의 대행군으로 수많은 인민의 생명을 잃게 하면서 얻은 것이 핵 무력이다. 수령 무오류의 국가에서 지도자가 국가의 명운을 걸고 인민의 생명을 희생시키면서 개발한 것이 핵 무력이다. 그러므로 핵 무력을 포기하는 순간 수령의 무오류성은 결정적 타격을 입게 될 것이다. 북한이 핵 무력을 포기한다 해도 실질적으로 얻을 수 있는 것은 제한적이다. 외부로부터 체제 안정을 보장받는다는 것이 얼마나 허망한 것인지 북한도 역사를 통해 이미 알고 있다.

핵 무력은 북한 지배 체제의 정당성이다. 핵 무력을 포기하는 순간 무오류의 수령은 무오류성이 손상될 뿐만 아니라 수령 유일 지배 체제는 70년 3대 세습의 정당성을 상실하는 것이다. 북한은 령도자=당국가=인민대중=핵 무력을 운명적 일체로 명시한 바 있다. 핵을 포기하는 것은 령도자의 지위를 포기하겠다는 결단이 있어야 가능할 것이다. 따라서 북한이 겪는 경제적 어려움이 더욱 커진다 하더라도 북한은 핵 무력을 보유함으로써 이룬 자주 안보를 포기할 수 없는 것이다. 따라서 핵 무력은 집단 정체성 유지 요인이라고 볼 수 있다.

8.5
장마당과 집단 정체성

'하나는 전체를 위해서, 전체는 하나를 위해서'라는 집단주의 구호는 전체가 하나를 지켜줄 때 유효하다. 북한 사회주의 경제가 계속되는 경제난으로 배급이 거의 끊긴 상황에서 집단주의 구호는 공염불에 불과하다. 북한 집단주의를 결속시키는 힘이 악한 외부의 공격으로부터 체제를 수호하는 강력한 지도자와 인민의 충성이었다면 1990년대 고난의 행군 이후 나아지지 않는 식량난은 집단주의 결속을 약화시키는 요인으로 작동하고 있다.

1990년 중반 이후 북한은 몰아닥친 경제 위기를 현실적으로 스스로 수용할 수밖에 없었다. 1994년부터 시작된 경제 위기는 북한의 거시 경제 환경을 질적으로 변화시켰다. 고난의 행군 이후 공장 가동률 하락으로 배급제 및 소비품 공급 체계가 마비되었다. 국영 상점이나 협동 상점에 상품이 없고, 배급량이 줄고 국가 유통망의 공백을 대체한 것이 암시장이다. 암시장에서의 가격은 수요와 공급에 따라 결정되며, 국정 가격과 암시장 가격은 엄청난 격차를 보였다.[29] '고난의 행군' 이후 아래로부터 자생적으로 생겨난 북한의 시장들은 공식적인 계획 경제가 붕괴한 공간에서 경제의 새로운 질서를 형성하기 시작했다. 이후 북한의 시장들은 '북한식' 시장 경제를 형성해 나가는 주축이 되고 있다. 북한의 시장 경제는 아래로부터 자생적으

29 김연철, 2002, "북한 경제관리 개혁의 성격과 전망", 『북한경제개혁연구』, 후마니타스, pp. 1–14.

로 구축되었다. 현재의 북한의 시장 경제는 '생산 없는 시장 경제', '제도 불비의 시장 경제', '상업 자본의 시장 경제' 등의 특징을 갖고 있으며, 계획 경제로 복귀할 수 없는 불가역적인 성격을 갖고 있다. 왜냐하면 수령이 인민을 호령하던 체제에서 화폐가 인민을 호명하는 체제로 전환됨으로써 화폐가 수령을 대체했기 때문이다.[30]

전쟁을 경험하지 않은 장마당 세대는 객관적 세대 위치로서 청소년기에 '고난의 행군'과 '공교육의 붕괴'를 경험하였다. '공교육을 제대로 받은' 기성 세대에 비해 '공교육을 제대로 받지 못한' 장마당 세대는 전반적으로 기성 세대에 비해 의식 수준이 낮게 나타나는 특성을 가진다. 장마당 세대의 주요 의식들을 기성 세대와 비교하여 살펴본 결과, 장마당 세대의 정치 의식, 사회 의식, 준법 의식, 교육 의식은 기성 세대에 비해 낮으며, 경제 의식은 기성 세대에 비해 높다는 결과가 도출되었다.[31]

1991년 김정일의 제3기 제한된 경제특구로 경제 개혁 조치는 동구권의 붕괴와 북한의 고립 양상, 냉전적인 국내 경제 체제와 격리된 제한된 경제 개방의 실험 공간적 성격 속에서 모두 실패했다. 2002년 김정일의 7-1 경제 관리 개선 조치는 제3기 경제 정책기에 해당한다. 북한은 1998년 9월 개정된 헌법에서 "터발(텃밭) 경리를 비롯한 개인 부업 경리에서 나오는 생산물과 그 밖의 합법적인 경리

---

30 차문석, 2007, "북한의 시장과 시장경제 – 수령을 대체한 화폐", 『담론 201』, 10권 2호 한국사회역사학회. 77–121쪽.

31 채경희, 2019, "북한 장마당세대의 의식 특성 비교 연구", 『한국산학기술학회지』, 20권, 1호, pp. 313–322.

활동을 통하여 얻은 수입도 개인 소유에 속한다. 국가는 개인 소유를 보호하며 그에 대한 상속권을 법적으로 보장한다"(제24조)고 명시했다. 이미 농촌 지역에서는 일반화되다시피 한 텃밭 · 부업 밭 경작을 사후적으로 인정한 것이긴 하지만 헌법에 규정했다는 것은 의미가 있다.

텃밭과 뙈기 밭, 부업 밭은 주민들이 초근목피로 연명하는 최악의 경제난을 맞이한 가운데서도 그나마 명맥을 이어가게 한 최후 젖줄이자 숨구멍 역할을 수행했던 것으로 알려져 있다. 또한 자본주의 시장 경제의 맹아에 해당하는 장마당과 암시장의 형성 및 그 활성화를 가능케 한 물류의 공급처가 되기도 했다. 텃밭과 부업 밭은 국가가 인정하는 합법적인 경지라는 점에서 일단 뙈기 밭과 구별된다.

북한 인민들에게 개인 생산물의 교환을 통해 자본주의의 근간인 자유와 개인 소유, 소유권 개념이 생겨났다. 생계가 어려운 북한 인민들에게 자생적으로 발생된 장마당에서의 초기 자본주의 경험을 통해 개인주의가 움튼 것이다. 집단주의와 집단 정체성이 약화되고 물질, 자본이 생존이라는 현실에 맞닥트린 결과 본능적으로 생존을 위하여 물질을 중시하는 자본주의가 나타나는 현상이다. 1997년 고난의 행군 이후 급속도로 확장된 장마당은 초기 자본주의의 형태로 볼 수 있다. 텃밭 소출물의 개인 경작은 협동농장과 비교하기 어려운 좋은 실적을 거두고 있다.

그러나, 북한은 사회주의 경제 실패를 인정하고 변화에 대응하기보다는 경제적 고난을 외부의 적의 탓으로 돌리며 개인 소유의 확대를 저지하고 있다. 북한에서 1947년(1:1), 1959년(100:1), 1979년

(1:1), 1992년(1:1), 2009년(100:1)[32] 단행된 5차례의 화폐 개혁은 북한 체제가 개인 자본의 확대를 막기 위해 주기적으로 자본을 회수하는 조치였다고 볼 수 있다. 북한의 집단주의가 약화되지 않도록 체제가 개인의 자본 증가를 막고 있다. 북한의 화폐 개혁은 일주일 정도의 구 화폐 교환 기간을 주는데 이때 일정액만 교환할 수 있으므로 교환되지 않은 구 화폐는 국가에 귀속하는 효과를 갖게 된다.

시장 경제의 발전이 집단주의에 부정적 영향을 끼친다는 사실은 Hofstede의 후속 연구인 Denise 등(1997)의 연구에서 나타난 바 있다.[33] Hofsted(1980)의 연구에서 집단주의에 속하였던 멕시코가 경제 발전에 따른 집단주의에 대한 경향의 변화로 개인주의 성향의 국가로 분류된 것이다. 그러므로 북한 체제는 시장 경제의 발전을 차단하여 집단주의를 유지하기 위해 개인 자본의 축적과 장마당 확산을 최소화하려 할 것이다. Ho와 Chiu의 집단주의 18개 요소(CIC, Components of Individualism and Collectivism)[34] 를 기준으로 장마당 이후 북한 집단주의 변화를 비교하면 〈표 8.1〉과 같다.

---

32 괄호 안은 북한의 구, 신 화폐교환 비율.

33 Denise Rotondo Fernandeza · Dawn S, Carlsonb · Lee P. Stepinac · Joel D. Nicholsond, 1997, "Hofstede's Country Classification 25 years later", *The Journal of Social Psychology*, 137(1), p.51.

34 David Yau–Fai Ho & Chi–Yue Chiu, 1994, *Component ideas of individualism, collectivism, and social organization: An application in the study of Chinese culture*, Sage publications, Inc.

표 8.1 Ho와 Chiu 의 (CIC)요소와 장마당 이후 북한 집단주의 변화

5개 상위 요소	18개 하위 요소	집단주의 요소	북한 집단주의 변화	
			장마당 경제 이전	장마당 경제 이후
1. 가치	1) 가치	집단이 최상위 가치, 개인에 앞서는 집단의 가치나 생존권의 원칙	집단(지도자)이 최상위 가치.	개인의 생존 본능과 집단 가치의 대립
	2) 인성 발달	집단 전체의 발전과 실현	사회주의 일꾼 양성을 위한 인성 발달과 교육	개인의 경제적 역량 발달
	3)개성/단일성	집단에서 규정된 통일성이나 이상형에 대한 동화와 추구	노력 영웅 따라 닮기	당에 해를 끼치지 않는 범위에서 개인주의 인정
	4) 정체성	구성원에 의해 규정된 집단적 정체성	집단 정체성	• 외형– 집단 정체성 유지 • 실재– 개인 정체성
2. 자율성 / 순응성	5) 자기 방향성/순응성	사회 또는 집단의 규범에 동조, 순응, 조화	집단 규범을 절대적으로 준수	• 외부적으로 순응 • 잠재적으로 대립
	6) 사생활의 권리	개인의 일이 집단의 일이다. 친구는 다른 사람의 문제에 관심을 가져야 한다. 집단은 개인의 행동과 사고를 알 수 있다.	사적 생활은 최소화되며 집단을 위한 생활만 인정	생계에 대한 개인 책임 증가 => 개인 행동 증가
	7) 사생활	개인적 문제는 공적인 문제가 될 수 있다.	개인적 문제는 공적 문제가 될 수 있다.	개인이 문제 해결 주체
	8) 소속감	다른 사람과 함께 있기를 선호	소속 안에서 안정감 느낌	형식적인 소속감
3. 책임	9) 윤리적–법적 책임	개인의 행동에 대해서도 집단이 공동으로 책임	집단이 공동 책임과 처벌	개인 책임 증가
	10)행위의 결과	집단 전체에 영향	집단에 영향	집단 및 개인에 영향

5개 상위 요소	18개 하위 요소	집단주의 요소	북한 집단주의 변화	
			장마당 경제 이전	장마당 경제 이후
4. 성취	11) 개인/집단의 노력	조화의 힘 목적 이루는 최선은 단결	조화와 단결이 우선시됨	개인의 성취 일부 허용
	12) 경쟁/협동	상호 의존과 협동을 통한 목표 달성	협동을 통한 목표 달성	• 외형–협동 • 실재–경쟁
5. 자기 신뢰 / 상호 의존	13) 자기 신뢰	상호 의존과 도움. 개인의 복지는 집단의 복지에 달려 있다. 집단은 구성원들의 복지에 책임	집단은 복지와 생존에 책임. 집단에 전적 의존	개인 책임 범위 확대
	14) 관심	의무에 대한 충족 집단의 목표가 앞선다. 집단의 관심에 따라 행동	의무에 충실	• 외형– 의무에 충실 • 실재– 이익에 따라 행동
	15) 안전	집단의 단결과 통합에 의존	집단에 의존	• 안보– 국가 책임 • 가정 경제–개인 • 책임
	16) 경제	공동 소유, 부의 공유	국가의 소유	국가의 소유 / 개인 자산 증가 (텃밭, 장마당)
	17) 정치	정치 체제는 기본적으로 집단을 보존하기 위한 것, 집단의 권리 우선	사회와 정치와 질서는 집단을 보존하기 위해 존재	좌동
	18) 종교	집단 신앙에 참여, 개인의 구원은 다른 사람의 구원과 관련	김일성 유일 사상 체계 (사회 정치적 생명 체론)	좌동

출처 : 이현주 2011에서 작성된 것을 재구성함

장마당이 활성화된 이후 북한 집단주의는 국가 안보와 개인 경제 생활로 이원화되었다고 볼 수 있다. 외부의 적은 유효하므로 안보는 핵 무력을 중심으로 하는 집단주의로 해결하고 있다. 그러나 사회주의 배급 경제의 붕괴로 배급받지 못하는 개인의 생계에 대한 책임은 개인주의로 해결하는 것을 일정 부분 허용하는 것이다. 그것을 공식화하는 것이 1998년 9월 개정된 헌법의 개인 소유와 그에 대한 상속권의 법적 보장이다.

장마당 경제는 집단 정체성과 개인주의의 대립을 초래하였다. 과거 사회주의 일꾼 양성을 중시하던 학교 교육은 형식적으로 유지되고 있을 뿐이다. '노력 영웅 따라 닮기'는 사상적 노력 영웅에서 경제적 노력 영웅으로 변화되어 가고 있다. 장마당에서 일군 부를 국가에 헌납하는 외화벌이 일꾼이 '노력 영웅'이 되어가고 있다.

장마당에서 시장 경제를 경험하고 돈맛을 본 상인들이 국영 상점에 투자하면서 장마당 경제의 변종이라 할 수 있는 '민수 기업'이 생겨났다. 민수 기업은 국영 상점을 개인 명의로 운영할 수 없기 때문에 국가 기관에 적을 올려놓고 일정한 비용을 지불하지만, 돈주는 경영의 책임자이고 이윤도 그의 몫이다. 민수 기업의 돈주는 다시 국영 상점을 기반으로 외화벌이 기관과 연결하여 장마당에 상품을 공급하는 순환 구조를 만들었다. 북한에서 장마당 세대는 1980년대 중반부터 1990년대 후반 사이에 태어난 2030세대이다. 사회주의 경제의 몰락과 자연재해로 가장 사망률이 높고 발육이 부진했던 탓으로 국가가 자신의 문제를 해결해주리라 믿지 않는 최초의 세대이다. 따라서 자신의 운명을 국가 체제에 맡기지 않

고 독자 생존하는 지혜를 체득했다.[35]

북한의 집단 정체성은 개인의 경제적 능력이 중요해짐에 따라 약화되어갔다. 따라서 북한은 집단 가치와 개인주의의 이중적 사회라고 볼 수 있다. 장마당 이후에는 개인이 문제 해결의 주체가 되어감에 따라 집단에 대한 소속감은 약화되어 가고 있다. 개인의 책임 범위가 확대되어 감에 따라 집단에 대한 충성보다는 개인의 생존 본능에 따라 행동하는 경향이 증가하고 있다. 생계에 대한 개인 책임의 증가에 따라 개인의 일탈 행동도 경제적인 뒷거래를 통해 어느 정도는 묵인되고 있다.

그러나 Fernandeza 등(1997)의 연구에서 경제 발전에도 불구하고 같은 동양 문화권인 중국이 과거 Hofstede(1980)에서와 같은 연구 결과인 집단주의 성향의 국가로 분류되었다는 것은 또 다른 의미를 갖는다. 비록 경제가 발전한다 하더라도 과거에 형성된 성향이 쉽게 변화되지 않는다는 것을 의미하므로 북한 인민들이 시장경제의 확산으로 완전히 개인주의 성향으로 변화되었다고 보기에는 성급하다는 것을 말한다. 가정 경제는 개인 책임이지만 정치, 국방, 보안, 교육 등 사회의 구조를 지탱하고 있으므로 집단 정체성은 여전히 유효하다고 볼 수 있을 것이다.

북한은 중국에서 코로나가 발생하자 지난 1월 중국과 국경을 봉쇄했다. 무역의 90프로를 차지하는 중국과의 무역이 중단되면서 장

---

35 김형석. 2019, "북한 사회의 변화와 갈라파고스식 진화 이해 주성하의 평양 자본주의 백과전서", 『기독교사상』, 721, pp. 201–206.

마당의 물가는 큰 충격을 받았다. 코로나가 이미 무너진 사회주의 계획 경제에 더 큰 타격을 주었을 것이라는 바는 쉽게 예측할 수 있다. 무역의 중단으로 외환 수입이 줄어들면서 환율이 변동할 가능성이 크다. 국가의 강력한 강제력에 의해 통제하던 외환 문제가 단기에 해결되기 힘든 수준으로 변동성이 커질 것이다. 국가 기업소, 공장이 구매력이 떨어지기 때문에 중단되는 사례들이 발생하고 있으며 생산 시설의 중단 위기에도 불구하고 14기 3차 최고인민회에서도 특별한 개선 정책이 나오고 있지 않다. 이는 북한이 코로나로 인한 경제 침체 문제를 자체 내부적으로 해결하기 어렵기 때문이라 볼 수 있다. 코로나19에 따른 경제적 불확실성이 커져서 상응하는 경제 정책이 쉽지 않은 상황이다. 경제의 침체가 지속될수록 사회 구조를 지탱하는 집단 정체성은 약화되고 개인주의가 강화될 것이다. 집단 정체성이 약화고 개인주의가 강화되는 측면은 통일 이후 남한과 사회 통합 과정에서 긍정적으로 작용하게 될 것이다. 그러나 북한 집단 정체성 변화에 대해서는 예단하기 어렵다. 집단 정체성 형성에는 복합적 요인이 작용하기 때문이다. 그러므로 후속 연구가 진행되어야 할 것이다.

제 9 장

북한의 신앙 변화와 통일 한국

오일환
한양대학교

9.1
종교의 역할과 남북 교류

남북한이 분단된 지 어느새 칠십 성상이 훌쩍 지났다. 오랜 세월을 거치며 상호 이념과 체제의 커다란 차이로 인한 이질성의 심화, 동족 상잔의 6·25전쟁에 따른 깊은 상처, 필연적으로 강대국 정치의 개입을 유발하는 지정학적 조건, 북핵 문제 등 여러 요인들로 말미암아 남북 관계가 냉온탕을 왔다 갔다 하며 제대로 진전되지 못하고 있는 실정이다. 이러한 상황에서 우리가 기대하는 실질적 평화 통일을 성취하는 데는 수세대를 더 거쳐야 할지도 모를 일이다. 현행 조선로동당규약은 "조선로동당의 당면 목적은 공화국 북반부에서 사회주의 강성 국가를 건설하며 전국적 범위에서 민족 해방 민주주의 혁명의 과업을 수행하는 데 있으며 최종 목적은 온 사회를 김일성-김정일주의화하여 인민 대중의 자주성을 실현하는 데 있다"고 분명히 명시하고 있다. 이처럼 북한이 '전국적 범위에서 민족 해방 민주주의 혁명'과 '온 사회를 김일성-김정일주의화'[1]를 추구하는 한 우리가 원하는 평화로운 통일 국가의 건설은 요원할는지도 모른다. 김일성·김정일을 개인 우상화하면서 '신(神)'처럼 떠받드는 전근대적

1 북한은 1980년의 조선로동당 제6차 당대회 이후 36년 만에 개최된 제7차 당대회(2016.5.6–9)에서 당 규약 수정을 통해 '온 사회의 김일성·김정일주의화'를 당의 최고 강령으로 명시하였다.

인 신정 체제(神政體制)에서 자유민주주의 체제하의 종교 및 신앙의 자유를 마음껏 누려온 우리가 어떻게 숨을 쉬며 살아갈 수가 있겠는가! 설사 지금 당장 북한 지역에 급변 사태가 발생하고, 북한 체제의 붕괴로 한국 주도의 통일 국가가 된다 하더라도 온전한 통일 국가를 성취하는 데는 수많은 우여곡절과 함께 오랜 세월이 걸릴 가능성이 커 보인다. 바로 이 때문에 통일 이전부터 남북한의 이념과 체제의 차이를 최대한 해소할 수 있는 길을 찾는 노력이 무엇보다도 필요하다. 여기서 상대의 마음을 어루만지며 마침내 마음의 문을 열게 하고 마음을 합하게 하는 종교의 역할에 주목하게 되는데, 이는 곧 남북 종교 교류의 필요성을 의미한다. 태영호 전 영국 주재 북한 대사관 공사가 2019년 6월 14일 '북한 종교와 신앙의 자유 국제 연대' 창립 기념 포럼에서 "남북 통일의 첫걸음은 북한에 종교 자유를 주는 것으로 시작해야 한다"[2]고 주장한 것은 시사하는 바가 크다.

주지하다시피, 자유 민주주의 질서하에 있는 한국 사회는 종교 및 신앙의 자유를 마음껏 누려왔지만, 북한의 경우는 수령 중심의 신정 체제이기 때문에 종교는 탄압과 핍박의 대상이다. 다만 북한 당국이 공인하고 있는 종교 집단이 존재하기는 하지만 대외 선전과 통일 전선 전략용으로, 그리고 인도적 지원을 받기 위한 목적으로 활용되고 있다는 점에서 남북한 간에 공통되는 종교 간의 진정한 교류와 협력은 사실상 어려운 일이다. 그럼에도 불구하고 북한을 개혁 · 개방으로 유도하며 체제 변화를 유도하고, 언젠가는 맞이하게 될 통일 한

2 『연합뉴스』, 2019년 6월 14일자.

국의 장래를 준비하기 위해서는 그것이 공인된 종교 집단이든, 지하화(地下化)한 종교 집단이든 간에 이들 집단과 서로 접촉하고 교류하는 것은 매우 중요한 일이다. 시작은 미약하나 나중에는 창대한 결과를 낳을 수 있는 길이 열릴 것이기 때문이다. 이 장에서는 짧은 지면 관계상 모든 종교를 다루지 않고 북한이 그 전파를 가장 우려하고 있는 기독교로 범위를 좁혀 분석하고자 한다.

9.2
북한의 종교관과 기독교 정책

1) 북한에서의 종교관의 변천

1948년 9월 8일에 제정된 「조선민주주의인민공화국 헌법」 제14조에서는 "공민은 신앙 및 종교 의식 거행의 자유를 가진다"고 규정했는데, 이 헌법 해설서인 『조선민주주의인민공화국 국민의 기본 권리와 의미』는 이 조항의 의미가 신앙의 자유란 개개의 인민이 어떤 종교라도 믿을 수 있고, 한 종교에서 다른 종교로 마음대로 옮길 수도 있고, 공개적으로 종교 의식을 진행할 수 있으며, 또한 어떤 종교도 믿지 않을 자유를 국가로부터 인정받을 수 있다는 것이라고 해석하였다.[3] 그렇지만 이러한 조항들은 '신앙의 자유'만을 인정했을 뿐 포교의 자유나 종교 교육을 포괄하는 총체적인 '종교의 자유'는 인정하지

---

3 사와 마사히코 저, 김숙자 · 강문규 역, 1997, 『남북한 기독교사론』, 서울: 민중사, p.314 재인용; 정대일, "북한의 종교 정책 연구: 북한 국가 종교의 성립 과정을 중심으로," 『종교연구』, 제64집(2011), pp.139–140.

않았다.[4]

종교에 대한 북한의 관점은 1973년 판 『정치사전』에 인용된 김일성의 교시에 잘 압축돼 있다. 그 교시는 "종교는 력사적으로 지배 계급의 수중에 장악되어 인민을 기만하여 착취 억압하는 도구로 리용되었으며 또 근래에 들어와서는 제국주의자들이 후진 국가 인민들을 침략하는 사상적 도구로 리용되었다"라는 내용이다.[5] 북한에서 종교는 '지배 계급의 착취 억압 도구', '제국주의적 침략 도구'로 인식되고 있음을 잘 알 수 있다. 이러한 인식은 과거 소련을 비롯한 사회주의 국가들에서 그랬던 것처럼, 종교가 지배 계급이 대중에 대한 착취와 억압을 용이하게 하기 위해 계급 의식과 투쟁 의식을 마비시키는 '인민의 아편'이며, 강대국의 약소국에 대한 제국주의적 침탈을 위한 교두보 역할을 한다는 마르크스-레닌주의적 관점과 상통하다.

특히 1981년에 발간된 『현대조선말사전』에는 기독교에 대하여 "낡은 사회의 사회적 불평등과 착취를 가리우고 합리화하여 허황한 '천당'을 미끼로 하여 지배 계급에게 순종할 것을 인민들에게 설교"하는 종교라고 서술하고 있다.[6] 여전히 종교에 대해 매우 부정적인 인식을 드러냈다. 1980년대 후반에 접어들자 북한은 계급적 관점에서 종교를 무조건 매도해 오던 기존의 행태에서 다소 탈피하는 모습을 보이기 시작했다. 1981년 9월 30일에 1988년 서울 하계올림픽 개

---

4 김일성, 1980, "문화 선전 사업을 강화하며 대외 무역을 발전시킬 데 대하여," 『김일성 저작집 5』, 평양: 조선로동당출판사, p.154; 정대일, 2011, p.140.

5 사회과학출판사, 1973, 『정치사전』, 평양: 사회과학출판사.

6 과학 · 백과사전출판사, 1981, 『현대조선말사전』, 평양: 과학 · 백과사전출판사.

최가 결정된 이후 북한이 올림픽의 공동 개최 혹은 그 반작용으로서의 1989년 세계청년학생축전에 대비하여 종교를 선전 도구로 사용할 필요를 느꼈던 것으로 판단된다.[7]

종교의 관점에 대한 북한의 변화는 사회주의 헌법의 개정에서 나타났다. 북한은 1992년 4월 사회주의 헌법을 개정하면서 "공민은 신앙의 자유를 가진다. 이 권리는 종교 건물을 짓거나 종교 의식 같은 것을 허용하는 것으로 보장된다. 누구든지 종교를 외세를 끌어들이거나 국가 사회 질서를 해치는 데 리용할 수 없다"(제68조)고 명시했다. 그런데 이 조항을 면밀히 살펴보면, 이전 1972년 헌법의 '반종교 선전의 자유'를 삭제한 대신, 신앙의 자유를 종교 건물 축조와 종교 의식 거행이라는 일정 범위로 제한하고 있다는 사실을 알 수 있다. 또 "누구든지 종교를 외세를 끌어들이거나 국가 사회 질서를 해치는 데 리용할 수 없다"고 규정했는데, 이는 종교적 배경을 가진 남한 내 통일 운동가와 재외 동포들과의 통일 운동을 고려하면서도 북한 체제에 미치게 될 후유증을 염두에 둔 조치로 해석된다. 그러나 이 부분은 다분히 추상적인 데다 당국의 자의적 해석이 얼마든지 가능해 여전히 종교 탄압을 합법화하는 구실이 된 것도 사실이다.[8] 1992년에 출판된『조선말대사전』에서는 종교에 대한 기존의 부정적 인식을 크게 완화하면서 비교적 객관적인 설명을 달았다. 즉, "사회적 인간의 지향과 념원을 환상적으로 반영하여 신성시하며 받들어 모시는

7 김병로 · 윤현기 · 이원영 · 천지혁, 2020,『그루터기: 북한 종교인 가족의 삶과 신앙의 궤적을 찾아서』, 서울: 박영사, p.28.

8 오일환, 2009.3, "북한 종교 〈2〉: 북한의 종교 정책,"『북한』, p.165.

초자연적이고 초인간적인 존재에 대한 절대적인 신앙 또는 그 믿음을 설교하는 교리에 기초하고 있는 세계관"이라고 기술했다. 기독교에 대해서도 특별히 부정적인 해설 없이 "'하느님'의 아들로서 인류를 '구원'하기 위하여 하늘에서 내려온 예수가 십자가에 못박혀 죽었다가 다시 부활한 그리스도의 교훈을 잘 지키면 '천당'에 간다는 것을 설교한다. 교리의 주되는 리념은 '평등'과 '박애'이다"[9]라고 서술하고 있다.

1998년 9월 5일에 개정된 사회주의 헌법 제68조에서는 "공민은 신앙의 자유를 가진다. 이 권리는 종교 건물을 짓거나 종교 의식 같은 것을 허용하는 것으로 보장된다. 종교를 외세를 끌어들이거나 국가 사회 질서를 해치는 데 리용할 수 없다."라고 개정했는데, 1992년 개정 헌법의 같은 조항에서 '누구든지'만 삭제했을 뿐이다.

2000년에 출간된 『조선대백과사전』은 종교에 대한 해설을 좀 더 객관화하고 있다. 즉, "종교는 본질에 있어서 《신》 중심의 사회적 사상이다. 절대자로서의 《신》의 존재를 인정하고 그에 의하여 세계가 창조되고 운동 변화하며 사람의 운명도 《신》에 의하여 결정된다고 보는데 철학을 비롯하여 리론적으로 체계화된 다른 모든 사회적 의식과 구별되는 종교의 본질적 특징이 있다. 종교에서는 바로 그의 이러한 특성으로부터 출발하여 《신》을 믿고 《신》과 대화하며 《신》의 경지에 이르고 《신》의 나라에 가서 사는 것을 인생의 목적으로 보며 이를 위하여 투쟁하는 데 삶의 보람과 행복이 있다고 본다. 물론 사

---

9 사회과학출판사. 1992, 『조선말 대사전』, (평양: 사회과학출판사.

람들의 사회적 의식 중에는 《신》의 존재와 절대성을 인정하는 사상의식으로서 여러 가지 미신들이 있다. 그러나 종교는 절대자로서의 《신》을 인정한다는 점에서는 미신과 공통적이지만 그와 원칙적으로 구별된다"[10]며 보다 일반화된 해석을 하고 있다. 그렇지만 종교에 대한 공산주의적 관점은 여전히 유지되고 있다. 즉, "사회적 불안과 불행이 지배하는 착취 사회에서 사람들은 정신적으로나마 안착하고 의지할 수 있는 마음의 기둥을 요구하게 되며 같은 처지에 있는 이웃까지도 서로 사랑하여 자유롭고 평화롭게 살 것을 요구한다. 사람들은 정치사상적으로 각성하지 못할 때에는 이러한 요구를 종교를 통하여 해결하려 하며 착취 계급은 이것을 자기들의 계급적 지배를 유지하는 데 리용한다. 이리하여 종교는 과학의 시대인 오늘에 와서도 세계 각국에 널리 퍼지게 되었다"[11]라며 여전히 종교에 대해 착취계급의 도구로 인식하고 있음을 알 수 있다.

북한은 종교에 대해 미신과 동일시하며 반동적 · 비과학적 이데올로기 역할을 하면서 인간을 소외시키는 관념으로 인식하고 있다. 그렇기 때문에 북한 당국은 종교가 인간에게 고통을 줄 뿐이며, 사회주의 건설을 위한 동원에 지장을 초래하고, 나아가 김일성 신격화에 지장을 준다며 종교 탄압과 말살을 정당화하고 있다.[12]

북한 당국이 유일 사상인 주체사상 이외의 그 어떤 사상도 허용하

---

10 백과사전출판사, 2000, 『조선대백과사전 19』, 평양: 백과사전출판사.

11 백과사전출판사, 2000.

12 박균열, 2010, "북한의 종교실태와 연구 동향," 이온죽 외, 『북한의 사회와 문화 그리고 통일』, 서울: 철학과 현실사, pp.173–174, p.196.

지 않고 있다는 점에서 북한에서 종교의 자유는 철저히 제약받고 있다. 헌법상으로는 신앙의 자유가 있는 것처럼 명시되어 있고, 북한 당국이 공인하고 있는 종교 단체들과 종교 시설들이 일부 존재하고 있다고 해도 남한이나 국제 사회를 대상으로 대외 선전을 위한 전시용에 불과하다. 물론 평양의 경우에도 평양 소재 종교 시설은 일반 주민들의 신앙 생활을 위해서가 아니라, 평양에 주재하고 있는 외국인 신앙인들이나 평양을 방문한 남한 및 외국의 종교계 인사들의 예배를 비롯한 종교 의식을 위한 공간일 뿐이다. 평양 이외의 지역에는 불교 사찰을 제외한 교회나 성당 등의 종교 시설은 존재하지 않는 것으로 파악되고 있다.[13]

2) 기독교에 대한 종교 정책의 변천과 실태

원래, 1945년 광복 이전의 북한 지역에는 평양을 비롯한 서북 지방을 중심으로 기독교가 부흥했다. 해방 당시에 북한에 형성되어 있던 기독교 교세는 3,000여 교회에 30만 성도가 있었다. 해방 전 북한 지역의 기독교 교세는 남한 지역보다도 더 컸다. 그러나 한반도가 북위 38도선을 기점으로 남북한으로 분단되면서 소련 군정하의 북한 지역은 공산화가 진행되었다. 김일성은 1946년 3월 23일 북조선임시인민위원회 이름으로 앞으로 수립될 임시 정부 20개조 정강을 발표했는데, 제3조에 '신앙의 자유'를 명시했고, 제5조에서는 "전체 공

13 윤덕민 · 김근식, 2011, 『북한 인권개선을 위한 합리적 접근: 사회통합적 시각』, 대통령 소속 사회통합위원회, p.21.

민들에게 성별, 신앙 및 재산의 유무를 불문하고 정치 경제 생활에서 동등한 권리를 보장할 것"을 언급했다.[14] 그렇지만, 김일성 정권이 권력 강화와 함께 본격적으로 종교 탄압을 시작하면서 북한 땅에서의 모든 종교 활동은 위축되어 갔다. 공산 정권의 물리적 탄압과 주일 소집령 등 반기독교 정책과 물리적 박해로 많은 기독교인들이 정치적 불이익을 우려하여 교회를 떠났다.

한편 북한 당국은 기독교 세력을 탄압하면서도 이들을 정치적으로 이용하기 위해 1946년 11월에 북조선기독교도연맹을 조직했다. 1946년에서 1947년에 걸쳐 교회 지도자들을 개인적으로 설득하거나 회유하여 연맹에 가입시키는 행태에 반발하여 교회 출석을 포기하는 신앙인들이 발생했다. 『조선중앙년감』 1950년 판에 따르면, 1950년 이전 북한의 기독교 현황은 약 2,000교회에 신도 20만 명, 목사 410명, 전도사 498명, 장로 2,142명 등으로 집계되었다. 한편, 6 · 25전쟁 이전에 신학 교육 기관은 평양신학교와 성화신학교를 통합해 그리스도신학교(기독교신학교)로 재편하였고, 1,200명에 달했던 신학생을 120명 수준으로 축소했다. 교회에서 예배드리는 자유가 완전히 차단되지는 않았다.[15]

전쟁 중 원산, 평양, 함흥, 청진 등 북한의 주요 도시는 미군의 집중적인 공중 폭격으로 초토화되었으며 물적 · 인적 피해가 엄청났다. 이 때문에 전후 북한에서 사회 전반적으로 미국에 대한 적개심

14 정대일, 2011, p.139.
15 김병로 · 윤현기 · 이원영 · 천지혁, 2020, pp.9–11.

이 고조되었고, 미국과 연관되는 기독교에 대해 매우 부정적 인식이 팽배하기 시작했다.[16] 특히 반공주의적 속성을 가진 기독교에 대해 적대감을 가지고 있던 북한 당국은 기독교를 '미제의 앞잡이'로 몰아 탄압의 빌미로 삼았다.

6 · 25전쟁 후 기독교 교세는 급격히 위축되었다. 전쟁 중에는 많은 기독교인들이 공산 정권의 탄압을 피해 월남하거나 사망하였고, 전후에는 많은 성직자들이 순교 또는 행방불명되었다. 북한 당국은 전후 미군의 집중적인 공중 폭격으로 인한 물적 · 인적 피해를 내세워 미국의 '만행'과 '학살'을 강조하며 기독교인들을 미국의 앞잡이라 규정하는 등 반기독교적 정서를 부추겼다.

당중앙위원회 상무위원회는 1958년 5월 30일에 '반혁명 분자와의 투쟁을 전 군중적으로 전개할 데 대하여'를 설정하고는 기독교인들에 대한 대대적인 처형과 추방 사업을 단행했다. 북한은 1958년부터 1960년까지 중앙당 집중 지도라는 명목으로 종교인들과 그 가족을 반혁명 계층으로 분류하고 1970년까지 주민 재등록 사업을 펼치면서 기독교인들을 특별 감시 대상으로 삼았다.[17] 더욱이 이 시기에 유일 사상 체계 확립 작업이 추진되면서 기독교 신앙 활동에 대한 사회적 · 정책적 차별과 박해가 더욱 가속화되어 북한 내 남은 그루터기 신앙 공동체는 극도로 위축되었다. 1968년에 200개 정도 허용되었던 가정 예배소는 1972년 남북 대화 무드가 조성되던 시기에 예외

---

16 김병로 · 윤현기 · 이원영 · 천지혁, 2020, p.13.

17 홍진표 외, 2004, 『교과서가 가르쳐주지 않는 북한의 진실』, 서울: 시대정신, p.78.

적으로 100여 개 처소에 허용되었으나 40개소로 급감했고, 그 후에 또 20여 개로 크게 줄어들었다.[18]

종교 탄압에 열을 올리던 북한 정권은 1970년대 벽두부터 미 · 중 간 데탕트 분위기가 조성되자 종교를 중요한 정치적 수단으로 활용할 가치가 있다고 판단하고, 1972년에 그간 유명무실한 단체에 불과하던 조선기독교도연맹의 활동을 재개시켰다. 이는 남북 대화가 시작되면서 북한에도 종교의 자유가 보장되고 있는 것처럼 보이기 위한 조치였다. 1972년 12월 27일 최고인민회의 제5기 1차 회의는 제6차 헌법 개정을 통해 조선민주주의인민공화국 사회주의 헌법을 제정하며 종교 관련 조항 제68조 '신앙의 자유' 조항의 해당 권리를 "종교 건물을 짓거나 종교 의식 같은 것을 허용하는 것으로 보장된다"고 규정하였다. 그러나 "종교를 외세를 끌어들이거나 국가 사회 질서를 해치는 데 리용할 수 없다"라는 단서를 붙임으로써 종교 활동이 체제에 부담을 줄 수 있는 가능성을 차단하고자 했다. 이 조항은 다분히 한반도 주변 정세의 변화를 염두에 둔 것으로 대외 선전과 통일 전선 전술 차원에서 종교 교류를 대비하기 위한 포석이었다.

한편, 1972년 개정 헌법은 허가받지 않은 종교 활동에 대해 처벌할 수 있도록 법적 조항을 마련했다. 헌법 제54조에 "공민은 신앙의 자유와 반종교 선전의 자유를 가진다"라고 규정하여 '반종교 선전의 자유'를 처음으로 명시하였다. 또한 신앙 활동을 법적으로 규제하는

---

18 김병로 · 윤현기 · 이원영 · 천지혁, 2020, p.24.

'반종교 선전의 자유'를 명시함으로써 종교 활동의 탄압 근거로 삼았다.

1983년에는 신약성서와 찬송가가, 1984년에는 구약성서가 각각 출판되었다. 1986년에 김정일이 내린 종교에 대한 전향적 해석에 따라 종교 정책에서의 변화가 감지되기 시작했다. 1992년에는 신구약성격 합본인 『성경전서』가 출판되었다. 결국 1980년대 초부터 공식 및 비공식 기독교 활동이 재개되었을 가능성이 높다. 탈북자들의 증언에 따르면, 1980년 10월 6차 당대회에 앞서 대사면 조치가 내려지면서 기독교인들은 지상 교회나 가정 예배, 또는 지하 교회에서 회합했던 것으로 밝혀지고 있다. 가정 예배소 신자들이 봉수교회로 흡수되었기 때문에 봉수교회 교인들 대부분은 그루터기 신앙 공동체 신자들과 그 가족들로 추정된다.[19]

1990년대부터는 소련 및 사회주의 체제의 붕괴 여파로 세계 질서가 급격하게 변했고, 남북 종교 교류가 빈번해지자 종교에 대해 다소 변화된 관점의 해석을 내리며 전향적인 모습을 보이기 시작하였다. 그렇지만 여전히 체제 방어적인 차원에서 종교 교류에 따른 외부 사조의 유입을 철저히 차단하는 한편, 종교 단체를 통한 통일 전선 구축에도 노력을 집중했다.[20] 그러나 김일성 사후 '고난의 행군'이 엄습한 1990년대 중반 이후부터는 극심한 경제난 극복을 위하여 한국 및 국외 종교 단체들로부터 대북 인도적 지원 획득에 중점을 두

19 김병로 · 윤현기 · 이원영 · 천지혁, 2020, pp.28–30.

20 오일환, 2009.3, "북한 종교 〈2〉: 북한의 종교 정책," 『북한』, p.165.

었다.[21]

북한에서 기독교의 존재가 표면적으로 드러나기 시작한 때는 1988년 봄 평양 만수대 구역에 공인 교회인 봉수교회가 설립되면서부터였는데, 개회 예배는 11월 6일에 있었다. 1992년에는 평양의 광복거리에 김일성의 어머니 강반석을 기념하기 위한 칠골교회가 세워졌다. 북한이 교회 건축을 허용한 배경에는 1986년 김정일이 내렸던 종교에 대한 전향적인 해석과 더불어 종교 정책에서의 일부 변화 때문으로 보인다. 그렇지만 예배 참가자들은 조선기독교도연맹과 노동당에 의해 조직적으로 동원되었다. 북한에서 당의 허락 없이는 봉수교회나 칠골교회, 가정 예배소에서의 예배는 상상하기 어려운 일이다.[22] 이들 교회는 모두 통일 전선체인 조선기독교도연맹 산하에 묶여 당의 통제를 받았다. 이후 이 연맹은 1999년 2월에 조선그리스도교연맹(이하 조그련)으로 개칭되었다. 한편, 2000년 9월에는 평양신학원이 개원되었으며 기독교 목회자들을 양성하기 시작했다.

북한 당국은 2020년 4월 현재 기독교인 숫자를 1만 2천 명으로 밝히고 있고,[23] 평양에 있는 교회 외에 지방에 수백 개의 가정 예배 처소가 있다고 주장하고 있으나, 구체적인 실체와 운영 상황은 파악할 길이 없다.[24]

---

21 안현민 · 윤여상 · 정재호, 2019, 『2019 북한 종교자유 백서』, 서울: 북한인권정보센터 북한종교감시기구, p.243.

22 김병로 · 윤현기 · 이원영 · 천지혁, 2020, p.30.

23 김병로 · 윤현기 · 이원영 · 천지혁, 2020, p.3.

24 안현민 · 윤여상 · 정재호, 2019, p.144.

9.3
'주체교' 신정 체제의 확립

북한은 마르크스-레닌의 이론에 입각한 사회주의 체제의 종교 인식을 드러내고 있지만, 아이러니하게도 북한 체제 자체가 '신정 체제화'하여 새로운 종교, '주체교(혹은 '김일성교')'를 탄생시키는 결과를 낳았다. 북한에서 보편 종교가 사라진 자리에 당 유일 영도 체계 확립과 함께 김일성이 살아서나 죽어서나 '영원한 수령'으로서 신적인 존재로 자리매김한 것이다. 김일성 권위의 절대화, 교시의 신조화, 교시 집행의 무조건화 등이 강조되고 있는데, 이 같은 요소는 김일성의 '신성(神性)'을 강화시켜 그를 신격화하는 요인이 되고 있다.[25]

1) 수령론의 근간: 혁명적 수령관과 사회 정치적 생명체론

절대 권력을 정당화하는 전체주의 체제는, 그것이 극좌에 속하든 극우에 속하든 간에 집단적 동원을 중시하기 때문에 정치를 중시하며, 이 정치는 권력의 정점에 있는 지도자를 신성시하는 방향으로 몰아간다. 따라서 전체주의는 '정치 종교(political religion)'로 규정된다. 이처럼 종교 이론의 틀에서 볼 때, 북한의 주체사상 역시 전형적인 정치 종교를 잉태할 수밖에 없는 이데올로기라고 할 수 있다.[26]

북한에서 1960년대에 정치사상적으로 대외적 긴장 속에서 주체사

---

25 김병로, 2000, 「북한 사회의 종교성: 주체사상과 기독교의 종교양식 비교」, 통일연구원, pp.3–46; 문장순, 2007, 『통일 시대 북한 종교 이해』, 대구: 도서출판 대명, 137.

26 정대일, 2011, p.138.

상이 대두되었으나, 곧 김일성 개인 숭배가 가속화되기 시작했다.[27] 이는 김정일이 1974년 2월에 주체사상을 김일성주의로 공식화하면서 그 핵심을 혁명과 건설의 지도 사상이라기보다 김일성을 신격화하고 그의 권위를 절대화하는 이론 체계로 탈바꿈시켰기 때문이다.[28] 1980년에 김정일이 김일성의 후계자로 공식화된 이후 주체사상에 대한 해석권을 독점하면서 주체사상의 이론적 체계화를 모색하였고, 이 과정에서 김일성 우상화가 가속화되었다. 김정일은 먼저 1982년에 발표한 「주체사상에 대하여」를 통하여 주체사상을 '김일성주의'로 정식화하는 한편, 1986년에는 「주체사상 교양에서 제기되는 몇 가지 문제에 대하여」를 발표하여 주체사상의 필연적 귀결인 혁명적 수령관과 사회 정치적 생명체론을 제시하였다. 이러한 이론 체계는 필연적으로 수령의 신격화를 낳았다. 혁명적 수령관의 핵심은 수령–당–인민 대중이라는 프롤레타리아 독재 체제 속에서 수령이 차지하는 지위와 역할을 규명하는 것이다.[29] 결국 혁명적 수령관은 김일성 1인 지배 체제 확립과 밀접하게 관련된 이론으로서 수령에 대한 충실성을 혁명적 신념으로 간직해야 하며 수령을 옹호 보위하고 수령의 혁명 사상과 영도를 무조건 받들고 철저히 관철해나가는 자세와 입장을 요구하고 있다. 이런 상황에서 수령의 교시는 북한에서 절대 진리처럼 받들어지고 있다. 그렇기 때문에 북한의 헌법은 나라와 국가 기관, 지도부를 규정한 것이 아니라 수령의 의지, 즉 김일성

---

27 이종석, 2000, 『새로 쓴 현대 북한의 이해』, 서울: 역사비평사, p.80.

28 안찬일, 1997, 『주체사상의 종언』, 서울: 을유문화사, p.143.

29 이종석, 2000, p.213.

주의가 헌법을 규정하게 만든 것이다.[30] 이 같은 상황에서 북한에서 법치주의는 무력화되고 수령의 인치에 의한 전체주의 체제가 형성되고 만 것이다.

김정일은 1987년에 발표한 자신의 논문「주체사상 교양에서 제기되는 몇 가지 문제에 대하여」에서 "개별 사람들의 생명의 중심이 뇌수인 것처럼 집단의 생명의 중심은 이 집단의 최고 뇌수인 수령"이라고 주장하면서 "수령을 사회 정치적 생명체의 최고 뇌수라고 하는 것은 바로 이 생명체의 생명 활동을 통일적으로 지휘하는 중심이기 때문"이라고 설명했다.[31] 이는 집단주의를 중시하는 전체주의 체제의 지도자론의 북한식 논리에 다름 아니다.

한편, 북한은 수령이 '사회 정치적 생명체'의 생명의 중심인 '뇌수'이고 사회 성원들은 수령과 필연적으로 연결될 때에만 '사회 정치적 생명'을 지닐 수 있기 때문에 모든 사회 성원들의 생명의 어버이로 된다고 주장하고 있다. 이는 인민 대중이 자기의 지도자를 키워내고 선출하는 것이 아니라 수령이 인민 대중의 생명의 은인으로서 인민 대중을 키워내는 것처럼 본말을 전도하고 있는 것이다. 사회 정치적 생명체론은 수령 절대주의를 낳을 수밖에 없으며, 나아가 수령의 신격화를 불러오게 마련이다.[32] 한마디로 북한의 통치자들은 계급주의적 전체주의와 봉건 사상에 기초하여 수령의 권력을 절대화시키는 '수령 절

---

30 김광진, 2012, "북한 정치 체제의 모순과 한계," 이대우 편,『탈북자와 함께 본 북한 사회: 북한 문제의 딜레마아 해법』, 서울: 도서출판 오름, p.175.

31 김정일, 1987, "주체사상 교양에서 제기되는 몇 가지 문제에 대하여",『근로자』, 제7호, p.16.

32 황장엽, 2000,『개인의 생명보다 민족의 생명』(서울: 시대정신, 1999), p.116; 오일환 외,『현대 북한 체제론』, 서울: 을유문화사, p.24.

대주의'를 정당화하는 방향으로 주체사상을 이용하고 있는 것이다.[33]

또 하나 중요한 사실은 사회 정치적 생명체론이 사람에게는 생명 유기체로서 살아가는 육체적 생명과 사회적 존재로서 활동하는 정치적 생명이 있다는, 생명에 대한 이분법에서 출발하고 있다는 점이다. 즉, 부모가 준 육체적 생명은 유한한 데 반해 수령이 부여한 사회 정치적 생명은 영원하다는 논리로 비약시키고 있다.[34] 결국, 사회 정치적 생명체론은 수령을 영생의 부여자로 규정하면서 신격화하고 있음을 알 수 있다. 사회 정치적 생명을 준 어버이 수령에게 충성할 때 부모가 물려준 유한한 생명체가 아니라 어버이 수령이 부여해 준 영생불멸의 생명체가 될 수 있다는 것이다. 결국 어버이 수령은 영생불멸의 사회 정치적 생명을 준 신적인 존재로 둔갑하였다. 김일성이 육체적으로는 사망했어도 유훈 통치를 통해 체제 단합을 도모할 수 있게 하는 근거는 사회 정치적 생명의 '영생불멸' 논리에 맞닿아 있다는 사실을 알 수 있다.

표 9.1 사회 정치적 생명체론에 입각한 이분법적 인간관

존재	생명	부여자	생명체	구원의 근거	요구
생명 유기체 (개인)	육체적 생명	부모	유한		물질적 요구
사회적 존재 (집단)	사회 정치적 생명	어버이 수령	영생 불멸	수령에의 무조건적 · 절대적 복종, 충성심과 주체형 혁명 인간화	정치 도덕적 요구

*출처: 양성철, "주체사상과 통일," 양재인 외, 1990, 『북한의 정치 이념: 주체사상』, 서울: 경남대 극동문제연구소, p.143.

---

33 황장엽, 1999, p.116.

34 안찬일, 1997, p.155.

한마디로 북한의 유일 사상인 주체사상은 수령–당–인민 대중의 전일적 체계를 염두에 둔 통치 이념으로서 결국 1인 독재 체제를 가능케 하는 사상이다. 단순한 통치 이데올로기로 출발했지만 김일성의 권력이 공고화되면서 수령 숭배를 강요하는 '교리(敎理)'로 변용된 것이다. 결국, 북한은 주체사상이라는 교리를 통해 만들어진 '주체교'의 신정 체제로 굳어지게 되었다.

2) 수령의 신격화 실태

김정일은 혁명적 수령관과 사회 정치적 생명체론을 이론적으로 체계화하는 동시에 김일성의 신격화를 위하여 '혁명 전통'을 조작함으로써 김일성과 그 일가에 연관된 역사를 체계적으로 날조해 나갔다. 혁명적 수령관과 관련하여 수령은 자기의 정치적 체제를 구축할 수 있는 전통의 창시자여야 한다고 주장하고 있는데, 이는 혁명적 수령관이 혁명 전통을 조작하는 근거가 되었음을 의미한다. 북한은 1930년대 초반부터 1941년까지 만주 지방에서 중국 공산당의 동북항일연군에 속해 일본 군대와 싸운 김일성의 항일 무장 투쟁을 침소봉대하여 '위대한 혁명 전통'으로 정리하고 그것을 조국 광복을 성취한 '성전(聖戰)'으로까지 격상시켰다.[35] 이는 혁명 전통을 조작함으로써 역사적 진실이 감추어지게 되었고, 그만큼 김일성 개인 우상화의 정도가 강해졌다는 사실을 의미한다.

김정일은 '혁명 전통'과 수령 형상화 작업의 수단으로 문학 예술

---

35 안찬일, 1997, p.148.

분야를 적극 활용하는 방식으로 김일성 우상화 작업을 수행했다. 김일성–김정일로 이어지는 혈통과 항일 무장 투쟁을 미화하는 각종 문예 작품들을 만들게 하고, 또 그것을 대중이 학습하도록 했다. 특히 1967년에 김정일은 중앙당 선전선동부에서 본격적으로 활동하면서 항일 무장 투쟁을 형상화한 문학 작품 『피바다』와 혁명적 작품 『한 자위단원의 운명』, 『꽃 파는 처녀』 등을 영화로 만들었고, 또 〈피바다〉, 〈꽃 파는 처녀〉, 〈당의 참된 딸〉, 〈밀림아 이야기하라〉 등의 혁명 가극을 탄생시켰다.[36] 이를 위하여 김정일은 수령인 김일성의 '혁명 역사와 가정'을 묘사하는 수령 형상화 작업을 위해 1967년 6월에 북한 최고의 작가들로 구성된 4 · 15 문학창작단을 만들었다.[37]

북한은 김일성 혁명 전통을 조작하면서 김일성의 활동에 대한 미화, 특별한 용어의 사용, 설화 창조 등으로 김일성 우상화에 박차를 가했다. 보천보 혁명 전적지, 삼지연 혁명 전적지, 무산 지구 혁명 전적지 등은 물론 항일 빨치산 활동 시기에 이용했다는 백두산 밀영, 선오산 밀영, 소연지 밀영 등과 같은 혁명 전적지 조성을 통해 김일성 개인의 혁명 투쟁을 미화시켜 나갔다. 북한은 김일성 우상화 형상물 제작에도 열을 올렸다. 김일성 부자를 형상화한 미술 작품을 제작, 배포, 관리하는 문화예술부 소속의 만수대창작사를 각 도 · 직할시별로 1개씩 두어 우상화 상징물 제작을 주도하게 하였다. 북한 당국은 완성된 상징물들을 김일성 부자의 분신으로 간주, 엄격하

---

36 정성장, 2011, 『현대북한의 정치: 역사 · 이념 · 권력 체계』, 파주: 도서출판 한울, p.100.

37 이종석, 2000, p.525.

게 관리하고 있다. 이 상징물들은 가정에는 물론이고 각급 학교, 기관 등 공공 장소에 구비해야 할 필수품으로 취급된다. 가정의 벽에는 김일성 · 김정일 초상화를 나란히 걸어놓고 초상화 앞에서 충성 선서로 하루 일과를 시작하고 끝맺는다. 결혼식을 치르는 경우 혼례가 끝난 후에는 가장 먼저 김일성 동상에 인사해야 한다.[38]

북한에서 '수령'이라는 용어는 신성불가침에 해당하는 단어이다. 북한에서 '어버이 수령'이라는 호칭은 김일성 신격화와 밀접한 관계가 있다. 이는 기독교에서 하나님을 '아빠 아버지'[39]라고 호칭하는 것과 같은 맥락이다.

한편, 북한에서 김일성을 상징하는 개념으로 '태양'을 사용하는데, 문예물이나 신문 · 방송 매체에서 김일성을 찬양하는 경우에 차고 넘치는 용어이다. 살아서는 '조선 인민의 위대한 태양 김일성 장군'이었고, 나아가 죽어서는 '민족의 태양'이 되었다. 이처럼 북한에서 현대 북한 '조선민주주의인민공화국'의 '시조' 김일성은 태양과 동격화되고 있음을 알 수 있다.[40]

북한은 영결식 때 사용된 김일성의 사진을 '태양상'으로 명명했다. 이는 김일성이 죽어서도 꺼지지 않는 '태양'으로 영생하고 있다는 의미를 나타내기 위한 것이라 풀이된다. 그리하여 죽어서도 영생하고 있다는 의미에서 "위대한 수령 김일성 동지는 영원히 우리와 함

---

38 문장순, 2007, pp.146–147.

39 마가복음 14:36, 로마서 8:15, 갈라디아서 4:6에서 하나님을 '아빠 아버지'로 호칭하고 있다.

40 김광진, 2012, p.170.

께 계신다"라는 영생 구호를 개발하였다.[41] 이는 '유훈 통치'와도 연관되는 부분이다. 김일성 사망 후 세워진 영생탑과 태양상은 농촌의 리 단위에도 세워질 만큼 그 수를 헤아릴 수 없다. 전국 각지 주요 공간은 물론 유치원부터 대학교까지 곳곳에 세워져 있다.[42] 김정일 사후에 영생탑의 구호는 "위대한 김일성 동지와 김정일 동지는 영원히 우리와 함께 계신다"라고 수정되었다.

1996년 7월 8일 김일성 2주기에 즈음하여 조선로동당중앙위원회 · 조선로동당중앙군사위원회 · 조선민주주의인민공화국 국방위원회 · 조선민주주의인민공화국 중앙인민위원회 · 조선민주주의인민공화국 정무원은 공동 명의로 「위대한 수령 김일성 동지의 혁명생애와 불멸의 업적을 길이 빛내일 데 대하여」라는 결정서를 통해 김일성의 출생 연도 1912년을 원년으로 하는 '주체 연호'를 공식 제정하고, 그의 생일인 4월 15일을 '태양절'로 선포하였다. 2개월 후 건국 기념일인 9 · 9절에는 처음으로 '주체 연호'를 사용하였다. 이로써 김일성 사망 2년 후에 북한의 시간은 수령 김일성의 탄생일에 의해 지배받게 되었으며, 수령의 탄생일 '태양절' 선포로 수령은 공식적으로 '태양'이라는 상징과 연결되었다.[43]

북한은 김일성 사망 후 그의 시신을 금수산기념궁전에 안치하여 '영원히 살아 남아 북한을 통치하는 시조'로 만들었다.[44] 이후 김정일

---

41 『데일리NK』, 2010년 4월 8일자; 김광진, 2012, p.171.

42 『데일리NK』, 2012년 1월 12일자.

43 정대일, 2012, 『북한 국가 종교의 이해: 북한 선교의 선이해를 위한 연구』, 서울: 도서출판 나눔사, p.98.

44 안찬일, 1997, p.304.

은 자신의 70번째 생일인 2012년 2월 16일에 금수산궁전을 금수산 태양궁전으로 개칭하였다. 김일성의 탄생일을 기점으로 '연호'를 제정하고, 그날을 '태양절'로 삼은 것은 그를 '조선 민족'의 '시조'로 인식하고 있다는 증거에 해당한다. 김정일이 김일성을 '사회주의 조선의 시조'로 높인 것은 '조선 민족'이 존재하는 한 북한에서 수령의 영생을 보장받을 수 있는 길을 열어놓았다는 것을 뜻한다. 민족의 시조인 수령을 통하여 영생을 부여받고 민족과 더불어 영생하는 생명이 가장 고귀하다는 것이다.[45]

한편, 김일성 사후 김일성 신격화를 위해 '조선 민족'을 '태양민족', '김일성민족'으로 둔갑시켰다. 김정일은 1994년 10월 16일 김일성 100일 추모회를 마친 뒤 당중앙위원회 책임 일꾼들과 한 담화에서 처음으로 '김일성민족'이라는 용어를 사용했는데, 사회주의 조선의 시조는 김일성이므로 조선 민족은 김일성민족이라는 논리를 내세웠다. 김정일이 김일성민족이라는 말을 처음 사용한 이후 1994년 12월 10일에는 단군제를 개최하면서 김일성민족과 사회주의 조선 시조를 언급했다. 1995년 1월 18일에 평양방송이 "오늘 우리 민족은 수령을 시조로 하는 김일성민족이고, 현대 우리나라는 수령이 세운 김일성조선"이라고 주장했다. 1995년 3월 27일에는 당기관지 『로동신문』이, 1995년 4월 14일에는 조선중앙방송이 '김일성민족'을 언급했다. 결국, 1995년부터 '김일성민족'이라는 용어가 일반화되기 시작했음을 알 수 있다.

---

45 정대일, 2012, pp.100–101.

북한 전역에 눈길이 가는 곳마다 '김일성'이 존재한다. 가슴에 다는 김일성 초상 배지, 각 가정의 거실이나 사람들이 모이는 실내 공간 어디에도 김일성의 초상화가 걸려 있다. 화폐에도 김일성 초상화가 도안되어 있다. 특히 김일성 동상은 약 4만여 개가 보급돼 있는데, 만수대 언덕에 있는 23m 높이의 동상을 비롯한 전신 동상은 70여 개가 있으며 나머지는 반신 석고상이다.[46] 이처럼 수많은 김일성 관련 상징물이 도처에 자리 잡고 있다는 사실은 죽은 김일성이 영생하는 '신'이 되어 편재(遍在)하고 있다는 주장을 공공연히 과시하는 것에 다름 아니다.

표 9.2 기독교 집회와 주체사상 학습 모임

기독교의 집회	집회 시간	주체사상 학습	모임 시간
주일 예배	일요일	생활 총화	토요일 오전(또는 오후)
수요 예배	수요일 저녁	수요 강연회	수요일 저녁
새벽 기도회	새벽 5시	새벽 참배	새벽 5시경
경건의 시간(QT)	아침 일과 시간 전	아침 독보회	근무 전 30분간
가족 예배	부분적 시행	가족 독보회	부분적 시행
구역 예배(모임)	금요일 (요일 변경 가능)	인민반 회의(학습)	토요일 오전 혹은 오후, 또는 일요일 저녁(농촌 지역은 장마당 전날 저녁)
주간 성경 공부	요일 신축적	월요 학습 침투	월요일 저녁 (요일 변동 가능)

* 출처: 김병로, 2007, 『북한 사회의 종교성』, p.113 정리; 문장순, 『통일 시대 북한 종교 이해』, 대구: 도서출판 대명, p.155.

46 『중앙선데이』, 2017년 6월 10–11일자.

한편, 북한에서 이루어지는 사상 교육은 마치 종교적 성격을 띠는 모임으로 인식될 정도이다. 정기적으로 당으로부터 하달된 주체사상을 교육하고 해석하고, 그것을 기준으로 자기 반성하는 일련의 과정, 김일성 · 김정일에게 자신의 충성을 맹세하는 모습 등은 정기적인 기독교 집회와 유사한 방식으로 이해될 수 있다. 〈표 9.2〉는 기독교 집회와 주체사상 교육을 비교하고 있는데, 형식에 있어서는 유사한 면이 많다고 평가할 수 있다.[47]

9.4
북한 선교, '주체교' 신정 체제 변화의 원천

북한 선교는 북한이 중국의 경우처럼 본격적인 개혁 개방 노선을 택하지 않는 한 기대하기 어려운 상황이다. 더욱이 북한은 개인 숭배의 정도나 체제 지배 이데올로기인 주체사상을 근간으로 창설한 주체교를 신봉하는 나라라는 점에서 직접적인 선교는 매우 제한적일 수밖에 없다. 이 점에서 북한과의 종교 교류나 대북 인도적 지원을 잘 활용하여 직 · 간접적인 선교 활동을 펼칠 필요가 있다고 하겠다.

북한 선교는 고통당하고 있는 북한 주민들에 대한 복음 전파와 돌봄이 서로 연합되어 있는 것이다.[48] 즉, 북한 선교는 복음과 함께 선한 행위가 따를 때 큰 효과를 거둘 수 있을 것이며, 때가 되면 체제

47 문장순, 2007, pp.155–156.

48 정성한, 2003, 『한국기독교 통일운동사』, 서울: 도서출판, p.39.

변화에 큰 영향을 미치게 될 것이다.

1) 남북 기독교 교류 활성화

북한 당국의 기독교에 대한 태도 변화는 극도로 폐쇄적인 북한 체제의 변화에 있어 중요한 시금석일 수 있다는 점에서 남북한 기독교 교류 활성화는 결코 소홀히 취급될 수 없는 남북 교류 영역에 해당한다고 할 수 있다.

원래 기독교 교류는 북한을 기능주의적 · 신기능주의적 통합 방법론에 입각한 체제 변화를 유도할 수 있는 매우 효과적인 수단이다. 지난 기독교 역사를 살펴볼 때, 일정 단계에서 복음적 가치가 작동하기만 하면, 인권 신장은 물론 자유와 평등의 가치 확립, 시장 경제와 자유 민주주의의 발전에 기여해 왔음을 알 수 있다. 북한 당국이 복음을 수용하기만 한다면, 가장 반기독교 체제인 북한은 근본적 변화를 맞이할 수밖에 없을 것이고, 이 같은 변화는 장차 바람직한 통일 한국 건설에 크게 기여할 것이다.

그런데 불행히도 북한 당국은 남북한 기독교 교류를 체제에 미치는 영향을 우려하여 매우 경계하고 있다. 설사 교류가 이루어진다 하더라도 한정된 공간에서 이루어지고 있다. 그렇기 때문에 공인된 종교 의식 외에는 종교 활동이 엄격히 통제되고 있다. 비록 아직은 북한이 극도로 폐쇄적이고, 종교 활동이 철저히 통제되는 상황이지만, 언제고 남북한 종교 교류가 가랑비에 옷 젖듯이 활성화된다면, 그리하여 종교 활동에 대한 수용의 폭이 넓어지기만 한다면 북한 선교는 훨씬 용이해질 것이다.

남북한 간의 기독교 교류 활성화를 위해서는 북한의 조그련에 대응할 수 있는 제도적 장치의 마련이 필요하다. 조그련이 통일 전선체라는 점에서 그러하다. 즉, 한국 교회가 개별 교회로 접근하다 보면 조그련의 통일 전선 전술에 말려들 가능성이 크다. 앞으로 남북 관계가 호전되면 한국의 개별 교회나 기독교 단체들의 대북 교류 사업이 활성화될 것이다. 다양한 기독교 단체들이나 한국 교회가 경쟁적으로 대북 기독교 교류에 임한다면, 북한 측의 의도에 일방적으로 끌려갈 수밖에 없는 어려움에 봉착하게 된다. 대북 교류 사업의 창구 역할을 감당할 수 있는 조정 기구의 설치가 꼭 필요한 이유이다. 한국 교회가 연합하여 도울 때라야 북한을 개혁 · 개방으로 유도할 수 있는 힘이 더 커진다는 점을 간과해서는 안 된다. 한국 교회 전체의 연합이 힘들다면, 최소한 교단별로라도 한목소리를 낼 수 있는 기구 마련에 힘써야 한다. 대부분의 보수적인 한국 교회는 통일 전선체인 조그련과 그 산하 교회인 봉수교회, 칠골교회 등 공인 교회가 지원을 얻어내기 위한 '가짜 교회'라는 인식으로 기독교 교류에 부정적인 것이 사실이다. 반면에 진보 성향의 한국 교회는 북한 공인 교회와의 교류에 호의적이다. 분명한 사실은 북한의 공인 교회라 할지라도 접촉과 교류가 지속될 때 상호 신뢰가 형성되고, 이것이 북한을 변화로 이끄는 단초가 된다는 점이다. 비록 북한의 공인 교회가 통일 전선체라 할지라도 교류를 중시하는 (보수든 진보든 간에) 기독교인들은 남북한 교회 간에 관계가 일단 형성되면 그 가운데 하나님이 한국 교회를 도구로 삼아 일하실 것이라는 확신을 가지고 있다.

2) 중국 지역 탈북민 통한 지하 교회 확산

대체로 모퉁이돌선교회, 두리하나선교회, 예랑선교회 등의 북한 선교 단체들은 지하 교회 건설을 위해 다소 공격적인 방법을 동원하는 양상을 보인다. 풍선이나 인편을 통해 성경을 보급하는 것은 물론, 지하 교회 선교를 목표로 탈북자들을 전도하고 훈련시켜 북한 내지에 복음을 전파하기 위한 다각적인 방안을 구사한다. 이를 기반으로 사회 통제와 정보 체계가 철저한 북한 지역에서도 지하 교회가 꾸준히 성장하고 있는 것으로 파악되고 있다.[49] 기독교 북한 선교 단체 한국오픈도어선교회는 순교를 감수하고 북한으로 귀환한 탈북자 출신 기독교인을 대략 7만 명으로 추정하고 있다. 전문가들은 탈북 과정에서 복음을 접하는 북한 주민들이 많다는 점을 들어 탈북민을 통한 복음 전파가 북한 선교의 첫걸음으로 보고 있다.[50] 이들은 북한 현지 사정을 잘 알고 있다는 점에서 문화 선교 차원에서 볼 때 훌륭한 선교 자원이라고 할 수 있다.

고난의 행군이 시작된 1995년부터 개인적인 복음 전도를 통해 북한 지역에 지하 교회가 크게 성장했다. 북한 선교 단체들은 현재 북한에 10만여 명의 지하 교회 성도들이 있을 것으로 추정하고 있다.[51] 물론, 북한 내부 지하 교인의 수를 정확히 가늠하기란 지극히 어려운 일이다. 철두철미한 사회적 통제와 감시 속에 적발되면 엄벌을

49 김병로, 2006, p.113.

50 『데일리굿뉴스』, 2020.07.02.

51 이근미, "모퉁이돌선교회, 통일 준비 매뉴얼 발간... '북한이 무너지면 이렇게 행동하라'," 『미래한국』, 2019.02.01(http://www.futurekorea.co.kr/news/articleView.html?idxno=114944).

받게 되는 상황에서 지하 교회 성도들이 자신이 기독교인임을 드러내기란 사실상 불가능한 일이기 때문이다.

모퉁이돌선교회 이반석 목사에 따르면, 2004년에 이 선교회는 단순히 성경 배달에 그치지 않고 북한 지하 교회 개척에 초점을 맞췄고, 2007년 4월에 평양국제성경학교(PIBC)를 개설하였다. 이때부터 돈벌이를 위해 또는 친척을 만나기 위해 중국에 온 북한 사람들에게 정규 신학 교육을 시키기 시작했다. 북한으로 귀환한 이들이 꾸준히 공부할 수 있도록 인프라도 구축했다. 2014년 2월 5일에는 2년의 정규 신학 과정을 마친 신학생 3명이 목사 임직을 받은 후 북한으로 파송되었다. 모퉁이돌선교회에서 사역자 훈련을 받고 북한으로 간 사람은 4,900명에 이르며, 이들은 평양 등 대도시뿐만 아니라 지방 곳곳 1,700군데에서 예배 모임을 갖고 있다고 한다. 물론 지하 교회는 건물 개념이 아니라 두 명 이상이 모이는 곳을 뜻한다. 한군데서 30명 이상이 모인다는 것은 한번에 모이는 인원이 최대 5명 정도로 일주일 동안 30명 정도가 다녀간다는 의미이다.[52]

북한에서 지하 교회의 확산은 결코 쉽지 않은 일이다. 일단 적발되면 처형이나 정치범 수용소행을 각오해야 하기 때문이다. 대개의 경우, 북한의 지하 교회 활동은 가족 연결망으로 점조직화되어 있다. 가족들 간의 간단한 예배는 용이하겠지만, 제3자를 영입하는 경우 적발 위험을 감수해야 한다는 점에서 결코 쉽지 않은 일이다.

한편, 한국 교회는 엄청난 고난과 핍박 속에서도 지하 교회 형태

52 이근미, 2019.02.01.

로 지금까지 명맥을 이어온 북한의 그루터기 신앙 공동체를 직 · 간접적으로 도울 수 있는 길을 찾아내야 한다. 그들은 비록 육신의 고통과 굶주림에 시달려 왔지만 영적으로 빛나는 '고난 자본'을 축적해 왔다. 그루터기 신앙 공동체가 북한 내에 주체교가 차지한 자리를 되찾아 고난 속에서 꽃피운 신앙의 전통을 착근시키고 복음적 가치를 전파할 때 북한 지역은 축복의 땅이 될 것이다.

한편, 한국 교회는 북 · 중 지역에서 이루어지고 있는 탈북민 북한 선교 훈련을 보다 체계적으로 이루어질 수 있도록 인적 · 물적 지원에 힘쓰는 것은 물론, 다양한 형태의 단파 방송과 다양한 디지털 미디어를 통해 북한 내부에 꾸준히 설교 방송을 하는 등 복음을 전하는 한편, 지하 교회 지도자 양육과 훈련 프로그램을 내보낼 필요가 있다. 다양한 전자 매체를 통한 성경과 찬송가 지원도 적극 모색할 필요가 있다.

3) 대북 인도적 지원 활성화

간접적인 북한 선교 방법으로서 인도적 지원의 틈새를 이용하는 것이 바람직하다. 주지하다시피 기능주의적 통합 방법론에서 활용하고 있듯이 교류 협력 가운데 빈번한 인적 접촉이 있게 마련이고, 이 기회를 통해 복음을 전할 수 있는 기회를 마련할 수 있기 때문이다.

바로 이러한 점을 고려하여, 한국 교회는 대북 인도적 지원에 적극적인 자세를 가질 필요가 있다. 인도적 지원은 인권의 중요한 근간인 생존권과 관련된 사안이다. 대량 기아 상황을 막는 것은 어떤 정치적 이유보다도 우선적으로 고려해야 할 가치이다. 투명성 확보와 모니터링이 전제되는 조건에서 대북 인도적 지원은 확대되어야 할 필요가 있다.[53] 복음에 바탕을 둔 인도주의적 행위가 상대의 마음에 감동을 주게 되면 복음 전파는 훨씬 용이할 것이다. 그리하여 복음적 가치가 북한 주민의 마음속에 내면화되면, 주체교의 허구를 분별하게 될 것이기에 북한 체제의 변화는 불가피할 것이다. 그렇게 될 때만이 남북한 상호 간 체제의 차이가 좁혀질 것이고, 그만큼 통일의 길은 앞당겨질 것이다.

한국 교회는 굶주리는 북한 주민을 돕기 위한 나눔과 섬김이 통일운동에 매우 효과적일 수 있다는 점에 주목할 필요가 있다. 우리가 아무리 말로만 형제 사랑을 외친다 해도 행동이 뒤따르지 않는다면 상대의 마음을 움직이기 어려운 일이다.[54] 한국 교회는 서독 교회가 동독의 체제 전환과 붕괴를 초래하는 과정에서 결정적 역할을 하였다는 점에서 서독 교회가 통독 과정에서 행한 활동을 면밀히 살펴보고 시사점과 교훈을 얻어 이를 통해 전략적 방법론을 개발할 필요가 있다.

동독의 체제 변화를 도모하기 위하여 동 · 서독 교회는 서로 손을 굳게 잡았다. 서독 교회는 양 지역 교회 공존을 위해 배려하고 관용하는 자세를 견지하면서 동독 정권을 인정하는 가운데 교회로서의 독자성을 상실한 동독 교회를 문제 삼기보다는 끌어안았다. 양측은 1949년부터 격년으로 '종교대회'를 열어 정기적인 만남을 가

---

53 윤덕민 · 김근식, 2011, p.70.

54 백종국, 2007, "한반도의 평화적 통일과 한국의 그리스도인", 『기독교와 통일』, 제1권(창간호), 기독교통일학회, p.65.

졌다. 분단 이후에도 서독 교회는 동독 교회와 함께 동일한 성경을 읽고 같은 찬송가를 부르며 교회의 하나되기에 힘썼다. 서독 교회는 동독의 모든 교회와 자매 교회로 연결되어 있었고, 교회 예산의 약 40%를 사용했다. 무엇보다도 서독 교회는 '디아코니아재단(*Das Diakonische Werk*)'을 동독에 상주시켜 형제애로써 동독 교회를 적극 지원했다. 서독 교회는 재정적 지원을 하면서도 그 사용처를 단 한 번도 확인하지 않는 등 동독 교회의 자존심을 지켜주는 방식으로 나눔과 섬김을 실천하였다. 이러한 노력은 꾸준한 만남을 가능케 하는 가운데 관계의 성숙을 가져와 마침내 서로 간의 '조화와 일치'를 가져오는 계기가 되었다.[55] 독일 분단 시 서독 교회는 '디아코니아재단'을 통해 이념과 정치적 상황을 뛰어넘어 동독 현장에 '실천적 사랑'을 베풀었다. 이 사랑은 그리스도의 사랑을 쉬지 않고 구현했던 그리스도의 '섬김의 신학'[56]을 근거로 정립한 '성육신적 사랑'의 구현이었다.[57] 이 사랑은 그리스도가 자신을 십자가상에서 희생하여 원수 되었던 것을 멸하고 하나님과 인간을 하나되게 한 사랑을 의미한다. 그 결과는 평화다.[58] 한국 교회는 교회의 주인이 예수 그리스도라는 사실에 기인하여 교회를 하나되게 하는 데 헌신한 독일 교회의 확고

---

55 김광묵, "통일 목회의 뿌리(통일목회영성)," 송원근 · 정종기 · 김광묵 · 김상만, 2017, 『목회 정말 원하십니까?: 통일목회 하십시오!』, 서울: 청미디어, pp.226–227.

56 '섬김의 신학'은 다음 성경 구절과 밀접한 관계가 있다. "인자가 온 것은 섬김을 받으려 함이 아니라 도리어 섬기려 하고 자기 목숨을 많은 사람의 대속물로 주려 함이니라"(마태복음 20:28; 마가복음 10:45).

57 주도홍, 2009. 11. 14, "한국 교회의 비전과 독일 통일 20년", 제8회 기독교통일학회 학술포럼 기조강연, p.6.

58 김영한, "자유 · 평등 · 평화의 통일 한국," 박완신 외, 1997, 『평화 통일과 북한 복음화』, 서울: 쿰란출판사, p.66.

한 연합 정신과 일치에 대한 모범적인 태도와 정신을 배워야 할 것이다. 독일 교회는 복음 정신에 입각해 이념 대립을 극복하기 위해 끊임없이 만남과 대화를 시도하였고, 섬김의 사랑의 실천으로 신뢰를 회복하여 마침내 통일을 이루어내는 데 크게 기여하였다.[59] 한마디로 서독 교회가 동독 교회를 성원하고 후원했을 때, 그 결과로서 통일 과정에서 많은 기여를 하게 되었던 것이다.[60] 독일 통일의 성취 과정에서 서독 교회는 동독 교회와 꾸준히 교류하며 인도적 차원에서 동독 사람들을 도왔고, 동독 교회는 통일을 위해 기도하며 민주화 운동을 주도했다. 이러한 사실은 한국 교회가 통일에 대해 무거운 책임을 지고 있음을 일깨어준다.[61] 한국 교회의 북한 선교 사역은 통일에 밑거름이 되어야 하고, 이를 위해 마땅히 '거룩한 부담'을 져야 한다.[62] 대북 지원 사업이 꾸준히 지속되고 상호 신뢰가 형성될 때, 언젠가는 복음이 북한 지역 전역에 전파될 수 있는 길이 활짝 열리게 될 것이다.

기독교를 통한 대북 인도적 지원은 분명한 행동 원칙을 가져야 한다. 당장의 결과에 일희일비할 것이 아니라 쉼 없이 꾸준하게 진행할 때 성과를 가져올 수 있다. 첫째, 상대의 입장에서 절실히 필요로 하는 인도적 지원 물품이 중단 없이 전달될 필요가 있다. 그러할 때 감사하고 신뢰하는 마음이 싹트게 될 것이다. 둘째, 오른손이 하는

---

59 정일웅, 2000, 『독일교회를 통하여 배우는 한국 교회의 통일노력』, 서울: 왕성, pp.191–192.

60 황준배, 『통일과 크리스천 리더십』(서울: 도서출판 그리심, 2007), p.72.

61 유관지, "하나님의 뜻과 방법에 부합하는 통일," 박완신 외, 1997, 『평화 통일과 북한 복음화』, 서울: 쿰란출판사, p.182.

62 박영환, 2011, 『북한선교의 이해와 사역』, 고양: 올리브나무, p.287.

일을 왼손이 모르게 돕는 성경적 자세가 무엇보다도 필요하다. 필요한 것을 주면서도 상대의 자존심을 건드리면 중단의 빌미를 줄 수도 있다.

기능주의적 통합 이론에서 말하는 점진적 통합이 이루어지기 위해서는 무엇보다도 꾸준한 지원이 필수적이다. 단순히 물질적 지원뿐만 아니라 사람 간 접촉이 이루어지고 그러다 보면 어느 사이에 상호 신뢰가 형성되게 마련이다.

'선한 사마리아인'의 자세로 성경적 사랑을 실천할 때, 상대는 크게 감동을 받을 것이고, 신뢰하는 마음을 갖게 될 것이다. 아무리 주체교로 세뇌된 북한 주민들이라고 할지라도 진정한 사랑에 감동하면 이성적 판단을 하고 진실과 거짓을 분별할 수 있는 눈을 갖게 될 것이다. 그러한 상황이 될 때, 그들은 내재화된 이념의 노예 상태에서 벗어나고, 나아가 체제의 변화를 견인하는 귀중한 순간을 만들어낼 것이다. 결국, 나눔을 통한 사랑의 힘은 남북한 사람들의 마음의 문을 열고 견고히 닫혀 있는 분단의 벽을 허물 수 있는 힘의 원동력이 될 것이다.

굶주리는 자들에게 말만으로 상대를 변화시키기란 매우 힘든 일이다. 삶 가운데 구체적인 선한 행동을 보여주는 것만큼 효과적인 방법은 없다. 기능주의적 통합 방법론은 말만이 아니라 말 없이 행동하며 실천할 때 효과를 거둘 수 있다.

4) 탈북민 국내 정착의 성공과 탈북민 통일 지도자 양성

한국으로 입국한 탈북민에 대하여 '먼저 온 통일'이라고 평가하는 말이 있다. 이 용어는 탈북민의 한국 사회 정착의 정도에 통일 한국의 미래가 달렸다는 의미를 지닌다. 탈북민의 한국 사회 정착의 정도가 곧 미래 통일 한국을 예측할 수 있는 척도라는 뜻이다. 우리가 탈북민을 한국 사회에 잘 정착시키기만 해도, 관련 소식이 북한 사회에 전파되기만 해도 북한 체제의 변화를 촉진시키고 통일을 앞당길 수 있을 것이다. 따라서 한국 교회는 지역 사회에 거주하는 탈북민을 사랑으로 보듬어 이들이 우리 사회에 잘 적응하고 성공적으로 정착할 수 있도록 사랑으로 보살펴야 한다.

한편, 탈북민 기독교인들의 북한 내부와의 휴대폰 소통은 대북 선교 활동에 도움이 되고 있는 것으로 판단된다. 그들은 북한에 남아 있는 가족들에게 선교할 수 있고, 또 이 가족들은 일가친척들을 비롯하여 이웃들을 대상으로 전도가 가능하다. 탈북민 교인들이 이미 북한 내부에서 활동하고 있는 지하 교회와 협력할 수만 있다면 북한 선교는 보다 큰 활력을 얻을 수 있을 것이다. 그러므로 한국 교회는 탈북민 교인들을 위한 북한 선교 방법론을 개발하고 이들을 체계적으로 잘 훈련시킬 필요가 있다.

한국 교회는 통일 과정에서 북한 사회의 변화를 유도하기 위하여 기독교인 탈북민들의 역할을 중시하고 이들이 북한 지역에서 남북한 사회의 통합을 위해 일할 수 있도록 준비시키는 일에도 관심을 가져야 한다. 한국오픈도어선교회 김성태 이사장은 “특별히 젊은 세대 탈북민들이 각계 각층의 지도자가 될 수 있도록 한국 교회가 적극적으로 후원하고 투자해야 한다”고 조언한다. 이들은 북한 내 친인척과의 교류나 귀환 등을 통해 복음을 직접적으로 전할 수 있는 결정적 역할을 할 수 있기 때문이다.[63] 특히 한국 교회는 탈북민 교인들 가운데 통일 과정에서 북한 지역에서 사역할 목회자나 선교사를 양성할 필요가 있다. 북한의 체제 변화를 유도하는 데 있어 복음만큼 강력한 무기는 없기 때문이다.

9.5
북한의 복음화로 여는 통일 한국

기독교인들은 한국 교회가 꿈꾸는 통일 한국은 '하나님의 뜻'에 합당한 체제를 이룰 것을 기도하고 있다. 이는 통일 한국의 헌법이 인간의 존엄과 행복 추구권을 보장하는 성숙한 제도를 갖추어야 함을 의미한다. 결국 통일 한국은 국민 주권의 원칙에 입각하여 자유, 평등, 인권, 복지 등을 구현하는 제도적 기반 위에서 공공 영역을 발전시키는 민주공화국이다. 그러할 때, 그 구성원인 모든 국민이 마땅히 하나님의 형상을 닮은 존재[64]로서 인간의 존엄성을 보장받을 수 있을 것이다.

그런데 북한의 경우는 근본적으로 집단주의 원칙에 따라 운용되는 체제이기 때문에 개개인의 인권은 크게 제약받게 마련이다. 주체사상은 "사람이 모든 것의 주인이며 모든 것을 결정한다"라는 명제를 중요하게 강조한다. 이 명제는 '사람'이 자주성과 창의성, 의식

63 『데일리굿뉴스』, 2020.07.02.

64 성경은 "하나님이 자기 형상 곧 하나님의 형상대로 사람을 창조하시되 남자와 여자를 창조하시고" (창세기 1:27)라고 기록하고 있다.

성을 가지고 자기 운명을 자주적 · 창조적으로 개척해 나가는 사회적 존재라는 근거로 사용된다. 주체사상이 거창한 철학 체계인 것처럼 보이지만, 여기서 말하는 '사람'이란 북한 체제의 속성상 단수 명사로서의 개인(individual)이 아닌, 복수 명사로서의 대중(mass)을 뜻한다. 이는 북한 체제가 개인주의를 배격하는 집단주의 기초의 사회체제라는 점을 감안하면 쉽게 이해할 수 있다. 집단주의 체제하에서 각 개인은 어떠한 결정권도 가질 수 없으며, 개인은 오로지 집단의 이름으로만 존재 의의를 가진다. 모든 결정의 주체는 오로지 인민대중을 대표하는 수령일 뿐이다. 결국 주체사상의 논리는 수령이 모든 것의 주인이며 모든 것을 결정한다는 논리로 귀결되고 만다.[65] 통일 한국은 인간의 존엄성을 해치고, 전체주의의 기반이 되는 집단주의를 배격해야 할 것이다.

구약성경 창세기 1장 27절에서 사람이 하나님의 형상대로 창조되었다고 기록하고 있는 이유는 이 세상에서 하나님의 피조물 가운데 사람이 가장 존귀한 존재라는 사실을 입증해주는 분명한 증거이다. 이처럼 기독교인에게 있어서 하나님의 형상대로 지음을 받은 인간의 권리는 어느 누구도 침해할 수 없는 영역이다. 심지어 독생자를 십자가에 내어주어 구원한 사람들은 너무나도 소중한 존재일 수밖에 없다.[66] 그렇기 때문에 우리가 장차 맞이할 통일 한국은 모든 사람이 존귀한 존재로서 마땅히 인권을 보장받는 체제가 되어야 한다. 이

---

65 오일환 · 정순원, 1999, 『김정일 시대의 북한 정치 경제』, 서울: 을유문화사, p.27.

66 주도홍, 2009. 11. 14, "한국 교회의 비전과 독일 통일 20년", 제8회 기독교통일학회 학술포럼 기조강연, p.6.

를 위해서 한국 사회는 만연한 물신숭배를 극복해야 하고, 북한 사회는 수령 절대주의의 필연적 산물인 개인 숭배를 배격하는 일이 급선무이다. 그렇지 않고서는 개개인의 인간 존엄성이 보장되는, '인간의 얼굴을 한' 체제로 통일 한국을 건설하기란 어려운 일이다.

통일의 관점에서 성경을 보면, 통일의 교과서라고 해도 지나친 말이 아니라는 사실을 알 수 있다. 성경은 하나님이 자신과 단절돼 있는 인간을 찾고 회복시키는, 다시 말해 다시금 하나님과 인간의 통일의 역사를 생생하게 보여주고 있기 때문이다.[67] 이처럼 하나님과 인간 사이의 수직적 관계의 회복은 동시에 인간과 인간 사이의 수평적 관계의 회복을 요구한다. 이는 곧 법 앞에 평등을 요구하고 법치주의를 중시한다.

현행 대한민국 헌법 제11조 ①항은 "모든 국민은 법 앞에 평등하다"고 전제하고, "누구든지 성별 · 종교 또는 사회적 신분에 의하여 정치적 · 경제적 · 사회적 · 문화적 생활의 모든 영역에 있어서 차별을 받지 아니한다"고 규정한다. 아울러 ②항에서는 사회적으로 평등권을 보장하기 위하여 "사회적 특수 계급의 제도는 인정되지 아니하며, 어떠한 형태로도 이를 창설할 수 없다"고 명시한다. 헌법은 또 신체의 자유(제12조), 거주 · 이전의 자유(제14조), 직업 선택의 자유(제15조), 사생활의 비밀과 자유(제17조), 양심의 자유(제19조), 종교의 자유(제20조), 언론 · 출판의 자유 및 집회 · 결사의 자유(제21조), 학문과 예술의 자유(제22조) 등을 잘 보장하고 있다. 이밖에도 제37

67 유관지, 1997, p.183.

조 ①항에서 "국민의 자유와 권리는 헌법에 열거되지 아니한 이유로 경시되지 아니한다"고 규정하여 국민에게 더 많은 자유를 보장하고 있다. 통일 한국은 대한민국 헌법이 상세히 규정해 놓고 있는 평등과 자유 조항들이 북한 지역에서도 구체적으로 이행되도록 해야 할 것이다. 결국, 통일 한국은 인간의 존엄성이 보장되는 나라로서, 개개인의 자유와 평등 그리고 인권을 존중하는 민주공화국이 되어야 할 것이다.

한마디로 한국 교회가 통일 한국 건설에 있어서 가장 염두에 두어야 할 것은 복음적 가치의 극대화에 있다. 통일을 위해 기도하는 신앙인이라면 누구라도 통일 한국이 복음적 가치를 띤 통일 국가를 가장 이상적인 형태의 통일로 여길 것이다. 그것은 복음적 가치가 인간의 존엄과 자유와 평등을 매우 중시하기 때문이다.

한국은 통일 정책에 있어서 이념적으로 양심과 신앙의 자유와 인간 존엄이 구현되는 체제를 지향하여야 한다. 통일을 위한 통일은 지양해야 한다. 자칫 또 다른 내전을 유발할 수도 있기 때문이다. 무엇보다도 통일 과정에서 북한의 통일 전선적 전략에 유의해야 한다. 베트남식 공산화 통일이나 예멘식 정치적 협상 통일은 배격해야 마땅하다. 이 지구상에서 가장 폐쇄적이고 억압적인 형태의 북한 체제로 기우는 통일이 되어서는 결코 안 될 것이기 때문이다. '인간의 얼굴을 하지 아니한' 현실 사회주의 체제는 이미 실패했고, 대부분 사라졌다. 중국, 베트남, 쿠바 등은 사회주의 체제를 유지하고 있을지라도 시장 경제 요소의 도입으로 그만큼 자율성의 정도가 북한의 그것과는 현저한 차이가 있다.

복음의 가치는 진리이기 때문에 진실과 거짓을 구별하는 분별력을 허락하고 거짓 역사를 바꾸는 힘을 가지고 있다. 바츨라프 하벨이 '역사적 진실(historical truth)'에 눈을 떴을 때, 그는 공산 국가 체코슬로바키아의 민주화에 결정적으로 기여할 수 있었다. 진리에 눈을 뜨면 자유함을 누릴 수 있게 되고,[68] 이 자유함은 거짓에 맞서 '죽음'도 두려워하지 않는 원동력으로 작용한다. 그렇기 때문에 북한 선교로 북한 주민들이 복음을 수용하여 그 가치가 내면화하기 시작하면 북한 체제의 변화는 불가피할 것이다. 일단의 기독교인들이 '역사적 진실'의 승리를 위하여 연대하여 목숨을 걸고 반체제 저항에 나선다면 거짓으로 세워진 체제는 차우셰스쿠 치하의 루마니아 공산 체제가 순식간에 붕괴된 것처럼 무너지고 말 것이다.

9.6
마음의 통일을 위하여

남북한 간의 통일은 결코 간단한 일이 아니다. 통일 지상주의에 입각해 그것이 어떤 통일이어도 상관없다는 식의 통일관은 위험하기 짝이 없는 일이다. 분단 이후 70년이 훌쩍 넘는 세월이 흐르는 동안 남북한 주민들이 분단 기간 내내 서로 완전히 단절된 채 전혀 다른 체제와 환경 속에서 살아오며 상호 가치관과 사고방식은 물론 삶의 양식이 근본적으로 달라졌기 때문이다.

---

68 성경 구절 "진리를 알지니 진리가 너희를 자유롭게 하리라"(요한복음 8:32) 참고.

여러 나라나 여러 개의 주가 합의에 의하여 연합 국가를 이룬다 할지라도 그 각각의 나라가 체제를 같이하면 연방 국가 형태의 통일 국가를 이룰 수 있겠지만, 단 두 개의 나라라 할지라도 '물'과 '기름'이 섞이지 않듯이 체제를 근본적으로 달리한 채 연방제 통일 국가를 이루면 심한 마찰을 빚게 마련이다. '물'과 '기름'은 하나의 용기에 넣어 흔들 때 일시적으로 섞인 듯 보일지라도 이내 분리되는 것처럼 서로 체제가 극도로 상이한 남북한이 하나로 통합하여 평화를 이루기란 지극히 어려운 일이다. 예멘이 그랬던 것처럼 미증유의 혼란을 초래하면서 또 다른 동족상잔의 화근을 불러올지도 모를 일이다.

주지하다시피 남북 분단 이후 남한 사람들은 자유 민주주의 체제 속에서 자유와 물질적 풍요를 향유하며 살아온 반면에, 북한 사람들은 주체사상에 입각한 당 유일 지도 체계의 일당 독재 체제, 즉 '수령 절대주의 체제' 속에서 김일성–김정일–김정은으로 이어지는 3대 세습을 경험하며 살아가고 있다. 한마디로 북한은 지구촌 안에서 가장 종교적인 신정 체제를 이룬 셈이다. 북한 주민들은 자나 깨나 주체사상 학습과 선전에 세뇌되어 수령 절대주의 문화를 당연시하며, 김일성 우상 숭배에 사로잡힌 삶을 살아가고 있다. 그렇기 때문에 비록 통일이 된다 할지라도 북한 주민들의 내면 구조를 변화시키지 않고서는 남북한이 '마음의 통일'을 이루기는 실로 힘든 일이다.

게다가 북한 당국이 추구하고 있는 통일은 우리가 원하는 방향과는 상극이다. 현행 「조선민주주의인민공화국 사회주의헌법」 전문을 살펴보면, "조선민주주의인민공화국은 위대한 수령 김일성 동지의 사상과 령도를 구현한 주체의 사회주의 조국"이라고 규정하고는 수령인 김일성이 '조선민주주의인민공화국의 창건자'이며 '사회주의 조선의 시조'로서 '민족의 태양'이라고 호칭하면서 '공화국의 영원한 주석'으로 옹립하고 있음을 밝히고 있다. 그러고는 이 사회주의헌법이 김일성의 '주체적인 국가 건설 사상과 국가 건설 업적을 법화한 김일성 헌법'임을 명시하고 있다. 김일성이 '신'이 되어버린 '신정 국가'임을 스스로 밝히고 있는 셈이다.

어떻게 이와 같은 체제와 당장 통합을 이룰 수 있다는 말인가. 그렇기 때문에 진정 우리가 원하는 통일을 맞이하기 위해서는 사전에 남북한의 차이를 최대한 줄이려는 노력이 필수적이다. 통일의 길을 조금이나마 단축시킬 수 있는 방법은 통일 이전에 북한 주민들의 사고 구조, 가치관 등을 연구하고 이를 정상적으로 돌려놓으려는 노력에 있다고 하겠다. 통일 준비가 철저해야 하는 이유이다. 우리가 원하는 평화 통일의 목표는 남북한이 하나의 통일 국가로 통합되어 민족 구성원 모두가 자유, 평등, 인권, 복지의 가치를 온전히 누리며 인간의 존엄성을 보장받는 민족 공동체를 이룩하고, 나아가 세계 평화와 인류 공영에 이바지하는 데 있다.

북한은 철저히 반기독교적 종교 정책을 통하여 김일성 우상화의 산물인 '주체교'를 만들어 수령을 '신'으로 둔갑시켜 맹종케 했다. 그렇다면, 통일 준비에 있어서 북한 체제의 변화가 우선되어야 하는 만큼 최우선적으로 '주체교'의 교리에 세뇌된 주민들을 정상화시키는 일이 무엇보다 중요하다. 이는 곧 통일 과정에 있어서 한국 교회의 역할이 중요하다는 사실을 의미한다. 한국 교회가 북한 선교를 통해 그리스도가 "새 계명을 너희에게 주노니 서로 사랑하라 내가 너희를 사랑한 것 같이 너희도 서로 사랑하라"(요한복음 13:34)고 가르친 대로 행한다면, 북한 주민들이 복음적 가치에 눈을 뜨고 북한 체제도 변화할 수밖에 없는 단계로 접어들게 될 것이다. 그렇게 될 때, '인간의 얼굴을 하지 아니한' 북한 체제는 '인간의 얼굴을 한' 체제로 변화될 것이고, 이는 평화적인 통일 한국의 문을 여는 귀중한 열쇠가 될 것이다.

제10장

통일 문화와 통일 전략의 조화

최진욱
전략문화연구센터

10.1
통일 의식과 통일 문화

일반 조직이나 국가 할 것 없이 전략과 문화의 밀접한 연관성이 중요하다는 것은 잘 알려져 있지만 문화에 맞는 전략을 수립하고 실행하기는 쉽지 않다.[1] 일반적으로 전략은 목표를 달성하기 위한 공식적인 논리이며 구성원들을 목표에 적응하게 하고 동원한다. 구체적으로 통일 전략은 통일이라는 목표와 담론을 바탕으로 수립되며 정부 예산 및 조직을 목표에 맞게 조정하고 국민들의 역량을 결집하고 국제 협력을 도모하는 기준이 되기도 한다. 투명성과 합리성, 실현 가능성 등이 뒷받침된 전략은 추진 과정에서 정부 부처 간 원활한 협력은 물론이고 국민과 국제 사회, 그리고 북한을 향한 일관되고 정확한 메시지 전달을 가능하게 함으로써 정책의 신뢰와 효율성을 높일 수 있다. 무엇보다 통일 전략의 성과에 가장 큰 영향을 미치는 것은 통일 문화에 부합하는지 여부라고 할 수 있다.

문화는 사회 고유의 가치관이나 행동 양식의 복합을 의미한다. 즉, 사람들이 가지는 인지(cognition), 정서(affectiveness), 평가(evaluation)

---

1 전략이 효과를 보려면 그 사회의 문화에 맞거나, 문화에 맞지 않는다면 문화를 바꿀 수 있는 리더십이 있어야 한다. 그렇지 않다면 "문화가 전략을 잡아먹는다.(Culture eats strategy for breakfast.)"라고 할 정도로 전략의 성공에 문화는 절대적이다. Boris Groysberg 외, "The Leader's Guide to Corporate," *Harvard Business Review*, January–February 2018.

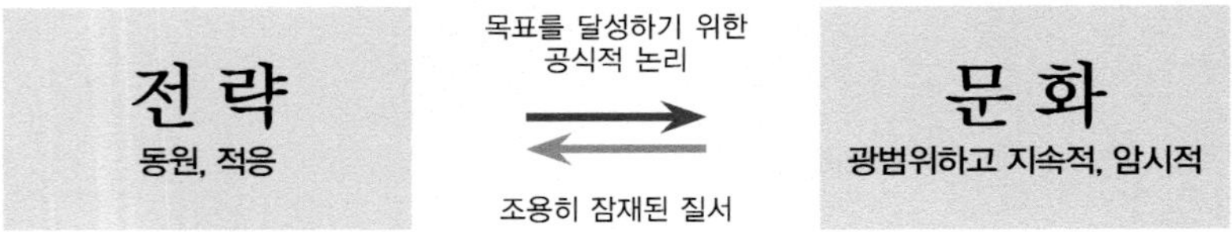

그림 10.1 전략과 문화의 상호 작용

와 같은 인식이 집단화되어 사회 전반의 공통된 사고 방식, 행동 생활 양식 및 행위 유형으로 나타나는 것을 문화라고 할 수 있다. 문화는 조용히 잠재된 질서이다. 일반적으로 문화는 특정인에만 존재할 수 없고 개인적 특징들의 평균도 아닌 공통된 가치, 경험 등에서 발견된다. 문화는 조직에 광범위하게 퍼져 있고 장기간 지속되며, 명시적이기보다는 암시적이다.[2] 구체적으로 통일 문화는 통일의 필요성, 통일 가능성, 통일 이후의 개인적, 국가적 편익, 북한과의 동질감, 북한에 대한 위협 인식, 북한에 대한 적대감/호감 등 다양한 인식과 통일 과정과 통일 이후 추가적인 세금 납부 의사, 북한 방문 경험과 향후 북한 방문 의사, 북한 지원 경험과 향후 지원 의사 등 다양한 행동 양식으로 결정된다. 통일 문화는 고유 영역에 대한 정체성을 가지고 있으면서도 냉전 문화, 평화 문화, 안보 문화와 중복되어 있어 균형감을 상실하면 통일 전략에 혼란을 초래한다. 마치 통일, 외교, 안보가 분야별로 독자성이 있으면서도 유기적으로 밀접히 관계를 맺고 균형을 유지해야 하는 것과 마찬가지이다.

냉전 시기 동서 대결 구도와 국가 대 국가의 통일 개념에서 대한

---

2 위의 글.

민국이 통일을 위해 할 수 있는 것은 많지 않았으며 통일 전략의 필요성도 크지 않았다. 한미 동맹을 바탕으로 억지력을 강화하여 대한민국 체제를 지키는 것이 외교 안보 통일 분야 공동의 최우선 과제였다. 승공 통일, 북진 통일부터 '우리의 소원은 통일'에 이르기까지 전략이라기보다는 실현 가능성과는 무관한 정치 구호 내지 희망 사항이었다.

한국 사회에서 통일 전략에 대한 본격적인 관심은 냉전 종식 이후 시작되었다고 할 수 있다. 통일 전략은 주택, 교육, 복지 등 다른 민감한 분야와 비교해도 갈등이 심하고 정당 지지나 투표 결정의 기준이 되는 중요한 요소이기도 하다. 이러한 이유로 정부의 관련 기관들은 다양한 방식을 통해 통일 문화를 파악하려고 한다. 국민들의 통일 의식 변화를 최소 일 년 단위나 분기별로 정기적으로 분석하고 새로운 사안이 발생할 때마다 추가적으로 여론조사를 하고 있다. 이는 통일 문화를 확인하는 과정이고 효율적인 전략을 수립하기 위해 필요한 노력의 일환이라고 할 수 있다.

그러나 오판, 왜곡, 무지 등으로 문화를 객관적으로 파악하여 반영하지 못하였기 때문에 통일 전략의 성과에 한계를 드러냈고 사회 내부 갈등이 계속되었다.[3] 무엇보다 안타까운 것은 정권이 바뀔 때마다 통일 전략의 극적인 변경으로 갈등은 심해지고 정책의 효율성은 저하되었다.

---

3 "귀하는 현재 한국 사회의 대북 통일 관련 남남 갈등이 어느 정도 심각하다고 생각하십니까?"라는 질문에 대한 응답은 '심각하다' 69.2%, '심각하지 않다' 30.7%였다. 이상신 외, 2019, 『국민과 함께하는 통일 · 대북 정책』, 서울: 통일연구원, p. 521.

이 장에서는 통일 문화와 통일 전략의 관계가 어떻게 변해왔는지 실태를 살펴보고, 문화와 전략 간 괴리의 요인들을 분석하고자 한다. 끝으로 통일 문화의 독자적 정체성과 냉전 문화, 평화 문화, 안보 문화와 같은 유사 문화와의 관계를 비교 분석함으로써 통일 전략 수립의 요인들과 문제점을 이해하고 향후 효율적인 통일 전략 수립 및 추진에 시사점을 제공하고자 한다.

10.2
통일 문화와 통일 전략 관계의 변화

1) 통일 문화의 만개와 실현 가능한 통일 전략

냉전이 종식되면서 통일은 '우리의 소원'을 넘어 '현실'이 되는 것 같았다. 냉전 체제에서 남북은 자신의 체제를 지키며 체제 경쟁에서 상대방을 이기는 것이 최대의 목표였다. 냉전 시기의 통일은 남북 간 정치 군사적 대결에서 북한을 무너뜨려 승리하는 것이었다. 현실적으로 진영 논리가 남북 관계를 지배하는 상황에서 남과 북이 통일을 위해 독자적으로 할 수 있는 일은 별로 없었다. 중립화 통일론이 유일한 통일 방법이었지만 이는 진영에서 벗어나겠다는 발상으로 용인될 수 없었다. 냉전기의 통일 문화라고 하면 대결과 불신으로 상징되는 냉전 문화와 체제를 보위하겠다는 안보 문화가 대세였을 것이다. 통일은 프로세스보다는 체제 대결에서 정치적, 군사적 승리의 결과였다.

냉전이 끝나고 통일을 가로막고 있던 외부 환경이 급변하면서 통일에 대한 기대가 높아졌다. 통일의 가능성과 관련, 통일연구원이 1994년 실시한 여론조사에서 '30년 이내' 통일이 이루어질 것이라는 응답이 92.5%였고, '10년 이내' 조기 통일이 이루어질 것이라는 응답만도 73.8%('5년 이내' 17.5%, '10년 이내' 56.3%)였다.[4] 통일의 필요성과 관련, 1994년 91.6%가 통일이 필요하다고 응답하였으나, 〈표 10.4〉에서 보는 바와 같이 '평화 공존'이나 '전쟁의 위협 제거'와 같은 조건 등이 포함되면 크게 감소할 수도 있다는 사실을 알 수 있다.[5]

탈냉전 시기의 통일은 인식과 방법에서 냉전 시대의 통일과는 전혀 다른 것이었다. 냉전 종식 후 남북 간 화해와 협력이 남북 관계에서의 지고지순한 원칙으로 등장하면서 일대일 통일, 합의 통일, 수렴론 등 평화적 통일 담론이 통일 논의를 지배했다. 다방면의 교류와 협력을 통해 이질감을 해소하면 경제 사회적 통합이 정치적 통합으로 이어진다는 기능주의식 접근법이었다. 1994년 여론조사에서 '통일의 가장 큰 이유가 무엇이냐'는 질문에 '같은 민족이니까'라는 응답 59%와 '이산가족의 고통을 해소해주기'라는 응답 11%를 합하면 70%였다. '전쟁 위협을 없애기 위해'가 14.6%였는데, 이는 통일을 북한과의 적대 관계 종식 작업으로 인식한 것으로 해석될 수 있다.

---

4 "귀하는 통일이 언제쯤 이루어지리라고 예상하십니까?"라는 질문에 대한 응답은 '5년 이내' 17.5%, '10년 이내' 56.3%, 30년 이내' 18.7%, 30년 이상 7.1%, 무응답 0.4%였다. 최수영 외, 1994, 『1994年度 統一問題 國民與論調査 結果』, 서울: 통일연구원, P. 92.

5 "귀하는 통일이 필요하다고 생각하십니까, 아니면 불필요하다고 생각하십니까?"라는 질문에 91.6%가 '필요하다'고 응답하였으며, 8.4%가 '불필요하다'고 응답하였다. 최수영 외, 1994, 『1994年度 統一問題 國民與論調査 結果』, 서울: 통일연구원, p. 84.

한편, 북한은 변화를 모색할 수밖에 없고 개혁 개방을 거부하면 동구 사회주의권과 같은 급격한 체제 변화가 일어날 수밖에 없을 것이라고 믿었다. 더욱이 북핵 협상이 교착 상태에 빠지고 미국의 영변 폭격설까지 나오면서 붕괴 가능성마저 우려되었다. 실제 북한은 외교적으로 고립되어 교역이 거의 중단되고 중유와 경화가 고갈되었다. 공장이 멈추고 식량 배급이 중단되어 수십만 명이 아사하고 대량 난민이 발생하는 등 총체적 위기에 직면했다.

2) 평화 문화의 확산과 '사실상의 통일'

교류 협력을 통해 북한을 변화시키고 점진적으로 통일이 온다는 기능주의적 낙관론은 우리의 희망 사항일 뿐이라는 것을 깨닫는 데 오랜 시간이 걸리지 않았다. 1994년 미북 제네바합의를 통해 북핵 위기가 봉합되면서 북한은 안보 위기를 벗어나고 미국이 매년 북한에 제공하게 되는 50만 톤의 중유와 수십만 톤의 곡물은 북한의 연명에 크게 도움이 되었다. 한국의 햇볕정책이 이어지기 전까지 1990년대 후반 미국은 북한의 최대 원조 공여국이었다. 이는 한반도 상황의 현상 유지를 위해 북한에 과도한 압박을 가하거나 군사적 옵션을 고려하기보다는 연착륙과 비확산을 목표로 한 미국의 한반도 정책의 결과였다.

1998년 헌법 개정을 통해 김정일은 김일성 사후 3년간의 은둔을 끝내고 공식 승계하였으며, 한중 수교 이후 거의 단절되다시피 한 중국과의 관계를 개선하기 시작했다. 북한의 붕괴나 변화의 가능성이 낮아지면서 통일에 대한 기대가 서서히 감소하였다.

독일 통일 10주년을 계기로 통일 비용, 사회적 혼란 등 통일 이후의 후유증에 대한 우려가 조명된 것도 통일의 필요성을 저하시킨 요인으로 볼 수 있다. 1998년 출범한 김대중 정부의 대북 정책은 북한의 변화를 강요하거나 유도하기보다는 북한을 '현재 있는 상태'로 인정하는 사실상의 '평화적 공존'을 추구하였다. 당장의 통일보다는 전례 없는 화해 협력을 추진함으로써 '사실상의 통일'을 이루어야 한다며 통일보다는 평화를 우선시했다. 1,001마리의 소떼 방북, 금강산 관광, 개성공단, 그리고 최초의 남북정상회담 등과 같은 정책의 감성적이고 상징적인 이벤트가 겸비된 가시적 성과를 바탕으로 북한에 대한 부정적 인식을 변화시킴으로써 평화 문화가 뿌리내리기 시작했다.

평화론자들은 현실적으로 "통일은 가능하지도 않고 바람직하지도 않다"고 생각하였으며 그러한 인식에 공감하는 수는 빠르게 증가하였다. 1994년과 1999년 통일연구원에서 수행한 조사를 비교해보면, 불과 5년 만에 통일에 대한 관심과 의지가 큰 폭으로 하락했음을 알 수 있다. '10년 이내' 통일이 이루어질 것이라는 응답은 1994년 73.8%였으나 1999년 30%('5년 이내' 3%, '10년 이내' 27%)로 하락했다. 30년 이내 통일이 이루어질 것이라는 응답까지 합치면 1994년 92.5%였으나 1999년에는 65.7%였다.[6]

통일에 대한 부정적 인식의 이유 중 "통일을 추진하는 일이 북한

---

6 "귀하는 통일이 언제쯤 이루어지리라 생각하십니까?"라는 질문에 대한 응답은 '5년 이내' 3%, '10년 이내' 27%, '20년 이내' 28.3%, '30년 이내' 7.4%, '30년 이상' 11.3%, '모르겠다' 22.9%였다. 최수영 외, 1999, 『1999년도 통일문제 국민여론조사』, 서울: 통일연구원, P.47. 1994년 조사 결과는 앞의 각주 참조.

의 반발을 사 안보 불안을 야기한다"는 평가는 어느 다른 이유보다 통일 문화에 큰 타격이 되었고 평화 공존론이 확산되는 요소가 되었다. 즉, 북한에 대해 부정적 인식이 높고 대북 지원과 교류 협력에 대해서도 부정적일수록 통일의 필요성에 긍정적이었다. 반면, 북한에 대한 긍정적 인식이 높고 대북 지원과 교류 협력에 대해 긍정적일수록 통일에 대해서는 부정적이었다.

3) 통일 문화 재부흥 시도와 '분단 관리에서 통일 준비로'

2008년 진보 정부에서 보수 정부로의 정권 교체 후 통일 전략은 또 한 번의 전환을 경험한다. 이명박 정부는 지금까지의 대북 정책을 통일 없는 분단 관리로 규정하고 '분단 관리에서 통일 준비로' 패러다임 전환을 선언했다. 2010년 한국을 방문한 쾰러 독일 대통령은 "통일은 반드시 온다. 통일은 생각보다 빨리 온다. 준비되지 않은 통일은 재앙이다"라며 통일 준비의 필요성을 역설했다. 이명박 대통령은 통일은 반드시 점진적 단계별로 오는 것이 아니고 밤새 도둑처럼 올 수 있다고 했다. 2000년대 통일 개념은 1990년대 통일의 개념과 전혀 다르게 인식되었다. 화해 협력이나 기능주의 통일 방식보다는 북한의 정권 교체를 가정하는 공세적 개념으로 인식되었다. 실제 북한의 반발로 남북 관계가 '파탄'나고 '안보를 위태롭게 했다'는 비판적 시각이 있었는데, 9.11테러 이후 미국은 '테러와의 전쟁'에 돌입하고 북한은 이란, 이라크와 함께 '악의 축'으로 지목된 것과 연결지어 해석된 결과였다.

표 10.1 통일의 가장 큰 이유

	같은 민족이니까	이산가족의 고통을 해결해주기 위해	전쟁 위협을 없애기 위해	북한 주민도 잘살 수 있도록	한국이 보다 선진국이 되기 위하여
1994*	59	11	14.6	1.2	14.2
2003	31.3	16.8	19.4	3	29.5**
2007	50.6	8.9	19.2	1.8	18.7
2008	57.9	6.8	14.5	2.8	17.1
2009	44	8.5	23.4	4.2	18.6
2010	43	7	24.1	4	20.7
2011	41.6	7.2	27.3	4.9	17.6
2012	45.9	9.1	25.3	4.4	14.5
2013	40.3	8.3	30.8	5.5	14.3
2014	42.1	9.1	27	3.9	17.6
2015	40.7	12.3	26.2	6.2	14
2016	38.6	11.9	29.7	5	14.2
2017	40.3	10.5	32.5	4	12.5
2018	44.5	6.7	31.6	3.5	13.5
2019	34.6	10.6	32.6	3	18.9

출처: 최수영 외, 1994, 『1994年度 統一問題 國民與論調査 結果』, 서울: 통일연구원; 2003년 조사, 최진욱 외, 2003, 『남북 관계의 진전과 국내적 영향』, 서울: 통일연구원; 2007–2019년 조사는 서울대 통일평화연구원의 통일 의식 조사를 참조.

* 1994년과 2003년 질문 워딩 2007년 이후와 일치하지 않음

**2007년 이후와 일치하지 않음. '선진국 진입'을 '경제 발전'으로 서술

박근혜 정부에서는 강온 이분법적 사고에서 벗어나 '강할 때는 더 강하게, 부드러울 때는 더 부드럽게' 대북 정책을 추진하겠다며 유연성을 강조하기도 했다. 이명박 정부의 통일 준비에서 한 걸음 더

나아가 '통일 대박'을 선포하고 통일 친화적 사회 분위기 조성을 위해 대통령 직속 통일준비위원회를 출범시키기도 하였다. 그러나 이명박 정부와 박근혜 정부에서 추진되었던 통일 준비와 통일준비위원회 활동에도 불구하고 통일의 필요성에 대한 지지는 50~60%대로 큰 변화가 없었다. 이는 통일 비용에 대한 우려, 주변 강대국의 한반도 현상 유지, 평화 공존과 같은 평화 문화를 뒷받침하는 핵심 요소들이 변함없이 남아 있었기 때문이다.

통일의 필요성 자체는 큰 차이가 없었지만 대북 인식에서는 큰 차이가 발견되었다(표 10.2, 표 10.4 참조). 북한에 대한 신뢰(대화와 타협 가능성)는 20~30%대에 머물렀으며, '도발 위협' 인식은 40~50%대에서 70%대로 상승했다. 85.2%의 국민들은 북한의 적화 통일 야욕도 '여전히 변치 않고 있다'고 응답했다. 통일의 이유에도 변화가

표 10.2 북한의 적화 통일 추구(1)

	적화 통일 변치 않고 기회 엿봄	적화 통일 여전하나 힘이 없다	합	적화 통일 포기하고 공존 원함
1995*	55.2	38.1	93.3	6.7
1999**	46.3	38.3	84.6	7.1
2003***	33.5	51.7	85.2	14.9

* "귀하는 남한에 대한 북한의 적화 통일 정책에 대해 어떻게 생각하십니까?"라는 질문에 대한 '북한의 적화 통일 정책은 전혀 변하지 않았고 항상 기회를 엿보고 있다', '북한은 적화 통일 정책을 포기하고 남한과의 공존을 원하고 있다', '북한의 적화 통일 정책은 여전하나 그럴 만한 힘이 없다' 4개 범주의 응답률임. 최수영 외, 1995, 『1995年度 統一問題 國民輿論調査 結果』, 서울: 통일연구원, pp. 15-16.

** 1999년 조사에서는 질문은 동일하나 답변으로 '모른다'가 추가됨. 1999년 설문조사에서 '모른다'는 8.3%의 응답률이 나타남. 최수영 외, 1999, 『1999년도 통일문제 국민여론조사』, 서울: 통일연구원, pp. 21-22.

*** 2003년 설문조사의 질문과 답변은 1995년과 동일함. 최진욱 외, 1999, 『남북관계의 진전과 국내적 영향』, 서울: 통일연구원, 2003, pp. 65-66.

있었다(표 10.1 참조). '같은 민족이니까'가 1994년 59%에서 2017년 40.3%로 19% 가량 감소한 반면, '전쟁 위협을 없애기 위해'가 1994년 14.6%에 비해(2009년 23.4%), 2017년 32.5%로 18% 상승했다. '통일 대박'과 가장 유사한 응답이라고 할 수 있는 '보다 선진국이 되기 위해서'라는 답변은 14% 정도에 그쳤다.

표 10.3 북한의 적화 통일 추구(2)

	① 매우 동의함	② 다소 동의함	①+②	보통이다	③ 별로 동의하지 않음	④ 전혀 동의하지 않음	③+④
2016	11.1	40.4	51.5	32.7	13.6	2.2	15.8
2017	9.2	43.1	52.3	27.5	15.9	4.3	20.2
2018	6.8	31	37.8	30	27.1	5	32.1
2019	4.8	23.9	28.7	33.6	31.7	5.9	37.6

2016~2019년도 조사는 "아래에는 귀하가 동의할 수도 있고 그렇지 않을 수도 있는 14개 문항이 있습니다. 각 문항에 동의 또는 반대하는 정도를 자유롭고 솔직하게 응답해주시기 바랍니다. – 북한은 적화 통일을 원하고 있다"는 질문에 대해 ① 전혀 동의하지 않음, ② 별로 동의하지 않음, ③ 보통임, ④ 다소 동의함, ⑤ 매우 동의함, 5개 범주의 응답률임. 이상신 외, 2019, 『국민과 함께하는 통일 · 대북 정책』, 서울: 통일연구원, pp. 79–81.

여론조사 결과는 다음과 같이 요약될 수 있다. 첫째, 북한과 함께하는 통일이 장밋빛 미래를 보장하는 것은 아니다. 둘째, 통일이 되면 전쟁 위협이 사라져서 좋다. 셋째, 통일보다는 공존을 희망하며 굳이 통일을 추진하지 마라. 넷째, 공존 기간에 북한의 도발에 대비해 억지력을 강화해야 하고 주한 미군 철수에 반대한다. 당시 '통일 대박'과 함께 '전쟁 없는 세상'과 '통일 비용 걱정 없는 통일'에 대한 국민들의 관심이 고려되었다면 좀 더 좋은 결과가 나왔을 것이다.

표 10.4 통일 의식 관련 다양한 질문과 답변, 1993~2019년

		1993	2007	2008	2011	2014	2015	2016	2017	2018	2019
대화와 타협 가능[7]		–	–	–	34.3	27.5	28.7	30.5	28.1	54.7	51.6
도발 위협 인식[8]		47.7	–	52.2	78.3	74.9	70.5	66.1	70.6	56.3	57
남한에서의 미군 철수, 시급하지 않다[9]		–	68.9	69.5	75.9	78.4	79.5	75.5	80.1	75.7	74.1
가까운 나라[10]	미국	–	53.3	60.7	68.8	74.9	78.3	73	74.1	72.5	71.9
	북한		24	20.4	16	8.9	8.1	10	11.3	19.1	19.3

출처: 김병로 외, 2019, 『2019 통일 의식 조사』, (서울: 서울대학교 통일평화연구소)를 참조. 최진욱 외 2003, 『남북 관계의 진전과 국내적 영향』, 서울: 통일연구원, p. 103.

4) 대세가 된 평화 문화의 위기

2017년 북한이 핵 무력의 완성을 선언하고 한반도 위기가 극도로 고조되는 시점에도 한국에서 평화 문화는 대세였다. 실제 2017년부터 2019년 통일연구원이 조사한 바에 의하면, 통일보다는 평화 공존

---

7 "OO님은 다음 국가들 중 어느 나라를 가장 가깝게 느끼십니까?"라는 질문에 대한 응답으로 '미국', '일본', '북한', '중국', '러시아'의 5개의 범주 중 '미국'과 '북한'을 선택한 각각의 응답률이다.

8 "OO님은 다음과 같은 사항이 통일을 이루는 데 얼마나 시급하다고 생각하십니까? 혹은 시급하지 않다고 생각하십니까?–남한에서의 미군 철수" 질문에 대한 응답으로 '매우 시급하다', '다소 시급하다', '별로 시급하지 않다', '전혀 시급하지 않다'의 4개의 범주 중 '별로 시급하지 않다', '시급하지 않다'의 응답률을 합한 값이다.

9 "OO님은 앞으로 북한의 무력 도발 가능성이 얼마나 있다고 생각하십니까 혹은 없다고 생각하십니까?"라는 질문에 대한 응답으로 '많이 있다', '약간 있다', '별로 없다', '전혀 없다'의 4개의 범주 중 '많이 있다'와 '약간 있다'의 응답률을 합한 값이다. 위의 보고서.

10 "통일을 함께 논의할 상대로 북한 정권이 대화와 타협이 가능한 상대라고 생각하는가?"라는 질문에 대한 응답으로 '매우 가능하다', '어느 정도 가능하다', '별로 가능하지 않다', 전혀 가능하지 않다'의 4개의 범주 중 '매우 가능하다'와 '어느 정도 가능하다'의 응답률을 합한 값이다.

을 희망하는 분위기가 얼마나 확산되었는지 알 수 있다. 통일의 필요성과 관련된 3개의 유사한 질문에 대한 답변이 크게 차이가 난다는 것을 알 수 있었다(표 10.4 참조). '통일이 얼마나 필요하다고 생각하십니까'라는 질문에 65.6%가 '필요하다'고 답하였으나, '남북한이 전쟁 없이 평화롭게 살 수 있다면, 통일은 필요없다'는 견해에는 28.8%만이 '동의하지 않는다'고 대답하였고, '통일을 지향하기보다는 남북한 간의 평화 공존을 추구해야 한다'는 견해에 찬성 69.7%, 반대 10.2%의 큰 차이를 보였다.

표 10.5 통일의 필요성과 평화 공존의 비교, 2017~2019

	통일의 필요성*	전쟁 없이 평화공존 할 수 있다고 해도 통일이 필요**	대북정책은 평화공존 추구보다 통일을 지향***
2017	57.8	31.7	13.2
2018	70.7	32.4	12.9
2019	65.6	28.8	10.2

* "귀하는 남북한 통일이 얼마나 필요하다고 생각하십니까"라는 질문의 4개 범주(① 전혀 불필요, ② 별로 불필요, ③ 약간 필요, ④ 매우 필요)의 응답 중 '약간 필요하다'와 '매우 필요하다'의 응답률을 합한 값

** "남북한이 전쟁 없이 평화적으로 공존할 수 있다면 통일은 필요없다"라는 질문의 6개 범주(① 전혀 동의하지 않음, ② 별로 동의하지 않음, ③ 보통, ④ 다소 동의함, ⑤ 매우 동의함, 모름/무응답)의 응답 중 '전혀 동의하지 않음'과 '별로 동의하지 않음'의 응답률을 합한 값

*** "대북 정책은 통일을 지향하기보다는 남북 간의 평화 공존을 추구해야 한다. 귀하는 대북 정책과 관련하여 다음의 정책에 대해 어떻게 생각하십니까? 귀하의 의견과 가장 가까운 번호를 골라 주십시오"라는 질문의 11개 다변(매우 반대한다 ① ② ③ ④ ⑤ 보통 ⑥ ⑦ ⑧ ⑨ ⑩ 매우 찬성한다)의 응답 중, ①, ②, ③, ④의 응답률을 합한 값

문재인 정부는 출범 이후 대북 정책에서 '빛 샐 틈 없는' 한미 공조를 공언하며 미국이 주도하는 북한에 대한 최대 압박에 동참하였다. 북핵 협상의 돌파구가 마련되고 2018년 한미정상회담과 역사적인

미북정상회담이 개최됨으로써 일촉즉발의 군사적 긴장이 일순간에 정상회담 개최라는 대반전을 이루었다. 빛 샐 틈 없는 공조는 여기까지였다.

핵 폐기 절차를 둘러싸고 미북 간 이견이 발생하고 회담 재개가 지연되었다. 북한은 종전선언 등 안전 보장에는 관심을 보이지 않고 제재 완화를 최우선 목표로 미국을 압박했다. 미국은 대북 제재 유지 방침을 확고히 했고, 북핵 해결까지 제재가 유지될 것이라고 하였다. 평화 문화에 바탕을 둔 평화 프로세스가 본격 가동되면서 문재인 정부는 대화 모멘텀을 살려나가기를 원했고 이를 위해 대북 제재의 완화 필요성을 주장하였다.

한국과 미국의 대북 정책에서의 이견은 냉전 종식 이후 자주 반복되고 있다. 현상 유지를 희망하는 미국과 변화를 모색하는 한국의 입장이 다르기 때문이다. 평화 문화의 핵심 동력이라고 할 수 있는 북한과의 화해 협력은 통일과 안보의 핵심 전략으로 등장했다. 통일은 먼 미래의 일로 미루어 놓고 평화 공존을 추진하고 있으며 안보 역시 억지력이 아닌 북한과의 화해 협력에 의해 더 잘 보장된다고 믿는다. 이 주장에 따르면, 북한과의 교류 협력이 많을수록 안보는 더 보장되고 남북 협력이 확대될수록 주한 미군의 억지력에 대한 필요성은 감소한다.

그러나 현실은 달랐다. 각종 여론조사를 보면 평화 문화의 속성(북한에 대한 긍정적 인식 증가, 통일의 필요성 감소, 통일 비용 반대)이 여전히 강하게 작동하지만, 북한의 노골적인 군사적 도발 위협은 그 실행 여부와 관계없이 국민들의 위협 인식을 높였다. 즉 한국 국민들은 평화 만들기가 긴장을 완화하고 통일로 갈 수 있는 미래의 비전으로 기대하면서도 북한의 위협에 대한 우려는 오히려 더 높아졌고 주한 미군에 의지하는 모습을 보였다. 2017년 긴장이 최고조에 이르렀을 때 주한 미군 철수 반대가 80.1%에 달하였다.

국민들은 평화를 원하는 것이고 이를 위한 수단으로 화해 협력을 지지하는 것이지 화해 협력 자체가 목적은 아니다. 국민들은 북한과의 화해 협력을 억지력의 대체재로 보기보다는 보완재로 보는 것이다.

표 10.6 통일 전략의 변화의 특징

1 통일 문화와 통일 전략 국민적 합의	2 평화 문화와 사실상의 통일	3 통일 준비와 안보 문화의 확산	4 평화 문화와 안보 보완
• 냉전의 종식과 미국 유일 패권국 등장 • 냉전 종식과 민주화, 서울 올림픽 성공 자신감 • 북한의 체제 변화 불가피/ 북한의 붕괴 가능성 • 사회 경제적 통합을 통한 정치적 통합 • 화해 협력에 대한 공감대 형성	• 미국의 한반도 현상 유지 • 미북 제네바 합의와 북핵 위기 봉합 • 북한 체제 위기 극복 • 통일 비용/사회적 혼란 • 평화 공존/화해 협력 • 북 핵실험 저지 실패 • 남남 갈등	• '악의 축' • 미중 패권 경쟁 • 전쟁이냐 평화냐의 이분법 • 9.11테러와 악의 축 • 평화 문화와 냉전 문화의 충돌 • 화해 협력,북한 핵 실험 저지 실패	• 북한의 도발 위협 증가 • 미북정상회담 • 한미 공조 마찰 노출 • 평화 문화 대세/ 안보 문화

10.3
통일 문화와 통일 전략 부조화의 요인들

1) 환경적 요인

통일 문화는 고정된 것이 아니라 변화한다. 전략 수립 당시의 문화가 변했다면 이미 전략과 문화의 괴리가 발생한 것이다. 변화의 가장 큰 요인은 통일 환경의 변화이다. 냉전의 종식, 북한의 핵무기 개발과 도발, 남북 대화, 남북 간 교류 협력 같은 환경 변화는 통일 문화에 변화를 주고 전략 변화의 기초가 된다. 통일 환경의 변화뿐만 아니라 통일 환경의 변화를 학습하고 사회화되는 과정 역시 큰 의미에서 통일 환경에 포함된다. 예컨대 학교, 친구, 가족, 미디어, SNS 등이 여기 포함된다.

남북 대화와 북한의 무력 도발은 대북 인식에 가장 즉각적인 영향을 준다. 냉전 종식 이후 북한에 대한 인식은 70% 이상 긍정적으로 변하였으나 2010년 천안함 폭침과 연평도 포격 도발로 하락해 50%대로 밀렸다. 북한과 대화와 타협이 가능하다는 응답도 20~30%에 머물렀다. 그러나 2018년 남북정상회담 및 미북정상회담의 영향으로 대북 인식이 긍정적이라는 응답은 다시 70%대로 회복했으며 대화와 협상이 가능하다는 응답도 50%를 넘었다.

통일에 대한 높은 기대감은 동구권에서 발생한 체제 전환이 북한에도 나타날 것이라는 기대 때문이었고, 얼마 지나지 않아 통일에 대한 기대감이 현격히 저하된 것 역시 북한의 변화 가능성이나 붕괴 가능성이 낮아지고 미국 등 주변국의 한반도 정책이 현상 유지라는 환경 변화에 대한 이해에 바탕을 둔다. 또한 통일 비용, 사회적 혼란 등 통일 이후의 후유증에 대한 우려도 통일의 필요성을 저하시키는 요인으로 볼 수 있다. 더욱이 통일 비용에 대한 우려는 설문이 구체적일수록 더욱 부정적인 것으로 나타남으로써 쉽사리 해결될 문제는 아니다. 예컨대 "통일 비용을 부담할 용의가 있느냐"는 질문보다 "통일 비용을 위해 세금 부담 10% 증액에 찬성하느냐"는 질문에 더 많은 국민들이 부정적인 답변을 하였다.

2010년 천안함 폭침과 연평도 포격 도발 사건 이후 하락하기 시작하다 2017년까지 54.9%로 하락한 것은 북한의 도발 위협이 1993년 47.73%에서 2017년 70.6%로 증가한 것과 같은 맥락이다. 그리고 통일이 북한의 도발 위협을 없애는 방법의 하나로 생각되는 것이다.

북한에 대한 긍정적 인식과 북한의 도발 가능성에 대한 높은 우려는 보수 정부 시절 평화 문화가 확산되는 중요한 이유였다. 그러나 실제 평화 만들기 전략이 추진되는 과정에서 북한의 도발은 전혀 예상하지 못한 혼란스러운 결과였다. 국민들은 화해 협력이 아닌 주한 미군의 억지력에 의존함으로써 평화 지키기를 했다. 평화 문화의 우세 속에서도 북한의 도발 위협은 한미 동맹, 주한 미군, 유엔군 사령부와 같은 안보 문화의 핵심 요소들을 즉각 부각시켰다.

2) 정책적 요인

통일 정책과 통일 문화의 연관성은 잘 알려져 있고 한국의 역대 정부도 정도의 차이는 있지만 통일 문화 혁신을 시도했다. 김영삼 대통령은 민주화 지도자로서의 자부심과 문민정부 출범 이후의 과제로서 북한 인권과 민주화를 설정하고 이를 위한 분위기를 조성하고자 했다. 통일의 미래상으로 자유 민주주의 체제를 분명히 하고 1995년 통일연구원에 북한인권센터를 설립하고 매년 북한인권백서를 발간토록 했다.

김대중 정부는 단연 통일 문화의 변화를 가장 적극적으로 추진하고 가장 많은 성과를 도출하였다. 90년대 후반 통일의 의지가 급감한 이유는 현실적으로 북한 체제가 최악의 상황은 벗어났고 통일 비용에 대한 우려가 커졌기 때문으로 알려져 있다. 실제로 독일 통일 10주년을 기념하여 천문학적인 통일 비용과 사회 혼란이 집중 조명되는 등 독일 통일의 후유증이 부각되면서 당시 IMF 구제 금융으로 인한 경제적 충격에 빠진 한국 국민들의 통일에 대한 인식에 영향을 미친 것은 사실이다[11].

그러나 통일 비용에 대한 우려를 좀 더 자세히 살펴보면 90년대 중반에 비해 2000년대 중반 통일 비용에 대한 우려가 극적으로 커진 것은 아니다. "통일 비용을 부담하더라도 통일은 빠를수록 좋다"는 1993년과 1995년 질문에 대해 각각 25.6%와 30.5%가 반대한 데 비해 "통일 비용을 충당하기 위해서 세 부담이 10% 증가하는 것에 대해 어떻게 생각하십니까"라는 2003년 질문에서는 41.4%가 반대 의견을 표명했다. 통일 비용에 대한 우려가 증가하였지만, 10% 증가라는 구체적 부담이 포함된 것을 감안하면 통일에 대한 지지가 급감

---

11 "귀하는 만약 통일 비용 충당을 위해서 귀하의 세금 부담이 10% 증가한다면 이점에 대해 어떻게 생각하십니까?"라는 질문에 대한 응답은 '적극 찬성' 10.5%, '대체로 찬성' 48.1%, '대체로 반대' 29.6%, '적극 반대' 11.7%였다.

한 것을 통일 비용으로만 설명하는 것은 무리가 있다고 할 수 있다.

통일의 필요성 하락은 김대중 정부의 '냉전 문화 극복'과 평화 공존 추진에 대한 정치적 지지의 성격도 상당히 포함된 것으로 보인다. 1999년 통일연구원 여론조사에 의하면 정부의 대북 정책에 대한 평가에 대해 '잘한다'는 응답이 30.8%('매우 잘함' 2.4%, '대체로 잘함' 28.4%)였으나, 지역별로 보면 김대중 대통령의 텃밭인 호남에서는 54.2%('매우 잘함' 7.7%, '대체로 잘함'46.5%)인데 반해 야당의 강세 지역인 경상 지역에서는 26.5%('매우 잘함'1.4%, '대체로 잘함'25.1%)였다.

김대중 정부는 '공존' 대신 '사실상의 통일'이라는 용어를 사용함으로써 "대한민국은 통일을 지향하며 자유 민주적 기본 질서에 입각한 평화적 통일 정책을 수립하고 이를 추진한다"는 대한민국 헌법 제4조 위반 논란을 피하면서 평화 문화의 부흥이라는 패러다임의 변화를 만들었다. 특히, 정상회담을 비롯한 각종 회담의 보도는 북한에 대한 적대감을 약화시키고, 김정일 개인 이미지 개선에 크게 도움이 되었다.

독일 통일 10주년 당시 천문학적 통일 비용과 사회적 혼란이라는 통일 이후의 후유증을 집중 조명하였으나, 독일 통일 20주년 당시 이명박 정부는 준비 없이 맞은 독일 통일을 타산지석으로 삼아 통일 준비의 중요성을 강조하고 20년이 지난 통일 독일의 국제적 위상을 강조했다. 북한의 핵무기 개발 지속과 전쟁 도발 가능성, 적화 통일 가능성에 대한 우려가 오히려 증가하는 상황에서 일방적 냉전 문화 극복 시도는 국민적 합의 기반을 도출하는 데 이르지 못하고 남남

갈등을 일으키며 2006년 북한의 핵 실험과 2008년 정권 교체를 계기로 정책의 전환이 이루어졌다

통일 문화와 통일 전략 간의 괴리는 일반적으로 전략이 문화를 따라가지 못하기 때문이다. 통일 전략은 종종 통일 문화보다 정치 지도자나 정당의 전통적 지지자들의 영향을 받는 경향이 있다. 이들의 신념이나 이념이 통일 문화와 다르다면 통일 문화와 괴리된 전략이 된다. 이 경우 소수 지도자들만이 통일 전략을 독점하고 정부 관련 부처조차 구체적 전략을 투명하게 공유하지 못함으로써 전략 추진이 원활하지 못하다. 정치 지도자가 자신의 신념에 따른 통일 전략을 추진하다가 성과를 내지 못하면 자신의 전략을 수정하는 대신 자신의 전략을 합리화시키기 위해 오히려 더 강행하는 인지 부조화 현상을 보이기도 한다. 심한 경우 통일 문화에 통일 전략을 맞추는 것이 아니라 통일 전략에 통일 문화를 맞추는 경우도 나타날 수 있다.

3) 기술적 요인

통일 문화와 전략의 괴리는 커뮤니케이션의 부족이나 통일 의식 조사 방식의 오류 등에 따른 통일 문화의 이해 부족으로 발생하기도 한다. 한국에서 통일 의식 조사는 통일의 필요성과 이유, 통일 가능 시기, 대북 인식, 북한에 대한 위협 인식, 북한에 대한 신뢰, 통일 비용 부담 의향, 주한 미군 필요성 등으로 구성된다.

1994년 통일연구원이 실시한 통일 국민 여론조사 설문지를 예로 들어 좀 더 자세히 보면 배경 변수를 제외한 31개의 질문 중 통일 의식과 직접 관련 있는 질문은 북한에 대한 관심, 북한에 대한 인식,

남북한의 이질화 정도 등 북한 관련 인식, 남북한 관계 전망, 통일에 대한 견해, 통일 예상 시기, 통일 후 분야별 전망, 통일 비용, 북한 경제 지원 등 10개 정도였다. 나머지 질문들은 통일 의식이라는 본연의 목적과는 차이가 있었다. 통일 교육의 내용, 통일 정책 수립 과정, 통일 기반 조성의 과제, 현 정부 정책에 대한 평가 등 정부 정책의 단기적 성과를 확인하거나 통일 외교의 대상국, 통일 교육의 방법 등 정책의 방향에 관한 관심이 컸다. 국제 정치의 이해나 북한 정권에 대한 평가와 같이 연구자의 개별 연구 관심을 설문으로 포함시키기도 하였다. 또한 제한된 수의 문항에 질문이 직접적인 탓에 응답자의 답변을 다각도로 확인할 수 없어 통일 문화의 실체를 파악하기 어려웠다.

이를 독일 통일 이전 서독에서의 조사와 비교해볼 때 차이는 더욱 뚜렷해진다. 통일 의식 조사를 위한 서독의 설문지는 통일 의식 조사에 적합한 질문이 어떤 것인지 보여준다.[12] 1986년 Allensbach 설문조사는 총 25개의 질문으로 구성되었는데 통일 의식 조사와 무관한 질문은 하나도 없었다(부록 참조).

질문은 6개의 그룹으로 나누어 민족 감정과 국가에 대한 정서적 느낌(7개), 동서독 유대감 혹은 동류 의식(3개), 독일(서독)−동독의 인간 상호 관계의 하부 구조(9개), 양측 독일 사람들의 결합을 위해 개개인이 할 수 있는 것(2개), 분단사 이해 점검을 위한 베를린 장벽

---

12 이 자료는 1984년부터 1992년에 실시한 독일 알렌스바흐의 여론조사 연감 중 통일 문제와 관련한 제 9권을 번역한 것임. "독일 통일 문제 관련 여론조사 사례, 1984~1992", 통일원, 1994.

(2개), 통일에 대한 시각(2개) 등 개개인의 느낌을 묻는 질문들로 구성되었다.

민족 의식, 국가 의식을 묻기 위한 질문들을 예로 들면 독일 국가, 독일 민족에 대한 정서적 감정, 동독 예술에 대한 관심 혹은 감정, 동독 제품 구매 여부, 동독 지역 친인척 거주 여부 및 방문/초대 여부, 분단의 역사에 대한 인지 여부, 동독 축구팀 응원 여부 등이 있다. 편하고 간접적인 문항을 채택하여 유사 질문을 반복함으로써 조사의 정확도를 기하고자 한다는 사실을 알 수 있다.

10.4
냉전 문화, 평화 문화, 안보 문화

통일 문화는 냉전 문화, 평화 문화, 안보 문화와 중복되면서 이들의 속성을 부분적으로 포함하고 있다. 통일 전략 역시 이들 다양한 문화를 조금씩 반영하고 있지만 상호 균형감을 이루는 것이 바람직하다.

1) 통일 문화

냉전 이후 한국에선 두 차례의 통일 시도가 있었다. 첫 번째 시도는 냉전 종식 후 수년에 걸쳐 이루어졌다. 대외적으로 냉전의 종식과 대내적으로 민주화의 열기 속에서 한국 사회는 서울 올림픽을 성공적으로 치르며 통일에 대한 자신감으로 충만했다. 북한의 변화는 불가피해 보였고 국가 대 국가의 통일이 아닌 경제 사회적 통합을 통해 정치적 통합을 이룬다는 기능주의 통합 방식으로 머지않은 시기 통일이 가능하다고 믿었다. 대북 포용과 남북 화해 협력에 대한 국민적 공감대가 형성되고 당시 여야 4당 체제에서 「민족 공동체 통일 방안」에 대한 초당적 합의가 이루어졌다. 통일을 둘러싼 지금의 갈등과 비교해보면 대한민국에 그런 시절이 있었다는 것이 새삼스럽기도 하다.

두 번째의 통일 시도는 2008년 이명박 정부 출범 이후 시작되었으며 아마도 1990년대 놓친 통일의 기회에 대한 아쉬움과 북한의 핵무기 개발에 대한 기존의 대응 실패, 북한 체제와의 타협 불가능 판단 등 복합적 이유 때문일 것이다. 그러나 첫 번째와 두 번째 통일 시도 때의 통일 문화는 전혀 달랐다. 2008년 통일의 필요성에 대한 응답은 60% 이하였으며, 이마저도 '사회적으로 바람직한 대답'이 포함된 결과이다. 즉, 평화 공존이라는 과도기를 거친 후 궁극적인 통일까지를 포함시킨 수치이며 통일과 공존 중 어느 것을 택하겠냐는 질문에 대해서는 10% 정도만이 통일을 택했다. 9년간의 통일 준비에도 불구하고 평화 문화의 우세 속에 통일에 대한 관심과 의지를 살려내지 못하고 북한의 반발로 긴장만 고조되었다.

냉전 이후 통일의 필요성과 가능성에 대한 높은 지지는 탈냉전이라는 시대적 분위기에 휩싸인 단기적 현상이었고, 이내 현실로 돌아가면서 관심과 의지가 되살아나지 못한 것은 통일의 가능성이 낮고 민족 동질감도 약화되고 비용도 많이 들며 미래 비전도 약한 상태에서 평화적 공존의 가능성에 관심이 몰린 결과라고 할 수 있다.

2) 평화 문화/냉전 문화

평화 문화는 1990년대 후반 북한의 도발(핵무기 개발 포함)에 대한 대응과 북한의 변화라는 두 개의 과제를 둘러싼 논쟁을 거치며 확산되기 시작했다. 평화론의 핵심 주장은 북한의 급변 사태로 인한 조기 통일이 가능하지도 않고 통일 비용 등으로 인해 바람직하지도 않은 상태에서 이를 추진함으로써 북한의 반발로 인한 긴장 조성이 우려된다는 주장이었다. 통일의 현실성이 약화되는 상황에서 당장의 통일보다는 북한과의 화해 협력을 통해 평화를 정착시키면 통일은 점진적으로 이루어질 것이라는 낙관론과 북한에 대한 긍정적 인식에 바탕을 두고 있다. 그렇다고 평화 문화가 북한에 대한 신뢰나 소위 말하는 '안보 불감증'에 바탕을 두고 있는 것은 아니다. 2013년 통일연구원 여론조사에서 북한의 적화 통일 정책이 여전하다는 응답이 85.2%에 달했으며, 2017년 여론조사에서 북한의 적화 통일 추구에 동의하는 사람들이 52.3%로 동의하지 않는 사람 20.2%의 2배 이상 되었다.

평화 문화는 화해 협력을 통해 안보가 보장되기를 바라지만 안보가 위협을 받으면 즉각 주한 미군의 억지력에 의존한다. 평화 문화는 남북 관계의 미래를 낙관하는 미래 지향형이고 북한이 변화할 수 있는 상황을 만들어주는 것이 필요하다고 주장한다. 평화 문화의 미래는 수행 중인 전략의 성과에 달려 있는데, 그 성과가 북한의 긍정적 반응에 의존한다는 데 딜레마가 있다.

평화 문화의 반대는 냉전 문화이다. 냉전 문화는 냉전 구조 속에서 내면화된 일반 대중의 사회 문화적 의식 행태 또는 집단적 심리

상태를 가리키는 것으로 대미 의식, 대북 정책, 영상 매체에 반영된 북한 이미지 등을 통해 나타난다. 냉전 시기 남북은 서로의 존재를 인정하지 않고 타도의 대상으로 간주했다. 냉전 시기 한국은 강력한 대북 억지력을 확보하여 제2의 한국전쟁 예방을 최우선하였으며, 한미 동맹은 그 기반이 되었다. 냉전 문화에는 억지력 이외의 북한 체제 소멸 이후에 대한 구상은 없다.

냉전 문화는 통일 문화나 안보 문화와 구분이 모호한 경우가 많다. 냉전 문화에는 어느 상황에서도 북한을 적대시하고 화해 협력 자체에 대한 거부감이 내재해 있다고 할 수 있다. 또한 북한의 핵 실험이나 도발에 대한 강경 일변도의 대응 역시 냉전 문화라 할 수 있다. 그러나 북한의 핵 실험에 대해 제제를 가하더라도 북한의 태도가 변화하면 협상에 임할 수 있는 경우는 냉전 문화에 포함되지 않는다. 점진적 통일과 과도기적 공존을 인정하고 그 기간 중 북한의 도발(핵무기)에 대한 미온적 태도, 핵무기 개발을 포기하지 않은 북한과의 대규모 교류 협력 등에 대해 반대한다고 냉전 문화라 할 수는 없다.

평화 문화의 등장과 확산은 냉전 문화에 대한 공격으로 시작되었으나 냉전 문화를 포함한 통일 문화로까지 공격이 확대되었다. 대북 포용 기조에도 불구하고 북한을 압박하고 자유 민주주의 체제로의 통일을 강조함으로써 평화 정착과 통일을 지연시키고 있다는 것이었다.

남북 관계가 개선되고 통일을 지향하는 과정에서 대결과 불신이라는 속성들을 극복해야 하겠지만, 한반도 냉전 구조가 남아 있는 한 인위적으로 냉전 문화를 당장 소멸시킬 수 없는 것도 현실이다.

더욱이 북한이 핵무기를 개발하고 한국에 대한 적대감과 혐오감을 수시로 드러내고 실제 도발로까지 이어지는 상황의 반복이야말로 냉전 문화 극복에 가장 큰 장애라고 할 수 있다.[13]

3) 안보 문화

냉전 종식 이후 통일 문화가 급속히 확산되면서 북한의 붕괴나 북한의 체제 전환, 북한 정권의 안정성 등 내부 문제가 큰 관심을 끌었으나 북한의 핵무기 개발과 오랜 냉전의 기억으로 '북한의 도발 가능성'에 대한 인식의 변화가 완전히 잊혀질 수는 없었다. 1993년과 1995년 통일연구원 조사에 의하면 북한의 도발 가능성이 있다는 응답은 각각 47.7%와 54.8%였다. 그러나 북한의 핵무기 개발이 지속되고 1996년 강릉 잠수함 침투 사건, 1999년과 2002년 연평해전, 2010년 천안함과 연평도, 2015년 목함 지뢰 등 북한의 끊임없는 도발로 2011년 70%대로 증가했다,

이명박 정부의 통일 준비나 박근혜 정부의 '통일 대박', '평화냐 전쟁이냐'의 프레임에 고전함에 따라 통일 문화를 되살리지 못하고 오히려 평화 문화가 더욱 확산되었다. 그러나 북한의 도발은 안보 불

---

13 북한은 오늘날까지도 미국이 북한을 적대시하고 있다고 비난하고 있지만, 북한의 증오심에는 비할 바가 아니다. 1960년 6월 25일 만들어진 황해남도 신천의 '신천박물관'은 한국전쟁 기간 중 소위 미군의 '야수성'과 '잔인성'을 전시하여 반미 적대감을 고취시키는 대표적 선전장이다. 김정은 자신도 2015년 7월 신천박물관을 참관하고 "전쟁의 시련을 겪어보지 못한 새 세대들이 우리 혁명의 주력으로 등장한 오늘 반제 반미 교양, 계급 교양을 강화하는 것은 한순간도 소홀히 할 수 없는 절박한 문제"라며 "미제의 야수성과 교활성을 우리가 고발하고 결산해야 한다"고 강조했다. '철천지 원수' 미국의 '만행'에 대한 북한 주민들의 적개심은 한반도 남반부를 강점하고 있는 외국 군대의 주둔과 이에 앞장서는 '괴뢰집단'을 하루속히 끝내야 한다는 다짐으로 이어진다.

안을 자극하여 평화 문화 우세 속에서도 안보 문화가 서서히 돌아오는 계기가 되었다. 화해 협력의 추진 중에도 북한이 도발하자 의지할 것은 억지력뿐이다. 주한 미군 철수 반대, 통일을 통한 전쟁 위협 제거 등 안보에 대한 각별한 자각 의식이 발동하였다. 통일 문화가 평화 문화의 확산에 밀려난 것처럼, 평화 문화가 안보 문화의 확산에 위협을 받게 될 수도 있음을 경고하는 것이다. 평화 만들기는 통일 준비보다는 현상 변화가 크지 않지만, 현재보다는 미래에 관한 것이다. 미래 만들기에는 늘 현재의 리스크 관리가 필요하며 핵심은 안보다.

하노이 미북정상회담 이후 북핵 협상의 교착 상태와 잿더미로 변한 개성 남북공동연락사무소로 평화 만들기가 일대 위기를 맞고 있다. 통일 문화를 좌절시킨 북한의 도발 위협은 평화 문화 확산에 기여했으나 평화 만들기 노력에도 불구하고 계속되는 도발은 평화 문화마저 위협하고 있다. 평화 프로세스가 원만히 진행되더라도 그동안 한국 안보의 주춧돌이었던 한미 동맹과 주한 미군, 유엔사의 규모, 역할 변화가 논의될 것이며 이는 자연스럽게 안보에 대한 관심으로 이어질 것이다.

여론조사의 추이는 이를 잘 보여주고 있다. 북한의 도발 위협에 대한 인식은 1994년 조사에서 47.7%였으나, 천안함, 연평도 도발 이후 2011년에 실시한 여론조사에서는 78.3%로 급상승했다. 북한의 도발 위협은 상시화되었으나, 미북정상회담과 남북정상회담의 영향으로 2019년 57%로 다소 완화되었다. 도발 위협의 증가 자체는 평화 만들기의 성과에 대한 부정적 평가를 의미하며, 나아가 주한 미군 철수에 대한 반대 의견 증가는 화해 협력의 대안으로 주한 미군의 억지력에 의존한다는 사실을 의미한다.

평화 문화는 안보 문화에 의해 보완된다. 냉전 문화의 극복에 대한 과도한 자신감으로 최근 남북 관계 개선에서의 과속에 대한 우려가 커지고 있다. 한미 공조와 북한 비핵화와 같이 남북 관계 개선 조건들에 소홀한 것이 아닌가 하는 우려이다. 미북 협상이 성사될 경우 한국의 안전 보장에 대한 보완책도 준비되어야 한다. 냉전기의 대결 구도, 불신, 전쟁의 기억과 같은 냉전 문화는 평화 문화의 그림자와 같아서 안보 문화로 잠복해 있다 순식간에 나타날 수 있는 것이다. 냉전 문화의 부활을 막기 위해서라도 억지력 강화에 의한 안보가 필요하다.

표 10.7 통일 문화 비교

통일 문화	평화 문화	냉전 문화	안보 문화
• 대한민국이 주도하는 합의 통일 • 북한 체제의 붕괴 시 한국이 접수 불가피 • 사회 경제적 통합을 정치적 통합	• 당장의 통일보다는 사실상의 통일 • 평화 공존/화해 협력 • 냉전 문화 극복 • 억지력보다 화해 협력이 안보에 더 효율적	• 대결과 불신의 문화 • 3대 세습, 인권, 북핵 • 억지력 강화만 전념, 이후는 무관심 • 국가 대 국가의 통일, 기능주의 통합 불가	• 한미 동맹 강화, 주한 미군 철수 반대 • 화해 협력에도 불구하고 철저한 안보 태세 • 철저한 비핵화, 제재 유지

10.5
전략적 통일 문화

오늘날 한국 사회에서 평화는 안보와 통일에서 가장 중요한 개념이라고 할 수 있다. 평화 문화는 아버지 세대의 통일 문화와 할아버지 세대의 안보 문화를 밀어내고 한국 사회의 주류 문화로 자리를 잡았다. 당장의 통일보다는 북한과의 화해 협력을 통해 동질성을 회복하고 평화를 정착시켜야 한다는 평화론자들의 주장은 기존의 통일 전략을 대체하였다. 통일은 북한과 적대감에 바탕을 두고 있기 때문에 긴장이 고조될 수밖에 없지만, 평화 만들기는 통일은 미래의 일로 미루어두고 당분간 평화 공존을 추구하므로 긴장이 조성될 이유가 없어 평화롭게 추진될 수 있다. 한편, 대북 군사적 억지력에 의해 보장받는 안보는 지속 가능한 제도화된 안보가 아니므로 항구적 평화를 정착시키기 위해서는 군사력에 의한 억지력보다는 평화 만들기가 필요하다고 주장한다.

평화 문화의 대세 속에서도 예측 불가능한 북한의 행태, 북한의 핵무기 개발, 급변하는 동북아 질서로 인해 통일 문화, 안보 문화, 냉전 문화의 부침은 지속되고 있다. 이미 2006년 최초의 북한 핵 실험을 저지하는 데 실패한 바 있는 화해 협력 정책은 이번 북한의 도발 위협으로 평화 만들기는 고사하고 평화 지키기도 못한다는 비판에 직면할 수밖에 없다. 지난 10년간의 조사 결과를 보면 평소 주한 미군의 억지력을 안보의 근간으로 생각하고 있던 국민들이 최근 북한의 안보 위협에 대한 대응으로 주한 미군의 억지력에 더욱 의존한다는 사실을 확인할 수 있다. 북한의 무력 도발 가능성이 있다는 응답이 증가함에 따라 주한 미군 철수가 시급하지 않다는 응답이 증가했으며 미국에 대한 호감도도 상승하였다.

문화는 환경의 변화에 영향을 받는다. 평화 문화의 대세가 지속될 수 있는지의 여부는 통일 문화, 평화 문화, 안보 문화의 균형을 점검하고 안보 위협에 얼마나 적절히 대처하는지에 달려 있다. 특히, 화해 협력을 통한 평화 만들기가 통일과 안보 분야까지 압도하는 상황에서 평화 문화의 책임감은 더 클 수밖에 없다. 새로운 환경에 적응하지 못하고 균형을 찾지 못하면 냉전 문화가 통일 문화에 밀려나고 통일 문화가 평화 문화에 밀려난 것처럼 평화 문화도 약화되어 평화 전략을 무용지물로 만들 수도 있다.

이 장에서는 문화와 괴리된 전략에 대한 문제의식을 갖고 통일 문화와 통일 전략의 관계를 분석하고 중요성을 강조하였다. 그렇다고 모든 전략이 문화에 절대적으로 따라야 하는 것은 아니다. 사실 기업이나 국가의 전략 수행에서 기념비적 성과를 낸 전설적인 지도자들은 대부분 전략가라기보다는 문화를 혁신한 사람들이었다. 문제는 '조용히 잠재된 질서'를 파악할 수 있는 혜안과 이를 에너지로 폭발시킬 수 있는 전략을 수립하고 추진할 수 있는 리더십이 뒷받침되는가에 있다. 어지간하면 전략이 문화를 따라야 한다는 주장도 문화 혁신이 그만큼 어렵기 때문이다.

부록

독일의 정치 관점에 대한 1986년 Allensbach의 설문조사(1986.6)

질문 1

아주 일반적인 질문을 하겠습니다. 오늘날의 사람들에게도 민족 감정(국가 자부심, 애국심, 민족 의식)이 있어야 한다고 생각합니까? 아니면 그러한 민족 감정이 중요하지 않다고 생각하십니까?

질문 2

오늘날 사람들로부터 '민족 의식'의 개념과 '국가 자부심'이라는 개념에 대해 다양한 진술을 들을 수 있습니다. 어떤 사람은 말합니다.

"민족 의식은 나쁜 것입니다. 민족 의식과 외국에 대한 적대감은 서로 손 잡고 있습니다."

다른 사람은 말합니다.

"민족 의식은 외국에 대한 적대적인 태도와 전혀 상관이 없는 좋은 특성입니다."

당신은 어떤 의견에 동의하십니까?

질문 3

텔레비전에서 '오늘날의 독일'이라는 제목의 프로그램을 합니다. (대표적 평행 그룹인 '내일의 독일 국가', '어제의 독일 국가'와 더불어) 이 경우에 국가로서의 독일이 무엇을 의미하는지 다음의 리스트에 따라 말할 수 있습니까? 텔레비전에서 '독일 문화'라는 제목으로 강연을 한다고 가정해보십시오. 무엇에 관한 보도일까요? 다음의 리스트에 따라 말할 수 있습니까?

질문 4

당신이 동독과 오스트리아('소련', '네덜란드', '폴란드')의 축구 경기를 관람한다고 가정해 보세요. 어떤 팀을 응원하시겠습니까? 어느 팀에게 행운을 빌어주시겠습니까?

질문 5

당신은 동독 제품이라는 것을 알고 물건을 구매한 적이 있습니까?

- 동독 제품 구매자에게: 당신은 그 제품이 동일 시세의 우리의 다른 제품과 비교해볼 때 동일하다, 혹은 더 좋다, 혹은 더 나쁘다고 생각하십니까?
- 아직 동독 제품을 구매해보지 않은 사람들에게: 어떻게 생각하십니까? 동독 제품이 동일 시세의 우리의 다른 제품과 비교해볼 때 동일할 것이다, 혹은 더 좋을 것이다, 혹은 더 나쁠 것이다.

질문 6

백화점에서 가전 제품을 산다고 가정해 보십시오. 특정 제품을 사기로 결정했는데 그 가전 제품이 동독 제품이라는 사실을 알게 되었습니다. 그럼에도 불구하고 그 가전 제품을 사시겠습니까? 아니면 주저하시겠습니까?

질문 7

아주 일반적인 질문을 하겠습니다. 당신은 지난 30년, 40년 동안의 동독의 예술에 관심이 있습니까? 아니면 관심이 없습니까?

질문 8

(인터뷰 중간에 에피소드를 보여주며)당신은 여기 이 사람들 중 어느 나라의 사람에게 특별히 호감이 갑니까? 만약 호감가는 셋 이상을 찾을 수 없다면, 각각의 나라 사람들 중 특별히 호감 가지 않는 사람은 누구입니까?

질문 9

당신이 흑해 어딘가에서 휴가를 보낸다고 상상해보세요. 어느 날 그곳에서 다른 독일 사람을 알게 되었습니다. 그리고 대화 중에 그가 동독 출신으로 동독에 거주한다는 사실을 알게 되었습니다. 그 사실을 처음 들은 순간 당신은 무슨 생각이 들까요? 다음 예시들을 봐주세요. 해당되는 곳에 체크해주세요.

질문 10

당신은 그에게 같은 나라 사람이라는 느낌이 들겠습니까? 아니면 같은 언어를 사용하는 오스트리아인보다 덜 소통하게 될까요?

질문 11

친인척 중에 지금의 동독 지역 출신이 있습니까?

질문 12

친인척 중 누군가가 폴란드나 러시아 행정 지역이나 주데텐 지역 출신이 있습니까?

질문 13

동독이나 동베를린에 친척이나 지인이 있습니까?

질문 14

만약 당신이 동독에 친척이나 지인이 있다면, 그중에 독일국민과 접촉이 금지된 사람이 있습니까? 제 말은 당신에게 편지를 쓰는 것이 금지되거나 당신과 전화를 할 수 없는 사람이 있습니까?

질문 15

지난 10년 동안, 그러니까 1976년 이래로 방문자나 여행자로 동독에 머무른 적이 있습니까? 만약 그렇다면, 당신은 1976년 이래 얼마나 자주 동독에 머물렀습니까?

질문 16

오늘날 독일 국민으로서 동독의 친척을 방문하거나 혹은 관광객으로서 동독 여행이 허용되었다는 사실을 알고 계십니까?(중복 답 가능)

그 사실을 모르고 있다 하더라고 당신은 동독 여행을 경험하시겠습니까? 아니면 애초에 고려의 대상이 아닙니까?

질문 17

지난 10년 동안, 그러니까 1976년 이래 동독으로부터 방문객이 찾아온 적이 있습니까? 지난 10년 동안 동독에서 방문객이 온 적이 있다면, 동독에서 마지막으로 방문객이 온 것은 몇 년도였습니까?

질문 18

동독에서 방문하는 사람들은 원래 연금 생활자이거나 젊은이들의 경우에는 예컨대 장례식이나 결혼식 같은 가족 간의 특별한 계기가 있을 경우에만 방문이 허용되었습니다. 당신을 찾아온 지난 방문객의 경우는 어떤 경우였습니까? 연금 생활자였나요, 아니면 특별한 가족 간의 계기가 있었습니까? 아니면 또 다른 이유가 있었습니까?

지난 10년 이래로 동독에서 찾아온 방문객이 있었다면, 당신은 당신을 방문한 그 사람과 어떤 경험을 했습니까? 다음의 리스트에 따라 말해줄 수 있습니까?

질문 19

지난 10년 이래 동독에서 찾아온 방문객이 있다면, 당신의 방문객은 독일(서독)에서의 동독 국적 인정에 대해 찬성이었습니까? 혹은 반대였습니까? 아니면 당신은 그것에 대해 아무것도 알지 못합니까?

질문 20

동서독 사람들의 결합을 위해 당신이 개인적으로 할 수 있는 일이 있을까요? 동서독 사람들이 소원해지지 않기 위해 당신이 할 수 있는 일이 있다면 무엇인지 다음 리스트를 보면서 말할 수 있습니까?

질문 21

베를린에는 동–서 베를린을 나누는 장벽이 있습니다. 이 장벽이 언제 건설되었는지, 이 장벽이 세워진 지 지금 몇 해나 되었는지 알고 있습니까?

그 당시 장벽이 왜 세워졌는지, 그 이유가 무엇인지도 알고 있습니까?

질문 22

만약 우리에게 동–서 베를린 사이의 장벽을 이야기할 수 있다면 당신은 그것을 무엇에 연관시킬 것인가요? 그리고 그 장벽에 대해 들으면 당신은 무엇이 연상됩니까?(리스트 있음)

질문 23

통일이 되기를 바라십니까? 아니면 통일이 당신에게는 별로 중요하지 않습니까?

질문 24

(그림을 보여주며)여기 그림 속에 있는 남자가 말하는 것을 따라 읽어보세요. 그의 말에 동의하십니까? 동의하지 않습니까? 그림 속의 남자가 말합니다.

"비록 통일이 즉시 이루어질 수는 없다 하더라도 사람들은 통일을 지지해야 합니다. 위대한 목표의 경우에 사람들은 그 목표가 실현되는 것을 자신이 경험하지 못하더라도 감수해야 합니다."

제11장

통일 이후 체제 전환기의 과거 청산

고상두
연세대학교

11.1
체제 전환기 과거 청산의 의미

동독 공산당 정권은 40년의 통치 기간 동안 반인도적 불법 행위를 광범위하게 저질렀다. 약 25만 명의 주민이 정치적 이유로 체포당하였고, 그중에서 약 3만 명이 서독 정부가 대가를 지불하고 동독의 정치범을 데려간 프라이카우프(Freikauf) 프로그램에 의해 서독으로 석방되었다. 1961년 베를린 장벽이 세워져 동서독 간에 자유 왕래가 완전히 차단될 때까지 약 300만 명의 동독 주민이 서독으로 탈출하는 유럽 내 최대의 난민 사태가 벌어지기도 했다.[1]

통일이 되면서 구동독의 정권 범죄에 대한 처벌이 중요한 정치적 이슈로 대두되었다. 체제 전환으로 생겨난 과거 청산 문제를 설명하는 개념으로 전환기 정의(transitional justice)가 있다. 이것은 독재 체제가 민주 체제로 전환된 이후 과거 정권이 저지른 불법 행위를 처리하는 작업을 지칭하는 개념으로서, 과거 체제에서는 범죄로 간주되지 않았던 행위가 새로운 체제에서 단죄받게 되는 현상을 일컫는다.[2]

전 세계적으로 다양한 전환기 정의가 실행되었지만, 구동독의 과거 청산은 그중에서 통일에 의해 발단이 된 사례이다. 우리의 경우

1 베른트 쉐퍼, 2011, 『통일 독일에서의 과거 공산주의자 청산 문제』, 베를린: 동독공산독재청산재단, p. 9.
2 Ruti Teitel, 2000, *Transitional Justice*, Oxford: Oxford University Press.

에도 친일 청산, 군부 독재 청산 등 여러 차례의 과거 청산 경험을 하였지만, 통일 이후 새로운 형태의 과거 청산을 해야 할 수 있다. 이러한 배경에서 통일 독일에서 벌어진 과거 청산 사례를 심도 있게 분석함으로써 통일 이후의 과거 청산을 대비할 필요가 있다.

이러한 맥락에서 통일 독일의 과거 청산이 어떤 방식으로 진행되었으며, 그 성과와 한계는 무엇인지, 그리고 통일 한국에 대한 시사점은 무엇인지를 살펴보고자 한다. 통일에 의한 과거 청산은 통일의 방식에 따라 달라질 수 있다. 합의 통일의 경우에는 과거 청산이 온건하게 이루어지는 반면, 비타협적 통일의 경우에는 가혹해질 수 있다. 독일은 합의에 의해 평화적 통일이 이루어졌고, 그에 따라 동독 체제의 불법 행위에 대한 사법 처리가 최소한의 수준에서 이루어졌다. 한반도의 경우 독일과 유사한 방식으로 통일이 되든지 혹은 다른 방식이 되든지 공통적으로 적용할 수 있는 과거 청산의 원칙을 미리 마련할 필요가 있다. 이를 위해서는 통일 독일이 과거 청산에서 보여준 장단점을 검토하여 장점은 살리고 단점은 제거한 모델을 개발해야 할 것이다.

독일에서 과거 청산이라는 용어는 2차 세계대전 이후 나치의 과거 만행을 규명하고 처벌하는 작업을 지칭하는 개념으로 생겨났다. 그런데 엄밀하게 말하자면 과거 청산이라는 개념은 존재할 수 없다. 왜냐하면, 과거에 이미 저질러진 일을 사후에 지우거나 바꿀 수 없기 때문이다. 과거의 역사는 청산될 수 없고, 규명될 수 있을 뿐이다.[3]

이처럼 현실성이 없는 내용을 담고 있음에도 불구하고, 과거 청산이라는 개념은 어두운 과거를 말끔히 지워버리고 싶은 마음을 잘 나타내고 있다. 과거 청산을 통해 역사의 짐을 내려놓고 새로운 미래로 전진할 수 있다는 느낌을 주는 것이다. 이러한 모순 때문에 오늘날 독일에서는 과거사에 대한 반성과 책임을 강조하는 의미에서 진상 규명이라는 개념을 공식 용어로 사용하고 있다.[4]

과거 청산 차원에서 불법 행위를 처벌할 때 가장 논쟁이 되는 개념은 '법치 국가'와 '불법 국가'이다. 법치 국가란 법에 의한 지배를 하는 국가이다. 따라서 법치 국가는 실정법에 의거하여 통치하며, 실정법은 최소한의 자유권과 인권을 보장해야 한다. 반면에 불법 국가에서는 실정법이 무시되거나, 실정법이 사회 정의를 담고 있지 않다. 즉 불법 국가의 실정법에는 인권을 심각하게 침해하는 요소가 있는 것이다.

통일 조약은 동독 공산당을 '불법 정권'이라고 적시하고 있다. 동독을 불법 국가로 간주하는 것은 정치적으로 부담스럽기 때문에 동독의 체제 불법성을 공산당으로 한정하여 지적하고 있는 것이다. 이렇게 해서 동독 공산당의 통치 행위를 불법 행위로 간주하고 처벌할 수 있는 근거가 마련된 것이다. 일반적으로 불법 행위란 실정법을 위반한 행위이지만 동독 공산당의 불법 행위는 체제 불법 행위이다. 즉 불법 정권이 만든 법 규정에 근거하여 자행되었기 때문에, 행

---

3 Hartmut Koschyk, 1993, "Ist die DDR–Vergangenheit bereits bewältigt?", *Politische Studien, Sonderheft*, Vol. 44, p. 11.

4 Jan–Werner Müller, 2009, "Just another Vergangenheitsbewültigung? The Process of Coming to Terms with the East German Past Revisited", *Oxford German Studies*, Vol. 38, No. 3. p. 335.

위 당시에는 적법한 것으로 간주되었으나 독재 정권이 붕괴된 이후에는 불법이 된 것이다.

국가는 법의 집행을 통하여 사회 정의를 실현하지만 법에 담겨 있는 내용이 항상 정의로운 것은 아니다. 정의의 개념은 사회에 따라 달라지기 때문이다. 동독의 법은 계급적 당파성에 의해 정당화되었고, 체제 붕괴로 그 정당성을 상실하였다. 그리하여 통일 이후의 시각에서 볼 때 인민의 이름으로 저질러진 많은 행위가 사후적으로 처벌의 대상이 된 것이다.[5]

이러한 이유 때문에 일반적인 불법 행위와 체제 불법 행위는 구분되어야 한다. 독재 체제의 법에 의해서도 처벌이 가능한 행위는 체제 불법에 해당되지 않는다. 양심범에 대한 불법적인 체포, 감금, 고문 등은 그러한 가혹 행위가 벌어진 당시에 불법이었으나 다만 정치적인 이유로 형사 소추되지 않았던 것이다. 이러한 경우에는 통일 이후 사법 처리가 그리 어렵지 않다. 하지만, 동독을 탈주하는 주민에 대한 발포 행위는 체제 불법 행위에 해당한다. 구동독의 법 규정에 따르면 국가의 승인 없이 나라를 떠나는 것은 불법이며, 정부의 명령에 도전하는 자에게 물리적인 처벌을 할 수 있는 법 규정이 있었기 때문이다. 이러한 행위는 보편적인 국제 인권 규범을 적용해야 처벌이 가능한 것이다. 독일 헌법재판소는 보편적 인권이 심각하게 침해되고 있으나 국내법이 보호해주지 못하는 경우에는 국제법이

---

5 Hermann Klenner, 1996, "Zur Gerechtigkeit des Rechtsstaates", *Berliner Debatte INITIAL*, No. 4, p. 7.

국내법보다 우위에 있다는 입장을 취하였다.[6]

11.2
통일 이후 동독 체제의 청산 방식을 둘러싼 논쟁

1) 사법 처리 요구와 한계

동독 정권의 불법 행위에 대한 사법 처리는 반체제 시민 세력에 의해 강력하게 요구되었다. 그리하여 통일이 되기 전에 이미 구동독 정부는 과거 불법 행위를 처벌하기 시작하였다. 1989년 베를린 장벽이 무너진 직후 치러진 자유 선거로 탄생한 과도 정부는 동독 공산당 서기장이었던 호네커를 체포하는 등 적극적인 사법 처리에 나섰다. 그러나 예상보다 빨리 진행된 통일로 동독의 주권을 이양받은 서독 정부가 동독 주민의 처벌 의지를 실행하는 책임을 떠안게 된 것이다. 독일 정부는 1990년 10월 3일 통일을 선포한 당일에 특별수사부를 설치하는 등 정권 범죄의 사법 처리에 대한 강한 의지를 보였다. 하지만 법치주의 원칙들이 사법 처리를 크게 가로막았다.[7]

첫째, 형사 불소급의 원칙에 의하면 과거의 불법 행위는 소급하여 처벌할 수 없고, 범죄 행위가 일어난 시점에 그것을 처벌할 수 있는 근거가 있을 때에만 처벌이 가능하다. 그런데 동독 정부는 반체제 인사를 탄압하기 위해 관련 법률의 규정을 모호하게 만들었다. 그리

---

6 베른트 쉐퍼, 2011, 『통일 독일에서의 과거 공산주의자 청산 문제』, 베를린: 동독공산독재청산재단, p. 39.

7 Friedrich–Christian Schroeder, 1995, "Die Ahndung des SED–Unrechts durch den Rechtsstaat", *Aus Politik und Zeitgeschichte*, Vol. 38, p. 18.

하여 인권 침해에 대한 처벌법이 아예 없거나 예외 조항이 존재하는 경우가 많았다.

둘째, 사법 처리를 위해서는 개인이 저지른 죄의 몫이 측정될 수 있어야 한다. 그런데, 동독 체제는 하나의 거대한 억압 구조를 이루었고, 국가 조직에 의해 불법 행위가 저질러졌다. 즉 정권 범죄가 권력자에 의해 직접 실행된 것이 아니라 판검사, 경찰, 관료 등이 거대한 기계의 톱니바퀴가 되어 국가의 명령을 수행한 것이다. 그런데 개인의 범행 가담 정도를 측정하기 곤란할 경우에도 범죄 단체 가담죄로 처벌할 수는 있지만, 동독 정부를 범죄 단체로 간주하기는 어려웠다.

셋째, 사법 처리의 또 다른 장애 요인은 공소 시효의 문제이다. 동독 주민의 인권을 침해한 중대 범죄는 주로 동독 정부의 수립 시기인 1950년대에 일어났기 때문에 모두 시효가 지났다. 이러한 이유 때문에 정권 범죄에 대한 사법 처리는 난항을 거듭하였고, 구동독의 대표적 시민운동가인 볼라이(Bärbel Bohley)는 "우리는 정의를 원했지만, 얻은 것은 법치주의다"라는 말로 지지부진한 사법 처리에 대한 불만을 표시하였다.[8]

2) 나치 독재와 동독 독재의 비교

독일은 동유럽 사회주의 체제 전환 국가에 비해 사법 처리를 통한

---

8 Claus Christian Malzahn, 11 Sep, 2010, "Sie wollte Gerechtigkeit und bekam den Rechtsstaat", *Die Welt*.

과거 청산에 적극적인 자세를 보였다. 그 이유는 서독이 나치 정권에 대해 충분한 과거 청산을 하지 못하였다는 비판을 받아 왔기 때문이다. 사실 나치에 대한 사법 처리는 전승국의 의지가 없었더라면 어려웠을지도 모른다. 전승국이 먼저 나치 학살자에 대한 처벌을 주도하였고, 이것이 전례가 되어 서독의 사법부가 후속적인 처벌을 이어나갈 수 있었던 것이다.[9]

통일 이후 독일 정부는 구동독에 대해 철저한 과거 청산을 함으로써 나치에 대한 미흡한 처벌을 되풀이할 것이라는 우려 섞인 비판을 피하고자 하였다. 하지만 결과적으로 구동독에 대한 과거 청산은 나치에 비해 훨씬 온건하게 진행되었다. 그 이유는 무엇보다도 서독 지역 좌파 정치 세력의 반대가 있었기 때문이다. 우파 세력이 나치와 구동독의 유사성을 강조한 반면에, 좌파는 구동독 체제를 나치 체제와 동일시해서는 안 된다고 주장하였다. 그 이우는 나치의 전쟁범죄와 유대인 학살은 반인류적 범죄로 비교 대상이 되지 않는다는 것이다. 나치 정권은 유럽의 유대인 600만 명을 학살하였으며, 세계대전을 일으켜 수천만 명의 사람들을 살상한 전대미문의 범죄 행위를 저지른 반면에, 구 동독의 정권 범죄는 다른 동유럽 사회주의 국가와 비슷한 수준에 불과하다는 것이다.

그렇지 않아도 서독 사법부는 흑색 이념에는 너그럽고 적색 이념에는 엄격하다는 비판을 받아 왔기 때문에 좌파 세력의 반대를 무릅

9 Eckhard Jesse, 1994, "Vergangenheitsbewältigung nach totalitärer Herrschaft in Deutschland", *German Studies Review*, Vol. 17, No. 4.

쓰고 동독 공산당에 대해 엄정한 처벌을 하는 것이 부담스러웠다. 그리하여 나치의 경우에는 죄형 법정주의(nulla poena sine lege) 원칙을 초월하여 자연법 원칙에 따라 사법 처리하였지만, 구 동독의 범죄 행위에 대해서는 실정법에 최대한 충실하였고, 법치주의의 테두리를 크게 벗어나지 않았다.

3) 서독의 승자 재판에 대한 비판

서독 지역의 좌파 세력뿐만 아니라 구동독의 권력 엘리트들도 사법 처리에 반발하였다. 이들은 자신들의 과거 통치 행위에 대한 처벌을 정치 재판이라고 비판하였다. 정치 재판이란 사법적 수단을 이용하여 체제의 적을 제거하는 행위이며, 따라서 동독의 통치 행위를 사법 처리하는 것은 서독이 통일 이후에도 동독을 적으로 간주한다는 것이다.[10]

동독 공산당 정부의 마지막 총리였던 모드로우(Hans Modrow)는 함께 체제 경쟁을 하였던 국가를 법으로 처단하는 일은 사후적으로 범죄시하는 것이라고 비판하였으며, 그러한 '보복 재판'은 동서독 통합에 부정적 영향을 줄 수 있다고 반발하였다. 사실상 동독 정권은 체제의 붕괴와 흡수 통일이라는 역사의 흐름에 의해 이미 정치적으로 처벌받았기 때문에 사법 처리는 이중 처벌에 해당한다는 것이다.[11]

---

10 Uwe–Jens Heuer und Michael Schumann, 1994, "Das Dilemma der politischen Justiz", *Blätter für deutsche und internationale Politik*, No. 5, p. 533.

11 Friedrich Wolff, 1996, "Geschichtsbewältigung durch Strafrecht?", *Deutsche Richterzeitung*, Vol. 74, No. 3, p. 96.

아울러 서독이 동독을 처벌할 자격이 없다는 주장도 제기되었다. 서독은 분단 시대에 동독을 공식적으로 인정하여 교류와 협력을 하였고, 특히 사민당 정치인들의 견해에 따르면 동독 공산당의 인권 침해 행위를 비판하는 것은 정치적으로 현명하지 못한 행동이라는 것이다. 아울러 동독에 대하여 호의적 보도를 하는 언론드 있었다. 이러한 분위기 때문에 동독에 대한 과거 청산은 주로 슈타지를 겨냥하였고, 공산당의 통치 행위에 대해서는 적극적으로 처벌하기 어려웠다.

4) 총사면에 대한 찬성과 반대

통일 직후에는 다수 국민이 사법 처리에 찬성하였지만, 법치주의의 한계에 부닥친 사법 처리에 실망하게 되면서 점차 과거 청산에 대한 국민의 관심이 줄어들었다. 특히 통일 후유증으로 인해 동독 주민들에게는 과거 청산보다 더 시급한 문제가 생겨났다. 대량 실업으로 일상적 삶이 불안정해졌고, 심리적으로는 2등 국민으로 전락했다는 피해 의식을 갖게 되면서 구동독에 대한 향수가 생겨났다. 그 결과 1995년에 이르러 동독 지역 주민의 절반이 넘는 54%가 과거 청산을 종결짓는 데에 찬성한다는 입장을 보였다.[12]

물론 정치권에서는 사면을 두고 찬반 의견이 팽팽하게 맞섰고, 찬반 진영에는 좌우 이념과 동서독 출신의 구분이 없었다. 총사면의 필요성을 제기한 진영에는 서독 출신의 마렌홀츠(Mahrenholz) 헌법재판관, 쇼이블레(Schäuble) 내무장관, 바이체커(Weizsäcker) 대통령

12 *Der Spiegel*, No. 27, 1995, p. 49.

이 가담했고, 동독 출신으로는 디스텔(Distel) 내무장관과 브로이티감(Bräutigam) 브란덴부르크 주 법무장관이 있었다. 이들은 구동독의 불법 행위에 대한 사법 처리가 현실적으로 어렵다면 차라리 사면이 법의 안정성에 도움이 된다고 보았다. 아울러 동서독 통합과 정치적 평화에도 기여한다고 보았다. 이와 달리 총사면에 반대하면서 사법 처리의 강행을 요구한 진영에는 서독 출신의 자민당 슈나렌베르거(Schnarrenberger) 법무장관과 동독의 시민 운동가 출신 티어제(Thierse) 국회의장과 가욱(Gauck) 대통령이 대표적으로 참여하였다.

결국 독일 의회는 사면을 입법화하지 못하였다. 사실 독일 통일은 국가적 경사(occasio publicae laetitiae)에 해당하며, 전통적으로 군주와 의회는 그러한 계기에 사면을 선포하였기 때문에, 통일 독일의 의회가 구동독의 통치 행위에 대한 대사면을 결정할 명분은 충분하였다. 하지만 사면에 둘러싼 열띤 논의에도 불구하고 동독의 과거 통치 행위에 대한 처벌을 사해주는 법을 만들어내지 못한 것이었다. 이러한 공식적 사면이 실패한 이유는 또다시 과거 청산에 실패했다는 비난을 두려워했기 때문이다. 하지만 총사면이 실패했다고 해서 구동독의 불법 행위가 제대로 처벌된 것도 아니다. 법치주의 원칙 때문에 재판에서는 계속적으로 무죄 판결이 내려진 것이다. 즉 의회가 사면을 결정하지 못하는 동안 사실상 사법부에 의한 비공식적인 사면이 이루어진 셈이다.[13]

---

13 Thomas Hillenkamp, 1996, "Offene oder verdeckte Amnestie: über Wege strafrechtlicher vergangenheitsbewältigung", *Juristen Zeitung*, Vol. 51, No. 4.

11.3
동독의 정권 범죄에 대한 청산 실태

1) 가해자 처벌

사법 처리

사법 처리는 사실상 통일 이전부터 시작되었지만, 동독 검찰의 기소는 대부분 당 고위 관료의 부패, 부정 선거, 공금 횡령에 집중되었으며, 124명이 기소되고 42명이 구속되었다. 그 결과 26명에게 선고 판결이 내려졌다. 그리고 통일이 되면서 사법 처리는 모든 불법 행위로 확대되어 광범위하게 이루어졌는데, 구동독 각 주에 특별수사부가 설치되었다. 그리고 대부분의 정권 범죄가 동독의 수도인 동베를린에서 일어났기 때문에 베를린에는 다른 주와 연방으로부터 수사관과 검사를 지원받은 중앙특별수사부가 설치되었다.[14]

또한 공소 시효 문제를 해결하기 위해 독일 의회는 1993년 1월에 '동독 공산당 정권의 불법 행위 시효 정지법'을 제정하였다. 공산 정권 40년 동안 불법 행위에 대한 형사 소추가 불가능했기 때문에 시효가 정지된 것으로 본다는 논리에 근거하여 만들어진 법이다. 이 법에 의거하여 1년 이하의 처벌을 받는 정권 범죄는 공소 시효가 1995년까지, 나머지 범죄는 1997년까지로 설정되었다. 그러나 1993년 9월에 '공소 시효 연장법'을 통과시켜 모든 정권 범죄를 2000년까

14 Kittlaus Manfred, 1993, "Regierungs–, Funktionärs– und Vereinigungskriminalität", *Politische Studien,Sonderheft*, Vol. 44, p. 40.

지로 또다시 연장하였다.[15]

그 결과 2000년 10월 3일부로 정권 범죄의 공소 시효가 종료되었고, 그 이후에 기소된 사건은 거의 없었다. 그리하여 구동독에 대한 사법 처리는 2005년의 마지막 재판에 의해 최종적으로 종결되었다. 〈표 11.1〉은 통일 후 10년 동안 진행된 수사 상황을 보여주는 자료이다. 총 75,000여 건에 대한 수사가 진행되었으며, 관련 수사를 받은 사람은 총 10만 명으로 1건당 피의자 수가 평균 1.3명이 되는 셈이다. 특별수사부의 조사를 받은 총 사건 수는 매우 많은 것처럼 보이지만, 구동독 40년 통치 기간에 저질러진 범죄이며, 1998년 한 해 동안 독일에서 수사 대상이 된 범죄 건수가 약 450만 건이라는 점에 비추어보면 그리 많은 숫자가 아니라는 것을 알 수 있다. 게다가 전체 사건의 불과 1.4%인 1,021건이 기소 대상이었으며, 그중에서 일부는 불기소로 수사가 종결되었는데, 주된 사유는 피의자가 사망하였거나, 혹은 재판 없이 서면으로 판결하는 약식 명령 처분이 내려졌기 때문이다.

수사된 사건을 연방 주별로 살펴보면, 〈표 11.1〉에서와 같이 수사 건수에서는 베를린 인접주로서 수도권에 해당하는 브란덴부르크가 가장 많다. 하지만 기소 혹은 수사 종결률이 0.3%에 불과하여 범죄 구성 요건이 부족한 사건을 많이 다루었다는 것을 알 수 있다. 반면에 베를린의 경우에는 기소 혹은 수사 종결률이 1.9%에 달하고 있다.

---

15 Klaus Marxen · Gerhard Werle, 1999, *Die strafrechtliche Aufarbeitung von DDR–Unrecht*, Berlin: Eine Bilanz.

표 11.1 연방주별 구동독 정권 범죄에 대한 특별 수사 현황

구 동독 연방주	수사 건수	기소/수사 종결	비율
베를린	21,452	405	1.9%
브란덴부르크	23,000	79	0.3%
메클렌부르크-포어폼먼	4,775	57	1.2%
작센	12,606	264	2.1%
작센-안할트	6,540	75	1.1%
튀링엔	6,420	136	2.1%
구 서독지역	–	5	–
합계	74,793	1,021	1.4%

출처: Klaus Marxen und Gerhard Werle, Petra Schäfter, 2007, *Die Strafverfolgung von DDR-Unrecht. Fakten und Zahlen*, Berlin: Stiftung Aufarbeitung, p. 25.

특별수사부가 담당한 정권 범죄는 크게 아홉 가지 종류로 유형화할 수 있다. 첫째, 판사들이 법률을 왜곡 적용하여 정치 재판을 하고 비정상적으로 과도한 형을 선고한 사법 남용 행위이다. 이 경우에는 고의적으로 위법한 판결을 하는 행위를 금지한 구동독의 형법 244조에 의해 처벌이 가능하다. 둘째, 동독을 탈주하는 주민을 사살한 국경수비대 병사와 이들에게 발포를 지시한 공산당 정치국 및 국방위원회 소속의 고위 관료이다. 분단 기간에 베를린 장벽에서 126명, 동서독 국경에서 수백 명이 사살된 것으로 추정되고 있다. 셋째, 슈타지 요원들의 도청, 서신 검열, 강제 수색, 협박 및 암살 시도 등이다. 넷째, 수감된 정치범에 대한 고문, 살해 등과 같은 가혹 행위이다. 다섯째, 선거 조작과 같이 체제 유지를 위한 정치적 불법 행위이다. 여섯째, 고위층의 직권 남용과 부패 행위, 일곱째, 국가대표 운동 선수에게 건강을 해칠 정도로 장기간 약물을 복용하도록 조직

적으로 강요한 도핑 행위로서, 이 범죄는 통일 이후 오랜 시간이 지나 사회적 이슈가 되면서 사법 처리가 시작된 경우로 1997년에 최초의 기소가 있었다. 여덟째, 공산권 교역 제한법을 위반하고 동독에 첨단 기술을 유출한 서독인의 수출 행위로 구 서독 지역의 사법부가 수사를 담당하였다. 아홉째, 타인을 비난하고 무고하여 정치적 탄압과 구속 등에 이르게 한 행위이다.

〈표 11.2〉는 기소 혹은 수사 종결된 사건을 위의 아홉 가지 유형별로 분류한 것이다. 표에 의하면 사법 남용이 36.6%로 가장 많고, 그 다음으로 국경 사살 범죄로서 23.9%이다. 이 둘을 합하면 약 60%로 사법 처리 대상의 대다수를 차지한다. 그런데 사법 남용을 저지른 법조인과 탈주자에게 발포한 국경수비대원은 상부의 명령을 따른 죄로 사법 처리된 반면에, 이러한 불법 행위를 지시한 정치 권력자들은 처벌받지 않는다는 모순 때문에 여론이 비등하였다. 그 결과 최고 권력층을 처벌하기 위해 그들을 뇌물 혹은 횡령 혐의로 기소하는 궁여지책이 취해졌다. 이 경우에는 동독 법으로도 처벌할 수 있기 때문이다. 그리하여 표가 보여주는 바와 같이 직권 남용과 부

표 11.2 정권 범죄 유형별 기소/수사 종결 건수

사법 남용	국경 사살	슈타지 범죄	가혹 행위	선거 조작	직권 남용 부패	약물 도핑	경제 범죄	밀고	기타	합계
374건	244건	142건	79건	66건	38건	38건	16건	11건	13건	1021건
36.6%	23.9%	13.9%	7.7%	6.5%	3.7%	3.7%	1.6%	1.1%	1.3%	100%

출처: Klaus Marxen, Gerhard Werle, Petra Schäfter, 2007, *Die Strafverfolgung von DDR-Unrecht*. Fakten und Zahlen, Berlin: Stiftung Aufarbeitung, p. 32.

패로 38건이 사법 처리되었다.[16]

〈표 11.3〉은 정식 기소되어 재판에 넘겨진 사건들의 최종 판결 현황이다. 이 표에 의하면 정식 재판의 결과 753명이 유죄 판결을 받았고, 336명은 무죄로 석방되어 무죄율이 30%에 달하는 것을 알 수 있다. 이것을 범죄 유형별로 살펴보면 슈타지 범죄에 대한 무죄 판결이 47.3%로 가장 높고, 사법 남용의 경우에도 39.9%로 높게 나타난다. 이것은 사법 남용에 대한 검찰과 법원의 시각이 상당히 다르다는 사실을 보여준다. 특히 독일 대법원이 사법 남용의 법적 요건을 엄격하게 규정한 이후 무죄율이 높아졌다. 반면에, 약물 도핑의 경우에는 100% 유죄 판결이 내려졌으며, 선거 조작도 96%에 달하였다. 이것은 구동독의 실정법에 의해서도 유죄 판결이 가능한 범죄에 해당하기 때문이다.

그런데 유죄 판결의 형량을 보면 벌금형이 전체의 22.1%이고, 77.9%가 징역형을 선고받았는데, 이 중에서 92.1%가 형 집행이 유예됨으로써 실질적으로 수감된 피고인은 매우 미미한 숫자라고 할 수 있다. 1996년 기준으로 일반 재판의 경우 집행 유예율이 약 70%라는 점과 비교하면 구동독의 정권 범죄는 평균 이상의 비율로 형 집행이 유예되었다는 사실을 알 수 있다. 주된 이유는 피고인들의 높은 연령 때문이었다. 그들의 평균 연령은 58세이며, 피고인의 1/3이 64세 이상이었다.[17]

---

16 Eckhard Jesse, 1994, "Vergangenheitsbewältigung nach totalitärer Herrschaft in Deutschland", *German Studies Review*, Vol. 17, No. 4.

표 11.3 범죄 유형별 정식 재판의 무죄 판결 비율

범죄유형	사법농단	국경사살	슈타지범죄	가혹행위	선거조작	직권남용부패	약물도핑	경제범죄	밀고	기타	합계
유죄판결	181명 60.1%	275명 71.4%	69명 52.7%	42명 73.7%	99명 96.1%	22명 68.8%	47명 100%	13명 72.2%	5명 53.6%	0명 0%	753명 69.1%
무죄판결	120명 39.9%	110명 28.6%	62명 47.3%	15명 26.3%	4명 3.9%	10명 31.3%	0명 0%	5명 27.8%	4명 44.4%	6명 100%	336명 30.9%
합계	301명	385명	131명	57명	103명	32명	47명	18명	9명	6명	1089명

출처: Klaus Marxen, Gerhard Werle, Petra Schäfter, 2007, *Die Strafverfolgung von DDR–Unrecht*. Fakten und Zahlen, Berlin: Stiftung Aufarbeitung, p. 43.

공직 배제

사법 처리에 실패한 대신 통일 독일 정부는 구동독의 정치 관료들 상당수를 현직에서 축출하는 데에는 성공하였다. 구동독에서는 관료의 충원이 공산당을 통해 이루어졌다. 당의 강령이 국가 정책의 기초이고 당의 명령이 정책 결정이었다. 그리고 정책은 공산당원 출신의 관료에 의해 집행되었다. 동독 지역을 점령한 소련군은 독일의 전통적인 관료제를 나치 정권의 유산이라는 이유로 1945년 군 명령 66호에 의거 폐지하였다. 그리고 개방적인 공무원 제도 대신 당에 의한 충

---

17 Klaus Marxen, Gerhard Werle, Petra Schäfter. 2007. *Die Strafverfolgung von DDR–Unrecht*. Fakten und Zahlen. Berlin: Stiftung Aufarbeitung. p. 43.

원 방식이 확립되었다. 그 결과 동독의 관료에게는 정치적 중립 대신 오히려 당에 대한 충성심이 요구되었다.

통일될 당시 동독에는 230여만 명이 공산당원으로 등록되어 있었다. 이들은 행정, 경제, 군, 경찰, 보안, 사법, 교육 등과 같은 사회의 모든 주요 분야에서 주도적 역할을 담당하였다. 따라서 구동독 체제의 공산당 관료를 퇴직시키는 조치는 과거 청산과 정치 안정을 위해 필요한 일이었다. 구동독의 정치 관료를 퇴출할 수 있었던 또 다른 명분은 과도하게 충원된 인력이었다. 구동독 인구 1,600만 명 중에서 200만 명이 국가 기관에 근무하였는데, 이 비율은 인구 대비 12.5%에 해당한다. 인구의 7%가 관료인 서독의 2배에 가까운 수치이다. 구동독 관료의 과잉 충원은 예산 문제를 야기하면서 행정 개혁의 차원에서 인력 감축이 필요성이 대두되었다.[18]

통일 정부는 구 동독 지역에 서독 방식의 직업 공구원제를 도입함으로써 공산당 출신 관료들을 각종 공직에서 배제하였다. 사실 동서독은 통일 조약에서 직업 공무원제 도입에 합의하였고, 이에 따라 공직자 자격 심사를 통해 구동독의 관료들을 배제할 수 있었다. 통일 조약은 구동독 관료들의 신분을 유지한다는 원칙을 천명하였지만, 이와 동시에 자격 심사를 통해 그들을 퇴출할 수 있는 규정도 마련하였다. 부칙에 구동독 관료의 해고에 관한 특별 규정을 만든 것이다. 해고에는 정상적 해고와 예외적 해고가 있었다. 정상적 해고

18 양현모, 1998, 『독일 통일의 경험이 남북한 체제 통합에 주는 교훈: 행정 통합을 중심으로』, 서울: 한국행정연구원, p. 50.

는 전문성이 부족하거나 소속 기관의 축소, 통합, 해체 등으로 자신의 업무가 없어진 자들이 대상이며, 이들은 6개월 동안 기존 급여의 70%를 받은 후에 자동 해직되었다.[19]

과거 청산의 개념에 해당하는 것은 예외적 해고인데, 슈타지에 근무하였거나 인권을 심각하게 침해한 경력이 있는 자는 즉각 해고할 수 있도록 하였다. 슈타지는 동독 공산당 직속의 비밀 경찰로서 통일 직전 당시 95,000명의 공식 요원이 있었다. 이들은 모두 해직되었고, 동독군 165,000명 중에서 사병을 제외한 직업 군인 중 11,000명이 서독군에 편입되고 나머지는 모두 해산되었다. 중앙 부처 관료들의 해직 실태를 보면, 내무부의 경우 868명이 정상적으로 792명이 예외적으로 해고되었고, 국방부의 경우 정상적 해고 12,136명, 예외적 해고 281명이었다.[20] 그런데 일반 행정 관료보다 사법부 종사자들이 덜 해고되었다. 판검사의 경우 약 절반 정도가 공직자 자격 심사를 통과하였고, 경찰은 통일 이후 치안 수요의 증가로 대다수 인력이 자리를 지켰고, 오히려 추가로 신규 임용이 이루어졌다.[21]

구동독 관료의 자격 심사 과정에서 대상자의 과거 전력 파악에는 많은 시간이 필요하였으므로 통일 독일 내무부는 1991년 1월 '구동

---

19 Hans–Ulrich Derlien, 1993, "*Integration der Staatsfuntionäre der DDR in das Berufsbeamtentum: Professionalisierung und Säuberung*", Wolfgang Seibel et al, eds, *Verwaltungsreform und Verwaltungspolitik im Prozess der deutschen Einigung*. Baden–Baden: Nomos Verlag.

20 Klaus König und Volker Messmann, 1995, *Organisation–und Personalprobleme der Verwaltungstransformation in Deutschland*. Baden–Baden: Deutsches Forschungsinstitut für öffentliche Verwaltung, p. 70.

21 Eckhard Jesse, 1994. "Vergangenheitsbewältigung nach totalitärer Herrschaft in Deutschland", *German Studies Review*, Vol. 17, No. 4.

독 관료의 임용을 위한 유예 기간 규정'을 만들었는데, 직급에 따라 고위직 공무원은 4년, 단순직 공무원은 1년이 지나야 정식으로 재임용될 수 있었다. 이와 같이 동독의 공직자 자격 심사 및 해직은 다른 동유럽 사회주의 체제 전환 국가에서는 찾아볼 수 없는 대대적인 엘리트 교체 작업이었다.

2) 피해자 구제

진상 규명 작업

구동독의 과거 청산에서 가해자에 대한 처벌도 중요하지만, 피해자의 구제도 똑같이 중요하다는 의견이 대두되면서 체제 불법 행위로 인한 피해를 조사하고 기록하기 위하여 의회 차원의 진상조사위원회가 설치되었다. 독일 연방의회 규정 56조에 의하면 주요 현안 이슈를 다루기 위해 국정조사위원회와 진상조사위원회를 한시적으로 설치할 수 있는데, 국정조사위원회는 의원들이 조사위원이 되고 증인 소환 등 준사법적 권한을 가지며, 진상조사위원회는 일반 전문가들도 조사위원이 될 수 있고, 증인 출석을 요구할 수 있지만 강제할 수는 없다는 차이가 있다.[22]

독일 의회가 설치한 조사위원회는 1992년에서 1998년까지 두 회기에 걸쳐 설치되었다. 1992년에서 94년까지 2년간 활동한 제1차 조사위원회는 동독 공산당 독재의 역사를 조사하였고, 1995년부터 98

---

22 Dirk Hansen, 1995, "Zur Arbeit der Enquete–Kommission 'Aufarbeitung von Geschichte und Folgen der SED–Diktatur in Deutschland' des Deutschen Bundestages", *Deutsche Studien*, Vol. 22, p. 71.

년까지 4년간 활동한 제2차 위원회는 동독 공산 독재에 대한 저항과 극복 과정을 조사하였다. 1992년 3월에 설치된 제1차 진상조사위원회는 동독 출신의 메켈(Meckel) 사민당 의원이 대표 제안하여 폭넓은 지지로 가결되었는데, 이로써 독일 역사상 처음으로 의회가 과거 청산에 앞장서게 된 것이다. 조사위원으로는 연방의원과 정당 추천 전문가들이 참여하였고, 최대한 동서독 지역의 출신을 균형적으로 안배하려고 했지만, 결과적으로는 동독 출신 인사가 더 많이 참여하였다.[23]

진상조사위원회의 활동 목적은 정권 범죄에 가담한 가해자를 밝혀내고, 희생자에 관한 조사 연구를 하는 것이다. 동독 시민운동 출신으로서 위원장을 맡은 기민당의 에펠만 의원은 조사위원회의 목표가 독일 땅에 또다시 독재 정권이 생겨나지 않도록 하는 것이며, 화해를 위한 진실을 밝혀내는 것이라고 하였다.[24]

진상조사위원회는 여러 차례의 공청회, 당사자의 증언, 전문가의 의견을 청취하였다. 증언을 듣는 회의에는 전 현직 총리와 장관, 그리고 동독 공산당 정치국원과 같은 거물급 정치인이 출석하였다.[25] 그리고 동독 사회의 실상을 생생히 기록한 최종 보고서를 조사위원들의 합의를 거쳐 발간하였는데, 두 차례의 진상조사위원회의 활동

---

23 Friedrich–Christian Schroeder, 1992, "Die Enquetekommission des Deutschen Bundestages Aufarbeitung von Geschichte und von Folgen der SED–Diktatur in Deutschland", *Politische Studien*. Vol. 43(July/August), p. 27.

24 Rainer Eppelmann, 1994, "Anmerkungen zu Geschichte und Folgen der SED–Diktatur in Deutschland – Rückblick und Konsequenz", *German Studies Review*(Fall), p. 206.

25 Robert Grünbaum, 1996, "Aufarbeitung der SED–Diktatur. Die Enquete–Kommission des Deutschen Bundestages zwischen Politik und Wissenschaft", *Deutsche Studien*, Vol. 28, p.112.

결과 총 3만 페이지에 달하는 34권의 결과 보고서가 발간되었다.

1998년 제2차 조사위원회는 활동을 종결지으면서 후속 사업의 일환으로 연방의회에 과거 청산 재단 설립을 건의하였고 그 결과 '동독 공산당 독재청산재단 설립법'이 제정되었다. 독재청산재단은 1998년부터 활동을 개시하여 지금까지 과거사에 대한 학술 연구와 박물관 건립, 전시회 개최 등 추모 사업, 그리고 피해자 치유 프로그램 및 일반 시민과 청소년을 위한 교육과 계몽 등을 통해 일반 국민을 대상으로 독재에 대한 경각심을 지속적으로 일깨우는 여론 환기 작업을 하고 있다.

그리고 재단 산하에 정보센터를 설립하여 약 45,000권의 도서를 소장하고 있는데, 이 중에는 구동독 시기에 금서로 지정된 각종 도서와 반체제 활동 기록 등의 사료가 포함되어 있다. 이것은 재단의 주요 활동 목표 중 하나인 동독 공산 정권의 불법 행위에 관한 증거를 지속적으로 발굴하고 피해자를 파악하는 활동의 일환이다. 그동안 재단은 2,000건 이상의 학술 연구, 사료 수집, 전시회 등을 후원하였고, 이를 위해 2,600만 달러 이상을 지출하였다. 현재 연간 예산 760만 달러를 연방정부로부터 지원받고 있으며, 1억2천만 달러의 기금을 확보하고 있는데, 이 기금은 대부분 동독 공산당의 자산을 인계받아 조성한 것이다.[26]

---

26 베른트 쉐퍼, 2011,『통일 독일에서의 과거 공산주의자 청산 문제』, 베를린: 등독공산독재청산재단, p. 50.

복권과 보상

피해자에 대한 명예 회복 차원에서 대대적인 복권과 보상이 이루어졌다. 과거사 진상 규명이 피해자에 대한 간접 구제 활동이라면, 복권과 보상은 직접적 구제 활동에 해당한다. 구동독 체제에서는 수많은 사람들이 정치적인 이유로 구속되거나 유죄 선고를 받았고, 재산 몰수, 국외 추방, 부당 대우 등을 당했다. 40년 동안 동독에서는 약 25만 명의 정치범이 있었는데, 이 중 약 10만 명이 직업적 불이익을 당했다. 사실 피해자 복권을 위한 노력은 통일 직전부터 이루어졌다. 1990년 6월 동독 의회는 과거 사법부가 내린 형사 판결을 취소할 수 있는 판결 파기 제도를 도입하여 중대한 법률 위반이 있고, 형량에 하자가 있는 등 법치주의 원칙에 위배된 판결을 파기할 수 있도록 하였다. 이러한 노력은 동서독 간의 통일 협상에 반영되어 통일 조약 17조는 공산 정권 희생자의 복권을 위한 법률을 제정하도록 명시하였다.

그 결과 통일 이후 2차례의 입법이 있었다. 먼저 1992년 11월에 제1차 복권법이 제정되었고, 정치적 이유로 처벌을 받은 피해자들에게 형사법적 복권의 기회를 제공하였다. 그리고 수감 생활을 한 사람에게는 수감 기간 1개월당 306.78유로에 해당하는 보상금을 지급하였는데, 2005년까지 17만 명이 보상을 받았다. 2007년에는 보상 수준이 강화되어 종신연금제도가 도입되었다. 그리하여 6개월 이상 수감 생활을 한 저소득 계층의 경우 매달 250유로가 지급되었다. 2014년에 이 종신 연금액은 월 300유로로 인상되었다. 그 결과 사법 피해자에 대한 보상 금액이 2007년에 연간 2,800만 유로에서

2008년에는 연간 1억7,000만 유로로 거의 6배 치솟아 현재까지 그 수준을 유지하고 있다.[27]

1994년 7월에 제2차 복권법이 제정되어 직업적 혹은 행정적 피해자들의 권리를 되찾아주고 손해를 보상하였다. 주로 정치적 박해로 고등 교육이나 취업의 기회를 박탈당하고, 서독으로 강제 추방된 희생자들이 그 범주에 해당되었다. 이들이 수감이나 해직 등으로 근로의 기회가 박탈되어 낮은 연금을 받는 경우에는 차액을 보전해주었다. 또한 신체적 손상이나 강제로 재산이 몰수되거나 매각당한 피해에 대한 보상도 해주었는데, 약 4만 건의 신청 중 25% 정도가 인정되었다. 신청자 본인이 피해를 입증해야 할 책임이 있기 때문에 사법 피해자에 비해 인정률이 낮다.[28]

이상에서 살펴본 바와 같이 독일은 과거 청산에 관한 논의에서 제시된 다양한 방식을 모두 적용하였다는 것을 알 수 있다. 가장 먼저 사법 처리를 시작하였으나 법치주의라는 장애물 때문에 지지부진한 성과를 보였다. 총사면의 필요성이 대두되면서 정치권에서 치열한 공방은 있었지만, 구동독의 불법 행위에 대해 전면적으로 처벌을 면제해줄 수는 없었다. 그러한 경우 과거 청산에 무능하다는 비판을 국내외적으로 받을 수 있었기 때문이다. 이처럼 가해자에 대한 처벌과 용서에서는 실패하였지만, 피해자를 위한 진상 규명과 보상은 성

---

27 Deutscher Bundestag, 2017, *Antwort der Bundesregierung. Inanspruchnahme von Leistungen gemäss SED–Unrechtsbereinigungsgesetzen*, Drucksache 18/13332, p. 8.

28 Bundesstiftung Aufarbeitung, Entschädigungsmöglichkeiten und Vergünstigungen, 〈https://www.bundesstiftung–aufarbeitung.de/entschaedigungsmoeglichkeiten–und–verguenstigungen–6848.html〉

공적으로 진행되었다. 그리하여 연방의회의 주도하에 진상조사위원회가 설치되고 독재청산재단을 설립하는 등 피해자를 위한 보상 지원을 지속적으로 늘리고 있다.

11.4 통일 한국에 대한 시사점

구동독에 대한 과거 청산이 통일 한국에 주는 시사점에 관해서는 다수 국내 연구자들이 다양한 견해를 제시하고 있다. 한반도에서 신속한 통일이 이루어질 경우에는 독일식 사법 처리 모델을 따라야겠지만, 만일 점진적인 평화 통일이 이루어진다면 화해 모델을 적용할 필요가 있다는 의견이 있다. 통일 방식에 따라 과거 청산 방식이 달라져야 한다고 보는 의견이다.[29] 통일 방식과 무관하게 화해 모델을 적극 지지하는 견해도 있다. 북한은 유일 지배 체제의 특성상 최고 권력자 1인에게 절대 복종해야 하기 때문에 체제 불법 행위가 다수의 권력 엘리트에 의해 공동으로 자행된 것이 아니라 대다수의 엘리트들은 최고 지도자의 하수인에 불과하며, 이들에게 가혹한 처벌을 할 경우 반발할 수 있으므로 이러한 현실을 감안하여 통합 지향적인 과거 청산을 해야 한다는 것이다. 그러므로 통일 이후 사회적 화해와 통합을 위해 사법 처리보다 사면과 진상 규명이 대안이라고 주장

29 강병오, 2018, "통일 독일의 과거 청산 사례분석과 그것이 한반도에 주는 교훈", 『신학과 선교』, 제53집.

한다.[30]

과거 청산 방식으로서 가해자에 대한 처벌보다 피해자에 대한 구제를 중시하는 의견도 있다. 그리하여 진상 규명의 대표적 사례인 독일 연방의회의 동독 공산 독재에 관한 조사위원회처럼 진상 조사의 강점과 필요성을 강조하고 있다.[31] 이와 유사한 의견으로서, 과거 청산의 의미는 가해자의 반성과 피해자의 용서를 통한 화해와 통합이고, 과거의 잘못이 되풀이되지 않도록 하는 데 있으므로 가해자에 대한 사법 처리는 최소화하고 공직 배제를 최대한 활용하는 것이 가장 바람직하다고 보는 견해가 있다.[32]

이처럼 국내 연구자들의 대다수는 통합적이고 포용적인 화해 모델을 선호하는 입장을 보이고 있다. 이들의 견해와 구동독의 과거 청산 경험을 종합하여 살펴볼 때, 한반도 통일 이후의 바람직한 과거 청산을 다음과 같이 요약할 수 있을 것이다.

첫째, 통일 직후 과거 청산을 하지 못하면 시간이 흐를수록 과거 청산은 어려워질 것이다. 초기에는 사법 처리 요구 목소리가 높겠지만, 통일 후유증으로 경제적 어려움이 커지게 되면 과거 청산에 대한 관심은 점차 사라지게 될 것이기 때문이다. 둘째, 과거 청산의 방식을 둘러싸고 다양한 의견이 생겨날 수 있다. 가해자인 북한 정권 담당자와 피해자인 북한 주민, 그리고 남한의 정부와 주민들이 과거 청산을 바라보는 시각과 입장이 서로 다르게 나타날 것이다. 셋째,

---

30 한운석, 2004, "구동독의 독재에 대한 사법적 청산", 『전남사학』, 제22집.

31 정흥모, 2015, "독일 연방의회의 동독 사회주의 과거 청산", 『유럽연구』, 제33권 2호.

32 한명섭, 2018, "통일한국의 과거 청산과 통합방향에 대한 연구", 『북한법연구』, 제18호.

남한이 북한을 단죄하는 방식의 과거 청산은 어려울 것이다. 남한은 친일 청산이나 군부 독재 청산 등 우리 자신의 과거도 철저히 청산하지 못했기 때문에 북한 공산 독재에 대한 과거 청산에 적극적으로 나서기 어려울 것으로 보인다.

그러므로 통일 이후의 과거 청산 방식은 다음과 같이 진행되는 것이 바람직하다.

첫째, 과거 청산에 대한 원칙과 방향을 미리 만들어두어야 한다. 그리해야 시행착오를 최소화하고 과거 청산 과정에서 발생하는 장애물을 잘 극복할 수 있을 것이다. 둘째, 사법 처리, 공직 배제, 진상 규명, 피해자의 복권과 보상 등 다양한 방식의 과거 청산을 동시에 진행할 필요가 있다. 이러한 방식들은 동시 추진하여도 상호 모순되지 않는 것으로 보인다. 독일의 경우에는 사법 처리를 추진하다 한계에 부닥치고, 사면에 관한 논의를 하였으나 논쟁에 그친 채, 결국 피해자에 대한 진상 규명과 보상으로 방향을 전환하였다. 이 과정에서 많은 시간이 낭비되고 국론 분열이 초래되었으며 동서독 주민 간 갈등이 고조되었다.

찾아보기

나

다

바

사

아

차

카

타

파

하

영문

기타